정해룡 평전

정해룡 평전

역사의 죄인이 되지 말라

문영심 지음

도서출판 길

정해룡 평전
역사의 죄인이 되지 말라

2024년 10월 10일 제1판 제1쇄 발행

2024년 11월 15일 제1판 제2쇄 인쇄
2024년 11월 20일 제1판 제2쇄 발행

지은이 | 문영심
펴낸이 | 박우정

기획 | 이승우
편집 | 김춘길
전산 | 한향림

펴낸곳 | 도서출판 길
주소 | 06032 서울 강남구 도산대로 25길 16 우리빌딩 201호
전화 | 02) 595-3153 팩스 | 02) 595-3165
등록 | 1997년 6월 17일 제113호

ⓒ 도서출판 길, 2024. Printed in Seoul, Korea
ISBN: 978-89-6445-282-0 03990

프롤로그

사형! 사형! 무기징역!

1981년 3월 18일 서울지방법원 ××호.

정길상은 검사의 논고를 들으면서 애써 다리에 힘을 주고 서 있었다. 검사는 공소사실의 요지와 유죄의 증거를 길게 나열하면서 판사에게 엄벌을 내려달라고 역설했다. 형 춘상과 작은할아버지 종희가 그의 양옆에 나란히 서 있었다. 길상은 형 춘상의 얼굴을 보고 싶었으나 너무 긴장한 탓에 그쪽으로 고개가 잘 돌아가지 않았다. 첫 공판이 열리는 날, 법정에서 석 달여 만에 형을 만났다. 만났다기보다는 보았다고 하는 편이 정확할 것이다. 교도관들은 그들이 대화를 나누지 못하도록 엄중하게 감시했다. 수사와 재판이 진행되는 동안 그들은 서로 한 마디도 이야기를 나눌 수 없었다.

검사의 구형이 있는 이날, 길상은 자기에게 이야기하는 형의 목소리를 들었다. 피고인석으로 가면서 잠깐 마주쳤는데 형이 낮고 빠르게 말했다. "나는 죽는다. 보성집 잘 지켜라." 형은 죽음을 각오한 듯 담담한 목소리였다. 재판과정에서 그들은 혐의사실을 거의 다 인정했다. 정춘상이 작은아버지 정해진을 따라 북에 다녀온 사실과 간첩임무를 지시받은 사실, 소련제 기관단총과 총탄을 받아 숨겨놓았으며, 공작금 등을 지급받았다는 사실, 아버지가 돌아가신 후에 세 사람이 임무를 계속하기로 모의했다는 사실까지 인정했다. 안기부 조사과정에서 고문과 강요에 의해 부풀려지기는 했으나 움직일 수 없는 증거와 자백이 있었기 때문에 그들에게 유죄가 선고되리라는 것은 확실했다.

비공개재판이라 방청석에는 입장을 허가받은 가족과 안기부 직원들만 앉아 있었다. 방청석에 앉아 피고인석을 바라보는 가족들 사이에서 간간이 흐느낌과 탄식 소리가 들려왔다. 검사가 형량을 입에 올리는 순간, 장내에는 팽팽한 긴장감이 감돌았다.

"피고인 정춘상에게 사형, 피고인 정종희에게 사형, 피고인 정길상에게 무기징역을 선고해 주십시오."●

정길상은 다리에 맥이 풀려 자리에 주저앉을 뻔했다. 길상은 이때 서른다섯 살이었다. 그의 세 딸은 여섯 살, 네 살, 한 살이었다. 세 딸과 아내의 얼굴이 눈앞에 어른거렸다. 길상의 옆에 서 있던 정종희가 움찔하

- 1981년 4월 11일, 서울형사지법 합의 1부(재판장 김형기)는 정춘상에게 사형, 정종희에게 무기징역, 정길상에게 징역 12년을 선고했다. 1981년 10월 7일, 서울고등법원 제2형사부(재판장 김영진)는 정춘상에게 사형, 정종희에게 징역 15년, 정길상에게 징역 7년을 선고했다. 1982년 2월 9일 대법원 제2부(재판장 신정철)는 정춘상 사형, 정종희 징역 12년, 정길상 징역 7년형을 확정했다.

면서 두 손을 꽉 마주 잡았다. 정종희는 앞을 보지 못하는 자신과 결혼해 남편과 자식들을 건사하느라 평생 고생만 한 아내를 생각했다. 지금 방청석 어딘가에 아내와 함께 앉아 있을 아들도 생각났다. 수없이 각오하고 마음을 굳게 먹자고 다짐했지만 '사형'이라는 두 글자는 무서웠다. 검사가 판사에게 사형을 선고해달라고 요구하는 그 순간에도 의연함을 잃지 않은 사람은 정춘상이었다. 그는 결연한 표정으로 앞을 바라보면서 꼿꼿이 서 있었다.

재판 후 변호인도 안기부 조사

검사의 구형이 끝나자 판사가 변호인에게 최후변론을 하라고 했다. 변호인은 서면으로 제출하겠다고 답변했다. 판사가 피고인들에게 최후진술을 하라고 했으나 그들은 할 말이 없다고 했다. 그들은 이 재판에서 방어권을 제대로 행사할 수 없다는 것을 알고 있었다. 처음 안기부에 끌려가던 그 순간, 그들의 운명은 정해졌고 아무것도 바뀔 수 없다는 것을 알았다. 첫 공판이 열리던 날의 분위기가 모든 것을 말해주었다. 가족들이 돈을 주고도 구하지 못해 애태우다가 겨우 구해 온 변호사가 변정수였다. 변정수는 첫 공판에서 변론요지를 말하면서 서두에 "정해룡 씨라면 호남에서 모르는 사람이 없고, 정해룡 씨의 집안은 대대로 덕망가의 집안인데 이런 일을 했다는 것이 믿어지지 않습니다"라고 운을 떼었다. 이때 검사(김원치)가 자리에서 일어나 날카롭게 외쳤다. "당신, 지금 무슨 소리를 하는 거요? 덕망가 집안? 정해룡의 집안이?"

 검사의 이런 무례한 행동을 재판장이나 배석한 판사들 누구도 말리지 않고 지켜보기만 했다. 법정의 분위기는 얼어붙었고 방청석에 앉아 있던 가족들은 숨도 쉬지 못하고 마음을 졸였다. 방청석 앞자리를 차지하고 앉아 있던 안기부 수사관들의 싸늘한 눈초리가 변정수를 주시하고 있었다. 변정수는 더 이상 변론을 하지 못하고 "앞으로 모든 변론은 서면으로 제출하겠습니다"라는 발언과 함께 자리에 앉아버렸다. 피고인들이 방어권을 제대로 행사할 수 없는 상황임을 알았으나 변정수는 항소심과 상고심까지 서면으로나마 변호인의 의무를 다했다. 변정수는 재판이 끝난 후에 안기부에 끌려가 간첩을 비호했다는 이유로 엄청난 시달림을 당했다.

호남의 덕망가 집안은 왜 반역의 굴레를 쓰게 되었나

호남에서 모르는 사람이 없는 덕망가 집안이라는 변호인의 말에 검사는 왜 그렇게 격앙된 반응을 보였을까? 검사 입장에서는 그와 같은 전제가 자신이 관철하고자 하는 논리에 도전하는 것으로 들렸던 것이다. 정해룡 가문이 덕망가의 집안이라는 것은 많은 사람들이 공감하는 진실이었다. 검사는 그것을 알기에 그런 과잉반응을 보인 것이 아닐까?

 이 사건의 핵심인물은 정해룡과 정해진이다. 그러나 이미 세상을 떠난 정해룡과 북한에 살고 있는 정해진을 대한민국 법정에 세울 수는 없었다. 정해룡과 정해진 형제가 식민지시대와 해방공간에서 했던 일들은 이 재판에서 정춘상, 정길상, 정종희의 '반역'을 입증하는 증거자료로만 쓰였다. 정해룡과 정해진, 그리고 그의 친족들은 실제로 어떤 삶을 살았을까? 덕망가 집안의 일원으로 살았던 그들은 어떻게 해서 대한민국 법정에서 반역의 굴레를 쓰고 재판을 받게 되었을까?

차례

프롤로그   5

1 식민지의 백성으로 태어나다   13
2 종손의 운명   27
3 일찍 어른이 된 해룡   39
4 봉강의 성인 신고식   47
5 지역사회의 기대를 받는 모범적 청년   57
6 형제가 뜻을 합쳐 해방을 준비하다   81
7 해방 직전과 해방 직후   109
8 봉강리에서 맞이한 해방   131
9 보성의 건준과 정해룡   141
10 좌우대립의 격랑 속에서   155
11 분단을 막으려던 사람들   167
12 여운형의 죽음과 정해룡   183
13 전쟁 전야   197
14 한국전쟁   237
15 진보정치 탄압과 정해룡의 시련   253

16	4·19혁명과 5·16쿠데타	265
17	대중당 활동과 3선개헌 반대투쟁	287
18	나의 아버지 봉강 정해룡	303
19	준비되지 않은 이별	313
20	1980년 보성가족간첩단 사건	329
21	당신들은 생물이 아니다	343
22	꽃상여	355

에필로그　363

지은이의 말　369
봉강 정해룡 연보　375
부록 | 아부하고 고개 숙여 정승 판서 나오면 뭐하냐　379
해제 | 가훈 "역사의 죄인이 되지 말라"를 몸소 실천한
　　　 정해룡과 그의 후손들 _한홍구　395
참고문헌　417

— 1 —
식민지의 백성으로 태어나다

봉황이 날아든 터, 영광 정씨 가문의 종손

전라남도 보성군 회천면 봉강리 677번지에는 영광 정씨 가문이 누대에 걸쳐 살아온 집이 있다. 봉강(鳳崗) 정해룡(丁海龍)은 이 집에서 1913년 7월 2일에 태어났다. 아버지 정종익과 어머니 윤초평 사이의 장남이자 가문의 종손이었다. 봉강리는 웅치면과 회천면의 경계를 이루는 일림산 자락에 자리 잡고 있다. 일림산은 해발 664미터의 꽤 높고 깊은 산이다. 호남정맥이 제암산과 사자산을 거쳐 남해로 들어가기 직전에 솟은 산이다. 정해룡의 집터는 봉강리에서도 가장 위쪽으로 일림산과 가까운 곳이다. 봉황이 날아든 터라고 해서 봉서라고 불리는데 풍수가들 사이에는 천하의 명당으로 소문난 곳이다. 풍수가들은 이런 집터를 '영구하해'(靈龜下海)라고 불렀다. 신령스러운 거북이가 바다로 들어가는 터라는 것이다.

집 뒤로 거북이 등처럼 둥그런 봉우리가 있고 거북이의 주둥이에 해당

봉강 정해룡. 그는 일제강점기에 민족교육기관 설립과 항일운동에 거액을 희사하고 노비문서를 불태워 노비를 해방하는 등 삼천 석 부농 집안의 전 재산을 격랑 속의 민족과 나라를 구하는 데 바쳤다.

하는 자리 바로 아래 집이 자리 잡고 있다. 이 집이 거북정이라고 불리는 이유다. 거북이 등 모양의 봉우리 뒤에 또 산봉우리가 있어 멀리서 바라보면 '좌청룡 우백호'에 해당하는 산봉우리가 두 겹으로 집을 감싸고 있다. 오른쪽의 산자락은 좀 더 길게 내려와 나지막하게 집을 감싸고 있다. 너무 휑하게 앞이 터져 있어 집터의 기운이 새어나가는 것을 막아주는 것이다.

사랑채에 앉아 앞을 내다보면 왼쪽으로는 멀리 바다가 보인다. 득량만에 호수처럼 고인 물이 햇살을 받아 반짝이고 있는 모습을 볼 수 있다. 이렇게 나무랄 데 없는 명당의 조건을 갖춘 집이었지만 조선이 일본의 식민지가 된 이후에 태어난 정해룡의 인생은 결코 순탄하지 못했다. 정해룡이 태어나던 무렵, 그의 가문은 보성 일대에서 많은 농토를 소유한 지주였다. 정씨 가문은 삼천 석지기로 알려져 있는데, 정해룡의 조부인 정각수(丁珏壽)가 소유한 전답이 300여 만 평이나 되었다.

> 내가 태어나 자라던 곳은 따뜻한 남쪽 바닷가에 있는 마을이었다. 마을 뒤에는 연봉과 일림산 등 해발 600미터가 넘는 산들이 병풍처럼 둘러 서 있고, 5리 밖에는 호수 같은 바다와 만나는 곳이었다. 산기슭에는 수령 200년이 넘는 노송이 바다 같은 숲을 이루어 백로가 깃을 치기도 했다. 산속에서 흘러내리는 계곡물에는 폭포도 있고 넓고 깊은 소도 있어서 우리는 낙수를 맞고 자맥질을 하면서 놀았다. 산에는 동백나무와 차나무들이 야생으로 자라서 봄철이면 꽃을 피웠고, 마을을 방풍림처럼 둘러싸고 있는 참대밭은 겨울밤에 눈이 내리면 눈의 무게를 이고 고개를 숙였다가 아침 해가 솟으면 눈을 털털 털고 고개를 쳐들고 일어나는 그런 곳이었다.

정해룡이 태어나고 2년 뒤인 1915년에 태어난 그의 동생 정해진(丁海

'신령스러운 거북이가 바다로 들어가는 터'(靈龜下海)에 자리 잡고 있는 정해룡 집안의 터전인 거북정 전경.

珍)은 육필수기*에서 고향을 이같이 묘사했다. 봉강리 마을에 가보면 해룡과 해진 형제가 태어나서 자라던 그 시절과 크게 달라지지 않은 풍경을 볼 수 있다. 정씨 고택인 거북정 아래로 정씨 일가가 대부분인 40여 채의 집들이 군데군데 자리 잡은 봉강 3리의 자연부락은 여전히 좋은 자연환경 속에 조용하고 깨끗한 시골마을로 남아 있다. 겉으로는 평화로워 보이지만 일제강점기와 한국전쟁을 거치면서 이 마을과 정씨 일가는 엄

- 한국전쟁 때 월북해 북한에서 살았던 정해진이 1980년대 후반에 쓴 수기. 정해진은 1998년에 세상을 떠난 것으로 알려져 있다. 정해진의 출생부터 한국전쟁이 발발하던 1950년 6월 25일까지의 일들을 기록했다. 미국에 살고 있는 정해진의 조카사위가 2015년 겨울에 기독교 선교단체의 일원으로 평양을 방문했을 때, 정해진의 아들 정훈상과 만나 이 수기를 건네받아 정국상에게 전해주었다.

청난 환란을 겪었다. 봉강 3리는 흔히 봉서동으로 불린다.

임진왜란의 영웅인 반곡 정경달의 핏줄

정해룡이 태어난 1913년은 일본이 조선을 강제로 병합한 지 얼마 지나지 않은 때였다. 기개 있는 조선의 선비들은 자결하거나 국외로 나가 독립운동에 나섰다. 재빨리 일제에 빌붙어 입신양명을 꾀한 자들도 있었고 세상을 비관해 시골에 은둔하는 사람들도 많았다. 일제강점기가 막 시작된 이 무렵에는 훗날 친일파라고 불리게 된 사람들도 대다수가 잃어버린 나라를 되찾아야 한다는 의지를 갖고 있었다. 조선은 임진왜란과 병자호란을 겪으면서 총체적인 난국에 빠져 있었다. 왕실과 조정은 피폐해진 백성들의 살림살이를 돌보고 내정을 추스르는 일에 실패했다. 조선은 19세기에 접어들어 외부로부터 밀려드는 제국주의 열강의 공세를 이겨내고 나라를 지킬 힘이 없었다. 메이지유신(明治維新)으로 서구식 근대화에 성공한 일본은 제국주의의 첫 번째 희생양으로 조선을 선택했다. 일본은 대륙 침략을 위한 발판으로 식민지 조선이 필요했다.

임진왜란과 정유재란의 두 차례에 걸친 전쟁에서 조선은 이순신과 뛰어난 장수들, 의병과 백성들의 노력으로 나라를 지켜냈다. 영광(靈光) 정씨 혹은 영성(靈城) 정씨로 불리는 정해룡의 가문은 휘덕성을 시조로 하고 훈도공파로 분류되는 28세손인 윤공을 중시조로 두었다. 정해룡의 집안은 충무공 이순신의 종사관*을 지낸 반곡(盤谷) 정경달(丁景達)을 배출한 가문이라는 자부심이 강했다.

정경달(1542~1602)은 1542년(중종 37) 7월 9일, 전남 장흥군 장동면

- 조선시대 각 군영(軍營) 등에 딸린 주장(主將)을 보좌하던 종6품의 관직이다.

반산리에서 출생했다. 그는 어려서부터 비범한 기질과 행동으로 주변의 기대를 모았다. 29세에 문과에 급제해 승주교수를 제수받았다. 조선시대의 교수(敎授)는 서울의 4학 및 도호부 이상 각 읍의 향교에 설치했던 종6품 문관직이다. 그러나 정경달은 부임한 지 3개월 만에 관직을 사임하고 귀향했다. 그가 공식적으로 밝힌 사임 이유는 고향에 계신 부모님을 모시기 위함이었다. 반곡의 생애를 연구하는 이들 중에는 반곡이 향교에서 생도들을 가르치고 수령을 보좌하기도 하는 교수의 역할을 하던 중 부패한 양반 관료사회에 염증을 느껴 귀향한 것이라고 주장하는 사람들도 있다. 이런 주장에 무게가 실리는 것은 그가 10년 동안 고향에 머물다가 39세인 1580년(선조 13년)에 경상도사로 관직에 나섰기 때문이다. 그가 뒤늦게 다시 벼슬길에 나선 것은 더 이상 백성들의 어려움을 외면할 수 없어 자신이 할 수 있는 최선을 다해 보겠다는 결심이 섰다는 뜻이었다. 그는 가평군수, 전주교수, 형조정랑 등을 거쳐 50세가 되던 1591년에 선산부사에 임명되었다.

1592년에 임진왜란이 일어나 왜적이 부산을 함락하고 영남 일대를 침략해 오는 와중에 선산까지 쳐들어오자 그는 허열, 김유일 등과 함께 전투에 대비했다. 적이 선산 부중에 다다른 5월 17일부터는 금오산전투에 직접 참전해 적장을 비롯한 적병 수십 명을 사살했다. 금오산전투는 임진왜란 발발 당시 육지에서 거둔 유일한 승리로 기록되어 있다. 그해 10월에 상주 죽현에서 다시 승전해 인근 지역의 의병들과 힘을 합쳐 계속 싸워나갔다. 이듬해 1월 그는 상도관군대장겸의병총대장이 되어 참전을 계속했고 왜군을 토벌했다.

정경달의 애국적 일생은 충무공 이순신과의 만남에서 꽃을 피운다. 이순신의 『난중일기』와 반곡이 직접 쓴 『난중일기』, 이항복의 『임진록』, 유성룡의 『징비록』 등에는 이순신과 정경달의 관계에 대한 자세한 기록이 있다. 이순신이 선조에게 해안지방 수령들이 문과 급제한 동반들이라 무과 급제한 서반인 삼도수군통제사의 명령을 잘 따르지 않으니 선산부사로서 혁혁한 공을 세운 동반 출신 정경달을 종사관으로 임명해달라고 청했다. 이순신의 종사관이 된 정경달은 호남지역에 둔전(屯田)*을 운영하고 고기잡이, 소금 생산, 그릇 제작 등으로 군비를 확보해 이순신의 수군에 큰 힘을 보탰다. 정경달에 대한 이순신의 신임은 매우 두터워 그가 군영을 비울 때는 정경달이 본영의 운영을 책임지고 총괄했다.

정경달은 1595년 남원부사, 1596년 정주목사를 지냈다. 1597년 정유재란으로 왜군이 다시 침략해 왜인 이중첩자인 요시라(要時羅)**에 의해 이순신이 잡혀 들어가자 선조에게 이순신의 무죄를 직언했다. 당시 영의정 유성룡과 이석형, 이항복 등이 선조의 마음을 돌리고자 백방으로 힘썼으나 통하지 않았다. 그들은 정경달에게 임금을 설득하게 했다. 선조가 이순신이 왜군을 보고 싸우지 않은 죄를 묻자 정경달은 "이순신은 왜의 이중첩자 요시라와 조정 대신들의 모함에 의해 옥에 갇혔으며, 이순신의 애국심은 적을 방어하는 재주가 일찍이 그 예를 찾을 수 없고 전쟁에 나가 싸움을 미루는 것은 병가의 승책인데 어찌 적세를 살피고 싸움을 주저한다 하여 죄로 돌릴 수 있습니까? 왕께서 이 사람을 죽이면 나라가 망하겠으니 어찌하겠습니까?"라고 이순신의 석방을 강하게 주장했다. 정씨 집안사람들은 종사관으로서 충무공과 생사를 함께했던 정경달의 애족애민 의식이 유전자처럼 자손들에게 대물림했다고 믿고 있다.

- 고려·조선시대에 군량을 충당하기 위해 변경이나 군사 요지에 설치한 토지를 말한다.
- 임진왜란 당시 고니시 유키나가(小西行長) 부대에 소속된 무관으로 조선과 명나라에서 파견한 사신들의 접대와 통역을 담당했다. 1594년(선조 27) 경상 우병사의 진(鎭)에 드나들면서 거짓 귀순해 첩자활동을 벌였다. 그 뒤 1597년(선조 30)에 삼도수군통제사 이순신을 모함해 이순신이 하옥되었다.

오늘도 정씨 집안과 충무공 집안은 서로 세이지간(世以之間)*의 예를 갖추고 긴밀한 유대를 이어오고 있다.

정씨 고택의 사랑채에는 '역사의 죄인이 되지 말라'(勿爲歷史罪人)라는 가훈이 적힌 족자가 걸려 있다. 임진왜란 때 나가 싸워 나라를 구한 정경달의 가문다운 가르침이다. 정씨 가문의 자손들은 이 여섯 글자를 마음에 새기며 자랐다. 정해룡이 태어났을 때 아버지 정종익과 할아버지 정각수는 가문의 대를 이을 종손이 태어났음을 기뻐했다. 하지만 한편으로는 나라 잃은 땅, 식민지 조선에서 살아가야 할 새 생명이 안쓰럽고 걱정스러웠으리라. 조상들이 피를 흘려 일본으로부터 지켜낸 그 나라를 기어이 일본에 내주었으니, 정경달의 자손들은 식민지 조선이 누구보다도 안타까웠을 것이다.

선비의 길을 가르쳐 준 할아버지

정해룡의 아버지 정종익은 매우 총명한 사람이었다고 하는데, 안타깝게도 1918년 스물일곱 살의 젊은 나이로 세상을 떠났다. 정해룡이 여섯 살, 정해진이 네 살밖에 되지 않았을 때였다. 이때부터 형제는 홀어머니와 할아버지 정각수(1864~1936)의 보호를 받으면서 자랐다. 어려서 아버지를 잃은 정해룡에게는 할아버지가 아버지나 마찬가지였다. 정해룡의 성장기에 큰 영향을 끼친 정각수는 어떤 사람인가? 정각수의 조카로 정해룡 가문의 재산관리인 역할을 했던 정종호는 정각수에 대해 마치 전설처럼 내려오는 이야기를 다음과 같이 들려주었다.

* 양쪽 집안이 여러 대를 이어 인연을 맺어온 가까운 사이. 같은 항렬처럼 서로 말을 놓고 지낼 정도로 허물없이 지냈다고 한다.

봉강 형제가 국사(國事)를 논하던 삼의당(三宜堂). 이곳에서 상하이 임시정부의 외교책 문창범에게 봉강의 조부 정각수가 거금의 독립자금을 전달하기도 했다.

"큰아버지(정각수)가 박남현이라는 사람과 함께 과거시험을 보러 갔어요. 박남현은 팔만 석을 짓는 사람이라 지역에서 박팔만이라고 부르던 사람이죠. 우리 가문보다 훨씬 큰 부자였는데 두 분이 우연히도 생년월일이 같기도 하고 어쨌든 양반에다 지주 가문이라 무척 친하게 지냈어요. 생일날이면 보성 봇재(미력 송림과 봉강리 거북정의 중간 지점)에서 서로 생일선물을 가지고 가서 만나고 했다고 해요. 둘이 같이 과거시험을 보러 간 거죠. 그런데 큰아버지는 도중에 여러 사람을 만나면서 매관매직이 성하고 관료사회가 부패하다는 소리를 듣고, 수원인가 평택인가 경기도 지방에서 과거시험을 포기하고 발길을 돌려 고향으로 돌아왔대요. 그리고 삼의당을 지었대요. 삼의당에서 후손들에게 한학을 가르치고 충·효·예의 도리를 깨우치면서 살게 되었죠. 혼탁한 세상에 나가 출세를 하는 것보다 그것이 선비의 옳은 역할이라고 생각한 거죠."

정각수가 구한말에 과거시험을 보러 갔다가 돌아와 지었다는 삼의당(三宜堂)은 지금도 정씨 고택 뒤에 남아 있다. 삼의당에는 도회종적(韜晦蹤跡), 전소선영(展掃先塋), 교회자질(敎誨子姪)이라는 세 가지 교훈이 적혀 있다. 절개를 지키기 위해 시류에 영합하는 행보를 끊어버리고 조상을 잘 받들어 봉양하며, 자손과 후학을 가르치고 훈육하는 것을 선비가 마땅히 해야 할 일이라고 본 것이다. 정각수는 부정부패가 만연한 조정에 나가 벼슬을 하는 것이 백성을 욕되게 하는 것이라고 생각해 선비로서의 양심을 지키고자 했다. 그러한 정각수의 행적은 벼슬길을 사양하고 고향에 내려가 학문과 무예를 닦던 반곡 정경달을 생각나게 한다. 삼의당은 마을의 서당으로 많은 이가 여기서 공부했다. 삼의당은 정해룡과 정해진 형제의 서재나 마찬가지였고 많은 책이 비치되어 있어 마을의 도서관 구실을 했기에 청년들의 사랑방이 되어 주었다. 삼의당은 봉서동이라는 마을공동체의 정신적 구심점이 되어준 상징적인 공간이었다.

조선이 일제 식민지가 되어 현재에 이르기까지 조선의 유교적 전통과 선비정신에 대해 그 가치를 낮추어 보고 인정하지 않는 것은 사실이다. 이것은 일본 식민사관의 영향도 있으나 조선 중기 이후에 양반계급이 부패하고 무능해 백성의 삶을 어렵게 했던 데에도 있다. 그렇다고 해서 선비정신이 부정적인 측면으로만 부각되는 것도 옳지 않다. 정각수 같은 양심적인 선비들이 조선은 물론이고 일제강점기에 마을공동체에서 긍정적인 역할을 했던 것도 부정할 수 없기 때문이다. 사리사욕이 없고 교양 있는 선비들은 비단 서당에서 학동들을 가르치는 역할만 한 것이 아니라 마을 전체의 스승이 되고 구심점이 되어 관을 상대한다든가 문서를 작성한다든가 하는 어려운 일들을 앞장서서 해결해 주었다. 뿐만 아니라 농사일에 대한 품앗이, 명절 때의 민속놀이, 경조사에 대한 상호부조까지 원활하게 이루어질 수 있도록 결정하고 도와주었다. 많은 선비가 마을에서 서당을 운영하면서 이렇게 마을공동체를 이끌었다. 양심적인 선비들은 일본의 식민지배로 그 정체성이 흔들리고 있는 조선의 전통과 문화를 보존하고 계승하는 역할까지 해주었다.

정해룡은 할아버지로부터 배운 선비의 도리를 지키며 살아갔다. 항일운동을 하고 민족교육을 위해 노력한 것도 선비정신의 연장선에서 행한 일이었다. 정치를 하면서도 그는 자신의 고장을 떠나지 않았고 마을사람들과 긴밀한 유대를 가지고 살았다. 정해룡이 고향마을의 지명인 '봉강'이라는 아호를 평생 사용했다는 것은 고향에 대한 그의 남다른 애착을 보여준다. 봉강 정해룡은 선비로서의 양심과 교양, 품위를 할아버지로부터 물려받았다. 그리고 마을의 구심점이 되어 마을공동체를 이끌었던 조선시대 선비의 역할 역시 물려받았다. 그것이 그가 오늘날까지 지역민들에게 존경받는 이유 중 하나다. 보성군 조성면 석부리 출신의 조인현(1926년생)은 처가가 봉강리에 있어 봉강에 대해 잘 안다고 했다. 그는 "봉강이 덕을 베푼 것은 이루 다 말할 수 없지. 할아버지 대로부터 유전된 것 같아. 윗대부터 마을사람들 어려운 사정을 늘 헤아리는 집안이었지"라고 말했다.

문창범을 통해 독립운동자금을 내놓은 정각수

정각수는 해외의 독립운동단체에 독립운동자금을 헌납한 사실이 있다.

> 정각수는 상해 임정에서 외교책 문창범이 와서 부탁하자 박남현, 박창주 등과 거액을 헌납하였다.

1992년에 보성향교가 발간한 『산양삼강전속수지』(山陽三綱傳續修誌)에 이렇게 기록되어 있다. 정종호는 정각수로부터 문창범이 독립운동자

정해룡 일가친척의 모습. 둘째 줄 왼쪽에서 두 번째가 정해룡의 할아버지 정각수이며, 다섯 번째가 봉강 정해룡, 여섯 번째가 정종호이다. 넷째 줄 다섯 번째는 정해룡의 모친인 윤초평 여사이다.

금을 거두러 와서 거금을 주었고, 보성읍 미력면 송림이라는 동네의 박남현도 거금을 줘서 가져갔다는 이야기를 들었다. 해방 후에 향교에서 『보성군사』를 정리할 때 이런 내용이 들어 있어 누가 이야기했냐고 물어보니까 박남현의 손자가 이 같은 사실을 말했다고 한다. 박남현은 정각수와 함께 과거를 보러 떠났던 박팔만이라는 그 사람이다. 정종호는 우리도 무서워 말을 못 했는데 저 집안도 해방되기 전까지는 함구하고 있었구나라고 짐작했다.

문창범은 20만 명이나 되는 러시아 지역의 한인을 대표하는 인물로 대한국민의회 의장에 선출되어 러시아 지역 한인들 사이에서 '대통령'

- 유교사회의 전통적 가치를 지킨 충신, 효자, 열녀의 행적을 기록한 일종의 자료집이다.

이라고 불리던 인물이다. 1919년 3월에 러시아에 거주하는 한인들의 만세운동을 주도한 그는 상하이 대한민국 임시정부 측과 통합을 모색해 국내외를 연결하는 외교업무를 담당하는 교통총장에 선임되기도 했다. 그 후에 문창범은 상하이 임시정부 측과 의견 차이로 함께 일하지는 않은 것으로 알려져 있다. 그런 점에서 교통총장을 외교책이라고 표현할 수도 있고, 상하이 임시정부가 아니라 러시아의 대한국민의회 측에 독립운동자금을 전달한 것일 수도 있겠다. 어쨌든 문창범은 우리나라 독립운동사에 중요한 족적을 남긴 사람이고 정해룡의 할아버지 정각수가 문창범을 통해 해외의 독립운동단체에 독립운동자금을 헌납한 사실은 변하지 않는다.

— 2 —
종손의 운명

종손은 일본놈들이 세운 학교에 보낼 수 없다

정해룡이 공부를 시작해야 할 나이가 되었을 때 보성과 벌교에는 보통학교가 있었다. 그러나 정각수는 정해룡을 학교에 보내지 않았다. 일본 제국주의가 세운 학교에서 교육받게 할 수 없다는 이유 때문이었다. 정각수는 일본 제국주의가 조선에 학교를 세우고 조선인을 교육시키는 목적이 일본의 지배에 복종하도록 길들이기 위한 것이라고 생각했다. 그래서 일본인이 세운 학교에 종손을 보낼 수 없다는 것이었다. 그토록 완강한 조부의 반일감정 때문에 해룡은 보통학교에 가지 않고 여덟 살 무렵부터 삼의당에서 한학을 공부했다. 비록 나라는 빼앗겼으나 나라를 되찾기 위해서는 조선의 정신적 토대였던 유학을 가르치는 것이 옳다는 것이 정각수의 지론이었다. 더구나 종손인 맏손자는 선영을 지켜야 할 중책이 있기 때문에 선비로서 유학을 배우는 것이 당연한 일이라고 했다.

모친 윤초평 여사와 함께한 봉강 형제. 모친은 고산 윤선도 집안의 딸로 당시 연로한 시아버지를 봉양하면서 종부로서 대가족을 이끌어 여장부라는 소리를 들었다고 한다. 왼쪽부터 정해룡, 안용섭(윤초평 여사의 사위), 그리고 동생 정해진이다.

우리는 지금 개인의 삶에 대한 결정권이 자기 자신, 즉 개인에게 있다는 생각에 매우 익숙하다. 그러나 그것은 서구사회에서 들어온 민주주의가 보편적 가치로 인정받고 난 이후에 생겨난 생각이다. 계급과 성별, 재산, 그리고 인종에 상관없이 모든 개인이 평등한 권리를 누려야 한다거나 자신의 삶에 대한 결정권이 자신에게 있다는 것이 인정된 지는 그리 오래되지 않았다. 조선은 엄연한 계급사회였고 양반으로 태어나면 크나큰 특권을 누렸다. 양반의 자손은 특권을 누리는 만큼 가문을 위해 개인의 삶을 희생하는 것을 당연하게 여겼다. 양반뿐만 아니라 모든 사회 구성원이 가족공동체와 지역공동체의 삶을 먼저 생각하는 것을 당연하게 받아들였다. 개인의 욕망을 앞세워 공동체의 규율을 어기거나 공동체의 가치를 훼손하는 것은 용납되지 않았다.

정해룡은 태어나면서부터 정씨 가문의 종손이자 정각수 일가의 상속자로서의 특권과 의무를 받아들일 수밖에 없었다. 더구나 그는 아버지가 돌아가시는 바람에 일찍부터 할아버지 다음으로 가문을 이어받을 준비를 갖추어야 했다. 정해룡은 어린 나이였지만 할아버지의 엄명으로 삼의당(三宜堂)에서 한학을 공부하면서 선비수업을 시작했다. 그는 의젓하고 어른스러웠다. 해룡의 당숙인 정종호는 그가 성실하고 인내심이 강한 학동이었다고 기억한다. 해룡은 글을 배우다가 이해하지 못하는 부분이 있으면 밥을 굶더라도 그것을 파고들어가 기어이 그 뜻을 알아야 자리에서 일어났다. 그래서 한 번 익힌 지식은 잊지 않았고 자기의 것으로 만들었다. 해룡은 열여섯 살 무렵에 할아버지가 구해준 독선생으로부터 칠서(七書)*를 다 깨우쳤다.

정해진의 보통학교 진학

정해진은 아홉 살 때까지 형과 함께 삼의당에서 한학을 공부했으나, 열 살이 되던 해인 1924년에 보통학교에 들어간다. 그가 학교에 가게 된 것은 신학문을 배우지 않으면 자식들을 다 병신 만들고 말 거라는 어머니의 강력한 주장이 있었기 때문이다. 어머니 윤초평은 고산 윤선도 집안의 딸이다. 스물아홉 살에 남편을 잃었으나 종부의 의무를 다하며 집안

---

* 사서삼경(四書三經)을 말한다. 사서와 삼경을 합하면 7책이 된다. 사서삼경은 유교의 근본이 되는 책으로 사서는 『대학』(大學), 『논어』(論語), 『맹자』(孟子), 『중용』(中庸)을 말하며, 삼경은 『시경』(詩經), 『서경』(書經), 『주역』(周易)을 가리킨다.

을 지켜온 사람이다. 자식들에 대한 기대와 사랑이 그를 지탱해주는 힘이었다. 이미 열두 살이 되어 일찍 철이 들었던 해룡은 어머니와 뜻이 같았다. 자신은 할아버지를 거역하지 못하지만 동생만은 신학문을 배워 변화하는 세상에서 뜻을 펼치며 살아가기를 바랐다. 어머니와 형이 할아버지를 설득한 덕분에 해진은 근대식 교육을 받을 수 있었다. 장남 해룡과 차남 해진은 이렇게 출발부터 달랐다. 훗날 그들의 운명이 남과 북으로 갈리게 된 것은 태어난 순서가 정해졌을 때 이미 예정된 일이었는지도 모른다.

해진은 보성이나 벌교가 아닌 장흥에서 보통학교에 다녔다. 당시는 장흥보통학교가 보성보다 더 낫다는 어른들 나름의 판단이 있었을 것이다. 교통편이 좋지 않던 당시로서는 50리 길이 넘는 장흥은 통학할 수 있는 거리가 아니었다. 해진은 일가의 친척 형들과 함께 장흥읍의 여인숙에 하숙을 정하고 보통학교에 입학했다.

열 살 해진, 식민지 조선의 실상을 경험하다

정해진은 육필수기에서 당시 자신이 본 장흥읍의 사정을 다음과 같이 묘사하고 있다.

> 당시의 군소재지 형편을 보면 3·1운동 후의 소위 '문화통치'의 시기였으나 재판소와 경찰서, 군청 등 무시무시한 폭압기구들이 거리의 요충지를 점거하고 있었다. 거기는 조선 사람은 접근하기도 어려웠으며 판검사, 경찰서장, 군수는 물론이고 학교장, 교무주임 등 보통학교의 중요한 직책도 거의 일본놈들이 차지했다. 큰 상점, 농장, 정미소, 양조장, 큰 요릿집 등도 모두 일본놈들 소유로 경제적 명맥을 일본놈들이 틀어

쥐고 있었다. 조선 사람들은 구멍가게, 육고집(정육점), 두부집, 이발소, 여인숙을 경영하거나 군청의 말단직원, 순사, 대서인을 하는 것이 고작이었다. 농촌이나 어촌에 사는 사람들도 대부분은 일본놈들에게 쌀과 면화를 대주기 위한 농사일의 고역에 시달리거나 5일에 한 번씩 열리는 장마당에 매달려 호구지책을 강구하고 있었다. 이런 실정이다 보니 일본놈들은 하오리에 게다짝을 끌면서 제 세상을 만난 듯이 네 활개를 치고 거리를 비틀거리면서 '나니와부시'(浪花節)*를 불렀지만 조선 사람들은 그놈들과 마주치면 길을 비켜주어야 했고, 여인숙 같은 데는 아침저녁으로 조박**을 얻으려고 서성거리는 늙은 할머니와 어린것들의 발자취가 끊일 사이가 없었다.

장흥보통학교 1학년을 마친 해진은 공부를 잘해 3학년으로 월반했다. 여인숙에서 같이 하숙하던 친척들이 졸업하자 할아버지는 여석구라는 사람의 집으로 하숙을 옮겨주었다. 이때 해진은 식민지 조선의 가난한 사람들의 삶을 몸으로 체험하게 된다. 그는 이 경험을 다음과 같이 적고 있다.

> 할아버지는 나를 우리 집의 신세를 진 적이 있다는 여석구라는 분의 집에 맡기었다. 그분은 쉰을 바라보는 노인으로서 성품이 좋았고 그의 아들은 이발사였다. 여석구는 5일장에서 별전노리***를 했는데도 생활은 피가 나도록 가난했다. 게딱지 같은 초가 두 칸짜리 집에 늙은 어머니와 아들 내외를 데리고 나까지 다섯이 살았는데, 자리에 누우면 흙냄새가

---

* 샤미센(三味線) 반주로 부르는 일본 고유의 창(唱)을 말한다.
** 술지게미.
*** 돈을 빌려주고 이자를 받는 일을 뜻한다.

쾨쾨하게 코를 찌르는 집이었다. 전등도 없고 밤에는 겨우 초를 켜는 형편이었기 때문에 공부는 낮 동안밖에 하지 못했다. 밥은 세 끼 흰 밥에 간장이나 된장을 찍어 먹었는데 밥을 먹고 나면 어쩐지 두어 시간도 못 되어 배가 고파서 견딜 수가 없었다. 나중에 알고 보니 우리가 먹던 흰쌀은 조선의 옥백미가 아니라 월남에서 수입해 온 진기 없는 안남미였던 것이다. 당시 일본놈들은 기름진 조선 쌀은 모조리 공출로 빼앗아 가고, 남조선 사람들에게는 안남미를, 북조선에는 중국 동북지방의 고량을 수입해서 먹였던 것이다. 이 당시의 조선 사람들은 거의 다 이런 생활을 하게끔 운명지어져 있었으니, 마음씨 좋고 나를 귀여워했던 여석구 인들 어찌할 도리가 있었겠는가?

정해진이 여석구라는 사람의 집에서 하숙했다는 사실은 얼핏 생각하기에 잘 이해가 가지 않는 일이다. 해진은 삼천 석지기 지주 가문의 귀한 아들이다. 일제강점기인 1920년대라 해도 집에서는 '도련님' 소리를 들으면서 기름진 음식을 먹고 자랐을 것이다. 그런데 정각수는 손주를 왜 이런 가난한 집에 하숙을 시켰을까? 우선 여석구의 가난한 살림에 해진의 하숙비를 보태주려는 의도가 있을 수 있겠다. 정각수와 여석구가 어떤 관계였는지는 몰라도 손자를 맡길 정도면 서로 신뢰하는 사이였을 것이다. 정각수는 양반이고 지주였으나 자신의 신분에 대한 특권의식이 없었던 사람이라고 짐작해 볼 수 있다. 또 하나는 해진에게 식민지 조선에서 서민들이 살아가는 실상을 직접 겪어볼 수 있게 해주려는 것일 수도 있다. 어쨌거나 이 경험은 해진에게 민중의 삶을 이해하는 중요한 계기가 되었다.

보통학교 3학년이던 열한 살에 해진은 큰 고개를 둘이나 넘어 45리 길을 걸어서 토요일에 집에 갔다가 일요일에 돌아오곤 했다. 나중에는 자전거를 타고 집에 다녀오기도 했다. 해진은 어렸을 때부터 건강하고 체력이 좋았다. 해진은 이렇게 일찍부터 봉서동의 집을 벗어나 다양한 경험을 하고 독립심을 기를 수 있었다.

해진은 보통학교 시절의 담임이었던 주희팔 선생을 존경했다. 3년 동안 그의 학급을 맡아 가르쳤던 주희팔은 제주 출신의 젊은 교사로 미술시간이나 체조시간이면 학교 옆 산 둔덕에 학생들을 데리고 올라갔다. 둔덕은 진강의 맑은 물이 솟아나오는 절벽 위에 있었다. 강 건너 저 멀리에는 제암산과 사자산, 억불산 등 600미터에서 700미터가량 되는 높은 산들이 파도처럼 연봉을 이루고 있었다. 특히 억불산은 지면에서 일직선으로 솟아올라 하늘을 향해 높이 치달아 올라가는 것이 마치 비룡이 승천하는 것 같았고 산머리에 큰 바위들이 우뚝우뚝 솟아 그 의연한 모습이 참으로 보기 좋았다. 주희팔은 계절 따라 그 모습이 바뀌는 억불산을 그리게 했다. 해진은 선생님이 조국 산천의 아름다움과 의연한 기상을 아이들의 가슴속에 심어주기 위해 억불산을 그리게 했다고 생각했다. 체조시간에는 둔덕에 올라 편을 나누어 씨름을 하기도 했다. 씨름이 끝나고 나면 며칠 동안 학생들이 잘한 일은 칭찬해주고 공부를 소홀히 했거나 잘못된 일을 했을 때는 사랑에 넘친 어조로 타일렀다. "공부를 잘해야 한다. 너희들이 공부를 잘하지 않고 나쁜 짓을 하면 우리가 영영 일본놈들의 지배를 받게 될 것이다"라고 학생들을 깨우쳐 주었다. 해진은 나이를 먹어서도 주희팔 선생의 가르침을 잊지 않았다고 회상한다. 주희팔은 해진에게 민족을 사랑하라고 가르친 최초의 스승이었다.

해진은 보통학교 시절에 각계각층의 친구들을 사귈 수 있었다. 해진은 지주 집안이나 부자집 아들딸보다 서민 가정의 친구들과 더 친했다. 해진은 어린 나이에 집을 떠나 5년의 객지생활을 경험했다. 그동안 그는 키가 크고 몸집이 자랐으며 정신적으로도 성숙해졌다. 나라 없는 조선 사람들의 비참한 처지에 대한 연민을 느꼈으며, 근면하고 공부 잘하는 서민 가정의 아이들은 어렵게 사는데 나쁜 짓을 하고 공부도 잘하지 못하는 부자집 아이들은 부족함 없이 사는 것에 대해 세상이 불공평하지 않은가라는 생각도 하게 되었다.

제1차 세계대전과 식민지 초기의 독립운동

봉강 정해룡이 식민지 백성으로 태어나 성장기를 보낼 무렵, 세계의 역사는 어떻게 전개되고 있었을까? 정해룡이 태어난 1913년은 제1차 세계대전(1914~18)이 일어나기 직전이었다. 19세기 말부터 서구 열강과 경쟁하면서 제국주의적 영토 확장에 나선 일본은 조선을 병합해 식민지로 삼은 데 만족하지 않고 침략의 야망을 드러내며 결국 제1차 세계대전에 뛰어들었다. 제1차 세계대전의 발발로 작은 나라들과 백성들의 엄청난 희생이 뒤따랐다.

제1차 세계대전이 발발한 1914년에는 우리 민족 최초의 임시정부인 대한광복군 정부가 러시아 블라디보스토크에서 조직되었다. 러시아 연해주지역에는 20만 명 이상의 한인이 이주해 살고 있었는데, 그들이 일제 초기에 국외의 독립운동을 주도했다. 러시아 한인들의 항일운동단체인 권업회(勸業會)를 이끈 이상설 등이 중심이 되어 비밀결사를 조직해 약 3만 명의 훈련받은 무장병력을 확보했다. 이들은 만주에서도 수만 명의 한인 병력을 확보해 훈련시키는 등 국외의 독립운동을 주도하면서 본격적인 독립전쟁을 준비했다.

그러나 1914년 8월에 제1차 세계대전이 일어나자 러시아 정부는 일본과 공동방위체제를 갖추고 한국인의 정치·사회활동을 금지했다. 그 여파로 대한광복군 정부는 더 이상 활동을 지속할 수 없어 해체되었다. 1904년에 일어났던 러일전쟁에서 일본이 승리함으로써 조선병합을 쉽게 이룰 수 있었듯이 조선의 운명은 이미 세계 열강의 이해관계 속에서 결정되고 있었다. 이런 사정은 제2차 세계대전의 종전과 함께 조선이 해방되었을 때에도 달라지지 않았다. 그러나 조선이 식민지가 되자마자 무력항쟁을 조직했다는 사실은 조선 사람들이 일본의 지배를 결코 인정하지 않고 처음부터 독립을 위해 나섰다는 점에서 큰 의미가 있다.

3·1운동과 몽양 여운형

정해룡이 아버지를 잃고 할아버지의 훈육을 받게 된 이듬해인 1919년은 3·1운동이 일어난 해다. 훗날 정해룡의 인생에서 가장 중요한 인연을 맺게 되는 몽양 여운형은 이때 상하이에서 활약하고 있었다. 1914년에 중국으로 건너간 여운형은 난징(南京) 진링(金陵) 대학에서 공부하면서 국제적인 안목을 길렀다. 여운형은 신한청년당을 조직해 활동하면서 제1차 세계대전의 전후 처리문제를 논의하는 파리강화회의에 조선대표를 파견해 독립을 원하는 조선의 입장을 국제사회에 알리려고 했다. 김규식을 대표로 정해 쑨원*의 도움을 받아 여권을 구하고 여비와 배편을 마련해 김규식을 파리로 보냈다. 여운형은 신한청년당 당원들을 경성과 평양, 동경으로 보내 김규식의 파리 파견을 알리고 동경에서는 2월 초에, 경성에서는 3월 초에 만세운동을 일으킬 것을 당부했다. 여운형은 1백만 명이 넘는 동포가 살고 있는 간도와 시베리아, 블라디보스토크 지역으로 가서 만세운동의 불씨를 당겼다. 여운형은 이때 문창범과 만났다. 문창범은 정해룡의 할아버지 정각수가 독립운동자금을 전달한 것으

* 쑨원(孫文, 1866~1925): 청나라의 정치사상가 겸 의사이자 중화민국의 국부로, 중화민국의 초대 임시 대총통을 지냈다. 민족주의(民族主義), 민권주의(民權主義), 민생주의(民生主義)를 일컫는 '삼민주의'를 주창한 것으로 잘 알려져 있다.

로 알려진 사람이다.

　3·1운동은 동학농민전쟁과 의병항쟁, 그리고 애국계몽운동에 참여했다가 국내와 해외 각지로 흩어졌던 애국지사들이 공간을 뛰어넘어 힘을 합친 결과 국내외에서 한마음으로 조선의 독립의지를 보여준 사건이었다. 여운형은 3·1운동의 단초를 마련하는 데 크게 기여했다. 1919년 4월 11일, 상하이에 대한민국 임시정부가 세워졌고 여운형은 임시의정원의 외무위원장이 되었다. 여운형은 분열이 일어날 것을 우려해 임시정부 수립보다는 신한청년당 같은 비밀정당 활동이 더 낫다고 생각했다. 예상했던 대로 임시정부의 직책과 지위를 놓고 독립운동가들 사이에 다툼이 벌어지자 여운형은 외무위원장직을 사임했다.

　어렵게 대표를 파견한 파리강화회의에서 대표국들은 조선의 독립문제에 관심을 갖지 않았다. 조선의 독립문제는 회의 안건으로 채택조차 되지 않았다. 일본이 제1차 세계대전의 승전국으로 파리강화회의에 참가한 탓이기도 했다. 파리강화회의 당시 우드로 윌슨(Woodrow Wilson)이 제창한 민족자결주의*에 조선인들은 큰 희망을 걸었다. 민족자결주의란 말 그대로 한 민족이 다른 민족이나 국가의 간섭을 받지 않고 자신의 정치적 운명을 스스로 결정하는 권리를 가진다는 것이다. 그러나 민족자결주의는 제1차 세계대전의 패전국이었던 독일과 오스트리아 등이 갖고 있던 식민지를 내놓게 하고, 영국과 프랑스가 패전국의 식민지를 차지하지 못하게 하려는 미국 측의 의도를 반영한 것이다. 결과적으로 민족자결주의 원칙은 전승국의 식민지에는 적용되지 않았으며, 패전국이나 러시아의 지배 아래 있었던 일부 작은 나라에만 적용되었다. 그것

- 1919년 제1차 세계대전의 뒤처리를 위해 열린 파리강화회의에서 당시 미국 대통령이었던 윌슨이 제창한 것으로, 한 민족이 그들 국가의 독립문제를 스스로 결정짓게 하자는 원칙을 말한다. 식민지 상태에서 독립을 원하는 민족들에 희망을 주었고 우리나라의 3·1운동에도 많은 영향을 끼쳤다.

이 국제정치의 냉엄한 현실이었다.

그러나 조선의 3·1운동은 식민지 민족들에는 전설이 되었다. 제1차 세계대전에서 승리한 제국주의 일본에 맞선 최초의 민족민중항쟁이기 때문이다. 몽양 여운형은 3·1운동에서 중요한 역할을 한 지도자로 중국과 소련에서 주목을 받았다. 1921년 소련의 모스크바에서 '원동 피압박 민족대회'가 열렸다. 소련이 식민지배를 당하고 있는 국가들의 독립투쟁을 지지하고 제국주의 국가들을 견제하기 위해 개최한 행사였다. 여운형은 30여 명의 조선대표단의 공동대표로 이 대회에 참가했다. 모스크바의 크렘린궁에서 열린 개회식에서 여운형은 다음과 같은 연설을 했다.

"조선은 주권이 인민에게 있는 민주공화제의 자주독립 국가를 세우기 위해 싸우고 있습니다. 조선은 땅이 비록 일본의 지배를 받고 있으나, 조선의 사람과 조선의 혼은 그렇지 않습니다. 오늘 이곳에 있는 우리가 바로 그 증거입니다. 조선의 양심과 정의는 이미 일본을 제압하고 있고, 여러분과 함께 모든 제국주의 국가들을 제압할 것입니다."

민주주의를 원칙으로 한 자주독립 국가에 대한 여운형의 꿈은 이때부터 확고했던 것이다.

— 3 —
일찍 어른이 된 해룡

열여섯 살에 결혼, 통신교육으로 배움의 갈증을 달래다

정해룡의 삶의 시간표는 조선시대 양반 가문의 자손들처럼 짜여졌다. 정해룡은 열여섯 살이 된 1928년에 할아버지가 정해준 사람과 결혼했다. 그는 열일곱 살에 첫딸을 얻어 아버지가 된다. 정해룡은 열여섯 살에 결혼한 처 박남이와의 사이에 6남 3녀의 자식을 두었다. 열서너 살 무렵에는 이미 철이 들대로 들어 어머니의 의논 상대가 되고 할아버지에게도 아들 못지않은 든든한 자손의 역할을 다했다. 결혼 이후에는 할아버지가 원하는 대로 대가족을 이끌 가장으로서의 자질과 능력을 갖추었으며, 지주이자 선비로서 마을의 중심을 잡아주는 좌장의 역할도 익혀 나갔다.

　결혼과 함께 집 안팎에서 어른으로 인정받은 정해룡은 오래 소망해 온 일을 실행에 옮긴다. 이른바 신학문이라고 불리는 근대식 교육을 받기로 한 것이다. 할아버지의 뜻을 존중해 학교에 다니지 않고도 신학문을 할 방법을 찾았는데, 할아버지는 서울에서 신교육자인 안창남을 초빙해 가

정해룡의 가족. 앞줄 왼쪽부터 정종희, 정춘상, 정득상, 정철상, 정영숙이며, 뒷줄은 왼쪽부터 정해룡, 윤초평 여사(앉은이), 박남이(정해룡의 처), 그리고 여동생 정덕남이다.

정교사로 모시고 봉강에게 삼의당에서 신학문을 가르치게 했던 것이다. 한편 일본의 명문 사립대학인 와세다 대학에 통신수학 과정이 있었다. 정해룡은 와세다 대학의 강의록을 우편으로 신청해 독학으로 공부했다. 와세다 대학은 이광수와 최남선 등이 유학했던 대학이었다. 정해룡은 한학을 열심히 공부해 인문학적 기초가 다져졌고 배움에 대한 열망이 워낙 컸기에 독학의 어려움을 이겨낼 수 있었다. 정해룡은 통신수학 과정을 마치고 수료증을 받았다. 그는 능숙하지는 못해도 일본어를 듣고 이해할 수 있었으며 일본어로 된 책은 어려움 없이 읽었다.

정해룡은 통신수학으로 변화하는 시대를 이해하기 위해 필요한 새로운 지식에 대한 갈증을 조금은 풀 수 있었다. 즉 일본과 서양의 역사, 그리고 서구 근대문명의 토대가 된 과학과 인문학에 대해 기초적인 수준의 이해를 갖게 된 것이다. 독학으로 공부하다 보니 답답한 점이 많았으나 우물 안 개구리를 벗어났다는 안도감과 함께 숨통이 트이는 느낌을 받았다. 그는 일본어로 된 사회과학 서적들을 접하면서 역사와 사회구조에 대해 관심을 갖게 되었고 민주주의의 개념도 이해하게 되었다. '역사의 죄인이 되지 말라'는 가훈을 마주하면서 과연 그 역사는 누구의 역사인가에 대해서도 생각했다. 동생 해진은 지식에 대한 해룡의 갈증을 풀어주는 데 큰 역할을 했다. 해진이 방학 때 집에 오면 둘은 많은 시간을 함께 보냈다. 혼자만 학교에 다니는 것이 늘 미안했던 해진은 형에게 자기가 배운 지식을 열심히 나누어주었다. 해진은 차츰 학교에서 배운 지식과 함께 형에게 세상을 바라보는 눈까지 열어주기 위해 노력했다. 해룡은 해진과의 대화에서 미진한 부분은 독서를 통해 해결했다.

곡식을 풀어 배고픈 사람들을 먹이다

1929년 남부지방에 큰 흉년이 들었다. 굶어 죽는 사람이 속출할 정도로 심각한 상황이었다. 정각수는 곡식 수백 섬을 풀어 면민에게 나누어 주었다. 이때부터 정해룡은 가난은 사회 구성원이 함께 해결해야 할 문제임을 마음 깊이 새겼다. 사실 정각수는 지주라고 해서 호사를 누리거나 돈을 쉽게 쓰는 사람이 아니었다. 그는 늘 검소한 생활을 했고 가솔들에게도 낭비하지 않도록 당부했다. 정씨 가문의 나눔은 전통 깊은 것이었다. 춘궁기에는 해마다 곡식을 풀어 마을사람들을 도왔다. 정해룡은 할아버지 대를 이어 가장이 되었을 때도 나눔의 전통을 이어갔다. 정해룡은 차츰 많은 땅을 가진 지주로서 배고픈 사람들에게 곡식을 나누는 일에 그치지 않고 근본적으로 배고픈 사람이 없이 두루 평등하게 잘사는 세상을 고민하게 되었다.

정해진의 광주고보 진학과 광주학생운동

정해진은 1929년에 광주고보에 진학한다. 해진은 고보에 입학하고 나서 신천지를 경험한다. 선배들의 언행을 보면서 민족주의에 눈뜬 것이다. 육필수기를 통해 그의 생생한 경험담을 들어보자.

> 선생의 말이면 다 옳고 절대적인 것이며 열심히 공부만 하고 있던 나이 어린 학도였던 나는 광주고등보통학교에 입학하자 거의 딴 세상에 온 것 같은 놀라움을 금치 못하였다. 고보 4, 5학년 학생들은 나이로 따져도 다 20세를 넘은 청년들이었고, 머리도 빡빡 깎아서 중머리로 하는 것이 아니라 길러서 가르마를 탄 학생들이 적지 않았다. 민족에 대한 그들의 사명감은 오늘날 대학생 맞잡이였다. 하숙집에 돌아와서 하는 것은 공부보다는 웅변연습인 것 같았다. '우리는 식민지 노예교육을 반대한다' '학생들의 민족적 사명은 무엇인가?' 등의 내용을 다분히 영화 변사조로 엮어가는 선동연설이었다. 학교에서 하는 운동은 거의 축구였는데• 적지 않은 학생들이 등교 시에도 축구화를 신고 다녔다. 유술을 하는 학생들도 많았다.

• 1882년(고종 19년)에 인천항에 정박한 영국 군함 '플라잉호스호'의 승무원들이 인천지역 사람들에게 축구를 전해주었다. 1920년대에 간도지방으로 이주한 조선인들이 축구를 했다는 기록이 남아 있다. 일제강점기인 1933년에 조선축구협회가 창립되었지만 일제는 1938년에 모든 체육단체를 해산했다. 이 과정에서 조선축구협회도 강제해산되었다. 류청, 『월드컵 축구 엠블럼 사전』, 보누스, 2016 참조.

학과시간에는 잘 가르치는 선생의 강의는 열심히 들었으나 그렇지 못한 선생의 경우에는 교과서는 책상 위에 내놓지도 않고 강의가 시작되자마자 선생에게 질문을 퍼붓는 것이었다. 예를 들면 "선생들은 니노미야 손토쿠*처럼 부지런히 일하면 잘살게 된다고 가르쳤는데 우리 고장 아무개란 농민은 꼭두새벽부터 야밤삼경까지 죽어라 일하는데 왜 점점 더 못살게만 되는가?" "막부정치 사무라이들이 일본 전국을 통치했다는데 그때 일본 천황은 무엇을 하였는가?" 등 일본 식민지 노예교육의 본질을 폭로하는 질문들이었다고 추측된다. 상급생들은 민족교육 실시 등 각종 요구조건을 내걸고 교장실과 교원실로 담판하고 들어갔다.

이런 분위기였기 때문에 입학한 지 얼마 안 되는 우리 1학년생들도 창가시간에 일본 노래를 가르치면 뒷줄에서는 '아리랑' 등 조선 노래를 불렀다. 체조시간에는 정렬도 하지 않고 운동장 가에 앉아 있다가 선생이 축구나 하자고 하면 흥이 나서 하고, 높이뛰기 같은 것을 시키면 높이 뛰었다가 내려오면서 일부러 높이뛰기 바를 부러뜨리기 일쑤였다. 1학년생들도 얼마 안 가서 어려운 문제를 가지고 선생에게 질문을 들이대기 시작했다.

1929년 당시의 학교 분위기가 어떠했는지 손에 잡힐 듯이 실감 나게 보여주고 있다. 정해진이 광주고보에 입학하기 전인 1926년에는 6·10만세운동**이 있었다. 반일감정은 학생들과 지식인들 사이에서 고

- 니노미야 손토쿠(二宮尊德, 1787~1856): 에도시대 말기의 농정가. 일제강점기 전국 방방곡곡의 소학교에 니노미야가 유년기에 장작을 짊어지고 책 읽으면서 걷고 있는 모습(負薪讀書像이라고 함)을 동상으로 만들어 세웠다. 식민지였던 한국에서도 수신교과서(도덕과목)를 통해 교육되었고 전국 소학교에 니노미야의 동상을 세우고 본받아야 할 인물로 가르쳤다.

조되고 있었으며, 노동운동 또한 항일투쟁의 성격을 강하게 드러냈다.

일본은 일제 통치기구에 협조할 수 있도록 기술 부문이나 간단한 사무직 정도를 위주로 조선인을 교육했다. 조선인의 지식수준이 높아지면 일본의 식민통치가 어려워진다는 생각으로 제한된 교육만을 고집했다. 조선 학생들은 이런 차별적인 식민지 교육에 대해 반발했다. 1928년에 83건의 항일학생운동이 벌어졌다는 것은 조선 학생들의 민족의식이 그만큼 높아졌다는 것을 보여준다.

1929년 10월 30일 오후 5시 반에 광주에서 출발한 통학열차가 나주에 도착했을 때, 나주역에서 광주중학 3학년인 후쿠다 슈조(福田修三) 등의 일본 학생들이 광주여자고등보통학교 3학년 학생인 박기옥, 이금자, 이광춘 등의 댕기머리를 잡아당기면서 조롱하는 일이 벌어졌다. 역사(驛舍)에서 같이 걸어 나오던 박기옥의 사촌 남동생인 광주고보 2학년생 박준채와 그의 친구들이 이 모습을 보고 화가 나서 일본 학생들에게 항의하는 과정에서 싸움이 벌어졌다. 역전 파출소 경찰이 출동해 일본 학생들을 편들며 박준채에게 폭력을 행사했다. 광주고보 학생 10여 명이 박준채와 합세해 일본 학생들과 조선 학생들 사이에 싸움이 일어났으나 큰 충돌은 일어나지 않았다.

그러나 그 뒤로도 일본 학생들과 조선 학생들 사이에 크고 작은 싸움이 계속되다가 11월 3일 일왕 메이지의 생일인 메이지절이 되자 광주중학 학생들과 광주고보 학생들 사이에 집단적인 싸움이 일어났다. 광주고보 학생들은 가두시위투쟁을 결의하고 300여 명의 학생이 거리로 나섰다. 광주농업학교 학생들이 합세하고 광주여자고등보통학교 학생들도

•• 1926년 6월 10일 순종의 장례식을 기해 만세시위로 일어난 학생 중심의 민족독립운동을 말한다. 3·1운동 이후에 꾸준히 다져온 학생들의 결사, 동맹휴학, 계몽활동 등의 학생운동이 결집된 소산으로 나타난 항일운동이다. 1919년의 3·1운동과 1929년의 광주학생운동을 잇는 민족독립운동의 가교 역할을 했다.

가세했다. 그들은 "조선독립 만세"를 외치면서 행진했고 거리의 군중들까지 대열을 따르며 이들을 성원했다.

신간회 지부와 청년단체, 사회단체가 광주투쟁의 전국화에 나섰고 광주학생운동은 민족 전체의 공동투쟁이 되었다. 전국의 학생들은 일본의 악랄한 방어태세를 뚫고 총궐기했다. 12월 9일 서울 학생들이 궐기했고 12월 13일로 예정되었던 신간회의 민중운동이 경찰의 저지로 무산되었다. 한용운 등 신간회 회원 44명과 사회단체 회원 47명이 검거되었다.

서울에서는 대학생들까지 궐기해 대거 참가했다. 서울의 항일운동은 전국으로 확산되어 참가한 학교가 194개, 학생 수도 5만 4,000여 명이었으며, 퇴학처분 582명, 무기정학 2,330명, 피검자 1,642명으로 3·1운동 이후 최대의 민족항쟁으로 발전했다.

광주학생운동으로 학업을 중단할 뻔했던 정해진

정해진은 가두시위에 참가했으나 1학년이라 주동세력이 아니었기 때문에 무기휴교 조치로 고향으로 돌아갔다. 해진의 6촌 형인 정해두는 광주농업학교 3학년생이었는데, 광주학생운동의 주모자로 재판에서 3년형을 선고받았다. 정각수는 이를 보고 크게 놀라 손자를 학교에 보냈다가는 감옥살이를 시키겠다며 고향에 붙잡아 두고 한학을 가르치기로 결심했다. 정해진은 이때 두 달 동안 삼의당에서 『사략』을 읽는 등 한학을 공부했다.

어머니와 형 해룡은 해진에게 할아버지 몰래 여비와 학비를 쥐어주면서 장흥으로 보냈다. 해진은 "형이 학교에 다니지 못해 한이 되는데 너까지 학교에 못 가면 어찌겠는가?"라고 말하며 자기 손을 잡아주던 형의 모습을 잊지 못한다. 뒤늦게 해진이 떠난 것을 알게 된 할아버지는 당숙 정종호와 일가붙이 정종해 등을 연달아 장흥으로 보내 해진을 붙들어 오라고 당부했다. 그러나 그들은 장흥에 가서 해진을 만나자 학교에 가면 공부를 열심히 해야 한다면서 용돈까지 쥐어주었다. 해진은 할아버지가 아버지 없이 자란 손주들을 염려하고 사랑했기 때문에 그랬다는 것을 잘 알았다. 다만 어머니와 할아버지가 자식을 사랑하는 방식이 달랐을 뿐이라 여기고 두 분 다 고맙게 생각했다.

정해진이 1930년 1월에 학교로 돌아갔을 때 입학 당시 100여 명이었던 1학년생은 70명 정도 남고, 2, 3학년생은 한 학년에 30명 내외로 전교생이 200여 명밖에 남지 않았다. 학생 수가 절반으로 줄어든 것이다. 3학년 때부터 정해진은 급장이 되었고 공부를 열심히 했다. 광주학생운동의 기억은 당시 열다섯 살이었던 해진의 인생에 큰 흔적을 남겼다. 해진은 그날부터 조선독립을 위해 무엇을 해야 할 것인가를 한시도 잊지 않게 되었다.

— 4 —
봉강의 성인 신고식

머리를 자른 해룡, 할아버지의 눈물

정해룡은 어렸을 때부터 효자로 소문났다. 해진은 일찍부터 효자니 열녀니 하는 것이 고리타분한 봉건사상이라고 입을 내밀었으나, 해룡은 할아버지와 어머니의 말이라면 웬만해서는 어기는 법이 없었다. 그렇다고 해진이 불효자였던 것은 아니나 해룡은 남다른 효성을 보였다. 정해룡의 집안은 근동에서 홍살문을 하사받은 집으로도 유명했다. 정해룡의 증조부가 세 살 난 딸 하나를 남기고 세상을 떠나자, 증조모는 5일장을 마치고 난 다음 집 뒤편 대밭 옆에 있는 큰 모과나무에 목을 매어 남편의 뒤를 따라갔다. 그리하여 나라에서 이 집에 열녀비와 홍살문을 내렸다는 것이다. 할아버지와 어머니는 해룡과 해진 형제에게 이런 이야기를 들려주면서 사람은 의리를 지키기 위해 목숨도 바칠 줄 알아야 한다고 강조했다. 해룡은 열 살이 넘으면서부터는 가까운 곳에 가더라도 외출할 때면 반드시 할아버지와 어머니에게 고하고 어떤 용무가 있어 나간다고 말하고 나갔다. 돌아와서도 꼭 할아버지와 어머니를 뵙고 잘 다녀왔노라고 말했다. 아침, 저녁 문안을 빼놓지 않았으며 불편한 점은 없는지 시킬 일은 없는지 묻곤 했다.

해룡은 할아버지와 어머니뿐만 아니라 누구에게나 부드럽고 존중하는 태도로 대했다. 집안에서 일을 시키는 나이 든 사람에게는 하대를 하지 않았고 나이 어린 사람에게도 함부로 대하지 않았다. 그는 말끝에 '해라'보다는 '허소'를 즐겨 썼고 누구에게나 따뜻한 관심을 보여주었다. 마을길에서 만나는 사람에게도 일일이 미소를 지으며 인사했다. 들일을 하는 사람들에게는 꼬박꼬박 머리 숙여 인사를 하면서 "수고허십니다. 올해는 농사일이 좀 어떻습니까?"라고 묻곤 했다. 나라에서는 1894년에 신분제도를 공식적으로 폐지했으나 실제 민중의 삶 속에 뿌리박은 오랜 습속은 쉬이 사라지지 않았다. 해룡은 집안의 일꾼들이나 마을의 농부들에게 결혼 전에는 '도련님', 결혼 후에는 '서방님'으로 불리는 상전이었다. 그러나 정작 정해룡 본인은 사람들 앞에서 상전행세를 하지 않았고 누구도 아랫사람으로 대하지 않았다.

해룡은 할아버지의 뜻을 존중해 한학을 공부했지만 독학으로 신학문을 공부하면서 세상이 빠르게 변화하고 있다는 것을 알게 됐다. 성현들의 가르침은 훌륭하고 본받을 바가 많았지만 자신은 할아버지처럼 서당에서 후학을 가르치면서 살아갈 수는 없다고 생각했다. 해룡은 동생 해진에게 기대가 컸다. 영민한 동생이 공부를 많이 하게 되면 자신에게도 배움을 나눠줄 것이라는 기대가 있었고, 동생 자신이 이 나라에서 큰일을 하는 사람이 되기를 바랐다. 스무 살의 정해룡은 변화하는 세상에 나가 뭔가 보람 있는 일을 하고 싶다는 포부를 품고 있었다.

해룡은 결혼하고 나서 상투를 틀었고 평소에는 늘 한복을 입었다. 외출할 때는 두루마기에 갓을 쓴 조선시대 선비의 모습이었다. 스무 살 무렵 해룡은 집안의 심부름으로, 순창으로 시집간 누이의 시가에 다녀오게 되었다. 해룡은 나들이에서 돌아올 때 나갈 때와는 전혀 다른 모습으로 돌아왔다. 상투를 자르고 하이칼라 머리를 한데다 양복을 입고 중절모를 쓴 해룡은 하루 만에 딴 사람처럼 변해 있었다. 이 무렵 정각수는 건강이 썩 좋지 않아서 외출을 많이 하지 않고 주로 사랑채에서 책을 읽으며 시간을 보냈다. 해룡은 돌아오자마자 할아버지를 뵈러 들어갔다. 할아버지는 상투를 자른 맏손자의 모습을 보고 할 말을 잃은 채 눈물을 흘렸다. 정각수의 입장에서는 머리를 자른다는 것은 조선 사람의 자존심을 포기하는 일이었다.

  을미사변*이 일어났던 1895년에 조선 정부는 단발령을 내려 백성들에게 머리를 자르도록 명령했다. 일본의 강요로 고종이 먼저 머리를 잘랐다. 정부에서는 관리들에게 가위를 들고 성내에 나가서 백성들의 머리를 자르게 했다. 조선 사람들은 크게 반발했다. 조선 사람들은 '신체발부(身體髮膚) 수지부모(受之父母) 불감훼상(不敢毀傷) 효지시야(孝之始也)'**라는 공자의 가르침을 소중하게 여기고 효도를 최상의 덕목으로 여겼으니 당연한 일이다. 선비들은 물론이고 백성들도 크게 반발했다. 유생들은 상소를 올리고 반일감정이 폭발해 단발령과 음력 폐지 등의 정부시책에 반대해 의병을 일으키기도 했다. 이후로도 머리 자른 사람은 친일파로 보고 선비가 머리를 자르면 지조가 없다 해서 비난하는 일이 많았다.

  할아버지의 눈물은 가슴 아팠으나 해룡은 머리 자른 것을 후회하지 않았다. 머리를 기르는 것은 위생상으로나 외관상으로 좋지 않고 시대에 맞지 않는다고 생각했기 때문이다. 해룡은 이처럼 보통 때는 부드럽고

- 일본공사 미우라 고로(三浦梧樓)의 음모로 명성황후를 살해하고 친일내각을 세운 정변.
- 사람의 몸은 부모로부터 받은 것이니 함부로 훼손하지 않는 것이 효의 근본이라는 가르침. 신체에는 머리카락도 포함된다. 자신의 신체를 소중히 하라는 것은 조금도 나무랄 만한 가르침이 아니다.

유순했으나 마음먹은 일은 과감하게 실행하는 결단력이 있었다. 할아버지의 영을 어기고 머리를 자름으로써 해룡은 어른으로서 자기 결정권을 가지겠다는 일종의 성인 신고식을 치렀던 셈이다.

너희 형제가 한 몸이 되어 선영을 지켜라

해룡이 스무 살, 해진이 열여덟 살이었던 1933년 겨울에 해진은 방학을 맞아 고향 집에 내려왔다. 모처럼 만난 형제는 어머니를 모시고 안방에서 이야기를 나누며 밤늦게까지 단란한 시간을 보내고 있었다. 사랑채에 혼자 있던 할아버지가 사람을 보내 그들 형제를 불렀다. 사랑채에 나가 보니 할아버지가 웬 낯선 이들과 함께 있었다. 할아버지는 해진에게 얼른 가서 당숙(정종호)을 불러오라고 일렀다. 해진이 당숙 집에 가서 할아버지의 말을 전하고 집에 돌아와 보니 해룡과 세무서원 사이에 싸움이 벌어져 있었다. 세무서원은 나이 마흔은 되어 보이는 뚱뚱한 인간인데 면서기 둘을 데리고 와서 연로한 할아버지에게 삿대질을 하고 반말을 쓰면서 왜 연말이 다 될 때까지 세금을 내지 않느냐고 행패를 부렸다. 이에 격분한 해룡은 "세금을 못 냈으면 우리 집 살림을 압류하든지 법적으로 처분할 일이지 왜 야밤에 남의 집에 찾아와 노인에게 행패를 부리는가? 너도 부모를 가진 조선놈인가?"라고 호통을 쳤다. 당시 해룡은 스무 살의 청년이었으나 병에 걸려서 피골이 상접해 있는 몸이었다. 세무서원이 그런 형에게 손찌검을 할 기세로 덤벼들자 해진은 눈에서 불이 났다. 해진은 세무서원의 멱살을 잡고 단숨에 유술로 방바닥에 넘어뜨리고는 몹시 때려주었다. 때마침 달려온 정종호가 해진의 양팔을 붙들고 말리지 않았으면 세무서원은 반죽음이 되었을 것이다. 세무서원이 면서기들의 부축을 받으며 황망히 내빼고 나자 정각수는 해진과 해룡 형제를 앉혀

놓고 깊은 한숨을 쉬면서 말했다.

"우리가 어쩌다가 왜놈들과 노리(奴吏)들에게 행패를 당하는구나! 너희들 형제는 한 몸이 되어 선영을 지켜라."

정각수에게 선영이란 선조들의 뼈가 묻혀 있는 땅이니 그것이 곧 조국을 의미하는 것이었다. 그만한 재산이 있는 지주들조차 일본의 식민지에 사는 설움을 벗어날 길이 없었으니 나라를 되찾는 일은 빈부나 귀천, 노소가 없이 조선 사람 누구에게나 절실한 소원이었다.

민족교육을 위해 보성전문학교에 기부금을 내다

인촌(仁村) 김성수(金性洙)는 1932년에 보성전문학교를 인수했다. 보성전문학교는 1904년에 이용익*이 설립한 학교로 고려대학교의 전신이다. 김성수가 인수하기 전에도 학교 존립의 어려움을 겪었으나 민족교육기관을 지키려는 뜻있는 인사들의 노력으로 명맥을 유지해 왔다. 1922년에 일제의 조선교육령에 의해 법과와 상과의 3년제로 개편했으나 총독부의 간섭이 심하고 재단경영이 부실해 위기를 맞았다. 이미 재단법인 중앙학원을 설립해 교육사업에 뛰어들었던 김성수가 거액의 사재를 들여 보성전문학교를 살리기 위해 나섰다.

김성수는 신설동에 있던 학교의 이전을 추진해 1933년 5월에 재단법

---

* 한말의 정치가. 황실의 재정을 담당했던 그는 개혁당을 조직해 친일파와 맞서다가 1904년에 한일의정서 체결에 반대하고 일본으로 납치되었다. 일본에 머무는 동안 교육이 나라를 구하는 길이라고 판단해 귀국 후 보성학원(고려대)을 설립했다. 을사늑약 체결에 반대하고 일본을 물리치기 위해 러시아와 프랑스에 도움을 청하라는 고종의 밀령을 받고 프랑스로 가던 중 중국에서 일본경찰에 체포되었다. 중국, 러시아 등지에서 구국운동을 하다가 블라디보스토크에서 세상을 떠났다.

인 중앙학원 명의로 서울시 성북구 안암동에 6만 2,000여 평의 토지를 매입했다. 그해 9월부터 교사 신축을 시작해 1934년에 완공했다. 개교 30주년을 기념해 도서관 건립 등을 추진하기 위해 1933년에 '창립 30주년 기념사업 발기 준비회'를 개최했다.

김성수는 많은 사비를 털어넣고도 부족한 재원을 국민모금운동으로 조달하기로 했다. 민족교육기관을 살리는 데 국민들이 힘을 보탠다는 것 자체가 의미 있는 일이기도 했다. 전국에서 464명의 유림과 유지들이 그 뜻을 지지하면서 모금운동이 시작되었다. '우리 학교와 우리 힘의 보전'이라는 표어를 내세운 모금운동은 30만 원을 목표로 했는데 1년 만에 17만 원이 모였다. 김성수는 직접 전국의 주요 인사와 유지들을 찾아다녔다.

정해룡이 김성수를 처음 만난 것은 1935년이었다. 정종호는 김성수가 누군가의 소개로 정해룡을 찾아왔다고 기억한다. 보성전문학교의 발전기금을 기부해달라고 왔다는 말에 정해룡은 두말없이 후원을 약속했다. 정각수의 허락을 받아야 했으나 이때는 이미 할아버지의 병이 깊어 정해룡이 집안의 가장 역할을 하고 있었다.

『매일신보』 1936년 7월 30일자와 『조선일보』 1938년 1월 15일자에는 정해룡이 보성전문학교 도서관 건립에 600원을 후원했다는 기사가 실렸다. 『동아일보』 1937년 6월 10일자에는 보성의 정각수 씨가 보성전문학교에 200원을 희사했다는 기사가 실렸다.

> 전남 보성군 회천면 봉강리에 사는 정각수 씨는 과거에 교육 희사금으로 보성전문에 금액을 기부하였었는데, 이번 씨의 임종에 당하여 또 이백 원 금을 보성전문에 기부하라고 유언하였다 한다.

정각수는 1936년에 세상을 떠났으니 정해룡이 할아버지의 죽음을 추모하는 뜻으로 기부금을 낸 것으로 보인다. 와병 중이던 할아버지 대신 여러 차례 기부금을 냈으니 교육을 중히 여겼던 할아버지의 뜻을 그분의 이름으로 기념한다는 의미가 있었다. 정종호에 따르면 서너 차례에 걸쳐서 1,000원 이상의 돈이 보성전문학교에 전해졌다고 한다. 정각수는 조선 선비의 전통에 따라 향리에서 서당을 짓고 후학들을 가르쳤다. 정해룡은 조선인들의 고등교육을 담당할 보성전문학교의 설립을 도왔다. 학교에 가지 못해 배움에 목말랐던 정해룡은 교육기관의 필요성에 대해 누구보다도 크게 공감했다.

1929년, 미국에서 시작된 경제대공황의 여파

조선반도의 남쪽 바닷가인 보성에 사는 정씨 가문이 배고픈 사람들에게 쌀을 나누어주던 그해에 미국에서는 인류 역사상 최악의 재앙이 일어났다. 1929년 10월 24일, 검은 목요일이라고 부르는 그날 미국 뉴욕의 월스트리트 증권시장에서 주식값이 사정없이 곤두박질치면서 세계를 강타한 경제대공황이 시작되었다. 미국에서 시작한 경제위기는 자본주의 세계 전체로 확대되었다. 자본주의 전체의 공업생산력은 약 44퍼센트가 떨어졌고, 무역량은 약 65퍼센트가 줄어들었다. 대공황은 파산 수십만 건, 실업자 1천만 명이라는 엄청난 결과를 가져왔다. 자살자가 속출하고 금융위기가 닥쳤다. 농업 부문도 타격을 받아 농산물의 가격폭락으로 농민들이 어려움을 겪었다. 이 위기를 극복하기 위해 미국은 루스벨트 대통령이 계획경제를 도입한 뉴딜정책을 실시했고, 영국과 프랑스는 식민지시장에 의존하는 블록 경제권을 형성했다.

　식민지도 많지 않고 국내시장 규모도 작은 일본과 독일, 이탈리아 등은 대공황으로 불어 닥친 경제위기에 대해 마땅한 타개책을 찾지 못하고 파시즘으로 치달았다. 군사력을 강화해 식민지를 늘림으로써 위기를 벗어나려는 것이다. 이들 세 나라는 국수주의와 전체주의를 내세워 국민들을 선동하고 군수산업에 주력하면서 전쟁을 준비한다. 결국 식민지배를 둘러싸고 영국과 프랑스 등 자본주의 선진국과 독일, 이탈리아, 일본 등 군국주의 세력들의 대립이 격화되고 결국 제2차 세계대전을 불러 오게 된다.

노동자들의 각성과 사회적 민족운동

조선은 3·1운동을 거쳐 1920년대를 지나면서 사회주의와 공산주의 사상이 들어오고, 노동자와 농민들이 각성하면서 사회적으로 큰 변화를 겪는다. 1921년 부산 부두노동자들의 파업과 1923년 전남 암태도(巖泰島)의 서선농장에서 일어난 소작쟁의를 비롯한 노동운동이 일어났다. 1929년이 되자 1920년대의 합법적 노동운동을 총결산하는 원산 총파업*이 일어났다. 이 파업 이후 1930년의 신흥탄광노동자의 파업 등 격렬한 투쟁이 전국적으로 일파만파 퍼져갔다. 원산 총파업은 노동운동이 민족해방투쟁의 한 국면임을 확인시켰다. 일본 제국주의를 타파하고 민족의 독립을 이루지 않는 한, 노동자들의 생존권도 보장될 수 없다는 것을 깨닫게 된 것이다.

* 1929년 1월 13일부터 4월 6일까지 약 4개월에 걸쳐 원산노동연합회 산하의 전체 노동조합원이 벌인 총파업. 1920년대 노동자의 양적인 성장과 의식적 각성을 보여 준 일제강점기 노동운동에서 가장 큰 규모의 파업이다. 일제의 폭력적인 탄압에 맞서 노동자들은 조직적으로 파업을 진행시키면서 투쟁했다. 원산 총파업은 1920년대의 합법적이고 공개적인 노동운동을 결산하면서 1930년대의 비합법운동의 시작을 알리는 것이었다.

조선에는 3·1운동 이후 청년과 지식인층을 중심으로 사회주의 사상이 널리 퍼지게 되었는데, 이로 인해 사회주의 운동과 민족주의 운동이 대립하는 문제가 생겼다. 이런 대립은 항일운동에 큰 차질을 빚게 되어 민족 유일당 운동이 일어나게 된다. 민족주의 진영과 사회주의 진영이 이념을 초월해 통일된 민족운동을 추진하자는 취지에서 1927년에 신간회를 결성한다. 안재홍, 이상재, 백관수, 신채호, 신석우, 유억겸, 권동진 등 34명이 발기했다. 조선 최초의 좌우합작단체라고 할 수 있는 신간회는 민족주의 진영이 주도권을 잡아 좌익의 반발이 있었지만 1930년에는 전국에 140여 개의 지회와 3만 9천여 명의 회원을 확보했다. 신간회는 일본에도 지회가 있었다. 항일운동을 하는 명사들은 거의 다 신간회에 가입해 있어서 일본경찰은 늘 이들을 감시하고 있었다.

15년의 중국생활 끝에 조선으로 돌아온 여운형

여운형은 1920년대에 중국에서 국민당 지도자 장제스, 공산당 지도자 마오쩌둥, 베트남의 영웅 호치민 등과 친분을 쌓았다. 여운형은 1925년부터 중국에 새로 설치된 소련 타스통신의 상하이 지부 직원으로 활동하며 중국의 국공합작을 도왔다. 여운형은 중국과 소련의 협력이 조선 독립에 절대적으로 필요하다고 보고 외교적 노력을 다했다.

여운형은 1929년 3월에 상하이 푸단(復旦) 대학의 축구팀을 이끌고 동남아시아 원정을 다니면서 영국과 미국의 식민지정책에 대해 비판하는 연설을 했다. 중국으로 돌아온 그는 그해 7월에 상하이의 영국 조계지●

● 아편전쟁 이후 영국이 상하이에 처음 설치했다. 주로 제국주의의 경제적 침략을 용이하게 하기 위해 무역항에 설치한 외국인 거주지역으로, 조계 내의 행정권은 외국에 속하고 치외법권도 인정되었다.

에서 영국경찰에 체포되어 일본경찰에 넘겨졌다. 경성으로 압송된 그는 1930년 6월에 경성지방법원에서 징역 3년형을 선고받고 복역하다가 1932년 7월에 가출옥으로 석방되었다. 정해진이 명사 방문을 다니던 1935년에 여운형은 조선중앙일보 사장으로 일하고 있었다.

19세기 말부터 20세기 중반까지 서구열강과 미국, 러시아(소련), 중국과의 관계가 조선의 미래를 결정했다. 몽양은 중국에서 15년 동안 독립운동을 하면서 조선독립의 문제는 국제적 역학관계 속에서 풀어야 할 숙제라고 생각했다. 그는 중국에서 활동하는 내내 그 숙제를 풀기 위해 고심했고 할 수 있는 일을 찾아서 실천했다. 여운형이 아쉽게 생각한 것은 중국이나 러시아에서 활동하는 독립운동세력들이 이런 비전을 공유하고 협력하지 못한다는 점이었다. 여운형이 상하이 임시정부를 지원하고 도우면서도 그들과 일정한 거리를 유지한 것도 그 때문이었다. 그는 조선으로 강제송환되었다가 석방된 후 중국으로 가지 않고 조선에 머물면서 해방을 준비했다. 여운형은 조선의 독립운동단체들이 모두 국외에 머물고 있는 현실 속에서 국내에서 활동하면서 해방을 준비하는 세력도 있어야 한다는 판단을 했다. 그 무렵부터 여운형은 일본 군국주의의 종말을 예견하고 있었다.

— 5 —
지역사회의 기대를 받는 모범적 청년

민족교육을 할 수 있는 사립학교를 꿈꾸다

오랫동안 지병을 앓던 정각수는 1936년에 세상을 떠났다. 정해룡은 이제 명실상부한 정씨 가문의 가장이 되었다. 스물넷의 청년에게는 벅찰 수도 있는 큰 규모의 재산과 집안의 대소사를 다 챙겨야 했다. 책임과 의무가 무거웠지만 자신의 뜻을 펼칠 수 있는 기회가 온 것이다. 다행히 그의 옆에는 다섯 살 연상의 당숙 정종호가 그림자처럼 붙어 있었다. 정종호는 소작인들을 관리하고 집안의 재정문제를 도맡아 처리했다. 정종호는 자신도 학교에 다니고 싶었으나 한학을 배우면서 해룡의 곁을 지켜달라는 큰아버지(정각수)의 간곡한 부탁을 거절할 수 없었다고 털어놓았다. 정종호는 성실하고 정직한 사람이었다. 할아버지가 돌아가시자 정해룡은 정종호를 믿고 그동안 계획했던 일들을 실행에 옮기기 시작했다.

보성전문학교에 선뜻 돈을 희사한 사실에서 알 수 있듯이 정해룡도 애국계몽운동이 나라를 되찾기 위한 일이라고 생각했다. 정해룡은 자신이

학교에 다니지 않았다는 이유로 늘 겸손한 자세를 취했으나, 그는 상당한 수준의 한학을 공부하고 독학으로 대학과정까지 수료한 지식인이었다. 그가 자신의 고향에 사립학교를 설립하려고 마음먹은 것은 민족주의적 관점에서의 애국계몽운동인 동시에 선비로서 마을공동체를 이끌어야 한다는 정각수의 정신을 계승한 것이다. 정해룡은 당시의 시대상황에서 조선이라는 왕조가 무너지고 새로운 세기인 20세기에 출생한 신세대였다. 정해룡은 신세대로서 신세대를 위한 삼의당에 해당하는 양정원이라는 사립학교를 세우려고 했다.

정해룡이 양정원을 설립하기로 마음먹은 것은 1937년이다. 당시 보성군에는 일제가 세운 공립보통학교가 있었지만 보통학교에 진학할 수 없을 정도로 가난한 농민들이 대부분이었다. 정해룡은 그들에게 교육의 기회를 주고 싶었다. 그는 자신의 집 근처인 봉강리 260번지 일대에 양정원을 지을 땅을 마련했다. 자기 소유의 땅을 내놓고 필요한 땅을 매입해 약 3,000평의 땅을 우선 확보해 놓았다. 그러나 이 무렵에 학교를 설립하는 일은 쉽지 않았다.

1937년 7월 7일에 루거우차오(蘆溝橋) 사건*이 일어나면서 시작된 중일전쟁으로 일본은 베이징을 점령한다. 중국은 국민당과 공산당이 힘을 합쳐 완강하게 저항하면서 중국 대륙 전체가 전쟁에 휩싸인다. 일본은 12월에 국민당 정부의 수도인 난징을 점령하면서 30만 명을 학살하는 만행을 저지른다. 전쟁은 동남아시아와 태평양으로 확대되는데 일본은 중일전쟁을 시작할 무렵부터 조선을 자신들의 전쟁을 위한 도구로 삼기 시작한다.

- 노구교 사건이라고도 부른다. 1937년 7월 7일에 베이핑(현 베이징 시) 서남쪽 방향 루거우차오(루거우 다리)에서 일본군의 자작극으로 벌어진 발포사건으로, 중일전쟁의 발단이 되었다. 이 사건을 계기로 일본제국과 중화민국은 전쟁상태로 돌입, 그 후 전선이 더욱 확대되었다.

양정원(養正院) 교사와 학생들. 양정원은 민족주의적 관점에서 애국계몽운동인 동시에 선비로서 마을공동체를 이끌어야 한다는 조부 정각수의 정신을 계승해 정해룡이 1937년 설립한 4년제 사립학교이다.

    1919년 3·1운동 이후 1920년대와 1930년대 중반까지만 해도 일본은 표면상으로나마 '문화통치'를 내세우면서 한국인의 교육이나 문화활동을 허용하는 정책을 폈다. 물론 그들은 식민지체제에 저항하는 무력투쟁이나 정치활동은 강력하게 탄압했으나 식민지정책과 정면으로 충돌하지 않는 문화활동을 허용해 조선인들을 식민지체제에 길들이려고 했던 것이다. 그러나 중일전쟁 이후 조선을 군사 병참기지화하기로 결정한 다음부터는 '내선일체'를 내세워 조선 사람을 일본 제국주의에 충성하는 이른바 황국신민으로 만들기 위한 폭압정책들을 펴기 시작했다. 조선의 모든 문화와 전통을 부정하고 말살했으며 창씨개명과 신사참배를 강요했다. 조선어 사용까지 금지해 조선인의 정체성을 깡그리 없애고 일본 사람으로 만들겠다고 덤벼들었다.

정해룡이 양정원을 설립하려고 나선 1937년은 조선이 식민지가 된 이후 최악의 상황으로 빠져들던 암흑기에 접어든 시점이었다. 보성에서 여러 대에 걸쳐 존경받는 가문으로 살아오면서 쌓은 인맥과 덕망, 재력으로도 넘기 어려운 벽이 봉강을 가로막았다. 정종호는 봉강이 이 벽을 뚫기 위해 군청을 수없이 들락거리며 설립인가를 받으려고 노력했다고 전한다. 양정원은 교육기관으로 설립인가가 나지 않아 편법을 동원했던 것으로 보인다. 1939년 9월 1일자 『조선일보』에 실린 다음과 같은 기사를 보면 그런 사정을 짐작할 수 있다.

> **정해룡 씨 특지(特志)**
> 〈보성〉 보성군 회천면 정해룡 씨는 전부터 각 방면을 통하여 사회적 공헌이 적지 않았거니와 이번에 또다시 생각한 바 있어서 자기 단독경영으로 사립학교를 세우고자 인가원을 제출하였던바, 인가가 되지 않아 목적을 변경하여 양정원이라는 고아원을 경영코저 방금 다대한 경비를 들여 건물을 신축 중인바 오는 시월경에는 준공될 모양으로 준공만 되면 즉시 개원하리라 한다.

무상교육 · 민족교육 · 평등교육을 실천하다

양정원은 학교인가를 받지 못해 고아원으로 인가를 받은 후, 교사가 완성되어 개원하기 전부터 교실과 운동장을 만들어 마을청년들을 주 · 야간으로 나누어 한글과 역사를 가르쳤다. 정해룡과 같은 항렬인 정해균, 정해종, 그리고 아버지와 같은 항렬인 정종진 등의 일가붙이들이 초기에 교사로 활동했다. 정해진의 수기에도 양정원에 대한 기록이 있다.

형이 살림을 시작한 후 제일 먼저 시작한 것은 1937년에 사재를 투하하여 4년제 사립학교(양정원)를 설립하여 농촌계몽운동을 시작한 것이었다. 살림이 어려워서 학교에 가지 못하는 빈농 씨의 자제들에게 무료교육을 시키는 것인데 교재나 학용품까지도 제공해 주었다. 농한기인 겨울철이면 농촌 성인들을 위한 야학도 운영했다. 당시 교장은 간이학교 교장을 오래 지낸 윤승원이란 분이었다.

여기서 윤승원이라고 기록된 것은 학산 윤윤기(1900~50)의 이명(異名)이다. 양정원은 학교 설립인가가 나지 않은 채 사설학원처럼 운영되었지만 1940년에 학산 윤윤기가 교장으로 부임하면서부터는 사실상 4년제 사립보통학교로서 교육기관의 꼴을 갖추고 내실 있는 교육을 하게 되었다. 윤윤기는 보성 출신으로 전남 공립사범학교를 졸업하고 안양 공립보통학교에서 교사로 일했다. 천포 간이학교에서 보성 공립보통학교로 발령받았던 1940년에 정해룡을 만나면서 사표를 내고 양정원에 오게 된다. 일제강점기에 공립보통학교 교사는 지위와 수입이 보장되는 자리였지만 그 자리를 과감히 버리고 봉강과 뜻을 같이했다. 정해룡은 설립자로서 학교운영에 필요한 자금을 대고 교사 경험이 있는 윤윤기는 학과목을 정하고 교육과정을 편성하고 직접 학생들을 가르치는 한편, 교사를 관리하는 등 교장의 역할을 했다.

양정원은 가난한 농촌의 청소년들에게 수업료를 받지 않고 무상교육을 실시했고, 교재와 학용품까지 마련해 주었다. 농한기인 겨울철이면 어른들을 위한 야학을 운영했다. 양정원은 남녀노소 가리지 않고 배움에 뜻이 있는 사람이면 누구에게나 기회를 주는 학교였다. 학생 수는 일정하지 않았으나 한 학년에 60명 정도였으니 대략 200명에서 300명 사이의 학생들이 다녔다. 10여 명의 교사가 양정원에서 가르쳤는데 교사들의 학력은 대체로 높은 편이었다. 봉강과 학산은 직접 교사들을 구하러 다니기도 했다. 연희전문학교를 다녔던 백형교는 봉강과 학산, 그리고 양정원과의 인연에 대해 이렇게 말했다.

"두 분 다 훌륭한 분들이었죠. 나는 그때 연희전문학교 상과 2학년에 재학 중 학생운동에 참가해 퇴학당했을 때였습니다. 봉강 선생이 우리 아버지에게 한문을 배우러 자주 찾아왔기 때문에 잘 아는 사이였는데, 어느 날 우리 집(보성 웅치)에서 만난 봉강이 저더러 양정원에 와서 학생들을 좀 가르쳐 달라는 것이었어요. 그게 인연이 돼 양정원 초창기에 '조선사'를 비밀리에 강의했던 기억이 납니다. 몇 달 후 내가 양정원에 들락거린다는 소문이 났고 일제경찰이 자주 찾아왔죠. 그러자 봉강이 여수 김우평(해방 후 부흥부장관 역임) 씨를 소개해 주면서 피신하라고 했습니다."•

양정원은 백형교처럼 일본경찰의 감시를 받는 이른바 불령선인••들의 피난처 구실도 했다. 일제가 불령선인이라고 부르는 사람은 조선 사람의 입장에서는 애국자였다. 학도병 모집이 강제성을 띠어 가면서 고보생이나 대학생들 중 강제징집을 피하려고 학교를 그만두는 경우도 많았다. 봉강은 그런 학생들을 양정원의 교사로 받아들여서 보호해 주고 위험한 일이 닥치면 도피처를 마련해 주기도 했다.

여기서 또 하나 알 수 있는 것은 봉강이 독학으로 근대식 학문을 공부한 이후에도 한학을 꾸준히 공부했다는 사실이다. 봉강은 이 무렵 아직 스물대여섯 살의 청년이었고, 백형교의 아버지는 유학자로 학문이 꽤 깊은 사람이었던 모양이다. 봉강은 변화하는 시대와 조선 밖의 세상에 대해 관심을 가지면서도 자신의 지적 토대인 전통유학을 꾸준히 공부하고 있었던 것을 알 수 있다. 봉강은 서양의 사상이나 학문을 맹목적으로 받

• 이재의, 「호남인물사-17」, 『예향』, 광주일보사, 1995년 8월호, 219쪽.
•• 일제강점기에 불온하고 불량한 조선 사람이라는 뜻으로 일본 제국주의자들이 자기네 말을 따르지 않는 한국 사람을 이르던 말이다.

아들이는 것이 아니라 우리의 전통 속에 조화롭게 융합하는 것이 옳다고 믿었다. 그의 이런 생각은 훗날 정치를 할 때 드러나게 된다.

교사였던 백형교나 학생으로 양정원에 다녔던 사람들의 이야기를 종합해 보면 양정원은 봉강이 계획했던 대로 민족교육을 담당했던 것이 사실이다. 조선의 모든 학교에서 조선말을 가르치지 않는 것은 물론이고 일상언어도 모두 일본어를 쓰도록 강요했으니 조선말을 가르치는 것 자체가 불법이었다. 그런 시절에 조선말과 조선역사를 가르쳤으니 봉강이나 학산, 그리고 교사들까지 용기 있는 사람들이었다. 당시 양정원에 다녔던 사람들*은 일본경찰들이 학교에 자주 드나들었다고 말하는 걸로 보아 일상적으로 감시를 받았던 것으로 보인다.

양정원이 학교 설립인가를 받았다는 기록은 없다. 『보성군사』에는 양정원이 서당으로 기록되어 있고 정해룡이 훈장으로 되어 있다. 양정원은 1945년 봄까지 운영되다가 해방 때까지 문을 닫기도 했으나 해방 후 다시 문을 열어 1947년까지 운영되었다. 10년 가까이 많은 교사가 드나들면서 열정적으로 학생들을 가르쳤다. 1942년에 광주사범학교를 졸업한 김양중**, 순천농업학교를 졸업한 문동환, 송정리공업학교를 졸업한 손석종, 일본에서 유학한 변영섭 그리고 정해균, 정해종, 변기수, 정종진, 정중섭, 문종선 등이 당시 학생들이 기억하는 선생님들이다.

양정원에는 회천면에 사는 학생들뿐만 아니라 인근의 웅치면, 장흥군 안양면에서도 학생들이 찾아왔다. 학생들이 많이 찾아오는 것은 좋은 일이었으나 무상교육을 해야 하는 양정원은 상당한 재정적인 부담을 안고

- 보성읍 출신의 박팽, 장흥 출신의 고영달, 영암 출신으로 당시 회천면에 살았던 조일현을 말한다.
- 광주사범학교는 1938년에 개교했는데, 광주교대의 전신이라고 할 수 있다. 김양중은 해방 이후 회천 서국민학교 교장을 거쳐 1988년에 광주시 광산구 중앙초등학교 교장에 재임했다.

양정원(養正院) 재학 사실 확인서

1. 위치 및 면적: 전남 보성군 회천면 봉강리 봉서동 마을 앞 (약 2천여평)
2. 재학기간: 1939년 부터 1941년 까지 (3년 간)
3. 당시 학년 및 학생수: 제1회생이었으며 약 200여명으로 기억됨
4. 교실수 및 반편성 방법과 수업 시간은?
   3개 교실 및 오전에는 공부하였고 그랬만, 오후만으로 기억됨 내착도함은
5. 교직원 수 및 체계는?
   윤재상 어른 생각나고, 그 외 4~5천은으로 기억하며 5~6명의 선생 있었음
6. 학비는 어느 정도였는지?
   본인들은 거의 무료였음
7. 급식 및 양호 시설 유무?
   의료기구가 비치되어 무료로 치료해 주었음
8. 교육내용 및 교재 조달 방법등은?
   책은, 소유등 기자재는 누가 가스했음
9. 설립년월 및 설립자 알고 있는지?
   본인 형님이고 당시 독지가였으 정해룡 선생이 설립하였음
10. 설립동기를 알고 있는지?
    민족론으로 부터 있으며 우리 일본으로부터 독립하여야 됨일
11. 일본관헌의 감시 유무와 회피방법은?
    학교 못가지게 하였으나 윤재상이 이끌 운회하고 몰래 가르쳤음
12. 당시 표창장, 성적표, 졸업증서등 발행 및 보관 유무?
    발행은 하였으나 오래 되어 없어져버림. 내가 공부갔자하는데 있음
13. 생존한 당시 동기 동창은 누구누구?
    백00 신방규 만 기억남.
14. 폐교년월 및 폐교동기는?
    해방후에 지역 종양기관 대한민학교에 인가가 나 옮기어갔음
15. 기타
    3학년까지 다니다가 일본이 들어가버렸음

위 내용은 사실과 다름 없음을 확인합니다.

2004. 11.
위확인자 주소: 보성군 회천면 봉강리 1X
성명: 변 태0 (인) (5번 용0)
생년월일: 30. 2. 10 성별: 남

정해룡이 설립한 민족교육기관 양정원에 재학했다는 사실 확인서. 양정원은 학교 설립인가를 받은 사실이 없고 『보성군사』에도 서당(훈장 정해룡)으로 기록되어 있다. 2004년 양정원을 다녔던 생존 인물들이 기억을 되살려 당시 상황을 구술하고 확인서를 작성했다.

있었다. 학생 200명에서 300명에게 책과 학용품까지 제공하는 무상교육을 실시하고 교사들의 월급도 지급해야 했으니 그것은 보통일이 아니었다. 그래도 봉강은 끝까지 운영을 책임졌다.

모범적 청년으로 지역사회의 사랑을 받은 정해룡

봉강은 할아버지 때부터 해오던 지역민들에 대한 구휼활동을 꾸준히 이어갔다. 『조선일보』에 실린 다음과 같은 기사는 그런 사실을 말해주고 있다.

> **과연 모범적 청년 기대되는 정해룡 씨**
> 대인(對人)에 온공(溫恭)을 위주로 하며 빈민구제에 대한 일반의 칭송이 많고 일찍 사회사업에 뜻을 두어 보전(보성전문)에 600원 희사를 비롯하여 교육비 기타에 희사한 금액이 거액에 달하고 특히 장래 사회에 제공할 목적으로 매년 다액의 금을 적립하기에 노력하야 …….*

정해룡의 빈민구제 활동은 『매일신보』에서도 확인할 수 있다. 1940년의 춘궁기에 회천면 사람들이 큰 식량난을 겪게 되자 정해룡은 곡식을 면 당국에 맡겨 주민들에게 분배하도록 했다.

> **춘궁기 세민들에게 정조(正租) 30석 분급(分給)/보성 정해룡 씨 특지**
> 〈보성〉 보성군 회천면 봉강리 정해룡 씨는 같은 부락에 한해민들에게 조 60가마니를 내놓고 분배해달라고 면 당국에 의논하였다 한다.**

• 『조선일보』 1938년 1월 15일자.

정해룡은 거의 매년 배고픈 사람들을 위해 식량을 기부했다. 1943년에도 큰 흉년이 들자 많은 돈을 내놓고 구휼활동을 했다. 당시는 태평양전쟁이 막바지로 치달을 때여서 가혹한 공출로 인해 조선 사람들의 굶주림은 더욱 심해졌다. 이때는 봉강의 집에서도 곡식을 아끼기 위해 바다에 나가 톳을 뜯어다가 밥에 놓아 늘려 먹었을 정도였는데도 구휼을 멈추지 않았던 것이다.

봉강은 지주였을 뿐만 아니라 기업운영과 교육사업, 활발한 사회활동으로 지역사회에서 상당한 지위를 갖고 있었다. 1936년 6월 17일자 『매일신보』 하단에는 '매일신보 창업 30주년'을 축하하는 광고가 실려 있다. 이 광고는 보성군과 장흥군이 분담해 지면을 채웠는데, 보성군에서는 총 22건의 축하광고를 실었다. 보성군에서 광고를 게재한 사람들은 대부분 각 기관이나 은행, 병원, 학교, 기업체의 대표들이었다. 개인 자격으로 광고를 게재한 사람은 3명뿐이었는데 그 가운데 한 명이 정해룡이었다. 정해룡은 당시 보성이라는 지역사회에서 기관장급의 지위를 가지고 있었다고 짐작할 수 있다.

나의 조선아, 이 자식들은 어떻게 하란 말이냐

경성제국대학은 1924년 6월 12일에 개교했다. 3·1운동의 여파로 민족교육의 필요성을 절감한 조선 사람들은 1920년대에 들어서자 민립대학을 결성하기 위해 모금운동을 시작했다. 3·1운동 뒤에 부임한 사이토 마코토(齋藤實) 총독은 이른바 문화정치를 내세워 조선 사람을 달래기 위한 유화정책을 쓰고 있었다. 일본은 민립대학을 세우지 못하게 하는

•• 『매일신보』 1940년 5월 20일자.

대신 경성제국대학을 세우기로 했다.

조선인을 교육하지 않은 것은 아니지만 교육목적부터가 대학교육을 조선인에게 맡길 수 없다는 의도인지라, 조선인은 남는 자리를 메우는 정도로 그 수를 제한했다. 일제는 민립대학운동을 억압하는 동시에 식민지에 나와 있는 일본 관리들의 자녀를 교육하자는 일거양득의 복안으로 경성제국대학을 설치하게 된 것이다.●

정해진은 1934년 4월에 경성제국대학에 입학한 예과 11회●● 입학생이다. 경성제대는 11회부터 2년제이던 예과를 3년제로 늘렸다. 광주고보 5학년 졸업을 앞두고 정해진은 진학문제로 고민했다. 현실적으로는 조선에서 제일 좋은 대학인 경성제국대학에 지원하는 것이 최선이었으나, 광주학생운동이 일어난 이후 경성제대에서는 광주고보 학생에게 입학을 허가하지 않았기 때문이다. 실제로 1930년에서 1933년까지 4년 동안 광주고보 출신으로 경성제대에 진학한 사람은 한 명도 없었다. 일본 유학을 고민하기도 했으나 결국 경성제대 예과에 지망했고 광주학생운동 이후 광주고보 졸업생으로는 처음으로 경성제대에 합격했다.

정해진은 광주학생운동을 직접 겪은 만큼 일본의 식민지 교육에 대해 나름대로 비판적 시각을 가지고 있었다. 그는 육필수기에서 자신이 경성제국대학에 입학했을 때의 심경을 솔직하게 고백하고 있다.

경성제국대학은 일제가 조선에 대한 자신들의 식민지 통치를 미화할

● 이충우·최종고, 『다시 보는 경성제국대학』, 푸른사상, 2013, 39쪽.
●● 경성제대 예과 11회. 1934년에 예과에 문과 31명, 이과 21명, 그리고 학부 입학 1명으로 조선 학생 53명이 입학했다. 같은 책, 430~33쪽(부록 조선인 입학생 명단) 참조.

목적과 식민지 통치의 직접적인 사환 군을 양성할 목적 아래 세운 최고 학부였다. 물론 부유한 가정 출신이거나 제 먹을 것이나 있는 집 아들로서 일제에게 이용가치가 있다고 인정되는 사람만이 뽑혔을 것이다. 이러한 학교에 입학했음에도 불구하고 소위 '수재'만이 들어갈 수 있는 학교에 들어갔다고 더없이 기뻐했고 포부도 말할 수 없이 컸다. 나의 할아버지, 어머니, 형님 등 가족과 친척들이 다 축하해 주었고, 광주고보의 후배들도 이제는 성대 예과를 지원할 수 있게 되었다고 제 일처럼 기뻐해 주었다. 나는 하늘에서 별이나 딴 듯이 우쭐대면서 학우들과 함께 4월의 창경원 벚꽃놀이에 밤새는 줄 몰랐고, 고급 요정에 가서 본의 아니게 웃음을 파는 여성들에게 술주정도 해보았다.

비록 식민지였으나 조선 최고의 명문대학에 입학한 젊은 청년으로서 해진은 한동안 들뜬 마음으로 생활했음을 알 수 있다. 그러나 기쁘고 들뜬 마음은 잠시뿐이었다. 당시 경성제대에 입학한 청년들이 다 그랬듯이 식민지 조선의 아들이라는 현실이 그를 기다리고 있었다. 경성제국대학 학생 수는 일본인이 3분의 2 내지 4분의 3을 차지했다. 조선 학생들은 의학부와 이공학부, 즉 기술교육 방면에서는 다소 인원수가 많아 3분의 1 정도였으나 법문학부는 4분의 1에 불과했다. 입학 정원에 일본인과 조선인 비율에 대한 규정 같은 것은 없었지만 입학시험에서 조선 학생들에게 높은 커트라인을 적용해 입학하기 힘들게 만들었다. 해진의 수기에는 예과 11회 입학 정원이 120명인데 조선인 40명, 일본인 80명이라고 되어 있는데 실제로는 예과에 입학한 조선 학생이 문과 31명, 이과 21명이었고, 학부 입학생 박시형까지 조선인 동기는 53명이었다. 입학 정원에 대해서는 해진이 정확히 기억하지 못하고 있는 것으로 보인다. 해진은 수기에서 학교 당국이 조선 학생을 차별했다고 적고 있다.

학교 당국에서는 시시콜콜히 조선 학생을 차별하였다. 성대 예과에는 소위 '학생자치회'라는 것이 있어서 체육부에 예산을 배정한다거나 학교 기관잡지를 발간하는 등 학생생활의 이모저모에 관여하였는데 다수를 차지한 일본 학생이 이 학생자치회를 장악하였고, 일본인의 근성 그대로 좀스럽게 놀기 짝이 없었다. 일본 학생이 망라되어 있던 유도부, 검도부, 궁술부에는 많은 예산을 배정하는가 하면 조선 학생이 대부분인 축구부, 농구부에는 예산을 적게 배정하였다.

해진의 기억과는 달리 경성제대의 과외활동부를 총괄하는 것은 학부 학우회였다. 경성제대에서는 거의 모든 학생이 체육부에서 특별활동을 했는데 일본 학생들과 조선 학생들이 선택하는 체육부가 서로 달랐다. 조선 학생들이 제일 좋아하는 운동은 축구였다. 축구부와 농구부는 전원이 조선 학생이었다. 예과 11회 입학생 중 정방훈이 축구부 주장을 맡았다. 보통 야구부 예산이 5백 원인데 비해 축구부 예산은 1백50원에 그쳤다. 이를 정방훈이 앞장서서 투쟁해 3백50원까지 인상했다. 그해(1935)는 축구화 1백 켤레를 사서 조선 학생에게 나눠주었다.•

해진은 2학년이 되자 김석형(1915~96)••과 둘이 조선인학생회 위원으로 선출되었다. 조선인학생회는 조선 학생들끼리 조직한 일종의 친목단체였던 것으로 보인다. 해진은 학교에서도 이런 것이 있다는 것을 알고도 묵인했다고 말한다. 조선인학생회는 매 학급에 2명씩으로 한 학년에 8명이었다고 하는 것으로 보아 문과 갑·을 반과 이과 갑·을 반에서 각각 2명씩 선출했던 것 같다. 조선인학생회는 신입생환영회와 졸업생송

• 같은 책, 265쪽.
•• 대구 출신. 북한의 역사학자. 김일성종합대학교 역사학부 교수(1946), 사회과학원 원장(1992).

별회를 조직하고 축구부의 주관으로 전국고등보통학교 축구시합을 조직하고 실행했다. 해진은 자기가 위원이 되었을 때는 삼남지방의 수재의 연금을 모금해 보내고, 성대 예과 축구부의 큐슈지방 원정사업을 조직하고 재정적 지원을 했다고 한다.

조선인학생회는 또 문과 2학년생 거의 전원이 참가하는 등산대를 조직해 서울 근교의 산을 찾아다녔다. 그들은 서울 근교의 세검정, 우이동, 북한산, 남한산, 광릉 등을 두루 다녔다. 그들은 역사유적도 찾아 나섰다. 북한산의 신라 진흥왕순수비도 보러 갔고, 남한산성 아래 삼전도비를 보러 가기도 했다. 해진과 친구들은 광나루에 앉아 병자호란 때 인조가 청태종에게 무릎을 꿇고 신하의 예를 갖추었던 굴욕의 역사와 조선의 식민지 현실을 안타까워하면서 울분을 토하기도 했다. 경성제대의 젊은 학생들은 일정을 마치게 되는 저녁이면 둘러앉아 민족의 비극적 운명을 한탄하고 조국과 민족을 위한 청년 학도들의 사명 등에 대해 열변을 토하며 토론을 벌였다. 그들은 한강의 모래사장 위에서 감정이 격해져 서로 부둥켜안고 "조선아, 나의 조선아. 과연 이 자식들은 어떻게 하란 말이냐!"라고 울부짖기도 했다. 어떤 때는 토론을 하느라고 야외에서 밤을 꼬박 새우기도 했다.

동무들과 함께 길을 찾다

2학년 2학기가 되자 정해진은 김석형, 김득중 등 뜻이 통하는 학우들 4, 5명과 함께 1주일에 한 번씩 밤에 모여 책을 읽기 시작했다. 레프 톨스토이의 『부활』, 크로포트킨의 『무정부주의론』, 표트르 도스토예프스키의 『죄와 벌』 등을 읽었다. 그밖에 괴테와 셰익스피어, 세르반테스 등 서양의 고전들을 읽었으나, 그런 책들이 지식과 교양을 넓혀줄 수는 있으나 민족문제 해결의 방향을 가르쳐줄 수는 없었다.

해진과 친구들은 청년들이 무엇을 해야 할 것인가를 고민하다가 당시 사회적 명사로 불리던 사람들을 방문하기도 했다. 안창호, 안재홍, 백남운, 이광수 등을 찾아가서 가르침을 청했다. 그들은 민족수양론, 민족개조론, 역사연구의 방법론 등을 이야기해 주었다. 명사라는 사람들이 제기하는 것은 애국계몽운동의 범주에 속한 것들이었다. 학생들은 막연하고 추상적인 그들의 이야기에 실망을 느꼈다. 젊은 청년 학생들이 원하는 것은 조선독립을 위해 구체적으로 어떤 행위와 실천을 해야 하는지에 대한 명쾌한 해답이었다. 이 무렵 정해진과 친구들은 여운형을 찾아갔으나 부재중이어서 만나지 못했다.

정해진은 조선어학회[•]를 찾아가 한글 강습을 받은 일만큼은 보람 있는 일이었다고 생각한다. 경성제대 예과 학생 15명이 2주일 동안의 강습을 받았다. 추운 겨울에 난방장치도 없는 마룻바닥에서 공부했다. 이윤재, 이극로, 이희승, 최현배, 김윤경 등은 철자법, 문법부터 비교언어학까지 밤을 새워가며 열정적으로 학생들을 가르쳤다. 선생들은 일제의 조선말 말살정책을 반대하고 조선말을 배우겠다고 청하는 젊은 청년 학생들

• 1931년 12월 3일, 우리말과 우리글의 연구를 목적으로 조직된 단체로 현재의 한글학회다. 처음의 명칭은 '조선어연구회'였으며, 장지영(張志暎), 김윤경(金允經), 이윤재, 이극로, 최현배, 이병기 등을 회원으로 하여 연구발표회와 강연회를 갖고 한글의 우수성을 선전하는 한편, 1927년 2월부터 기관지 『한글』을 발간했다. 1929년에는 『조선어사전』 편찬사업에 착수했으나 일제의 탄압으로 출판하지 못했다. 1931년 학회 이름을 조선어학회로 바꾸고, 1933년에 「한글 맞춤법 통일안」을 발표했다. 이는 오늘날까지도 한글 표기의 기준이 되고 있다. 1942년 10월 이른바 조선어학회 사건으로 회원 30여 명이 일제에 의해 검거, 투옥되었다. 해방 후인 1949년 한글학회로 다시 개칭해 현재에 이르고 있다. 한글학회는 1929년의 『조선어사전』 편찬사업을 이어받아 1957년 『큰사전』(전6권)을 완간했다 ─『한국근현대사사전』, 한국사사전편찬회, 2005. 9.

을 대견하고 기특해했다. 해진은 그들의 민족유산에 대한 깊은 사랑과 강인한 기상에 크게 감동했으며 자신과 학우들은 많은 것을 배우고 깨닫게 되었다고 술회했다. 정해진은 이때 만난 이극로(1893~1978)*와 평생 동안 인연을 이어갔다. 이극로는 정해진이 결혼할 때 주례를 섰고, 나중에는 정해룡도 이극로와 친밀한 관계를 맺었다.

민족문제와 계급문제를 고민하던 예과 3학년생 정해진

정해진은 예과 3학년이 되자 학부에서 무엇을 전공할 것인지 결정해야 했다. 육필수기에 따르면 해진은 자신의 동기인 당시 예과 3학년의 문과 내 조선 학생들을 대체로 세 부류로 나눌 수 있다고 보았다. 첫 번째는 학부에 가서 고등문관시험에 합격해 판검사나 군수가 되어 일제에 부역하면서 일신상의 안락을 취하겠다는 부류, 둘째는 민족문제에 관심은 있으나 자신이 진지하게 그 해결의 방도를 찾고 그것을 자기 일생의 신조로 삼기보다는 남의 말을 듣고 덮어놓고 민족문제의 해결은 사회주의의 길이라고 주장하는 소아병적인 경향을 가진 부류, 셋째는 민족의 비운에 남달리 큰 울분을 느끼고 해결 방도를 찾기 위해 몸부림치면서도 아직 그 옳은 길을 찾지 못하고 모대기는 사람들이었다. 해진은 자신이 바로 그 세 번째 부류였다고 했다.

예과 3학년 말에 해진은 경제학사 강의를 듣다가 마르크스의 잉여가치설을 알게 되었다. 해진은 이 강의를 듣고 노동계급에 대한 자본가계급의 착취의 본질과 노동계급의 빈곤의 원인을 깨달았다. 해진은 이때까

---

* 일제강점기의 국어학자이자 정치인으로 조선어학회 사건으로 투옥되어 복역했다. 좌우합작운동에 참여하다가 월북했다.

지만 해도 막연하게 사회주의를 동경하면서도 민족문제를 해결하는 방법과 사회주의를 선명하게 연결하지 못한 채 방황하고 있었다. 해진은 학부에서 철학을 공부하면서 이 문제를 풀어보기로 결심했다. 학부생이 되기 전까지 해진은 아직 자신이 가야 할 길을 명확하게 정하지 못했던 것으로 보인다.

철학을 전공하며 마르크스를 공부한 해진

정해진은 1937년 4월부터 1940년 4월까지 경성제국대학 학부에서 철학을 전공했다. 학교에서는 세계철학사와 철학개론부터 시작해 서양철학의 각 발전 단계에 대한 공부를 했다. 혼자서 마르크스-레닌 철학을 공부하던 해진은 학교 내에서 공산주의 사상을 연구하던 비밀조직과 선이 닿아 고광학·이명선 등과 독서회를 조직한다. 이 독서회에서 학우들과 함께 『공산당선언』『자본론』『고타강령비판』『제국주의론』 등을 읽었다. 해진은 1938년 1월에서 1939년 6월까지 이 독서회 활동을 했다고 기억하고 있다.

> 1929년(성대 예과 6회 입학) 무렵부터 조선 학생들 간에는 비밀결사의 성격을 띤 독서회 활동이 있었다. 독서회가 채택하고 있는 서적은 부하린의 『유물사관』, 마르크스의 『자본주의 연구』 1, 2, 3권 등으로 이 책들을 읽고 3~4명씩 모여서 토론을 했다.
> 이러한 독서회 활동은 예과뿐 아니라 전문학교, 고등보통학교 어디를 가나 비밀조직으로 되어 있었다. 혼자서 책을 읽는 것보다는 뜻이 맞는 사람끼리, 이론이 맞는 사람끼리 서로 책을 읽고 권해 점진적으로 독서회 멤버는 늘어났다. 독서회의 단일조직은 3~4명이 고작이지만 따

로따로 새끼를 쳐나갔고, 상부조직과 하부조직 사이에는 누가 누군지 모르게 되어 있었다. 말하자면 점조직인 셈이다.●

해진은 독서회 활동과 이 기간 동안의 학내활동에 대해 다음과 같이 적고 있다.

> 이 기간에 나는 조직의 지시에 의하여 학부 내 문학부 동급생이었던 김석형·박시형(1910~2001)●●·김수경·신구현·이명선·김홍길 등 7명이 2주에 한 번 정도 모여서 사회과학연구 발표회를 가졌다. 이때에 우리가 발표한 것은 '세계관으로서의 변증법적 유물론' '리조실록을 통해서 본 한양 수도 결정의 정치 경제적 배경' '조선어의 비교연구학적 고찰' '조선 여류 시가에 대하여' 등을 비롯한 역사·문학·철학·언어 등 각 부문에 걸친 것들이었다. 나는 또한 이 기간에 대학생 삭발령, 창씨개명, 조선말 사용 금지 등 학내에서 벌어지고 있는 일제의 제반 반동적 시책을 반대하여 투쟁하는데 학생들을 조직하고 동원하는데 힘썼다.

독서회를 통해 공산주의 이론을 파고들던 해진은 학부 1학년에 재학 중이던 1937년 6월 5일에 『동아일보』를 통해 보천보전투 소식을 듣게 된다.

> 함남경찰부 입전에 의하면 지난 4일 오후 11시 30분경 김일성파와

● 이충우·최종고, 앞의 책, 184쪽.
●● 경성제국대학에서 역사학을 전공하고 교사로 일하던 중 1946년 월북. 김일성종합대학교 역사학부 교수로 재직하며 동명왕릉 발굴과 단군릉 재건사업에 참여. 1996년 노력영웅 칭호를 받았다.

최현일파 3백여 명은 국경대 안인 혜산진에서 동북으로 22킬로 지점에 있는 보천보에 나타나 보통학교, 우편소, 면사무소, 소방서 등을 습격하고 방화를 하여 그중 우편소와 면사무소는 전소되었다는바 그 통에 그들은 1명을 사상시키고 도주하였다. 이 급보를 접한 함남경찰부는 북촌 고등과장이 부원 수십 명을 대동하고 금야 11시에 현장으로 출동하리라 하는바 아직 쌍방의 자세한 사상자는 판명되지 않았다.

『동아일보』는 이날 2회의 호외를 발간해 이 소식을 전했다.『조선일보』도 뒤이어 보천보전투 소식을 보도했다. 보천보 사건은 북한에서는 김일성의 항일유격투쟁 중에서 손꼽히는 투쟁이라고 주장하고 있다. 한국에서는 이 사건을 북한에서 정치적 목적으로 부풀려서 선전한다고 보기도 한다. 정해진의 수기는 그가 월북해서 북한에 살 때 쓴 것이기 때문에 이 사건의 의미를 과장해서 서술했을 가능성을 배제할 수 없다.

그러나 당시 조선에서는 정해진처럼 이 소식을 예사롭지 않게 받아들이는 사람들이 있었다. 중국과 소련 등지에서 항일무장투쟁을 전개하는 투사들이 있다는 사실은 일본의 식민지배 아래 숨이 막혀오는 조선 사람들에게 큰 위안이었다. 만주사변을 일으켜 만주에 허수아비 정부를 세운 이후 중국 본토를 점령하려는 일본과 중국과의 싸움, 그리고 중국과 협력해 일본에 대항하려는 조선 항일세력들의 싸움이 중국에서 일상적으로 벌어지고 있던 시절이었다. 중일전쟁 발발 직전의 팽팽한 긴장 속에서 국경을 넘어 일본이 점령하고 있는 조선땅을 기습 공격한 김일성 항일유격대의 전투 소식을 신선한 충격으로 받아들인 사람들도 있었다.

해진은 호소카와 가로쿠(細川嘉六)가 쓴『소련의 아시아정책론』에 대해서도 언급하고 있다. 소련에서는 타타르족, 키르키스족 등 소련 내의 동방 소수민족들에 대해 거의 소멸되어 가는 민족어를 다시 소생시켜주는 등 민족주권을 인정해주고, 면적이나 인구에서 몇백 배나 되는 러

갑신년(1944년) 3월 '구정의 아들들'이라 쓰여 있는 사진. 왼쪽부터 정해진의 경성제대 동기들인 역사학자 김석형과 언어학자 김수경, 그리고 정해룡, 전예준(정해진의 처), 정해진, 박시형이다. 앉아 있는 사람은 모친 윤초평 여사이고 안고 있는 아기는 정해진의 아들 정국상이다.

시아연방과 같은 수의 대의원을 파견해 소수민족들의 이익을 지켜주고 있다는 것이었다. 소수민족의 민족경제를 발전시켜 나가도록 보장해주는 등 인도주의적인 정책을 실시하고 있다고 했다. 일본 제국주의가 주권을 강탈한 후 조선말을 쓰지 못하게 하고 조선 사람의 땅과 공장을 다 빼앗고 조선 민족을 노예처럼 취급하고 있는데 소련에서는 이와 정반대의 정책을 실시하고 있다는 것이었다.

민족자결주의를 지키는 정의로운 소련이야말로 정의로운 나라이고 사회주의야말로 근로대중이 착취 없이 자유롭게 살 수 있는 길이 아닌가? 해진은 그런 생각으로 김일성 장군을 따라 사회주의의 길로 나가기로 결심했다고 한다. 정해진은 해방 이후 남한에서 공산주의 활동을 하고 한국전쟁 때 북한체제를 선택해 월북했다. 그가 북한에서 살면서 쓴 수기에서는 1937년 경성제국대학생 정해진이 공산주의 이념을 선택한 이유를 그렇게 서술하고 있다.

일본의 폭압과 학생들의 저항

정해진은 1939년의 상황에 대해 다음과 같이 적고 있다.

> 내가 이렇게 공부와 학내활동을 하고 있던 중 1939년 6월경 대학 내에서는 검거선풍이 불었다. 내가 속해 있던 독서회 성원들도 2명이나 체포되었으며 나도 동대문경찰서에서 취조를 받게 되었으나 불기소로 끝났다. 그러나 나는 조금도 겁을 내거나 신심을 잃거나 하지는 않았다.

해진은 경성제대 문학부에 다니는 동안 김석형, 박시형, 김수경 등 평생의 친구들을 만났다. 그들은 방학이면 책을 싸들고 심산유곡의 절을 찾아가 공부를 함께 하고 해진의 고향에 찾아와 율포에서 해수욕을 즐기며 지내기도 했다. 해진의 대학시절 친구들이 방학 때 보성에서 자주 어울린 탓에 정해룡과 정종호 등 집안사람들도 그들을 다 알게 되었다.

해진과 학우들은 1939년 늦가을에 중국 동북지방 지린성 지안현 퉁거우에 있는 광개토대왕릉비를 보러 갔다. 졸업논문을 쓰느라 바쁜 시기였지만 정해진은 김석형, 박시형, 김수경 등 친한 친구들과 함께 길을 나섰다. 평양과 묘향산을 구경하고 빨간 단풍이 아름답게 비치는 청천강과 독로강을 끼고 고구려 민족이 남하한 길을 거슬러 올라갔다. 늦가을에 뗏목을 흘려보내고 있는 압록강을 건너 웅대한 광개토대왕릉비를 보게 되었다. 조국의 아름다움과 고구려인의 슬기를 가슴속에 담게 된 이 여정은 해진 일행의 졸업여행이나 마찬가지였다. 이 마지막 여행은 대학 시절의 뜻깊은 추억으로 남았다. 해진과 대학 동창들은 식민지에서 태어나 최고교육을 받은 청년으로서 민족의 독립에 대한 책임감을 가슴 깊이 새겼다.

해진의 졸업과 결혼, 그리고 동경 유학

할아버지 정각수는 해진이 열다섯 살 되던 해부터 혼담을 꺼냈다. 해룡이 열여섯에 결혼했으니 이상할 것도 없다. 그러나 신학문을 배운 해진이 말을 들을 리 없었다. 할아버지와 어머니는 해진이 경성제대에 입학하자마자 결혼 이야기를 다시금 꺼냈으나 해진은 장문의 편지를 써서 이를 막았다. 결국 해진은 경성제국대학을 졸업하던 해에 이화여전 졸업반이었던 전예준을 만나 결혼했다. 전예준은 평안북도 강계 출신으로 아버지는 신의주에서 공무원이었고 부유한 편에 속하는 집안이라 조부가 경성으로 유학을 보내준 것이다.

정해진은 결혼문제로 어머니와 갈등이 있었다. 해진은 서민 가정의 처녀를 구하려고 했고, 어머니는 양반 가문의 며느리를 원했다. 어머니는 자신의 친정인 고산 윤선도 가문 출신의 종가에서 처녀를 점찍고 그곳에 청혼하려고 했다. 해진은 수기에서 자기가 어머니의 말을 거역한 것은 이때가 처음이라고 했다. 친구 김석형의 약혼녀와 이화여전 동창이었던 전예준을 소개받고 나서 마음에 들었던 해진은 어머니에게 서울에 와서 며느릿감을 만나보라고 했다. 해진의 기대와 달리 어머니는 전예준과의 결혼을 반대했다. 윤씨 가문의 처녀보다 인물도 못하고 보성과는 문화가 너무 다른 서북지방 출신인 것도 마음에 들지 않는다고 했다.

해진은 어머니가 언젠가는 이해하게 되리라고 생각하고 가까운 친구들과 형을 초대해 간소한 약혼식을 강행했다. 약혼식을 했다는 것을 알고 나니 어머니는 "내 자식이라고 생각하니 좋아 보인다. 나는 흡족하다"라고 말했다. 이 일화는 자식 이기는 부모 없다는 옛말을 받아들인 어머니의 현명한 처신을 보여준다. 해룡과 해진의 어머니 윤씨는 대범하고 유연한 사고를 가진 사람이었다.

경성제대를 졸업하고 고향에 돌아온 해진은 해룡에게 내가 당분간 집안살림을 돌볼 테니 중국 베이징 같은 곳으로 유학을 가면 어떻겠느냐고 권했다. 해진은 자기가 최고학부까지 다니는 동안 형이 전혀 학교교육을 받지 못한 것에 대해 미안한 마음이 컸다. 해진은 당시 형 해룡이 학교에 다니지 않았어도 상당한 수준의 지식을 갖추고 있다고 보았다. 해룡은 와세다 대학 강의록으로 공부하는 한편, 라디오로 일본어 방송을 들으면서 어학공부도 열심히 했다. 해진은 형이 학교에 다니지 않았어도 늘 형을 존중하고 아꼈다. 해진은 육필수기에서 형에 대해 늘 긍정적인 내용으로 언급하고 있다.

> 나의 형은 뜻이 높은 사람으로 재주도 있고 글씨도 잘 쓰며 바둑도 잘 두었다. 그는 또한 토지를 정리하여 양조장이나 인쇄소를 운영하는 등 농사를 기업운영으로 교체해 나가기도 했다. 그는 뜻이 큰 사람으로서 춘궁기면 구민미를 내어 인근 빈민들에게 나누어주기도 했으며, 일제의 패망을 확신하고 지하정치 활동가들에게 정치자금을 대주고 있었다.

해진은 해룡에 대해 '뜻이 높은 사람'이나 '뜻이 큰 사람'이라고 말하고 있다. 이때부터 해진은 형이 정치에 뜻이 있다는 것을 알고 있었다. 베이징에 유학 가라는 해진의 권고에 해룡은 오히려 해진에게 동경 유학을 권했다. 나는 학교 문전에도 가보지 못했지만 너는 이왕 학교를 다녔으니 공부를 계속하라고 했던 것이다. 내심으로 마르크스-레닌 사상에 대한 연구를 더하고 싶고, 혁명동지도 구하고 싶었던 해진은 형의 권유에 못 이기는 체하고 유학을 떠난다. 해진은 동경제국대학 대학원에 입학해 일본으로 떠났다. 해진이 경성제대에 다닐 때 할아버지가 돌아가셨으므로 그 뒤로는 줄곧 해룡이 그의 보호자 노릇을 했다. 해진이 마음 놓고 공부하고 원할 때 여행을 다닐 수 있었던 것은 전적으로 형의 지원 덕분이었다. 해진은 형의 지원과 배려에 대해 늘 고맙게 생각했다.

— 6 —
형제가 뜻을 합쳐 해방을 준비하다

보성지역 지식인들의 사랑방 보성인쇄주식회사

정해룡은 할아버지가 돌아가신 후 양정원을 설립하기 위해 많은 재산을 소비했다. 그에게 재산이란 곧 토지를 의미한다. 해룡은 하고자 하는 일이 있으면 땅을 팔아서 비용을 충당했다. 그는 재산을 늘리는 데는 별로 관심이 없었다. 그렇다고 농업에만 의존하면서 필요할 때 땅을 처분하는 것이 전부는 아니었다. 봉강은 고창의 지주였던 인촌 김성수의 집안처럼 일제의 비호 아래 기업을 운영하는 일 같은 것은 생각해본 적이 없었다. 경성방직 같은 큰 규모의 사업이 아니더라도 지역의 유지였던 정해룡은 마음만 먹으면 일제와 유착해 알짜배기 이권사업을 따낼 수도 있었을 것이다. 그러나 그는 그렇게 살 수 없었던 사람이다. 사랑채에서 '역사의 죄인이 되지 말라'는 글귀가 날마다 그에게 부끄럽지 않게 살고 있는지 묻고 있었기 때문이다.

정해룡의 경제활동에서 농업 이외의 가장 큰 사업은 보성인쇄주식회사의 경영이었다. 보성인쇄주식회사는 전라남도 보성군 보성면 보성리 860-1번지에 있었는데 1952년 무렵까지 운영되었다. 『조선은행 회사조합 요록』(1935년 간행본)에 "보성인쇄는 1934년 12월 28일에 '인쇄업 개량발달 기타 유리한 사업'을 목적으로 자본금 2만 5,000원, 불입금 6,250원이 투자되어 설립되었다"라고 기록되어 있다. 설립 당시 사장은 이몽재, 이사는 최형호와 박용주였다. 1935년 8월 9일자로 이몽재와 최형호가 동아일보사 보성지국 고문으로, 감사였던 안응순이 총무로 임명되었다.* 이런 사실로 볼 때 이 인쇄소는 동아일보사와 관련을 맺고 있었음을 알 수 있다.

정해룡은 보성인쇄(주)의 설립과 초기 운영에는 직접 참여하지 않았다. 1937년에 발간된 『조선은행 회사조합 요록』에서도 정해룡의 이름은 기록되어 있지 않다. 이 자료는 자본금이나 불입금 등은 변함이 없으나, 설립목적을 '인쇄업 개량발달 기타 유리한 사업'으로 기록하고 있다. 그렇지만 운영체계와 운영진들의 역할이 일부 바뀌었다. 사장에 최형호, 이사에 이몽재, 박용주, 박태시, 조규봉, 감사에 임병옥(林丙玉), 안응순이었다. 눈에 띄는 변화는 이몽재에서 최형호로 경영의 최고 책임자가 바뀌었다는 점이다.

정해룡의 이름이 보성인쇄주식회사의 임원진에 명시된 것은 1939년에 발간된 『조선은행 회사조합 요록』부터였다. 최형호가 사직하고 정해룡이 사장으로 부임했다. 사장을 제외한 다른 임원진의 구성에는 변화가 없었다. 정해룡은 1937년에서 1939년 사이에 회사를 공식적으로 인수해 직접 운영하기 시작했다. 1942년에 발간된 『조선은행 회사조합 요록』에는 불입금이 1만 2,500원으로 기록되어 있는데 1934년과 비교할 때 2배가량 증가한 것이다. 보성인쇄는 소규모의 영세사업장이 아닌 상

---

* 『동아일보』 1935년 8월 16일자.

당한 규모와 시설을 갖춘 출판사에 가까운 인쇄소였다. 정해룡이 사장이었던 1940년 9월 1일에 정시림이 저술한 『월파집』을 발간했는데 정시림은 경술년 국치 당시 조선인으로 지조와 절의를 굽히지 않았던 학자로 알려져 있다. 1940년이라는 정세를 감안하면 이 책의 출간이 쉽지 않았을 것으로 보여 정해룡의 항일의지가 반영된 저작물이라고 볼 수 있다.

보성인쇄는 다양한 인쇄물을 제작했다. 간단한 수준의 유인물에서 단행본 수준의 도서까지 이곳에서 제작했다. 보성인쇄소에서 발행한 책으로 박찬영이 저술한 『양동유고』, 박용주가 저술한 『진원 박씨 세고』 등이 남아 있다. 1930년대 말과 1940년대 초에 이 정도의 책들을 발행한 것으로 미루어 보아 보성인쇄주식회사는 어느 정도 규모와 수준이 있는 기업이었다. 그밖에도 보존가치가 있는 유학자들의 저술을 책으로 많이 발행했다. 인쇄소는 돈이 벌리는 사업은 아니었다. 정해룡은 교육사업으로 양정원을 운영한 것처럼 애국계몽운동의 일환으로 인쇄소를 문화사업으로 생각하고 운영한 것이다. 보성지역에서 인쇄물이 필요할 때 다른 지역까지 가지 않아도 되었으니 지역민들에게 도움을 주는 사업이기도 했다.

또한 보성인쇄주식회사는 보성지역 지식인들의 사랑방이었다. 보성인쇄에는 보성 출신의 사회주의자들뿐만 아니라 보수적 성향의 민족주의자들도 모여들었다. 보성인쇄에는 늘 청년들이 둘러앉아 시국담을 나누고 새로운 소식과 정보를 교환했다. 정해룡은 정치적 성향과 무관하게 폭넓게 사람을 사귀고 교류했다. 봉강은 해방 후 좌우대립으로 사회가 혼란스러울 때 이런 인맥 덕분에 위기를 넘긴 적이 많았다. 봉강은 늘 이념이나 사상보다 사람 자체를 귀하게 생각했다.

보성인쇄의 경영에 참여했거나 자주 드나들던 사람들 중 다수가 해방 이후 건준이나 인민위원회에 참여했다. 『보성군사』에는 봉강이 보성인쇄주식회사를 경영하면서 협동조합운동을 했다는 기록도 있다. 정해룡과 함께 협동조합운동에 참여한 사람들은 김영학, 송홍섭, 임중엽, 김영두 등이었다. 이들은 합법적으로 협동조합운동을 하기 위해 화신상회와 보성인쇄주식회사를 운영했다. 당시의 협동조합운동이란 노동조합운동을 말한다.

번 돈을 어디에 쓰는지 말할 수 없었던 사람

정해룡은 돈 되는 사업으로 양조장을 운영했다. 봉강은 양정원 설립을 준비하던 1937년 무렵에 회천면 면소재지인 율포리에 양조장을 차렸다. 율포 양조장은 막걸리를 생산했는데 가까운 곳에 양조장이 없었고 여름이면 해수욕장에 놀러오는 사람들이 막걸리를 찾았기 때문에 사업이 잘되는 편이었다. 대가족을 부양해야 했던 봉강은 율포 양조장이 있어서 숨을 돌릴 수 있었다.

정해룡은 율포 양조장에 가끔 들러 지배인에게서 돈을 가져갔다. 올 때마다 1만 원씩, 5천 원씩 가져갔는데 당시로서는 적지 않은 돈이었다. 생활비로 쓴다면 아무리 규모가 큰 봉강의 집이라 해도 쉽게 없어질 돈은 아니었다. 그렇게 뭉칫돈을 가져가고도 며칠 있으면 또 나타나 돈을 달라고 하니 어떤 때는 지배인이 정말로 궁금해 그 큰돈을 어디에 쓰기에 자꾸 또 달라고 하느냐고 물었다. 봉강은 웃으면서 "도둑을 맞아버렸다네"라고 농담으로 받아넘겼다.

가족들은 이 이야기를 듣고 흥청망청 술을 마시거나 유흥에 빠진 것도 아니고 노름도 하지 않는데 무슨 돈을 그렇게 가져가느냐고 걱정하면서 이러다가 집안 망하겠다고 혀를 찼다. 정종호는 독립운동을 하는 사람들의 지하운동자금으로 그 돈이 들어갔을 거라고 추측한다. 봉강이 그런 일을 발설할 수 없었을 테니 그저 짐작만 할 뿐 자기는 돈의 용처에 대해

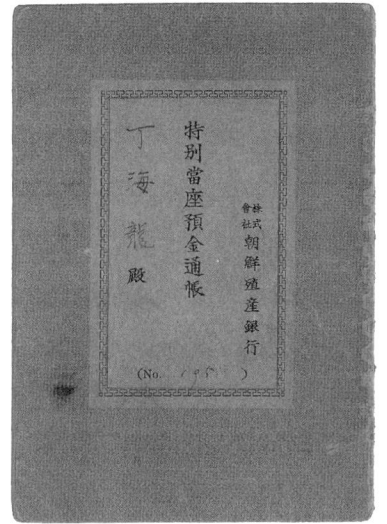
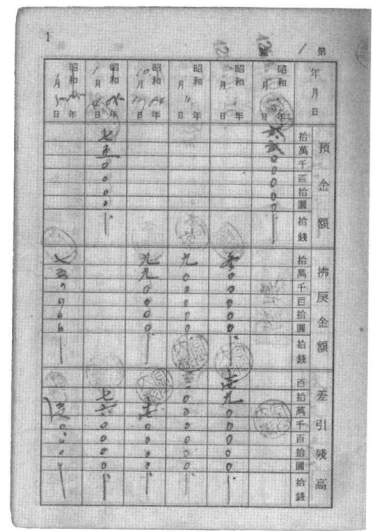

정해룡이 관리했던 조선식산은행 발행의 특별당좌예금통장. 그는 보성인쇄주식회사와 양조장을 운영하면서 적지 않은 부(富)를 쌓았지만 대부분의 돈을 남몰래 독립운동을 위해 썼을 것으로 추정된다.

묻지 않았다고 했다. 정해진의 수기에서도 독립운동자금 이야기가 나오는 것으로 미루어 보아 가족들 중 소수만이 알고도 모르는 체 입을 다물고 있었던 것 같다.

정해룡이 독립운동을 위한 비밀자금책이었다는 기록도 있다.• 『보성군사』에는 정해룡과 함께 활동했던 비밀자금책은 박태규, 임양온, 임태엽 등이었다고 나온다. 정해룡이 1940년대 초에 조선총독부의 개척단원으로 신분을 위장하고 만주를 방문해 그곳에서 활동하고 있는 독립운동가와 만났다는 이야기도 있다.•• 일제 말기에 조선총독부는 해외 개척활동을 독려하면서 개척단원들을 모집해 내보냈다. 개척단원은 철저한 신

- • 보성군사편찬위원회, 『보성군사』, 1995, 344쪽.
- •• 이재의, 앞의 글, 219쪽.

분조사와 보증인이 있어야 선발될 수 있었다. 해외에서의 활동 또한 엄격하게 관리되고 있었기 때문에 만주개척단으로 중국에 가서 항일운동과 연계하기가 쉽지 않았을 것이다. 해방 이후 정해룡의 정치적 행보를 살펴보면 그가 일제강점기에 중국에서 활동하던 독립운동가들과 연계되어 있었음을 짐작할 수 있는 부분이 있다. 봉강은 해방되자마자 몽양 여운형계로 정치에 발을 들여놓았고, 몽양이 죽고 난 뒤에도 장건상이나 김성숙 등 해외에서 활동하던 독립운동가들과의 인연을 이어갔다. 해방 전부터 인연을 맺어온 것이 아니라면 해방된 후 곧바로 정치활동에 나서기는 어려웠을 것이다.

실망과 울분을 안겨준 해진의 동경 유학

정해진은 1940년 4월에 동경제국대학 대학원 문학부에 입학했다. 해진은 함께 유학 간 김수경과 함께 조선 학생 신입생 환영회에 참석했다가 크게 실망했다. 재학생 선배들은 물론이고 신입생들도 조선과 일본에서도 최고의 수재들만 들어오는 동경제대에 입학한 만큼 꼭 고등문관시험에 합격해야 한다는 이야기를 하고 있었다. 경성제대와는 분위기가 달랐다. 경성제대에도 고등문관시험을 치려는 학생들이 있었지만 신입생 환영회 같은 데서는 본심을 숨겨야 했다. 말로나마 모두 장차 조국과 민족에 기여하기 위해 민족의 얼을 지켜야 한다는 식으로 이야기했다. 그런데 여기서는 공공연하게 고등문관시험을 이야기하고 있었다. 일제의 식민지배가 30년을 넘어가면서 조선의 엘리트들은 식민지체제를 당연한 것으로 받아들이는 경향을 보이고 있었다. 일본이 러시아와 중국을 상대로 전쟁을 벌이고 제2차 세계대전에 뛰어들면서 점점 더 강국이 되어간다는 착시현상을 일으키고 있었다.

그것은 일본 학생들도 마찬가지여서 일본이 미국과의 전쟁에서 곤경에 처하고 제2차 세계대전에 참전한 일본의 운명이 기로에 서 있었음에도 불구하고 정치에는 무관심했다. 그저 도서관에 틀어박혀서 고등문관 시험을 치기 위한 준비만 하는 학생이 대부분이었다. 일본 청년에게는 패기가 없었다. 해진은 일본의 장래가 그리 밝지 못하다고 생각하게 되었다.

해진은 갓 결혼한 아내 전예준과 함께 동경에 갔다. 전예준이 남편과 떨어져 낯선 환경에서 혼자 시집살이를 하는 것이 힘들겠다고 생각한 정해룡의 배려였다. 이 젊은 부부는 동경에서 조선인에 대한 차별과 혐오에 심한 모욕감을 느끼게 되었다. 아파트를 얻으러 갔더니 여주인이 조선 사람은 마늘과 고추장을 먹으며, 아파트 2층에 조선 사람을 두었다가 빈대가 퍼져서 아파트 전체를 소독해야 할 지경에 이르렀다면서 방을 빌려줄 수 없다고 했다. 겨우 다른 아파트를 구해 들어갔으나 거기도 사정은 마찬가지였다. 아파트에서 라디오 도난사건이 일어나자 관리인은 다른 주민들에게는 주의하라고 당부하면서도 정해진 부부에게는 알려주지 않았다. 전예준은 나라가 없으니 이런 수모를 당해도 어디 가서 하소연할 데가 없다고 밤새 흐느껴 울었다. 그런 어려움 속에서 해진은 공부에 열중했다. 전예준은 결국 동경생활을 접고 1941년 초에 보성으로 돌아가 양정원에서 교사로 일하게 되었다.

정해진의 공산주의 활동과 정해룡의 지원

해진은 마르크스-레닌주의 학습에 열중하면서 같은 뜻을 가진 동지를 찾아보았다. 동경제대 밖으로 눈을 돌려 사립대학생들과 연계하면서 김원현과 임상준 등을 알게 되었고, 1941년 1월부터 독서회를 만들어 마르크스-레닌주의에 대한 학습을 같이 하고 동지를 규합하는 데 힘썼다. 동지 모집은 학생층에서 노동자계급으로 확대하기로 하고, 경상북도 출신으로 노동운동을 하던 우한용과 연계를 맺었다. 정해진은 동경에서 국제공산당의 당원으로 가입*해 정치당원으로 활동했다.** 정해진은 일본 유학시절에 방학이 되면 고향에 돌아와 마을청년들을 가르쳤다.

정해룡은 해진이 어떤 활동을 하고 있는지 잘 알았다. 두 사람의 사상이 달랐을지는 모르나 해룡은 해진의 활동을 적극적으로 지원했다. 정해진이 서울에서 지낼 때는 많은 사회활동가와 모임을 가질 수 있도록 넓은 집을 마련해 주었다. 해진이 동경에서 국제공산당 정치당원으로 활동할 때 정해룡은 정해진을 통해 국제공산당에 활동자금을 기부하기도 했다.*** 정해룡이 국제공산당에 자금을 기부했을 무렵, 동경에서의 조선인 공산주의자들의 활동은 어려운 상태였다. 동경 유학생을 중심으로 한 조선 공산주의 운동은 1920년대에 활발하게 전개되다가 일본경찰의 대대적인 탄압으로 1930년대 들어서는 거의 소멸한 상태였다. 정해진이 유학하던 1940년대에는 소수만이 비밀리에 활동하면서 겨우 명맥을 이어가던 중이었다.

조선의 금광왕 이종만을 만나다

1939년에 독일의 폴란드 침공으로 시작된 제2차 세계대전으로 세계는 전쟁의 소용돌이 속으로 깊숙이 빠져들었다. 1940년에 만주에서는 한국

---

* 정해진이 국제공산당(코민테른) 당원으로 활동했다는 것은 보성가족간첩단 사건 판결문에 나와 있다. 정해진의 육필수기에는 그런 내용이 기록되어 있지 않다.
** 〈서울형사지방법원 제11부 판결〉, 1981. 4. 8.
*** 〈서울형사지방법원 제11부 판결〉, 1981. 4. 8.

광복군*이 창설되었다. 1940년 8월 10일, 『동아일보』와 『조선일보』가 조선총독부에 의해 폐간되었다. 조선 사람들이 나라 안팎의 사정을 알 수 있는 유일한 창구조차 막아버린 것이다.

일본은 전쟁물자를 조달하기 위해 조선을 더욱 가혹하게 수탈했다. 무리한 공출로 사람들은 굶주리게 되었고 강제징용으로 노동력이 줄어들어 농업생산력은 오히려 줄어들기만 했다. 정해진은 이런 때에 조선 청년들이 상아탑에 안주해 책이나 보고 있어서는 안 되겠다는 생각에 초조해졌다. 시대의 요구에 따라 일본 제국주의의 패배를 앞당기기 위한 실천적 활동에 나서야 한다는 결심을 하게 됐다. 그러나 구체적인 실천 방법을 찾지 못해 방황하고 있었다.

1941년 10월, 해진은 동경에서 금광왕이라는 별명을 갖고 있는 이종만(1885~1977)**을 만나게 되었다. 이종만은 수많은 사업 실패 끝에 쉰 살이 넘어 큰 금광을 발견하여 거부가 된 사람이었다. 1937년에 쉰셋의 금광왕은 금광을 매각한 대금에서 50만 원을 들여 재단법인 대동농촌사***를 설립해 농민들에게 소작료로 수확량의 30퍼센트만 받고, 30년 후에는 그마저 받지 않고 경작자들이 영구히 경작할 수 있게 한다는 파격적

• 1940년에 김구 등의 주도하에 중국 충칭에서 창설된 대한민국 임시정부의 무장 독립군이다. 대한민국의 독립을 회복하기 위해 일본 제국주의를 타도하고 연합군의 일원으로 항전할 것을 목적으로 창설됐다. 국내 진공작전을 계획했으나 일본의 항복으로 무산됐고 1946년 6월 해체되었다.

•• 울산 출신으로 금광개발에 성공해 부를 축적한 뒤에 노동자들과 농민들을 위한 광산, 학교, 공동농장 등의 '대동기업체'를 운영했다. 해방 이후 자진 월북했다. 제1~2기 최고인민회의 대의원, 광업부 고문 등을 지냈다. 북한에서 자본가 출신으로는 유일하게 애국열사릉에 안장되었다.

••• 『동아일보』는 1937년 9월 17일자 사설에서 "이런 갸륵한 독지가의 토지가 불행히 157만 평에 불과하여 혜택을 입는 소작인이 겨우 연천, 평강, 영흥 3군의 153호에 그치는 것은 매우 섭섭한 일"이라고 격찬했다.

인 사업을 시작했다. 그가 매입한 땅은 157만 평이었다. 당시 법적으로 지주는 50퍼센트의 소작료를 받도록 되어 있었으나 실제로는 70퍼센트까지 받는 지주들도 있었다. 그래도 소작농들은 농지를 잃을까봐 항의조차 못하는 형편이었다.

이종만은 '일하는 사람은 다 같이 잘살자'라는 단순한 경영철학을 내세워 1938년에 대동광업주식회사, 대동광산조합, 대동농촌사, 대동출판사, 대동공업전문학교 등 대동 콘체른이라고 불리던 총 5개의 사업체를 경영하게 되었다. 다섯 개의 사업체 중 수익을 내는 기업은 대동광업뿐이었고, 나머지 사업체들은 큰 적자를 냈다. 경영실적이 악화된 가운데 1941년이 되자 이종만은 파산위기에 몰렸다. 정해진의 수기에 의하면 이종만은 당시 총독부와 결탁한 회사의 임원진 등이 자신을 배신해 모든 이권을 빼앗기게 되자 이 문제를 일본 언론에 호소해 정치적으로 해결해 보고자 동경에 와 있다고 했다는 것이다. 이종만은 조선총독부의 조선 민족자본 말살정책을 비판하면서 정해진과 김원현에게 도움을 요청했다. 그는 서울에서 제일 큰 규모의 대동인쇄소(대동출판사)가 자신의 소유이고, 광산 중에도 유망한 것들이 있으니 맡아서 해보라고 권하기도 했다.

정해진의 수기에는 언급되지 않았지만 이종만이 왜 정해진을 찾아갔는지 알게 해주는 한 장의 사진이 최근에 발견되었다. 1939년에 대동광업사 앞에서 이종만이 허헌,* 이광수,** 한기악*** 등과 함께 찍은 사진이 있는데, 이 사진에 정해룡이 함께 있다. 이종만은 동경에서 정해진을 만나

- 허헌(1985~1951): 이인, 김병로와 함께 독립운동가를 변호했던 3대 민족인권 변호사 중 하나. 항일운동가이자 통일운동가. 북한에서 국무총리, 김일성종합대학교 총장 등을 지냈다.
- •• 이광수(1892~1950): 호는 춘원. 소설가, 민족개조론자.
- ••• 한기악(1898~1941): 독립운동가, 신간회 중앙위원.

기 이전부터 정해룡과 친분이 있었음을 알 수 있다. 정해진과 김원현은 그를 도와줄 방법을 의논했다. 1941년 12월 7일 일본이 하와이의 진주만을 기습 공격하면서 태평양전쟁이 시작되었다. 미국과 일본의 한판 승부가 시작된 것이다. 해진과 학우들은 일본의 패망이 멀지 않았다고 확신했다. 그들은 조국에 돌아가 일제를 타도하기 위한 혁명투쟁을 전개해야 한다고 판단했다. 해진은 고향에 돌아가 형과 의논한 후 동경에 돌아가 이종만의 호텔 비용과 소소한 빚을 갚아주었다. 정해진은 동경제국대학 대학원을 중퇴하고 1942년 1월에 조선으로 돌아왔다.

광산노동자들 속으로 들어간 정해진

김원현과 함께 조선으로 돌아온 해진은 서울에서 대동인쇄주식회사의 형편에 대해 알아보았다. 그들이 인쇄소에 관심을 가지게 된 것은 그것이 조국의 광복을 위한 투쟁에 이용할 수 있는 출판인쇄시설이라는 점과 큰 회사인 만큼 많은 노동자와 접촉할 수 있을 거라는 기대 때문이었다. 그러나 인쇄소에 가보니 회사를 장악하고 있는 것은 친일파 중역들이었고, 이종만은 거의 발언권이 없었다. 대동인쇄주식회사를 그들의 목적대로 이용하기는커녕 입사조차 어려운 실정이었다.

　상황이 그렇게 되자 이종만은 해진에게 자기 아들 이영조가 큰 지분을 갖고 있는 울산에 있는 철광에 투자해 함께 사업을 해보라고 권했다. 정해룡은 이보다 앞서 1941년 가을에 전라남도 광양군에 있는 금광을 구입했다. 규모가 크지 않은 폐광을 싼값에 사들였는데 정해진은 이것이 일제 패망의 결정적 시기에 사용할 폭발물을 저장하기 위한 위장사업이었다고 말한다. 광산은 합법적으로 다이너마이트 등을 사들일 수 있었기 때문이다. 해진이 형에게 울산 철광에 투자하는 게 어떠냐고 물었더니 해룡은 통 크게 판을 벌려 보자고 하면서 적극적으로 호응하고 나섰다.

울산 철광은 이종만의 아들 이영조가 80퍼센트의 광권을 갖고 있고 일본인이 20퍼센트의 광권을 갖고 있었다. 정해룡은 일본인 소유의 광권을 2만 원에 구입했다. 이종만은 무슨 연유인지 그 광권을 전부 이영조의 명의로 해달라고 요구했다. 해룡과 해진 형제는 이유도 묻지 않고 이종만의 요구대로 해주었다. 얼핏 생각하면 의아한 일이지만 그들은 그렇게 전적으로 상대를 신뢰하는 것에 대해 당연하게 생각했다. 울산 철광은 개발하다가 버려둔 것을 이영조가 사들여 다시 철광석을 캐기 시작했는데, 매장량도 많은 편이고 광질이 좋을 뿐 아니라 교통도 좋은 곳에 있어서 전망이 밝아 보였다.

정해진은 1942년 4월부터 울산에 내려가 철광산에서 일하기 시작했다. 당시 친척들과 지역사회에서는 해진의 이런 행보에 대해 의구심을 가지는 사람들이 많았다. 경성제대를 나오고 동경제대에 유학한 조선 최고의 엘리트가 광산사업을 한다는 게 이해하기 힘들었던 것이다. 보통 사람들이 생각하기에는 고등문관시험을 본다거나 대학교수가 된다거나 사회에서 출세할 수 있는 길이 얼마든지 있을 것 같은데 광산이라니 의아할 수밖에 없었다.

해진은 울산 철광에서 노동계급을 교양하고 그들 속에서 자신도 단련하며 활동자금도 마련할 생각이었다. 일제가 패망해 달아나게 되면 적의 퇴로를 차단하는 데 단단히 한몫해보자는 생각도 있었다. 해진은 낮에는 노동자들과 함께 갱내에서 일하고 밤이면 노동자들의 숙소에서 같이 잤다. 가끔은 울산에서 광산을 하는 사람들이나 그것을 관리하는 공무원, 철광산이 자리 잡은 호계면의 주재소 수석을 접대하는 술자리도 가졌다. 그런 일은 좋아서 하는 것은 아니었고 사업을 하기 위해 어쩔 수 없이 해야 하는 일이었다. 해진은 이런저런 평판에 휩쓸리지 않기 위해 친구들과의 편지 왕래까지 끊을 정도로 일에 집중했다.

형제에게 닥친 불운과 좌절

해룡은 해진의 결단을 전적으로 신뢰하고 밀어주었다. 봉강 자신도 광산 사업에 기대가 컸다. 종종 울산에 와 광산을 둘러보고 해진을 격려하고 많은 이야기를 나누고 갔다. 양정원 교장이었던 학산 윤윤기와 함께 오기도 했다.

1942년 여름에 정해룡은 울산으로 가는 도중 진주의 촉석루에 들렀다. 해룡은 임진왜란 당시 적장을 끌어안고 남강에 뛰어든 논개를 생각하며 한시를 한 수 지었다. 울산에 와서 동생을 만난 해룡은 자기가 지은 시를 들려주었다.

  남강은 예나 이제나 무심히 흐르고
  촉석루 산유화 지금도 들리는 듯
  충절은 의암에 서리서리 어렸으니
  죽었으되 영생하누나 여기 영원히

죽어서도 영생한다는 '사이영생'(死以永生)은 해룡의 인생관을 함축하는 말이었다고 해진은 말한다. 이는 이순신의 '필생즉사 필사즉생'(必生卽死 必死卽生), 즉 "살고자 하는 자 반드시 죽을 것이요, 죽고자 하는 자 반드시 살 것이다"라는 말과 상통한다. 해룡은 구차하게 목숨을 이어가는 것보다 필요할 때 논개처럼 자신을 바쳐 조국에 헌신하는 것이 영원히 사는 길이라고 말하곤 했다. 해룡과 해진 형제는 달이 환하게 비치는 여름밤에 해룡의 시를 읊으며 고요히 잠든 광산마을의 완만한 언덕길을 오래도록 걸었다.

보성의 몇몇 젊은이들이 울산 철광에 와서 일했다. 양정원 출신의 김달용(당시 21세)*을 비롯해 4~5명의 청년이 광산에 일하러 와 있었다.

그러나 광산사업은 기대했던 것처럼 잘 풀리지 않았다. 캐놓은 광석이 잘 팔리지 않아 운영난을 겪게 되었다. 정해룡이 운영자금을 대고 있었지만 자금 동원력이 그리 좋은 편은 아니었다.

울산 철광의 앞날에 검은 구름이 드리우고 있을 때 결정적인 사고가 일어났다. 9월 초인데 갱내에 가스가 지나치게 많이 발생했던 것이다. 날씨가 무더운데 환기시설이 불충분해 생긴 일이었다. 갱내에서 일하던 노동자들이 호흡곤란을 호소하자 모두 대피시켰다. 갱 밖에 나와서 인원을 점검해 보니 김달용이 보이지 않았다. 정해진은 보성에서 온 다른 젊은이를 데리고 갱 안으로 달려 들어갔다. 실신한 김달용을 업고 나오는데 유일한 조명인 칸델라 불이 산소 부족으로 꺼지고 해진은 발을 헛디뎌 수직갱 아래로 30미터나 굴러 떨어졌다. 광부들이 모두 뛰어들어 세 사람을 밖으로 끌어냈으나 너무 오래 가스를 마신 김달용은 끝내 살아나지 못했다.

당시 광산에는 정해룡과 윤윤기도 와 있었다. 모든 사람이 망연자실해 말문을 열지 못했다. 그중에서도 해진의 상심은 가장 컸다. 누구에게도 말할 수 없는 큰 포부를 품고 시작했던 일인데 제대로 뜻을 펴보지도 못한 채 고향사람까지 희생시켰으니 기막힌 일이었다. 김달용은 일을 열심히 하느라고 숨 막히는 갱도 안에서 끝까지 남아서 일하다가 목숨을 잃었으니 그 미안한 마음을 뭐라 표현할 길이 없었다. 김달용의 어머니를 찾아가 백배사죄하고 위로금을 전달한 뒤 가족들을 울산에 데리고 와 장례식을 치르고 광산마을 뒷산에 안장했다. 해진은 계속되는 경영난과 이 사고의 여파를 감당하지 못하고 광산에서 철수했다.

해진은 철광사업의 실패에 대해 자신이 실천투쟁의 불길 속으로 나온 첫걸음에서 고배를 마셨다고 돌아보았다. 뜻만 크고 사회적 경험이 부족

- 호적 이름은 '김춘화'로 보성군 회천면 내래마을 출신이다.

한데다가 자기가 하고 있는 사업 부문의 실정에 너무 어두운 데서 기인한 실패라고 분석하고 깊이 반성했다. 1942년 9월, 큰 뜻을 품고 떠난 지 5개월 만에 성과도 없이 노동자의 죽음이라는 마음의 짐을 떠안고 돌아온 해진은 괴로웠다. 주변사람들의 시선도 따가웠고 결과적으로 큰 손해를 끼친 형에게도 미안했다. 그러나 이번에도 형은 해진의 마음을 어루만지며 위로와 격려를 아끼지 않았다. 해룡은 은행부채를 청산하기 위해 다른 면에 있던 자기 소유의 토지를 다 팔았다. 이제 해룡에게는 회천면 내에 있는 토지만 남게 되었다. 정해룡이 광산에 투자한 돈과 운영자금은 고스란히 손해를 보았다. 또한 정해룡과 정해진은 해외에서 독립운동을 하는 사람들에게 자금을 보내고 일본이 전쟁에서 밀리게 되면 외국 군대가 들어오기 전에 국내에서도 준비를 해야 한다면서 머리를 맞대고 의논하곤 했다. 정종호는 이 시기에 이렇듯 들어오는 돈보다 나가는 돈이 많아서 재산이 크게 축났다고 말했다.

일본 제국주의의 패망을 예견한 사람들

일본이 제2차 세계대전의 추축국*이 되어 전쟁광이 되어가고 있을 때 일본의 미래를 두고 조선 사람들의 예측은 둘로 나뉘었다. 일본의 식민지배가 30년을 넘어서면서 식민지체제가 내면화된 사람들, 특히 식민지체제에 빌붙어 기득권을 누리는 사람들은 일본이 계속해서 승승장구할 것이라 믿었다. 이는 자기가 원하는 것을 믿어버리는 인간의 본성 탓도 있

• 제2차 세계대전 때에 일본, 독일, 이탈리아가 맺은 삼국동맹을 지지해 미국, 영국, 프랑스 등의 연합국과 대립한 여러 나라. 1936년에 무솔리니가 "유럽의 국제관계는 로마와 베를린을 연결하는 선을 추축으로 하여 변화할 것이다"라고 연설한 데서 유래한 말이다 — 표준국어대사전.

겠으나 식견이 부족한 탓도 있었다. 실제로 해방 후에 많은 사람이 일본이 패망할 줄은 꿈에도 몰랐다고 말했다. 국제정세를 이해하고 일본의 한계를 알았던 사람들은 머지않아 일본이 패망할 것이라고 생각했다. 그런 이들은 일본이 전쟁에서 패하고 난 뒤의 상황을 예측하고 대비하려고 했다.

정해룡 형제는 일본의 패망을 믿은 쪽이었다. 정종호는 1940년대에 자기가 형제한테서 들은 이야기를 다음과 같이 전한다.

"형제간에 늘 이야기를 많이 했지. 정치문제나 세계역사에 대해서 이야기를 했어. 대동아전쟁 나서 친일파들이 날뛸 때 코웃음 치면서 잘 돼 간다고 그랬지. 이래야 일본이 제대로 망할 거라고 하면서. 상해나 중국 점령까지 우리한테는 결과적으로는 잘 된 일이라고 했어. 일본이 자본이 없어져서 말라죽을 거라고. 사람들이 일본이 중국과 동남아 점령하면서 승승장구한다고 할 때 두 형제는 이것이 일본이 말라죽는 길이라고 그랬어. 남양군도에서 아무리 자기네가 별짓을 다해도 미국까지는 못 가고, 하와이까지 갈 리도 없지만 만약에 간다고 해도 그건 당연히 망하고 마는 길이라고 했지. 내가 그럼 이제 일본이 지는 거냐고 하니까 더는 못 가고 물러나요, 그랬는데 영락없이 그대로 되었지."

몽양 여운형도 일본의 패망을 일찌감치 점쳤다. 일본이 중일전쟁을 일으키고 나서 여운형은 "원료와 소비, 투자 이 세 가지가 다 구비되어 있는 중국시장을 일본이 독차지하도록 영국과 미국이 가만있지 않을 것이다. 영국과 미국은 중국과 연합해 일본과 싸울 것이다. 미국이 혼자서도 넉넉히 일본을 이길 텐데 세 나라가 연합한다면 일본은 망할 것이다"라고 주변사람들에게 이야기했다. 몽양의 예언대로 중국, 미국, 영국은 협력해 일본의 침략전쟁을 끝장내기로 하고, 1943년 11월 27일에 카이로 선언을 발표하면서 "미국, 영국, 중국 세 나라는 조선 인민의 노예상태에 유의해 적당한 절차를 거쳐 조선을 독립시킬 것"을 결정했다.

정해룡은 전국을 여행하며 누구를 만났을까

정해룡의 행보 중 가장 궁금증을 자아내는 대목은 1930년대 후반에 전국 각지를 여행했다는 이야기다. 이때는 양정원을 설립하느라고 분주하던 시기다. 율포 양조장이 자리가 잡혀 사업이 잘 되던 때이기도 하다. 한편 그는 일본 군국주의가 내리막길을 향해 브레이크가 고장 난 자동차처럼 질주하면서 패망을 재촉하고 있는 엄중한 시국임을 잘 알고 있었다. 이러한 때에 봉강이 한가하게 유람을 떠났을 리는 없다. 봉강의 재산관리인이었던 정종호는 이 무렵부터 봉강이 많은 돈을 가져갔다고 말한다. 정종호는 봉강에게 물어볼 수도 없고 봉강 자신도 밝힐 수 없는 곳으로 돈이 흘러나갔다고 했다. 정종호는 봉강이 전국을 여행하면서 만난 사람들은 항일운동을 하는 사람들이었을 거라고 했다. 광양의 폐금광에 투자하거나 나중에 울산 철광에 투자한 것이 결정적 시기에 적의 후방을 치기 위한 방책이었던 것처럼 이 시기에 봉강이 독립운동가들을 만났을 것으로 추측하는 것이다.

이때 전국을 여행하면서 봉강은 여러 편의 한시를 남겼다. 그가 시를 통해 남긴 지명을 보면 진주·경주·부산 등 경상도 지역과 여수·순천 등 전라도 지역에 들렀음을 알 수 있다. 당시 경기도였던 개성과 강원도 강릉(경포대)에도 다녀왔다. 가족들에 의하면 봉강은 금강산에 간다면서 세 번 이상 오래 집을 비운 일도 있었다. 정종호는 이때도 금강산 유람을 떠난 것이 아니라 북쪽에서 사람들을 만나 독립운동자금을 전달하고 왔을 거라고 말한다.

이때 봉강이 남긴 시 중에 부산에서 여수로 오던 중 한산도를 둘러보며 느낀 감정을 노래한 것이 있다. 여기서 한산도의 영웅이라 함은 이순신을 말하겠으나, 봉강의 선조인 반곡 정경달을 생각했을 수도 있겠다. 어지러운 시국에 나라를 구한 영웅들을 떠올리며 자신이 해야 할 일을

1940년 경주 석굴암을 답사한 정해룡. 당시 그는 항일운동의 애국혼을 찾기 위해 문화유산 답사차 이곳을 찾았다.

점검하고 결의를 다졌으리라.

自釜山麗水	부산에서 여수로 돌아오다
湖南歸客渡東洲	호남으로 돌아오는 길손 동쪽 섬을 지나는데
大海長天一色流	큰 바다와 넓은 하늘이 한 빛깔로 흐르네
英雄一去今安在	한 번 가버린 영웅은 지금 어디에 있는지
日暮聞山故國秋	한산도에 해는 저무는데 고국은 가을이로다

봉강은 1940년(경진년), 그의 나이 27세 되던 해에 무성서원*의 장의

- 통일신라 때 태산현 군수를 지내면서 많은 치적을 남긴 최치원을 기리기 위해 세운

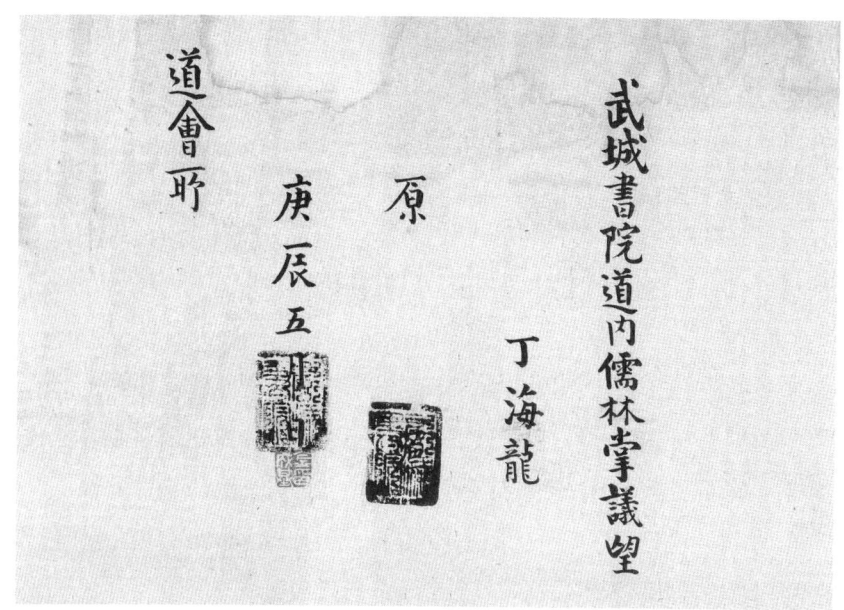

정해룡이 27세가 되던 해(1940년)에 받은 무성(武城)서원 장의망(掌議望). 이 문서를 통해 당시 봉강이 전라도의 유림(儒林)사회에서 인정받고 있었음을 확인할 수 있다.

망(掌議望)을 받았다. 장의는 조선시대 성균관이나 향교의 리더 역할을 하던 사람을 일컫는다. 성균관의 동재와 서재 유생이나 향교의 거재 유생 등이 자율적으로 선발해 유생들의 자치를 관장했다. 일제강점기 이후에도 서원에서 장의를 두었던 듯 장의망이 발견되었다. 무성서원은 전라북도 정읍에 위치해 있다. 당시에는 전라남북도가 분리되어 있지 않았다. 거북정에 보관되어 있는 장의망에는 "도내의 유생들이 뜻을 모아 정

태산사(泰山祠)를 태산서원이라고 불렀는데, 숙종 22년(1696)에 '무성'(武城)이라는 사액을 받아 무성서원이 되었다. 성종 15년(1484)에 태산사를 지금의 위치로 옮겨왔고, 중종 39년(1544)에는 태인 현감을 지낸 신잠을 합사(合祀)했으며, 정극인, 송세림, 정언충, 김약묵, 김관 등을 배향하게 되었다. 1868년 서원 철폐에서 제외된 47개 서원 가운데 하나다. 사적 제166호. 유네스코 세계문화유산.

해룡에게 무성서원의 장의를 맡아달라고 요청한다"라는 내용이 적혀 있다. 봉강은 전라도의 유림사회에서 학문이 높고 리더십이 뛰어난 사람으로 인정받고 있었음을 알 수 있다.

보성인쇄소를 경영하면서 동지를 규합하다

울산 철광에서 쓰라린 좌절을 맛보고 고향으로 돌아온 해진에게 해룡은 할 일을 만들어 주었다. 자신이 사장으로 있는 보성인쇄소에 전무취체역이라는 직함으로 해진을 앉혀 사업을 맡긴 것이다. 해진은 1943년 1월부터 이 회사에 근무하기 시작했다. 15명의 노동자가 인쇄기 서너 대를 놓고 일하는 작은 회사였지만 해진은 열의를 갖고 일했다.

해진은 보성읍에 있는 인쇄소에서 노동자들과 숙식을 같이하면서 가깝게 지내려고 노력했다. 봉강리 집에는 보름에 한 번 정도 들어갔다. 함께 생활하면서 노동자들을 계급적으로 각성시키고자 한 것이다. 노동자들의 가정에도 방문하고 일상의 어려움과 고민도 들어주면서 친하게 지냈다. 여름에는 회사의 직원들을 모두 율포 해수욕장에 데리고 가서 책을 읽게 하고 물놀이도 하면서 친밀감을 쌓아갔다. 정해진은 노동자들과 친밀해지자 그들이 민족의식에 눈을 뜨고 노동자의 권리에 대해 깨우칠 수 있도록 책을 읽게 하고 학습을 해나갔다.

해진은 두 달에 한 번은 자재 구입을 구실로 광주, 서울, 부산 등지를 돌아다니면서 동지들을 만났다. 서울에 있는 친구들과도 다시 만나 관계를 이어갔다. 1943년 9월부터 보성육영회에 이사로 참가했다. 보성육영회는 표면상으로는 고학하고 있는 대학생들에게 학비를 대주는 장학회였다. 실제로는 대사변의 결정적 시기에 인민봉기를 일으킬 선봉대를 포섭할 목적으로 청년들을 규합하고 있었다. 경성제대, 보성전문학교, 경성법률전문학교 학생 약 30명에게 장학금을 주고 있었다. 보성육영회 이사장은 신영식이었고, 임상준이 상무이사로 실무를 담당했으며, 『매일신보』기자였던 김원현이 이사로 참여하고 있었다. 그들은 혁명의 비밀거점을 물색하는 한편, 학도병 징집을 피해 도피 중인 친척과 후배들을 비롯해 징용과 징병을 피하려고 하는 청년들에게 도피처를 마련해 주었다.

해진은 1943년 9월에 자재를 구입하러 부산에 갔다가 울산 철광이 있던 마을에 들렀다. 그 마을에 묻혀 있는 김달용의 묘소에 참배하기 위해 간 것이다. 광산마을에 가보니 광산이 모 기관에 20만 원에 팔려 재개발되고 있었다. 해진은 서울에 올라가서 이영조를 만났다. 정해룡이 광산에 투자한 돈을 달라고 했더니 선뜻 4만 원을 내주었다. 해진은 이 돈을 형에게 전달하고 마음의 짐을 조금은 덜 수 있었다.

봉강의 아들 정길상은 나중에 정해룡의 삶의 궤적을 따라가면서 이 돈의 용처에 대해 여러 경로를 통해 알아보았다. 왜냐하면 4만 원은 당시로서는 아주 큰 돈이었는데 어디다가 썼는지 아는 이가 없었다. 봉강이 근로인민당 재정부장이었던 1947년에는 자금 마련을 위해 수만 평에 이르는 자신의 산에서 수백 년 된 노송을 베어 팔았다. 그렇다면 1943년에서 1947년 사이에 4만 원이라는 거금이 어딘가로 흘러들어갔다는 뜻이다. 길상은 그 돈이 여운형의 건국동맹 쪽의 자금으로 지원되었을 거라고 추측한다.

1944년에 들어서면서 일본과 독일, 이탈리아 등 추축국들의 패색이 짙어졌다. 일제의 패망을 앞당기고 해방 이후를 준비하는 것이 더욱 긴급한 과제로 다가왔다. 해진은 일제 패망의 결정적 시기에 유용하게 사용할 목적으로 다량의 인쇄 자재들을 구입해 은밀하게 숨겨놓고, 동지 규합에 더욱 힘을 쏟았다. 해진은 이 시기에 자형인 신평우와 6촌간인 신승우 형제와도 접촉했다. 그들은 전라북도 순창군 출신으로 투쟁경력이 상당한 친구들이었다. 1944년 9월이 되자 해진은 경성제대 동창인 이종원, 김석형, 박시형, 김득중과 함께 비밀조직을 결성했다. 해진의 수기에 의하면 그들의 목표는 김일성의 항일유격대가 조국으로 진군할 때, 그에 호응해 전 인민적 봉기를 일으키기 위해 청년들을 모으고 무기를 준비하는 것이었다. 당시 전세가 불리해지면서 최후의 발악을 일삼던 일제는 전쟁의 총알받이로 쓸 목적으로 사립중학교 상급생들에게 무기를 휴대한 교련을 강요하고 있었다. 이런 상황이라 정해진의 수기에 의하면 사립중학교 교원들이었던 김석형, 김득중, 박시형 등은 유사시에 무기를 탈취해 중학교 상급생들을 동원할 계획을 짜고 서울 시내 각 중학교원 중에서 동지를 규합하는 데 주력했다.

서울에서 40리 정도 떨어져 있는 능곡에서 목장을 경영하고 있던 이종원은 지하실에 단파 라디오를 숨겨놓고 러시아의 블라디보스토크에서 송출하는 방송을 들으면서 전쟁의 추이를 살피는 동시에 동지를 규합해 조직망을 확대해 나갔다. 해진은 보성육영회를 통해 경성제대를 비롯한 시내 몇 개 대학의 고학하는 학생들 중 장학생을 선발했다. 일제 패망의 결정적 시기가 왔을 때, 무력투쟁을 할 수 있도록 장학생들에게 의식화 교육을 했다. 장학생들을 통해 대학 내의 다른 학생들도 포섭해 나갔다. 정해진과 이종원 등은 학생들에게 해방 이후에 민족문제와 계급문제를 해결하기 위해서는 공산주의 이념과 체제를 선택해 혁명을 이루어야 한다고 역설했다. 고향 출신과 광주고보 후배들 중에 투쟁경력이 있고 옥고를 겪어본 김선우(보성군 웅치면), 이영래(보성군), 김제옥(강진군) 등과도 연계를 맺기 시작했다. 해진은 전라남도에서 동지들을 규합해 노령산맥 줄기와 전라남도 월출산 등에 혁명의 비밀거점을 마련하고, 그 주변의 농촌지역을 교양시킬 계획을 세웠다. 보성군, 장흥군, 나주군에 걸쳐 120리에 이르는 산악지대에 일제가 쉽게 들이칠 수 없는 무장투쟁의 근거지를 만들 수 있을 거라는 생각도 하고 있었다.

형제가 모두 경찰에 체포되다

1945년 2월 하순, 정해룡은 중국 동북지방으로 떠났다. 정해진의 수기에 따르면, 봉강은 김일성의 항일유격대를 만나 전투에 참여해 일제를 패망시키는 데 힘을 보태기 위해 떠나겠다고 했다는 것이다. 해진은 형의 결심이 장하다고 생각하면서도 김일성의 항일유격대를 만나기는 힘들 거라고 생각했다.

해진이 동경에 유학할 당시인 1941년 7월에 김일성의 항일유격대를 찾아 옌지에 가려고 길을 나섰다가 일본경찰의 삼엄한 경계에 걸려 청진에서 되돌아왔던 경험이 있었다. 당시의 상황은 1941년보다 훨씬 정세가 악화되어 목적을 이루기가 더 어려울 것 같았다. 해룡에게 이런 이야기를 해보았으나 형의 의지는 확고부동했다는 것이다. 만약 항일유격대와 연락이 닿으면 어떻게 할 것인지 물어보았더니 형은 "가산을 전부 정리해 혼자 떠나겠다. 설마 남아 있는 가족들이 굶어죽기야 하겠느냐?"라고 대답했다는 것이다. 해진은 형에게 자신의 광주고보 동창으로 보성전문학교 졸업 후 지린성 창춘에서 『만선일보』의 기자로 있던 고재기에게 형을 도와주라는 소개 편지를 써주었다. 정해룡은 고재기를 찾아갔고 옌지에도 들렀다고 한다. 고재기는 정길상에게 당시 정해룡이 자신을 만나러 왔다고 확인해 주었다. 가족들은 정해룡이 만주개척단에 지원해 만주로 떠날 생각도 한 적이 있었다고 했다. 정해룡이 김일성의 항일유격대와 연계하려고 중국까지 갔다는 정해진의 주장은 그의 수기에 나와 있는 내용이다. 정해진은 한국전쟁 이후에 월북해 북한에서 살았기 때문에 그것이 사실인지 확인해 볼 수는 없다. 해방 후의 정해룡의 행보를 보면 조선공산당에 가입하지 않았고, 건국준비위원회와 조선인민공화국, 근로인민당으로 이어지는 몽양 여운형 계열의 정치활동을 계속했다.

김일성은 보천보주재소 습격사건 이후 일제 관동군의 동북항일연군에 대한 집중토벌로 더 이상 견딜 수 없게 되자 중국 상관인 저우바오중(周保中)의 도움으로 하바로프스크 교외에 있는 소련적군 제88특별국제여단으로 적을 옮겼다. 1940년 말부터 김일성이 중국이 아니라 소련에 있었다는 것을 웬만한 사람들은 다 알고 있었다. 그래서 정해룡이 실제로 김일성 부대를 찾아서 만주에 갔을 가능성은 적다. 당시 여운형의 건국동맹에서도 일제가 패망할 때 대륙 쪽의 항일무장세력과 연계하려는 움직임이 있었다. 정해룡이 해진에게 밝힌 것과는 달리 실제로는 건국동맹 쪽의 임무를 맡아 중국에 갔을 가능성도 있지만 현재까지 확실하게 밝혀진 것은 없다. 어쨌거나 해방 직전의 엄중한 시기에 정해룡이 위험을 무릅쓰고 중국에 다녀왔다는 것은 사실이고 그 행보는 절실한 필요에 의한 것으로 추측할 수 있다.

정해룡은 귀국해 곧장 집으로 돌아가지 않고 이종원을 만나러 능곡에 있는 한양목장에 갔다가 일본경찰에 체포되었다. 보성에 있는 해진과 가족들은 이런 사실을 알 수 없었다. 3월 말이 다 되도록 해룡이 돌아오지 않자 불안해진 해진은 창춘의 고재기와 서울의 김원현에게 각각 전보를 쳤다. 고재기는 정해룡이 떠난 지 오래라고 답전을 보냈고 김원현은 해진에게 빨리 서울로 오라고 전보를 보냈다. 해진은 3월 31일에 서울로 올라갔고 김원현이 여기저기 알아본 결과 정해룡은 이미 석방되어 보성으로 내려갔으나 정해진의 비밀조직 성원인 이종원, 김석형, 박시형, 김득중 등 네 사람이 모두 검거되어 3월 30일에 함경남도 고원경찰서로 압송되었다고 했다.* 정해룡이 체포된 것도 다른 조직원을 잡기 위해 이종

• 그들이 함경남도 고원경찰서로 압송된 것은 사건이 그곳에서 발생했기 때문이다. 정종희의 진술에 의하면, 일본의 패망이 가까워질 무렵, 전국 도처에서 지하조직을 만들었던 경성제대 졸업생과 재학생들 중 한 그룹이 함경남도 고원에서 노동자 파업을 지도한 사실이 발각되어 수사하던 중, 정해진과 김석형, 김수경 등이 만들었던 조직이 드러나 그들이 고원경찰서로 압송되었다고 한다.

원의 한양목장에 경찰이 잠복하고 있었기 때문이었다.

정해진은 형을 만나서 중국 다녀온 이야기를 듣고 싶은 마음에 보성으로 내려갔다가 경찰에 체포되었다. 아직 보성까지 자신을 잡으러 오지 않았을 거라는 안이한 생각을 한 것이 큰 실수였다. 나름대로 조심하느라고 기차를 타고 광주에서 내려 보성인쇄소에 전화를 걸어 상황을 물어보았다. 인쇄소 근무자가 별 이상이 없다고 하자 막차를 타고 보성으로 갔다가 기차역에서 체포되어 보성경찰서로 연행되었다. 경찰은 정씨 고택을 압수수색했으나 해진이 마르크스-레닌 관련 서적을 미리 다 치워두었기 때문에 압수된 것은 없었다.

보성경찰서 유치장에 있는 동안 경찰서장이 해진을 불러냈다.

"당신 같은 불량사상을 가진 사람이 관할지역 안에 있었는데도 불구하고 모르고 있었으니 우리의 체면이 서지 않게 되었다. 군이 보기에 일본제국이 장차 어떻게 되겠는가?"

경찰서장의 말에 해진은 당당하게 말해주었다.

"일제는 이 상태로 나가면 머지않아 망한다!"

해진의 말에 경찰서장은 머리를 떨군 채 아무 말 하지 못하고 있다가 나가버렸다.

해진은 고원경찰서로 압송되기 전에 경찰서 유치장에서 어머니를 면회했다. 해진은 경찰이 강제로 깎아버린 머리카락을 어머니의 손에 넘겨주었다. 해진은 "평생 자식들 때문에 마음고생하시는 어머니, 죄송합니다"라는 말을 하려고 했으나 언제 다시 어머니를 만나뵐 수 있을까 하는 생각에 말문이 막히고 눈물이 맺혔다. 어머니는 언제나 그랬듯이 "네가 원하는 길을 가다가 이렇게 되었는데 무엇이 한이 되겠느냐? 에미 걱정은 하지 마라"라고 의연한 태도를 보였다.

해진이 수갑을 차고 보성을 떠날 때는 일제 말기의 엄혹한 정세에도 불구하고 보성역 구내에 친척을 비롯해 수많은 사람이 전송을 나왔다.

그들은 말은 못했지만 해진에게 건투를 빈다는 격려의 표정을 지으며 지켜보았다. 해진을 감시하던 두 젊은 경관은 자기들이 광주고보 후배들인데 징병을 모면하기 위해 이 짓을 하고 있다고 변명하듯 말했다. 그것이 당시의 민심이었다. 일제와 친일파들은 전전긍긍하고 있는 반면 뜻있는 조선 사람들은 모두 다 조선의 해방을 내다보고 있었다.

고원경찰서로 압송된 정해진에게 붙여진 죄명은 '성대(경성제대) 출신을 중심으로 한 대동아전쟁 후방교란 및 무장봉기 불온책동 사건'이었다. 정해진 등을 담당한 고등계 주임은 악질로 소문난 조선인 형사부장 야스다였다. 그는 안정묵이라는 조선 이름을 부정하고 일본인으로 행세했다. 야스다는 조선어학회 사건에서도 악명을 떨쳤다. 정해진은 모진 고문에 시달렸다. 매를 맞아 전신이 멍투성이에 눈은 부어서 보이지 않을 정도였다. 물고문으로 숨이 넘어갈 뻔한 것도 한두 번이 아니었다. 해진은 보성에 거주하고 있었기 때문에 친구들을 만나러 두어 번 서울에 가서 친목을 도모했을 뿐이라고 죽기를 각오하고 완강하게 버텼다. 먼저 잡혀온 동지들도 해진에 대해 같은 말을 하면서 감싸주었다.

해진은 다른 조선인 경관으로부터 야스다가 함흥고보 선배인 김계숙을 존경한다는 사실을 알게 되었다. 김계숙은 정해진의 경성제대 철학과 선배이며 동경제대 대학원도 같이 다녔다. 해진은 아내 전예준에게 연락해 김계숙의 도움을 받도록 하라고 일렀다. 정해룡이 김계숙을 찾아가 도움을 청하자 김계숙은 쾌히 승락하고 야스다에게 편지를 보내 정해진의 석방을 부탁했다. 결국 정해진은 기소유예처분을 받고 석방되었다. 나머지 네 명의 동지들을 두고 혼자서 경찰서를 나서는 해진은 마음이 아팠으나 동지들은 해진의 석방을 진심으로 기뻐해 주었다. 이때부터 해방될 때까지 정해룡과 정해진 형제는 보성에 머물면서 고문으로 상한 몸을 추스르고, 불온세력으로 그들을 주목하는 일본경찰의 감시망에 걸려들지 않기 위해 숨죽이고 지낼 수밖에 없었다. 정해룡 형제는 해방될

회천 서초등학교 가을 운동회 당시의 지역유지와 교사들. 해방 이후인 1947년 회천 서국민학교가 개교하면서 양정원은 시설과 부지를 이 학교에 기부했다. 가운데 줄 왼쪽에서 두 번째가 정해룡이다.

때까지 사실상 가택연금상태로 지냈다.

양정원은 1938년부터 학생들을 가르치기 시작해 1945년까지 어려운 가운데 교육을 이어갔다. 정해진의 아내 전예준은 1941년에 일본에서 돌아온 후 줄곧 양정원에서 교사로 일했다. 양정원은 주야간으로 학생들을 가르쳤다. 야간에는 나이 많은 양반들이나 주부들도 다녔다. 1940년대에 일제의 공출이 심해지자 무상교육을 하고 있는 양정원은 경영이 어려워졌지만 정해룡은 양정원에 계속 돈을 댔다. 정종호는 당시 쌀 열 가마니를 수확하면 예닐곱 가마니를 일본당국이 빼앗아갔고, 공출을 피하기 위해 천정에 쌀을 숨겨야 했다고 전한다. 봉강의 집에서도 식량을 아끼려고 톳을 뜯어다가 밥에 섞어 먹었다. 공습이 심해지면서 불을 켜지 못하게 해서 야간학습이 어려워지고, 교사들 중에도 징집되어 전쟁터로 끌려가는 사람들이 생기면서 양정원의 운영은 점점 더 힘들어졌다.

무슨 구실을 붙여서라도 양정원을 폐쇄할 기회를 엿보던 일제는 1945년 3월에 정해룡이 경찰에 체포되어 서대문형무소에 구류된 것을 핑계로 양정원의 문을 닫도록 종용했다. 정해룡은 조사만 받다가 풀려나왔는데도 그런 사실은 중요하지 않았다. 양정원은 할 수 없이 문을 닫고, 1945년 8월 15일에 해방되자 다시 문을 열었다. 1947년에 회천 서국민학교가 개교하면서 양정원은 시설과 부지를 이 학교에 기부했다. 회천 서국민학교는 1947년 2월 24일에 학생 251명과 4,266평의 부지를 가지고 개교했다. 이 중에 부지 2천 평과 교사 두 동이 정해룡의 기부로 이루어진 것이다. 양정원에 다니던 학생들과 일부 교사들이 이 학교로 옮겼다. 보성군 교육청에서 발간한 『학교연혁 모음』에는 회천 서국민학교의 전신은 정해룡이 설립해 민족교육을 담당했던 양정원이라는 사실이 실려 있다.•

• 전라남도 보성군 교육청, 『학교연혁 모음』, 2000, 453쪽.

— 7 —
해방 직전과 해방 직후

독립을 쟁취하려는 한국인들의 분투

한국인들은 일제의 강제병합 이후 끈질기고 강인하게 독립을 쟁취하려는 노력을 지속했고, 태평양전쟁 말기에는 중국 충칭·옌안, 소련 하바로프스크 부근, 미국 워싱턴D.C. 등에 독립운동조직을 갖고 있었다. 이들은 각각 정치조직과 군사조직을 운영하고 있었다. 한국현대사에 큰 영향을 끼친 김구의 대한민국 임시정부, 김두봉의 조선독립동맹, 김일성의 빨치산 그룹, 이승만의 주미외교위원부 등이 바로 그것이었다. 국외의 정치·군사조직들은 연합국의 후원 속에 국내 진공을 모색 중이었다. 중국 시안 등에서는 임시정부·광복군이 미국의 특수정보기관인 OSS(전략첩보국)와 합작해 낙하산을 타고 국내에 침투해 첩보활동을 벌인다는 독수리작전(Eagle Project)을 준비 중이었고, 옌안에서는 조선독립동맹·조선의용군이 중국공산당의 후원 아래 정치·군사활동을 준비 중이었다. 소련령 극동에서는 김일성 등 빨치산 그룹이 소련88저격여단(동북항일연군 교도려)에서 첩보·군사훈련을 받고 있었다. 미국 서부해안에서는 재미한인, 일본군포로, 탈주학병 등이 OSS의 요원으로 잠수함을 타고 한반도 서부해안으로 침투해 첩보·특수활동을 벌이는 냅코작전(Napko Project)에 동참하고 있었다.*

태평양전쟁의 추이와 한국의 미래에 대한 연합국의 입장

1943년 11월 27일, 카이로선언에서 중국, 영국, 미국의 정상들은 "한국인의 노예상태에 유의해 적절한 시기에 한국을 자주독립시킨다"라는 결정을 내린 바 있다. '적절한 시기에'라는 단서가 달린 그 결정은 신탁통치의 가능성을 내포하고 있었다. 한국인들은 자신들이 5천 년의 문화적 전통을 계승했다고 믿고 있었다. 오랜 왕국의 역사, 중앙집권적 관료제의 질서, 문화적 자부심을 간직한 3천만의 한국인들은 즉각적인 독립을 기대했다. 그러나 한국인들의 이러한 확신과 경험은 인정되지 않았다. 연합국에게 한국은 식민지에서 해방될 '신생국가'의 예비후보 가운데 하나에 불과했다. 한국의 자치능력과 전후 지휘에 대한 이런 인식의 차이는 해방 후 정치적 대폭발의 외적 진앙이 되었다.**

   미국과 소련은 한국에 대한 시각과 입장이 달랐다. 얄타회담에서 루스벨트는 한국에도 20~30년 동안의 신탁통치가 필요하다고 주장했지만 스탈린은 즉시 독립을 선호한다고 말했다. 소련은 한반도가 가혹한 식민통치와 봉건시대부터 이어진 노동자·농민에 대한 착취로 계급적 대립이 심화되어 혁명적 정세를 맞고 있다고 판단했다. 외세의 간섭이 없다

---

* 정병준 외, 『한국현대사 1: 해방과 분단 그리고 전쟁』, 푸른역사, 2018, 18~19쪽.
** 같은 책, 22~23쪽.

면 친소·좌파 정부가 수립될 것이라고 예상했다. 미국과 소련의 이런 입장 차이와 이해관계에 대한 판단은 한국이 해방 후에 분단이라는 비극을 맞게 된 근본적 원인을 제공하게 된다.

1945년 2월 4일, 얄타회담이 열렸다. 소련의 스탈린, 영국의 처칠, 미국의 루스벨트가 참가한 이 회담에서 미국은 소련에 일본과의 전쟁에 연합군으로 참전해줄 것을 요청했다. 1945년 2월 9일, 충칭의 대한민국 임시정부는 일본과 독일에 선전포고를 했다. 임시정부가 한국을 대표한다는 것을 알리고, 일본이 물러간 뒤 주권국가로 인정받기 위한 외교적 노력의 하나였다. 1945년 2월 19일에 시작되어 3월 26일까지 계속된 이오지마전투에서 미국이 승리함으로써 일본은 벼랑으로 몰리기 시작한다. 1945년 3월 10일 밤, 미군은 B-29폭격기 279대를 동원해 동경대공습을 감행한다. 3월 12일 일본은 '제주도 결(決) 7호작전'을 결정한다. 일본 본토 사수를 위한 대미결전 최후의 보루로 제주도를 선택하고 제주도 전역을 요새화한다는 작전이었다. 일제는 제주도에 비행장, 비행기 격납고, 해안 특공기지, 수백 개의 방어진지·포대·참호·초소·탄약고 등을 만들었다.

1945년 3월 18일, 조선총독부는 「결전교육조치요강」을 발표해 국민학교만 제외하고 학교의 수업을 정지하고 강제노동과 징용, 학병에 총동원한다는 명령을 내렸다. 1945년 4월 1일, 미국 제10군이 오키나와에 상륙해 전투를 벌여 6월 22일에 오키나와를 점령한다. 제10군 제24군단장이 나중에 한국에 파견되는 존 하지 중장이다. 1945년 4월 23일에서 6월 11일까지 중국공산당 제7차 전국대표대회가 열려 마르크스-레닌주의 이론과 마오쩌둥 사상을 중국혁명의 통일된 사상으로 삼는다는 당장정(黨章程)을 채택하고 사실상 마오쩌둥이 중국공산당을 장악한다. 1945년 7월 16일에 미국은 원자폭탄 실험에 성공한다. 7월 26일에 미국, 영국, 소련, 중국이 "일본은 무조건 항복하라"는 포츠담 공동선언을 발표한다.

일본 정부는 이에 승복하지 않는다. 1945년 8월 6일, 미국은 히로시마에 원자폭탄을 투하해 42만여 명의 피폭자가 발생한다. 참전을 망설이고 있던 소련은 전세가 연합군 쪽으로 기울었음을 알고 8월 8일 자정에 부랴부랴 일본에 선전포고를 하고 만주로 진격한다. 미국은 8월 9일 연이어 나가사키에 원자폭탄을 투하하고 27만 1천여 명이 피폭되는 피해가 발생한다. 소련은 일본이 무력해진 틈을 타서 만주를 지나 한반도까지 진격하게 된다. 이에 당황한 미국은 8월 11일, 소련에게 38선 이북까지만 일본군 무장해제를 해달라고 요청한다. 소련은 8월 13일에 청진시를 공격하고 38선까지 거침없이 진격한다. 이때 일본은 소련군에 밀려 후퇴하면서 북한지역에 있던 대부분의 공장과 광산, 발전소 등의 산업시설과 철도와 도로 등을 파괴했다. 이로 인해 북한지역은 해방 후에 경제를 복구하는 데 많은 어려움이 뒤따랐다.

그런데 왜 하필이면 38선인가? 1945년 8월 10일 자정 무렵 미국 워싱턴D.C.의 국무부·전쟁부·해군부조정위원회 SWNCC(State-War-Navy Coordinating Committee)가 소련과 타협해 한반도 진격을 막을 방법을 찾고 있었다.

2명의 대령은 한반도를 분할할 적절한 경계선을 설정하라는 명령을 받고 내셔널 지오그래픽(National Geographic)의 극동지도를 펼쳤다. 이들은 30분 만에 북위 38도선으로 미소 점령의 경계선을 그었다. 훗날 미 국무장관이 된 딘 러스크(Dean Rusk)는 자신이 한국의 운명을 결정했다고 주장했다.•

그러나 얄타회담(1945년 2월 4일)에서 이미 미국과 소련이 한반도를 남북으로 분할하고 일본군의 무장해제에 개입한다는 것에 대한 논의가 있었다. 얄타회담 당시에 미국이 원자폭탄을 사용해 전쟁을 끝낼 계획이

• 같은 책, 38~39쪽.

분명히 서 있었다면 소련에 참전을 요구하지 않았을 것이다. 소련은 다 끝난 전쟁에 숟가락만 얹고서 38선 이북에 영향력을 행사할 수 있게 된 것이다.

일본 패망이 결정된 직후 조선총독부의 선택

일본이 포츠담선언을 받아들여 무조건 항복을 결정한 것은 1945년 8월 13일이었다. 일본은 조선총독부에 이 같은 사실을 전달했다. 조선총독부는 다급해졌다. 일본이 패배한 것이 알려지면 조선은 무정부상태의 혼란에 빠질 우려가 있었다. 일본인을 공격하고 폭동이 일어나지 않도록 대책을 마련할 필요가 있었다. 패전 소식이 전해진 후 폭발할 한국 민중들의 반일감정에 의한 폭력행위를 막을 수 있는 방법을 찾아야 했다. 조선총독부는 미군이 들어올 때까지 치안을 유지하기 위해 한국의 민중들에게 영향력을 행사할 수 있는 인물들에게 협력을 요청하기로 했다. 조선총독부는 중도좌파인 여운형과 우파인 송진우를 선택했다. 정무총감*인 엔도 류사쿠는 8월 14일 저녁에 사람을 보내 내일 정오에 방송을 통해 일본 천황의 무조건 항복선언이 있을 예정이라는 것을 알렸다. 엔도는 여운형에게 내일(15일) 아침 8시에 필동에 있는 자신의 관저로 와 달라고 요청했다.

8월 15일 아침에 여운형을 만난 엔도는 일본은 패망했으니 당신이 치안을 맡아달라고 부탁했다. 그는 일본인의 안전을 보장해달라는 말도 덧붙였다. 여운형은 치안을 맡기로 하고 다섯 가지 조건을 제시했다. 첫째, 현재 투옥되어 있는 조선의 모든 정치범과 경제범을 석방하라. 둘째, 경

---

* 조선총독부에서 군사통수권을 제외한 행정과 사법을 통괄하던 직책이다.

성의 3개월치 식량을 확보해달라. 셋째, 치안유지와 건설사업에 아무런 구속과 간섭을 하지 마라. 넷째, 조선의 추진력이 되는 학생들의 훈련과 청년의 조직화에 간섭하지 마라. 다섯째, 조선 내 각 사업장에 있는 노동자들을 우리의 건설사업에 협력하게 하라. 엔도는 이런 조건들을 수락했다. 여운형은 해방 후에 벌어질 사회적 혼란을 극복하고 한국인들이 정국의 주도권을 잡기 위해서는 총독부의 제안을 수락하는 것이 필요하다고 판단했다. 여운형은 과도기에 질서유지와 국가권력의 이양을 위한 전권을 위임받았다고 생각했다. 그러나 엔도는 나중에 자신은 협조를 부탁한 것이지 권한을 넘겨준 것이 아니라고 변명했다. 사실상 일본 정부가 원한 것은 치안유지 협조였다. 일본 정부가 항복해야 할 대상은 연합국이었다. 조선총독부는 한국인에게 통치권이나 행정권을 넘겨줄 권한이 없었다.

조선총독부 경무국은 동아일보 사장이었던 송진우에게 치안유지에 협조해 줄 것을 부탁했으나 건강상의 이유를 내세워 거절했다. 나중에 한민당은 송진우가 일제의 친일정부 수립을 거절했으며 이것은 충칭에 있는 임시정부의 귀국을 위해서였다고 주장했다. 그러나 한민당을 창당한 송진우와 우파들은 일제 말에 소극적으로 협력하거나 침묵하고 있었기 때문에 항일의지를 가지고 해방을 준비하지 못했다. 해방 후에 여운형의 건국준비위원회가 정국을 주도하자 한민당은 여운형이 총독부의 후원으로 친일정부를 수립하려 했다고 비난하고 나섰다.

여운형은 엔도와 만나고 나서 곧바로 조선건국준비위원회를 조직한다. 보통 '건준'이라고 부르는 단체다. 이것은 1년 전에 결성한 건국동맹이 모체가 되었다. 위원장은 여운형, 부위원장은 안재홍이 맡았다. 서대문형무소에 수감되었던 독립운동가들이 석방되자 그들을 건준에 합류하도록 했다. 건준은 빠른 속도로 체계적인 조직망을 갖추면서 확대되어 갔다.

여운형이 그린 그림은 '통치권 이양을 통한 임시정부 수립'이었다. 여운형은 연합국에 제시할 조건도 준비했다. "해방은 연합국이 전쟁에 승리한 결과이지만 한편으로는 조선인들의 민족해방을 위한 투쟁의 결과이기 때문에 자치정부를 수립할 권리가 있다. 따라서 연합국은 내정간섭을 하지 말고, 엄정한 중립을 지켜야 하며, 조선에 있는 일본인 소유의 산업시설은 조선인의 재산이므로 적산(敵産)*으로 처리해서는 안 된다"라는 것을 분명히 할 생각이었다.

해방의 감격

1945년 8월 15일 정오, 일본 천황 히로히토의 연설이 방송을 통해 흘러나왔다. 대부분의 한국인들은 그 말을 정확하게 알아듣지는 못했으나 일본이 졌고 한국이 해방되었다는 것만은 확실했다. 그러나 8월 15일의 경성은 생각보다 조용했다. 히로시마에서 원폭 투하로 숨진 의친왕의 아들 이우의 장례식이 이날 오후 거행되었으나, 군중들 속에서 특별한 행동은 나오지 않았다. 경성의 조선인들이 해방을 실감한 것은 8월 16일이었다. 전국에서 1,000여 명이 넘는 정치범이 석방된 것이다. 여운형의 담판으로 서대문형무소에서 풀려난 독립운동가들이 종로까지 행진하는 것을 보면서 사람들은 조선이 해방되었음을 비로소 눈으로 확인하고 전율했다. 8월 16일 오후에 해방을 실감하게 된 사람들은 계동 여운형의 집 뒤에 있는 휘문중학교로 모여들었다. 5,000여 명이나 모인 군중의 요청으로 여운형은 해방을 맞는 자세에 대해 연설했다.

"우리는 민족해방의 제일보를 내딛게 되었으니 지난날의 아프고 쓰라리던 것은 다 잊어버리고 이 땅에 합리적이고 이상적인 낙원을 건설하

---

* 자기 나라 점령지 안에 있는 적국(敵國)의 재산을 말한다.

여야 합니다. 이때는 개인의 소영웅주의는 단연 없애버리고 일사불란하게 단결로 나아가야 합니다. 머지않아 연합군 군대가 입성할 터이며, 그들이 오면 우리 민족의 모양을 그대로 보게 될 테니 우리의 태도는 조금도 부끄러움이 없게 합시다."

건준의 부위원장인 안재홍은 이날 오후 라디오를 통해 세 차례 방송을 했다. 조선이 해방되었으며 각 지방마다 건국을 준비하는 건준 지부를 결성하라고 했다. 안재홍의 방송을 듣고 전국에서 8월 17일과 18일에 해방 축하집회가 활발하게 열리고 건준 지부가 조직되기 시작했다. 안재홍은 해방된 민족으로서 패전한 일본인들에게 아량과 관용을 부탁했다. 건준은 정규군의 편성, 행정 접수와 친일파 관료문제 해결, 일본인 재산문제 해결 등을 논의하기로 했다. 건준이 치안유지와 함께 민족국가 건설을 위한 예비활동임을 밝혔다.

건준에서 조선인민공화국으로

1945년 9월 6일, 건준은 조선인민공화국을 선포했다. 경기고녀 강당에서 1,000여 명이 참석한 가운데 회의를 열고 조각을 발표했다. 이승만을 주석으로, 여운형을 부주석으로 한 내각에는 김구와 김규식 등 충칭 임시정부인사들과 좌우익인사들을 포괄하고 있었다. 그러나 이승만이나 김구 등 임시정부인사들은 아직 귀국도 하지 않은 상태였고 내각에 포함된 사람들의 허락을 다 받은 것도 아니었다. 그렇게 서둘러 '정부'를 선언한 것은 곧 서울로 진주할 미군정을 의식한 것이었다. 정부 자격으로 미군정을 맞이하겠다는 전략이었다. 그러나 급조된 조선인민공화국은 좌우익 모두에게 환영받지 못했다. 북한에서도 달가워하지 않았다.

조선인민공화국이 선포된 다음날인 9월 7일 태평양미육군총사령부의

〈맥아더 포고령 제1호: 조선 인민에게 고함〉이 발표되었다. 제1호 제1조는 "38도선 이남의 조선과 조선인민에 대해 미군이 군정을 펼 것이다"였으며, 제1호 제2조는 "정부, 공공단체 및 공공사업기관에 종사하는 직원과 고용인은 종래의 정상 기능과 업무를 수행한다"라는 것이었다. 이 포고령 때문에 미군이 상륙한 후 건준이 정리했던 친일경찰과 친일관료가 부활하게 되었다.

1945년 9월 8일 한국민주당(한민당)이 창당 발기대회를 열었다. 송진우를 수석 총무로 김성수, 장덕수, 김병로, 이인, 조병옥, 이기붕, 서상일 등이 참여했다. 한민당은 9월 16일 서울 청운동 천도교 강당에서 창당대회를 열었다. 한민당의 창당 구호는 '충칭 임시정부 지지, 조선인민공화국·건국준비위원회 타도'였다.

9월 8일에는 장안파 조선공산당이 자체 해산하고 열성자대회에서 박헌영의 조선공산당재건준비위 중심의 당 재건을 결의하면서 공산주의자들도 미군 상륙에 대비한 조직정비에 들어갔다.

일본 식민지에서 미군 점령지로 바뀐 남한

1945년 9월 8일 오후 1시, 미 제24군단이 인천에 상륙했고, 9월 9일에 존 하지 중장(미 제24군단장 겸 주한미군 사령관)이 서울에 들어와 광화문 조선총독부에 자리 잡았다. 중국 시안(西安)에서 미군과 함께 국내 진공 훈련을 받던 대한민국 임시정부의 광복군은 연합군의 일원으로 참전할 준비를 했으나 일본이 항복해버리는 바람에 일본군과의 전투에서 이겨 서울에 개선할 기회를 놓쳤다. 9월 9일 오후 4시 30분, 하지 중장이 맥아더 총사령관을 대리해 아베 노부유키 조선총독과 항복 조인식을 가졌다. 이것은 일본이 미국에 한국통치를 이양하는 절차를 의미하기도 했다. 광화문 조선총독부에 게양되어 있던 일장기가 내려가고 미국의 성조기가 올라갔다. 이때부터 1948년 8월 15일까지 3년 동안 한국은 일본에 이어 미국에 주권을 내주고 식민지에서 피점령국으로 처지가 바뀌었다. 조선총독부는 미군정청(재조선미국육군사령부군정청)이 되었다. 존 하지 중장은 주한미군 사령관 겸 미군정청 사령관이었다.

일본이 항복을 선언한 8월 15일부터 미군이 서울에 입성한 9월 9일까지의 25일이 한국인들이 경험한 '진짜' 해방이었다. 미국은 한국의 주권을 부정하고 미군정이 남한에서 '사실상의 정부'임을 선언했다. 미국은 처음부터 한국의 자치능력을 인정하지 않았다. 남한에 진주한 미군 제24군단은 조선인민공화국, 충칭의 대한민국 임시정부, 구(舊) 대한제국에 대해 주권정부로서의 자격을 부정했다. 이것은 헤이그 규약으로 인정되어온 국제적 관례인 '피점령지역의 주권정부 인정'이라는 군사점령의 원칙을 깬 것이다. 군사점령에 관한 국제관례는 국가 간의 조약이나 각국의 야전규범 등에 의해 발전되어, 1907년 제2차 헤이그 평화회의에서 '육전에 관한 헤이그 규약 4'로 성문화되었다. 미국이 남한을 점령한 1945년 9월 현재 군사점령에 대한 유일한 성문법규는 바로 이 헤이그 규약이었다. 이에 따르면 군사점령이란 교전 중에만 발생하며 반드시 교전국 영토에만 국한된다. 이 점은 헤이그 규약에 규정된 군사점령이 한 가지 중요한 전제를 내포하고 있음을 보여주는데, 피점령지역은 점령국의 영토가 아니며 이 지역의 주권은 그대로 유지된다는 사실이다.

군사점령을 영토 병합과 구분해주는 가장 뚜렷한 특징인 피점령지역의 주권정부의 존재는 헤이그 규약이 설정한 가장 기본적인 전제였지만, 남한의 점령에서 이 문제는 점령이 종료될 때까지 해결되지 못했으며 점령행정에도 많은 어려움을 낳았다.•

- 고지훈, 『해방의 공간 점령의 시간』, 푸른역사, 2018, 18쪽.

한국은 사실상 미국의 교전국이 아니었음에도 피점령국이 되었으며, 미국은 피점령국에서도 행사할 수 없는 주권을 한국에서 행사하는 꼴이 되었다. 한국인들은 이런 상황을 일제강점기가 연장된 것처럼 받아들일 수밖에 없었으니 갈수록 반발이 심해졌다. 한국인들은 미군이 상륙하고 난 뒤에도 예정했던 정치일정을 밀고 나갔다. 9월 11일에 박헌영은 조선공산당 재건을 선언했다. 이는 1925년 4월 17일에 결성했던 조선공산당을 계승한다는 의미였다. 9월 12일에는 서울인민위원회가 결성되었고 9월 13일부터 전국 각지의 조선건국준비위원회 지부가 인민위원회로 재편되기 시작했다.

38선 이남의 조선에는 오직 하나의 정부만이 존재한다

10월 5일에 조선인민공화국은 '선언문'을 발표한다.

"조선인민공화국 정부는 인민에 의한, 인민을 위한, 인민의 정부다. 우리 인민공화국 정부는 공산주의적인 독재나 자본가의 정권을 단호히 거부한다. 우리 인민공화국은 조선인민의 의사를 대표하며 그들의 지지를 받고 있다. 따라서 미국 정부는 우리 조선인민공화국 정부가 경제기관뿐만 아니라 모든 행정기관을 접수하도록 해야 할 것이다."

그러나 이에 대한 답변이라도 되는 양 10월 10일에 아놀드 미군정장관은 '포고문'을 발표한다.

"북위 38선 이남의 조선에는 오직 하나의 정부만이 존재한다. 그 정부는 맥아더 장군의 포고령에 따라서, 하지 중장의 일반 명령과 군정장관이 발표하는 명령에 의거해 수립된다. …… '조선인민공화국'이나 '조선공화국 행정위원회' 등과 같은 임의형태의 조직들 모두는 그 어떠한 권위나 권력의 실체를 지닐 수 없다."

북에는 김일성, 남에는 이승만

1945년 10월 10일 조선공산당 북조선분국이 창설되었다. 그보다 앞선 10월 8일에 박헌영과 김일성(1912~94)이 개성의 소련군 경비사령부에서 만났다. 조선에는 이미 박헌영이 재건한 조선공산당이 있었고, 공산당은 1국1당 원칙이었기 때문에 김일성은 박헌영에게 북조선분국을 창설하겠다고 말했다. 박헌영은 이 제안을 수락하는 것이 내키지 않았겠지만 소련의 지원을 받고 있는 김일성 세력을 무시할 수 없었기에 북조선분국을 인정하기로 합의했다. 김일성은 이보다 앞서 9월 19일에 원산항에 입성했다. 김책, 최현 등 소련 극동전선군 제88국제특별여단 소속 133명이 소련 군함 뿌가초프호를 타고 귀국한 것이다. 김일성은 박헌영과의 합의를 바탕으로 10월 10일에 조선공산당 서북 5도 당책임자 및 열성자대회를 개최했다. 이 대회에서 채택한 '정치노선과 조직강화에 관한 결정서'에 따라 10월 13일에 조선공산당 북조선분국을 창설했다.

김일성은 이런 사전 정지작업을 마친 후, 10월 14일에 대중 앞에 모습을 드러냈다. 조선해방축하평양시민대회가 열려 7만여 명의 평양 시민이 운집한 가운데 연설을 한 것이다. 이 대회는 소련군환영대회를 겸한 것으로 중앙단상에 태극기와 소비에트 깃발 여러 개를 교차해 세웠다. 니콜라이 레베데프 소장(소련 25군 정치위원)과 고당 조만식의 연설에 이어 김일성이 등장했다. 불과 서른네 살의 젊은 항일혁명가는 단박에 평양 시민들의 뇌리속에 자신의 존재를 각인했다. 김일성의 이날 연설은 평양 시민들 사이에 오랫동안 회자되었다. "돈이 있는 자는 돈을, 지식이 있는 자는 지식을, 힘이 있는 자는 힘을 써서, 대동단결하여 민주주의 자주독립 국가를 건설합시다." 1945년 10월 23일에 서울의 조선공산당 중앙위원회는 평양의 북조선분국을 승인하고, 12월 17일에 김일성은 조선공산당 북조선분국의 책임비서로 선출된다.

소련이 김일성을 선택했다면 미국은 이승만을 선택했다. 제24군단 정보과장 세실 니스트 대령은 서울에 도착한 지 한 주가 지나지 않아 전후 한국의 좋은 지도자가 될 수 있는 '수백 명의 보수주의자'를 찾아냈다. 니스트 대령에 따르면, 그들은 대부분 일본 제국주의에 협력했지만, 그는 그 오점이 빠르게 씻겨나갈 것으로 기대했다. 이들 가운데 이후 남한 정치를 결정하는 지도자가 대부분 배출됐다. 선택된 수백 명이 부역자였기 때문에 하지 장군은 간판으로 내세울 애국적 우두머리 한 명을 찾으려 했다. 전략사무국이 찾은 인사는 수십 년 동안 미 국무부를 들락거리며 괴롭혔던 망명 정치인 이승만이었다. 전략사무국은 국무부의 반대를 넘어 이승만을 군용기에 태워 동경으로 보냈고 그곳에서 이승만은 비밀리에 맥아더를 만났다. 이어서 1945년 10월 중순에 맥아더의 전용기 '바탄'(the Bataan)을 타고 서울에 내렸다. 이승만은 미국인들과 그들의 무분별하고 무지한 반사적 반공주의를 이해했으며, 이를 한국 국민의 대중봉기로 마침내 축출되는 1960년까지 자신의 정치적 밑천으로 삼았다.•

이승만(1875~1965)은 동경에서 10월 14일과 15일에 맥아더와 하지를 만나 비밀회동을 가졌다. 이승만은 존 하지 중장과 함께 10월 16일 김포공항에 도착했다. 미국에서 대한민국 임시정부의 대통령으로 행세해온 이승만은 개인 자격으로 귀국했음을 강조했다. 이는 미국과의 사전 교감에 따라 나온 발언이었다. 이승만은 10월 17일 서울중앙방송국에 출연해 라디오 연설을 했다. "뭉치면 살고 흩어지면 죽습니다." 하와이에서 송출하는 이승만의 '미국의 소리' 방송을 들어온 사람들에게는 낯익은 목소리였다. 33년 동안 해외에서 독립운동을 해왔다고 알려지고 당시로서는 희귀한 미국 대학의 박사학위를 가진 이승만은, '이 박사'라

• 브루스 커밍스, 조행복 옮김, 『브루스 커밍스의 한국전쟁』, 현실문화, 2017, 165~66쪽.

고 불리면서 보수적인 한국인들 사이에서 인기 있는 정치인이었다. 이승만은 태조 이성계의 18대손이자 태종의 장남인 양녕대군의 16대손이다. 이런 사실은 조선왕조에 대한 향수를 지닌 사람들에게 이승만의 정치적 자산으로 받아들여졌다.

10월 20일에 광화문 광장에 5만여 명의 군중이 모인 가운데 연합국환영대회가 열렸다. 중앙의 단상에는 성조기, 청천백일기(중화민국 국기), 태극기, 소비에트기, 영국기 등 5개국의 국기가 걸렸다. 하지는 이 자리에서 '위대한 조선의 지도자'로 이승만을 소개했다. 이승만은 이날 소박하고 겸손한 연설로 사람들을 감동시켰으나 이후의 행동은 그 진정성을 의심하게 만든다.

"이번에 내가 미국에서 온 것은 한 시민으로, 한 평민으로 온 것입니다. 나는 한 평민이 되기를 좋아합니다. 그러므로 정부의 책임자가 되기를 원치 않으며, 높은 지위와 권세 있는 자리보다는 자유를 나는 더 사랑합니다. 나는 항상 우리 민족의 자유를 얻고자 애써왔으며, 어떻게 하면 자유롭게 여러 나라 사람들과 함께 살아갈 수 있을까를 생각하고, 오늘까지 싸워 온 것입니다. 우리는 이 자유를 얻기 위해 세계 각국 사람들과 동진병행해야 할 줄 압니다. 그러므로 우리는 이 자유를 얻기 위해 정당의 분열과 40년 동안 일본 제국주의의 탄압으로 찌들어온 당파적 정신을 털어버리고, 우리의 주의·주장을 버리고 오직 통일되어야만 하겠습니다. …… 나는 앞잡이로 나설 터이니 여러분도 다 같이 나와 함께 나아가십시다!"

1945년 10월 23일 이승만은 독립촉성중앙협의회를 결성하고 회장에 취임한다. 이 단체는 1946년 2월 8일 대한독립촉성국민회로, 1951년 12월 17일 자유당으로 바뀌면서 이승만 정권의 여당이 된다.

성냥을 갖다 대기만 하면 폭발할 것 같은 화약고

한국은 신라가 삼국을 통일(668)한 이후 1945년까지 1277년 동안 한반도에서 하나의 민족으로 살아왔다. 동일한 영토와 문화, 역사 속에 민족적 정체성을 유지해 왔다. 일제강점기에도 영토와 민족의 동질성은 변하지 않았다. 일제가 패망하자 동일한 민족적 정체성을 기반으로 새로운 독립국가를 건설하려는 열망이 끓어올랐다. 조선시대와 일제 치하에서 민중은 민주주의 국가 건설을 위한 어떤 행위도 할 수 없었다. 합법적인 정당과 사회단체는 운영되지 못했고 일제는 치안유지법을 동원해 공산주의나 사회주의 운동을 탄압했다. 해방이 되자마자 수많은 정당과 단체가 등장한 것은 억눌렸던 정치·사회적 욕구가 분출한 것이다.

또한 해방이 되자 일제의 억압을 피해 혹은 독립운동을 하러 국외로 떠났던 동포들이 돌아오기 시작했다. 일제가 강제로 침략전쟁에 동원했던 사람들도 돌아왔다. 1937년 이후 일제는 매년 약 100만 명 이상의 한국인을 징용과 징병, 학병, 군 위안부 등으로 강제동원했다. 1945년 당시 조선의 인구는 약 2,500만 명이었는데 국외에서 돌아온 인구가 250만 명이었다니, 전체 인구의 10분의 1이 돌아오고 싶어도 돌아오지 못하고 타국을 떠돌았던 것이다. 물론, 국외로 떠났던 인구가 다 돌아온 것은 아니다. 러시아와 중국, 일본 등지로 떠났던 많은 조선인이 삶의 터전을 버리지 못해 귀국하지 못하고 현지에서 뿌리를 내렸다.

1935년 이후 일제의 강력한 전시동원체제와 불완전한 공업화의 여파로 농촌사회는 전통적 질서에서 벗어나기 시작했고, 강력한 동원체제의 여파는 해방 후 한국 사회의 내적 갈등과 동요의 원천이 되었다. 지주와 소작인의 대립, 공장주와 노동자의 계급적 대결양상은 일제의 민족차별 정책과 맞물리면서 증폭된 상태였다. 일제의 감옥에서 풀려난 독립운동가들이 고향에 도착해 이들과 결합되자 혁명적 분위기가 고조되었다. 때문에 1945년 9월 주한미군 사령관 하지의 정치고문으로 국무부에서 파견되었던 메럴 베닝호프(Merrell Benninghoff)는 남한의 상황이 "성냥을 당기기만 하면 폭발할 것 같은 화약통" "화산의 가장자리를 걷는 것과 같은 상황"이라고 묘사했다.•

한국을 분할 점령한 미국과 소련은 이런 한국의 사회적 분위기를 받아들이는 입장이 확연하게 달랐다. 소련은 일본 제국주의에 대한 반감과 계급적 갈등으로 빚어진 혁명 분위기가 공산주의 이데올로기를 기반으로 한 친소정권 수립에 유리하다고 받아들였다. 미국은 정반대로 한반도를 지배하는 혁명적 분위기가 자본주의를 기반으로 한 친미정권 수립에 불리하다고 받아들였다. 미국과 소련은 한국의 오랜 역사와 문화를 기반으로 한 민족적 정체성이나 동질성에는 관심이 없었다. 제2차 세계대전 이후 새롭게 대두되고 있는 자본주의와 공산주의를 대표하는 강국으로서 자국의 이익에 맞는 점령정책을 펼치는 데 집중했다.

한국의 운명을 손에 쥔 미군정청 사령관 존 하지는 한국에 대해 전혀 알지 못했다. 그는 일본이 항복하던 순간에 한국에 가장 빨리 도착할 수 있는 오키나와에 주둔한 미군 제24군단장이었기 때문에 한국에 오게 된 것뿐이었다. 그는 맥아더로부터 빨리 한국에 상륙하라는 독촉을 받고 서둘러 한국에 왔다.

점령군 사령관 하지 장군은 전사로서 훌륭한 평판(태평양의 패튼)을 지닌 성실하고 정직하며 겸손한 사람이었다. 그러나 그는 군인으로서 사방에 퍼진 정치적·사회적·경제적 혼란을 대단히 걱정했다. 그는 도착한 지 석 달이 지나지 않아 공산당에 전쟁을 선포했다. 여기서 공산당은 남조선노동당을 말한다. 하지는 좌파와 항일저항운동, 인민주의자, 토지개혁 옹호자의 잡다한 세력을 '공산주의자'로 오인했다. 1946년 봄에 하지

• 정병준 외, 앞의 책, 35쪽.

는 본국 정부에 북한의 침공이 임박했다고 첫 번째 경고를 보냈다. 그리고 정부의 분명한 지시를 어기고 1945년 11월 말에 한국군 창설에 착수했다.*

그들은 38선 이남의 유일한 정부를 자처했으나 한국을 직접 통치할 능력이 없었다. 그들은 한국인의 자치기구인 건준이나 인민위원회를 인정하지 않았다. 미군정은 직접 통치의 가장 쉬운 방법으로 현상유지를 선택했다. 일제강점기에 조선총독부에서 일했던 사람들을 그대로 미군정에 받아들이는 현상유지 정책으로 친일경찰과 관료가 복귀했다. 미군정의 지원 아래 한국민주당의 조병옥과 장택상이 경무부장과 수도경찰청장으로 경찰을 지휘하면서 친일경찰들이 독립운동세력의 정치활동을 감시하고 통제하는 말도 안 되는 상황이 벌어졌다. 이런 상황은 조만간 화약고에 불을 붙이게 될 것 같은 불안감을 조성했다.

1945년의 주요 사건들

1945년 11월 20일, 북조선 전국인민위원회 대표자대회가 열렸다. 38선 이북에 7개 도, 9개 시, 70개 군, 28개 읍, 564개 면에 각기 인민위원회가 안정적으로 조직되어 있었다. 소비에트 민정청은 미군정청과 달리 38선 이북의 인민위원회를 적극적으로 후원했다. 그들은 자생적 자치조직인 인민위원회가 공산주의 정권을 안정적으로 수립하는 기반이 되어줄 것으로 생각했기 때문이다.

1945년 11월 23일, 김구, 김규식, 이시영, 신익희, 윤경민 등 15명은 대한민국 임시정부의 요인이 아닌 개인 자격으로 온다는 미군정청의 다짐

• 브루스 커밍스, 조행복 옮김, 『브루스 커밍스의 한국전쟁』, 현실문화, 2017, 168쪽.

을 받고 귀국했다. 미군 C-47수송기가 이들을 싣고 왔다. 김구는 돌아오자마자 "내가 돌아온 것은 곧 조선의 정부가 돌아온 것이다"라는 발언으로 파문을 일으켰다. 미국 측에서 요구한 개인 자격으로 귀국하는 것임을 인정하고 미군정에 절대 협조한다는 전제조건을 무시하고 폭탄발언을 한 것이다. 자신들을 남조선의 유일한 정부라고 선언한 미군정청 당국과의 갈등을 예고하는 발언이었다. 또한 충칭 임시정부가 한반도에서 유일한 정통성을 가진다는 김구의 선언은 해방 직후부터 저마다 정당성을 내세우면서 경쟁하던 수많은 정치세력과 지도자를 자처하는 사람들에게도 반발을 샀다.

1945년 11월 23일, 신의주에서 반소반공학생 사건이 일어난다. 신의주에서 학생들을 중심으로 공산주의에 반대하는 시위가 일어난 것이다. 김일성이 나서서 소요를 수습했지만 이 사건은 북조선에서 친소정권에 반대하는 세력이 자신들의 의사를 밝히고 나선 것으로, 이후에 우익성향의 북조선 사람들이 대거 38선 이남으로 내려오게 된다.

1945년 12월 1일, 김두봉, 최창익, 김무정, 박효삼 등 중국 옌안(延安)의 조선독립동맹* 지도자들도 소비에트 민정청과 타협해 개인 자격으로 귀국해야 했다.

1945년 12월 2일, 영락교회(제다니 전도교회)가 한경직 목사의 첫 예배를 시작으로 문을 열었다. 영락교회는 북한에서 월남한 서북청년단 활동의 근거지가 되었다. 한경직 목사는 평안북도 정주 오산학교를 졸업하고 평양 숭실전문학교를 거쳐 프린스턴 대학 신학원을 졸업한 미국 유학파였다.

1945년 12월 5일, 군사영어학교가 개교했다. 일본군, 만주군, 광복군 장교 출신을 선발해 영어와 미국식 군사훈련을 시켰다. 광복군 출신의

• 1942년 화북조선청년연합회를 개편해 결성된 사회주의 단체다.

입교 거부로 일본군 출신 87명, 만주군 출신 21명, 광복군 출신 2명이 입학했다. 졸업생들은 대한민국 육군참모총장 등 군부의 요직에 등용되었다. 백선엽, 정일권, 이형근, 송요찬, 김종오, 민기식, 김계원, 원용덕, 최경록, 채병덕, 김백일, 최영희, 장도영, 이한림 등이 군사영어학교 출신이다. 이는 남한의 군대가 친일성향의 지휘관으로 채워지게 되었다는 뜻이다. 1946년 4월 30일, 2기에 걸쳐 총 110명의 수료를 끝으로 폐교했다. 대신에 1946년 6월 13일에 조선경비사관학교가 생겼다.

1945년 12월 12일, 존 하지 미군정청 사령관은 조선인민공화국을 불법단체로 규정했다. 이를 계기로 남조선 각지의 인민위원회에 대한 탄압이 본격화되었다.

조선과 대한, 그리고 인민

1945년 8월 15일 해방을 맞았을 때, 한반도에 사는 사람들은 되찾은 나라의 이름이 무엇이 되어야 한다고 생각했을까? 이것은 해방 이후 한국의 정치상황을 이해하는 중요한 열쇠다. 조선과 식민지 사이에 대한제국이라는 나라가 있었다. 대한제국은 조선왕조와 연결된 나라였다. 조선왕조의 승계자인 고종과 순종이 대한제국의 황제였다. 민중에게는 느닷없이 등장한 대한제국보다 조선이 더 '나의 나라'로 느껴지지 않았을까? 상하이로 망명한 독립운동가들이 세운 임시정부는 대한민국 임시정부였다. 대한제국을 우리나라 최초의 근대국가로 인정하고 대한제국을 계승한다는 의미였을까? 그러나 대한제국은 민주주의 국가가 아니었다. 영국과 같은 입헌군주제로 민주주의를 실현하려던 세력을 몰아내고 전제군주제를 고집하다가 일본에 국권을 빼앗긴 부끄러운 나라였다.

대한제국은 1897년 독립협회와 수구파가 연합해 칭제건원을 추진하여 연호를 광무로 정하고 10월 12일에 황제 즉위식을 올림으로써 성립되었다. 독립협회는 입헌군주제로 개혁을 추진하려 했으며, 수구파는 전제군주제를 유지해야 한다고 주장했다. 1898년 절영도(부산 영도)를 러시아에 조차하려 하자, 독립협회는 강력한 반대투쟁에 나섰다. 1898년 3월 10일 서울 종로에서 1만여 명이 참가한 만민공동회를 열어 절영도 조차 요구를 반대하면서 일본의 국내 석탄고 기지 철수, 한로은행 철거 등을 요구하고 제국의 자주독립 강화를 결의했다. 만민공동회의 결의로 러시아의 절영도 조차 요구가 철회되고 일본도 국내의 석탄고 기지를 되돌려주었다. 러시아와 일본은 한국의 내정에 간섭하지 않는다는 니시-로젠 협정을 체결했다. 이것은 한반도를 둘러싼 국제세력을 서로 견제하게 하여 자주독립국으로서 설 수 있는 계기를 마련한 것으로 평가할 수 있다.

독립협회는 입헌군주제를 추진해 1898년 11월 2일에 중추원 신관제를 공포한다. 수구파들은 독립협회가 의회를 설립하는 것이 아니라 고종을 폐위하고 공화제를 수립하려 한다는 거짓전단을 뿌렸다. 고종은 경무청과 친위대를 동원해 독립협회 간부를 체포하고, 개혁파 정부를 무너뜨린다. 일본은 자주독립세력을 파괴하기 위해 수구파를 도와 고종을 사주해 독립협회와 만민공동회를 강제해산하도록 한다. 수구파 내각은 1899년 8월 17일, 국호는 대한제국이고 정체는 전제군주제인 대한국국제를 공포했다. 수구파의 친러적 경향에 반발한 일본은 러일전쟁을 준비하고, 정부는 1904년 1월 국외중립을 선언한다. 일본은 러일전쟁을 구실로 서울을 점령하고 2월 23일에 대한제국을 위협해 한일의정서를 체결했다. 이때부터 일본은 대한제국의 치안권과 재정권을 빼앗고 1905년 을사조약을 체결해 외교권까지 빼앗은 다음, 1910년 8월 29일에 한일병합조약을 공포함으로써 대한제국은 국권을 완전히 빼앗겼다.

조선왕조가 건국된 지 27대 519년 만에, 그리고 대한제국이 수립된 지

14년 만에 나라를 잃은 것이다. 한일병합조약은 대한제국과 대일본제국 사이에 체결되었으나, 일본은 한반도를 일본의 영토로 편입하면서 대한제국의 영토를 한국이 아닌 조선이라고 칭하며 조선총독부를 설치했다. 일제강점기 동안 한반도에 사는 사람들은 스스로를 조선인이라고 생각했지 한국인이라고 생각하지는 않았다. 그러다가 해방이 되었고 조선 사람들은 "조선독립 만세!"와 "대한독립 만세!"를 외치며 기뻐했다.

조선과 한국! 이것은 점차 좌익과 우익의 상징처럼 되어갔다. 여운형은 '조선인민공화국'을 선포했고, 송진우를 중심으로 한 우파는 '한국민주당'을 창당했다. 여기서 우리는 생각이 언어를 규정하는 것이 아니라 언어가 생각을 규정하는 예를 볼 수 있다. 어쨌거나 막 해방이 되었을 때는 누구나 '하나의 조선'이나 '하나의 한국'을 생각했을 것이다.

이념적 대립과 함께 오염된 언어 중 하나로 '인민'을 들 수 있다. 인민이라는 말은 좌익과는 아무 상관없는 말이다. 해방공간에서 '인민'은 아무런 이념의 색깔이 없는 말이었다. 대한민국 임시정부의 헌장에도 "대한민국의 인민은 남녀 귀천 급(及) 빈부의 계급이 무(無)하고 일체 평등임"이라고 되어 있다. 인민은 유학자들이 흔히 쓰던 말이다. 맹자(孟子)는 인민이 가장 존귀하다면서 "통치자의 보배는 셋뿐이다. 토지와 인민, 왕도의 정치, 그 셋뿐이다. 보물과 옥구슬을 보배로 여기는 통치자에게는 재앙이 반드시 그 몸에 미치게 될 것이다"라고 말했다. '인민'은 '국민'도, '시민'도, '신민'도 아닌 그야말로 보통사람으로 조선에서 '백성'이라 불리던 사람들이다. 국어사전에는 법률적인 의미로 국가를 구성하고 있는 자연인을 일컫는다고 되어 있다. 이런 자연스러운 말이 왜 좌익과 연관된 이미지를 갖게 되었을까?

그것은 한민당을 비롯한 한국의 우파들이 해방 직후 결성된 조선인민공화국과 인민위원회를 적대시하면서 미군정에 인민위원회는 공산당이 장악한 조직이라고 강조한 탓이 컸다. 조선인민공화국이나 인민위원회를 공격하는 데 그보다 쉬운 방법은 없었을 것이다. 그러나 조선인민들은 한민당이나 이승만 등 극우세력과는 다르게 공산주의자에 대한 편견이 없었다. 공산주의자들은 조선독립을 위해 헌신하는 애국자라고 보았다. 일제강점기에 민족주의자와 공산주의자는 조선독립이라는 공동의 목표 아래 협력하는 관계였다.

한민당의 주장과는 다르게 인민위원회는 인민들의 자생적 자치기구였다. 조선이 자치능력이 없다는 미국의 판단과는 다르게 조선의 인민들은 동학농민전쟁과 3·1운동에서 보여주었듯이 조직을 꾸리고 운영하는 능력이 탁월하다. 해방 후 그렇게 빠른 시간 안에 전국에 크고 작은 단위의 인민위원회를 만들어낸 것을 보면 알 수 있듯이 조선인민은 자치능력이 차고 넘쳤다. 그러나 지도자를 자처하는 사람은 너무나 많았고 해방이 되었어도 인민들의 삶은 더욱 피폐해졌다. 일제 전시체제의 수탈로 진이 빠질 대로 빠진 데다가 국외에서 밀려들어 오고 북조선에서 내려오고 인구는 계속해서 늘어났다. 해방공간에서 인민들은 새 나라 건설과 함께 민생문제를 해결하는 것이 당면과제였다. 미군정은 식량의 자유시장경제를 도입했다가 지주와 자본가들의 매점·매석으로 가격이 폭등하자 배급제로 바꿨지만 인민의 배고픔을 해결해 주지 못했다. 해방 직후의 흥분이 가라앉으면서 해방은 그토록 바라던 해방과 점점 멀어졌다.

— 8 —
봉강리에서 맞이한 해방

아버지가 춤을 추던 날

봉강리에서 맞이한 해방에 대한 진술은 사람에 따라 그 기억이 다소 엇갈린다. 특히 8월 15일과 16일에 있었던 일들을 뒤섞어서 기억하는 경우가 많다. 정길상은 자신이 녹취한 그의 누이 정영숙(정해룡의 장녀)의 기억이 가장 믿을 만하다고 말한다. 1929년생인 영숙은 1945년 8월 15일에 거북정에 있었다. 광주에서 광주고녀에 다니고 있었으나 방학 때라 본가에 내려와서 지내고 있었던 것이다. 다음은 정영숙의 진술을 바탕으로 구성한 것이다.

한낮의 고택은 조용했다. 정원의 나무와 꽃들조차 더위에 지쳐 축 늘어진 것 같았다. 영숙이 안채의 자기 방에서 부채질을 하면서 더위를 식히고 있을 때 사랑채에서 아버지가 고함을 지르는 소리가 들렸다. 영숙은 깜짝 놀라서 마당으로 나왔다. 아버지가 사랑채에서 중문을 지나 안채로 건너왔다. 아버지는 3월에 서울 서대문형무소에서 풀려나온 후에 늘 침울한 얼굴로 사랑채에서 책만 읽고 있었다. 평소 창백하던 봉강의 얼굴은 붉게 상기되어 있었고 눈에는 눈물이 고여 있었다.

영숙은 깜짝 놀랐다. 도대체 무슨 일이 일어난 것일까? 아버지는 곧장 할머니가 계신 안방으로 들어갔다.

"어머니, 어머니! 우리 조선이 해방이 되었답니다. 해방이! 히로히토가 지금 라디오에 나와서 그랬어요. 항복, 일본은 무조건 항복한다고요."

아버지는 목이 메어 말을 잇지 못했다.

"뭣이야? 뭐다냐? 참말이여?"

할머니도 큰 소리로 반문하며 아버지처럼 기뻐하셨다. 영숙은 영문을 몰라 어리둥절했다. 해방이 뭐다냐? 일본이 항복했다는 것은 또 무슨 소리고? 학교에서는 날마다 일본이 이긴다는 소리만 했고 미국놈을 이기기 위해서는 학생들도 전부 다 '증산보국'에 나서야 한다면서 날마다 근로작업에 동원됐다. 여학생들마저 송진을 채취하고 풀을 베는 일을 해야 했다. 지난 학기에는 공부는 안 하고 일만 하러 다녀서 여학생들은 깜둥이가 되었다고 불평하면서 방학이 되자 저마다 좋아라 했던 것이다.

아버지는 할머니와 한참 뭔가 이야기를 나누다가 나오더니 사랑채로 건너갔다. 잠시 후에 아버지는 다시 안채 마당으로 들어오더니 사당으로 들어갔다. 사당에서는 아버지의 울음소리가 들렸다. 한참 만에 사당에서 나온 아버지는 마당의 동백나무 옆에서 덩실덩실 춤을 추었다.

영숙은 혹시 아버지가 미치지 않았는지 걱정이 됐다. 세상에나, 평소에 말수도 적고 큰 소리 한 번 내지 않고 그렇게 점잖은 양반이 춤을 추다니! 해방이 뭔지는 몰라도 좋긴 좋은 건가 보다. 영숙은 그날 혼자서 춤을 추던 아버지의 모습이 쉽게 잊히지 않는다. 저녁에는 이웃의 일가 어른들이 모여들었고 사랑채에는 밤새도록 불이 켜져 있었다.

8월 16일 새벽 2시쯤 율포에 사는 보통학교 교원 한 사람이 자전거를 타고 거북정에 왔다. 정해룡은 그의 이야기를 듣고 나서 집안의 일하는 사람을 깨웠다. 정해룡의 지시로 머슴 둘이 봉수대에 불을 피우러 올라갔다. 날이 밝자 친척들과 동네사람들이 하나둘 거북정으로 모여들기 시작했다. 마당을 가득 메우고 대문 밖까지 넘쳐 난 사람들은 흥분해 삼삼오오 모여 서서 이야기를 나누느라 정신이 없었다. 점심때가 되자 밥 먹으러 집에 간 사람도 있었지만 대부분의 사람들이 여기를 떠나면 다 꿈이었다고 할까봐 겁이라도 나는 듯 자리를 뜨지 못하고 서로 해방되었다는 사실을 확인하고 또 확인했다.

거북정에서는 할머니의 지시로 가마솥에다 일찍부터 계속 밥을 해냈다. 당시 시골에서는 한여름에 보리만 삶아먹는 집이 대부분이었으나 할머니는 숨겨두었던 쌀을 꺼내 보리와 섞어서 밥을 짓도록 했다. 한쪽에서는 국수도 삶았고 어느새 구수한 고기 삶는 냄새도 풍겨왔다. 잔칫날처럼 마당에 차일이 쳐지고 멍석이 깔렸다. 상이란 상은 다 내오고 이웃의 일가들이 자기네 집에서 상을 메고 왔다. 아낙들은 전부 다 부엌과 마당에서 저고리 소매를 걷어붙이고 음식장만에 땀을 흘렸다. 율포 양조장에서는 직원 둘이 짐자전거에 커다란 막걸리 통을 싣고 당도했다. 어떤 잔치보다 흥겨운 잔치판이 벌어졌다. 멋모르는 아이들도 신이 나서 이리 뛰고 저리 뛰었다.

신사(神祠)를 불태우다

봉강 형제와 일가붙이들은 사랑채에 모여 상을 받고 그날 할 일들을 의논했다. 밥상을 물리고 나서 해진은 안채에 들어가 광목을 찾았다. 워낙 공출이 심했던 터라 거북정에조차 변변한 천 쪼가리 하나 남아나지 않아 광목도 귀했다. 사람들은 저마다 집으로 흩어져 광목을 가져왔다. 양정원에 심부름 간 아이들이 물감을 가져오자 청년들이 광목에 태극기를 그렸다. 다른 청년들은 거북정 뒤 대숲으로 가서 대나무를 잔뜩 베어왔다. 농악을 치는 마을사람들은 악기를 들고 모여들었다. 이날 거북정을 중심으로 회천면에서는 자발적인 해방축하면민대회가 열렸다. 정해진은 육필수기에서 8월 16일의 일을 다음과 같이 기록하고 있다.

  인근 마을에서 모여온 청년들과 농민들은 수백 명에 달하였다. 우리들이 면소재지 율포를 향하여 시위에 나선 것은 오후 3시경이었다. 선두대는 머리에 수건을 매고 죽창을 든 청년들이 40～50명 서고 그 뒤에는 농민들이 농악을 치며 따랐다. 할아버지 할머니들도 대열에 끼어들었다. 대열 제일 앞에는 '조선독립 만세' '조선민족해방 만세'라는 큰 붉은 깃발들이 휘날리고 있었다. 15리 길을 기세 높이 "만세"를 외치면서 행진하는 동안 대열은 수백 명으로 늘어났다. 할머니들은 "징병 나간 내 아들이 살아올까요?"라고 물었으며, 아낙네들은 "징용 나간 내 남편도 살아올까요?"라고 물었다. 농민들의 지배적인 요구는 면사무소를 치고 징용계와 공출계 면서기를 잡아서 죽이자는 것이었다. 나는 그들의 투쟁대상을 일제에게 돌리기 위하여 시위 대열을 두 번이나 정지시키지 않으면 안 되었다.
  대열이 면소재지인 율포 어구에 당도했을 때 일본인 경찰인 주재소 수석놈이 권총을, 조선인 순사가 장총을 들고 나와서 선두에서 나아가던 청년들의 가슴팍에 들이대었다. 아직 총 맛을 보지 못하고 전쟁을 겪어보지 못한 우리 청년들은 죽창들을 들고 있었음에도 불구하고 얼굴이 새파래지고 대열은 멈추어 섰다. 청년 대열의 뒤쪽에 서 있던 나는 앞으로 나서서 주재소 수석놈에게 외쳤다. "비켜라! 이것은 조선 사람의 응당한 권리. 만약에 네놈들이 발사하면 여기 있는 일본인 가족 5～6세대를 전부 죽여버리겠다. 그러나 네놈들이 순순히 물러서면 네놈들의 목숨을 살려주겠다." 그러자 수석놈은 그렇게 해달라고 애원하면서 물러서는 것이었다.

　우리들은 물밀듯이 나아가 면소재지의 일제기관들을 점거하고 일본놈 신사와 학교의 봉안전(奉安殿)을 불살라버렸다.* 화염은 충천했고 만세 소리는 바다 멀리 메아리쳐 나갔다. 일본놈들은 죽은 듯이 제 집에 틀어박혀 있었고 학교 교장은 자전거를 타고 령을 넘어 보성읍으로 뺑소니쳤다.

　나는 곧 회천면 세 개 지역 대표 세 명을 선정하여 식량배급 등 긴급한 행정적 조치를 지장 없이 취해 나가는 동시에 자위대장을 선정하여 그 밑에 자위대를 조직하게 하고 각 기관의 보위와 특히 군소재지에 주둔해 있는 40명 정도의 일본인 군대의 동향에 대한 감시를 하도록 했다. 이를 위하여 면소재지로부터 우리 마을까지는 요소요소에 청년들을 보초를 서게 했으며 신호체계와 연락망을 짜두었다.

　해방 직후 일본 식민통치의 상징인 신사(神祠)를 불태웠다는 기록은 평양과 서북지방에서 발견된다. 북쪽에서는 관공서에 불을 지르거나 악질 친일파를 공격하기도 했으나 남한지역은 과격한 행동에 나선 사례가 많지 않았다. 회천면에서 해방 다음날 면민들이 모여 신사를 불태웠다는 것은 정해룡과 정해진, 그리고 광주학생운동으로 3년 6개월의 옥고를 치른 정해두 등 정씨 일가들이 구심점 역할을 했기 때문에 가능했다. 이날의 기억은 당시 열세 살이었던 정종희에게도 지워지지 않는 인상을 남겼다. 정종희는 정각수의 아들이다. 정각수의 둘째 부인 태생이라 조카인 정해룡보다 스무 살 어린 1933년생이다. 정종희는 그때 태극기를 처음 보았으며 면민들은 하나같이 들뜨고 신명나는 표정이었다고 회상했다.

* 보성군사편찬위원회,『보성군사』, 1995, 392쪽.

그날 저녁 율포 양조장에서는 면민들에게 공짜 술을 무제한으로 제공했다. 일제 치하의 고달픈 날들 속에 여위고 찌든 농민들의 얼굴에 모처럼 웃음이 번졌다. 무자비한 공출로 나락을 다 빼앗기고 허기를 면치 못하던 빈속에 술이 들어가니 쉽게 취했지만 아무도 자리를 떠나지 않았다. 해방된 조국에서는 무엇이 달라질 것인지 저마다 목청을 높여 떠들어대느라고 밤이 깊어가는 줄도 몰랐다. 그들이 당장 원하는 것은 배고픔을 면하는 일이었다.

외래마을 정미소조합 삼거리

정해룡, 정해진 형제와 정해두, 정종희의 큰형인 정종팔 등 정씨들은 그날 밤, 거북정이 아니라 마을의 외딴집에 모여 있었다. 아직은 보성읍에서 일본 군대가 철수하지 않고 있었다. 신사를 불태운 일 때문에 그들이 보복을 해올지 몰라 대비책을 강구하려고 했다. 새벽 1시경에 징이 울렸다. 위험을 알리는 신호였다. 보통학교 교사인 마을청년이 올라와서 일본 군인 40여 명이 트럭 2대에 나눠 타고 율포까지 왔다고 알려주었다. 봉강리는 마을의 큰 길에서 약 3킬로미터 떨어져 있었다. 마을 안쪽으로는 자동차 길이 없으므로 트럭이 마을까지 들어오지 않으려니 하고 안심하고 있었다.

새벽 4시 30분경 날이 밝아오고 있을 때, 트럭 두 대가 밭을 깔아뭉개면서 마을을 향해 들어오는 것이 보였다. 청년들은 마을의 여자들과 노약자들을 전부 마을 뒤편 산골짜기로 피신시켰다. 해방의 감격에 들떠 있던 마을사람들은 일제의 악몽이 아직 끝나지 않았다는 사실에 놀라 허둥지둥 산으로 피신했다. 여자들은 보리밥을 삼베보자기에 싸서 머리에 이고 아이들의 손을 잡고 산으로 갔다.

그날의 긴박했던 순간 속에서 오늘날까지 마을사람들 입에 오르내리는 웃지 못할 촌극도 벌어졌다. 당시 네 살이었던 정종명이라는 아이가 엄마를 따라가면서 자꾸만 아버지를 불렀더니 아버지(정진수)가 덤불 속에 숨어서 "종명아, 아부지 없다, 아부지 없다" 하는 바람에 황망 중에 피신하던 사람들이 다들 웃음을 터뜨렸다는 이야기다.

청년들은 낫과 괭이, 쇠스랑, 죽창 등을 들고 뒷산으로 올라갔다. 거북정 뒤편의 거북 모양의 산허리에는 백제시대에 축성했다는 옛 성터가 남아 있었다. 청년들은 성터를 진지로 삼고 돌을 모았다. 일본군이 공격한다면 돌을 던져서라도 대항할 생각이었다.

마을에는 일촉즉발의 긴장감이 감돌았다. 이렇게 전투태세를 취하고 있는데 일본군은 마을 안쪽으로 깊숙이 들어오지 않고 마을 입구에서 트럭을 세웠다. 마을이 너무 조용해서인지 심상치 않은 분위기를 느낀 일본군 한 사람이 확성기를 들고 마을로 들어와 산 쪽에다 대고 외쳤다.

"우리는 당신들을 해치러 온 것이 아니다. 우리는 정해룡을 만나서 도움을 요청하러 왔다. 우리가 사람을 하나 올려 보내겠다. 그 사람의 말을 들어보기 바란다."

전령은 일본군의 요청을 전달했다. 보성과 화순 쪽에 있는 일본군이 철수해야 하는데 율포 쪽에서 배를 타고 가야 하니 안전을 보장해달라는 내용이었다. 신변안전을 위해 정해룡과 협상하기를 원한다는 것이다. 정해룡은 전령을 통해 만나기 위한 조건을 제시했다. 무장한 일본 병력은 율포 쪽의 명교리로 철수하고, 무장하지 않은 8명이 대표단으로 협상하러 나올 것, 협상장소는 외래부락 정미소조합 삼거리로 할 것 등을 요구했다. 이쪽에서는 마을대표로 정해룡과 정해진, 정해두가 가기로 했다. 이들을 경호할 청년들까지 8명이 협상지점으로 내려갔다. 이들을 보호하기 위해 따라간 것은 정종팔, 정해평, 정해승, 정해묵, 정해종 등 모두 정씨 일가의 장정들이었다. 일본 측에서는 약속대로 무장하지 않은 경찰과 군인 등 8명이 대표단으로 나왔다. 일본대표단으로 나온 보성경찰서 고등계 주임은 처음에는 하던 버릇대로 조선인들을 위협하려고 들었다.

"일본이 패전했으나 앞으로도 반도의 남쪽 절반은 일본이 지배하게 된다. 신사를 불태우고 폭동을 일으킨 것은 남쪽 땅에서 당신들이 처음이다. 이러고도 무사할 줄 아는가?"

정해진은 기선을 제압하기 위해 먼저 큰 소리로 웃었다.

"개수작 마라. 절대로 그럴 리가 없다. 독립을 쟁취한 조선 민족이 가만히 있을 줄 아는가? 일본놈의 귀신딱지 같은 것 불사르는 것은 너무도 당연한 일이다!"

해진이 이렇게 기세등등하게 호통을 치자 고등계 주임은 태도를 바꾸어 저자세로 나왔다.

"그러지 말고 우리 일본 사람들 목숨만 보장해 주시오. 여수 방면으로 나가서 배를 타려면 위험한 일이 생길 수 있으니 회천면을 끼고 있는 보성만을 통해 곧장 나가게 해주시오."

거의 애원하다시피 사정했다. 해진은 은전을 베푼다는 듯이 말했다.

"일제는 36년간이나 조선을 지배하고 갖은 악독한 짓을 다한 조선민족의 불구대천의 원수다. 그러나 우리 군내에 와 있는 일제의 조무래기 졸개인 너희들을 죽여서 무엇 하겠는가?"

그들은 율포항을 통해 일본 군대와 경찰, 그리고 민간인 신분의 일본인들이 빠져나갈 수 있도록 신변안전을 보장해달라고 사정했다. 정해룡은 그들의 요구를 조건부로 받아들였다.

"당신들이 안전하게 돌아갈 수 있게 조치하겠소. 그 대신 당신들이 완전히 조선땅을 벗어나기 전에 조선 사람들의 인명과 재산에 털끝만큼이라도 손해를 입힌다면 이 합의는 당장 무효가 될 것이니 명심하시오."

일본인들은 고맙다고 머리를 조아리며 물러났다. 일본인들은 보성 인근의 다른 군에 주둔하던 인원까지 약 150명이 율포항을 통해 무사히 빠져나갔다. 정해룡은 청년들을 시켜 그들이 안전하게 떠날 수 있게 해주었다.

정씨 일가의 담판을 보고 마을사람들은 조선이 해방되었음을 실감했다. 언제나 조선 사람들을 내려다보고 횡포를 부리던 일본인들이 머리를 조아리게 된 것이다. 그들은 아직 무장한 군인들과 함께 있었지만 패전국의 입장에서 함부로 무력을 사용했다가는 큰 사단이 날 수 있다는 것을 잘 알고 있었다. 정해룡은 이제 조선 사람들이 책임감을 가지고 치안을 안정시키고 자치행정을 펴 나가야 한다고 말했다.

외래부락 정미소조합 삼거리. 이곳은 회천면의 나이 지긋한 어른들은 지금도 그냥 지나치지 못하는 곳이다. 정해룡의 다섯째 아들 정길상은 해방 이듬해인 1946년에 태어났으나 이 장소에서 벌어졌던 정씨 일가와 일본인들의 담판에 대해 소상하게 들었다. 해방 당시 열세 살이었던 숙부 정종희는 어른들한테 들은 이야기를 자기가 본 것처럼 자랑스럽게 들려주곤 했다. 길상의 아버지인 봉강이 얼마나 당당했는지, 작은아버지인 정해진은 얼마나 기개가 넘쳤는지, 작은집 조카 정해두와 자신의 형 정종팔은 얼마나 용감했는지! 길상은 어느새 자기도 그 자리에 있었던 것처럼 자식들에게 그날의 이야기를 들려준다. 해방은 그런 것이었다. 조선 사람들이 일본인들의 목숨을 살려줄 수 있게 되는 것, 패전국이 된 불쌍한 처지를 동정하며 그동안의 악행도 너그럽게 봐주고 너희 나라로 돌아가라고 아량을 베풀 수 있는 것, 원래의 조선 사람들답게 당당하게 살 수 있는 것이 해방이었다.

토지소유권을 경작하는 농민에게 넘겨주다

정해룡은 1945년 해방을 전후해 '토지의 무상몰수, 무상분배'를 스스로 실천한 것으로 알려져 있다. 해방 직전이라고 하는 이도 있고 해방 직후라고 하는 이도 있지만, 1945년에 있었던 일인 것은 사실인 듯하다. 봉강은 소유하고 있던 집의 일부와 전답 대부분을 농민들에게 무상분배해 줬다. 또 집에서 일하던 종들도 문서를 태워버리고 땅까지 나눠주면서 완전히 해방해버렸다. 지주 스스로가 자신의 재산을 소작인들이나 머슴에게 모두 나눠준 경우로는 유일한 사례가 아닌가 짐작된다. 획기적인 일이었다. 당시 정해룡 가문의 농사와 집안일을 거들던 인원이 17가구에 120명가량 있었다. 그들에게 가구당 다섯 마지기(한 마지기는 300평) 정도의 논과 거주할 집을 마련해 주었다. 그밖에 땅을 원하는 소작인들에게는 시세보다 훨씬 싼 값에 팔거나 무상으로 이전해 준 경우도 있었다.

 1894년에 나라에서 공식적으로 노비제도를 없앴다. 그러나 오랜 계급사회의 습속은 조선 사람들의 삶 속에 끈질기게 남아 있었다. 수도에서 먼 지방으로 갈수록 지주나 양반들의 집안에는 예전의 노비신분이었던 사람들이 그대로 남아 있는 경우가 많았다. 봉강은 노비였던 사람들에게 호적을 만들어주고 먹고 살 수 있을 만한 토지와 집을 내주고 이전등기를 해주었다. 신분의 자유를 얻은 사람들과 토지를 분배받은 사람들은 대부분 봉강리에 그대로 남아서 생활했다. 정해룡은 동생 해진과 의논해 이런 결단을 내렸다. 해방이 되면 계급이 없는 평등한 세상이 돼야 한다는 생각은 봉강 자신의 가치관이기도 했다. 봉강은 온화한 성품이었으나 결단력과 실천력이 대단한 사람이었다. 봉강은 이런 점들 때문에 평생에 걸쳐 주변사람들의 존경과 사랑을 받았다. 또한 그것은 해방 이후 한국전쟁에 이르기까지 좌우익의 대립으로 인한 혼란기에 수많은 사람이 목숨을 잃은 와중에도 그가 무사할 수 있었던 이유다.

— 9 —
보성의 건준과 정해룡

해방을 맞은 보성의 움직임

8월 15일 아침, 보성경찰서장 오히라(大平)는 우마차조합장이었던 박종면(1908~92)*을 찾아가 일본이 항복하게 되었음을 맨 먼저 알렸다. 경찰서장은 박종면에게 일본인의 생명과 재산을 보호해달라고 요청했다. 엔도 정무총감이 여운형에게 사후대책을 의논한 것과 비슷한 방식이다. 경찰서장이 말해준 것처럼 이날 정오에 천황은 항복을 선언하는 방송을 했다. 방송으로 일본의 항복소식을 들은 보성군의 주요 인사들은 즉시 보성읍 동윤동에 위치한 순천여관에서 모임을 가졌다. 이 모임의 참석자

• 전남 영암군 출생으로 보성읍 원봉리에 거주했다. 1930년대에 발생한 여러 사회운동에 관여했다. 해방 이후에 보성군 건준 섭외부장을 역임했다(보성군사편찬위원회, 『보성군사』, 1995, 1558쪽). 1946년 10월 12일 창립되어 1947년 2월에 개편한 한독당(김구 주도) 전남도당 개편대회에서 조직부장으로 선임되었다. 우익인사(안종철, 『광주·전남 지방 현대사 연구: 건준 및 인민위원회를 중심으로』, 한울, 1991, 60쪽).

들은 최창순(1883~?),• 박태규, 안태시, 박종면 등 10여 명이었다. 정해룡은 이날 모임에는 참석하지 않았다. 이들은 주로 치안대책을 논의했으나 일제의 통치기구를 대체할 새로운 조직과 기구의 구성 등에 대해서는 이야기하지 않았다.

해방 다음날인 8월 16일에 일본인들과의 담판을 끝낸 정해룡은 보성읍 북문에 위치한 임종엽의 집으로 갔다. 군 유지들이 모여 일제가 물러가고 닥쳐온 권력의 공백기에 지역을 안정적으로 관리할 방법을 의논했다. 모임에는 최창순, 박태규, 안태시, 정해룡, 임철규, 강항균, 이범재, 김영학 등이 참석했다. 이들은 치안과 질서를 유지하는 일을 가장 시급한 문제로 생각했다. 당시 소방대장이었던 김성복(1903~82)••에게 치안부장의 역할을 맡겼다. 치안유지가 가장 중요하게 부각된 것은 일본이 패망하고 나서 권력의 공백이 생기자 억압에서 풀려난 사람들이 일제와 부역자들에 대해 보복이나 응징을 가하는 사태가 발생하기 시작했기 때문이다. 회천면에서 정해룡 일가와 면민들이 신사를 불태운 것이 당시의 분위기를 잘 말해준다.

마을사람들은 친일파이자 악질 지주였던 서당리의 임 부자 집을 습격해 방화를 하기도 했다. 이 사건을 주도한 사람들은 문용섭과 임종운이었는데 군농, 서당, 화죽, 객산리 등의 주민 300여 명이 참여했다.••• 이

• 1948년 사망, 혹은 한국전쟁 직후 월북 등 기록이 엇갈린다. 일제 치하에서 노동운동과 농민운동 등 사회운동을 계속 해왔다. 1924년 4월 21일에 창립된 전국청년동맹 집행위원이었으며, 1925년 4월 27일 개최된 보성 노동연맹 창립식에서 사회를 보았다. 또한 1927년 7월 30일에 개최된 신간회 벌교지회 설립대회에서 축사를 했던 3인 가운데 한 명이었을 만큼 상당한 사회적 지위를 갖고 있었다. 이로 인해 여러 차례 투옥되었으며, 보성지역 사회주의 운동의 지도자로 알려져 있다.
•• 보성읍 보성리 출생으로 일본대학 법학과 3년을 중퇴했다. 경찰간부로 근무했으며, 1954년 5월에 시행된 제3대 국회의원 선거에 당선되었다(보성군사편찬위원회, 앞의 책, 481, 484쪽).

소식을 전해들은 김용준과 박종면 등이 화물차를 타고 현장에 가서 주동자들을 모아놓고 더 이상 사태가 커지지 않도록 설득했다. 그러나 지역민들은 일제가 심은 벚나무를 베는 등 억눌렸던 분노를 표출하는 행동들을 이어갔다.

보성군 건국준비위원회

8월 16일 오후 3시에 건준 부위원장 안재홍이 라디오 연설을 통해 건준지부 결성을 이야기한 후에 보성지역에서도 17일부터 건준결성을 논의하기 시작했다. 이날 순천여관에 모여서 의견을 나눈 지역유지들은 며칠 후에 다시 만나 임원 선출작업을 했다. 다른 농촌지역과 마찬가지로 보성에서도 건준은 군의 유지들과 면단위의 대표자급 인사들이 모여서 자발적인 논의를 통해 결성됐다. 좌나 우의 특정한 정치세력이 개입하지는 않았다.

보성군 건준위원장에는 지역의 대표적인 재력가였던 미력면 덕림리의 박태규가 선출되었다. 당시 48세였던 박태규는 4천~5천 석을 수확하는 대지주였다. 부위원장에는 최창순이 선출되었다. 건준 문화부장에 안태시, 섭외부장 박종면, 치안부장에 안병석(1917~?)**** 등이 각각 선출 되었다. 임종엽, 황보익, 정해룡, 김용준, 박종환, 윤윤기, 김영채, 문길

••• 같은 책, 392쪽.
•••• 보성읍 우산리에서 출생했다. 1930년 귄농회를 조직해 활동했고, 1932년에 출판법과 보안법 위반으로 징역 10월 집행유예 3년형을 선고받았다. 광주고보를 중퇴한 후 보성에서 농업에 종사했다. 광주고보 재학 당시 학생운동의 영향을 받아 항일운동에 뛰어들었고 건준이 인민위원회로 개편된 뒤 인민위원회가 미군정의 탄압을 받자 입산해 유격대 활동을 하다가 세상을 떠났다.

담, 박용주, 최학준, 정해성, 문갑주, 김영학, 강항균 등이 보성군 건준의 위원으로 참여했다.•

건준은 군청을 접수해 사무실로 사용했고, 건준 치안부는 경찰서를 접수해 업무를 보았다. 건준이 해방 이후의 공백기에 실질적인 지방자치정부 역할을 했음을 알 수 있다. 건준과 치안부는 적산의 몰수와 보관에 착수해 일본인들이 버리고 간 재산을 경찰서 창고에 보관했다. 치안부는 보성군의 각 면에서 발생할 수 있는 군중소요에 대비하고 일본인들에게 폭력을 행사하지 못하도록 예방하는 일에도 힘썼다. 섭외부는 중앙정세를 파악하고 다른 지역의 건준과 소통하면서 필요한 정보를 교환했다.

보성군의 건준은 비교적 신속하게 결성된 편이었다. 그러나 행정이나 치안 면에서 특별히 좋은 평가를 받지는 못했다. 건준을 주도한 사람들은 주로 지역유지들이었기 때문에 폭력사태나 소요사태가 일어나지 않도록 하는 현상유지 정도밖에 하지 못했다는 비판도 받았다. 일제의 조직이 물러나고 나서 마비된 행정을 효과적으로 운영하지는 못했던 것으로 보인다. 보성군에서 보성읍과 함께 또 다른 중심지였던 벌교읍에서는 서민호를 중심으로 건준이 구성되었다.••

보성군 내 면단위에서도 건준이 결성되어 회천면은 8월 말에 정해룡을 위원장으로 선출했다. 정종팔은 청년치안대장으로 선출되었다. 회천면의 건준은 정해룡을 중심으로 행정권과 치안권을 접수해 효과적으로 운영했다. 일본인들이 빠져나갈 준비를 하는 동안 면에는 치안대와 건국준비위원회가 속속 결성됐다. 정종희는 그의 수기•••에서 해방 직후 회천면의 상황을 다음과 같이 기술하고 있다.

• 안종철, 앞의 책, 100쪽.
•• 보성군사편찬위원회, 앞의 책, 392쪽.
••• 정종희, 「통일에 거는 광명 천지」, 『월간중앙』, 1990년 2월호, 중앙일보사, 1990.

그해 8월 말부터는 이들 조직이 면의 행정권과 치안권을 완전히 접수했다. 당시 면 건준위원장은 큰댁 큰조카(정해룡)가, 청년치안대장은 내 친형님(정종팔)이 맡았다. 물론 이와 같은 자치기구들은 보성군 단위기구들과 긴밀한 연관을 맺고 움직였다. 그리고 이들 기구가 면내에서 최우선 순위로 벌인 사업은 안정된 질서의 유지와 함께 면민들을 명실공히 독립된 국가의 국민들로서 바르게 서게끔 계몽·선전활동을 강화하는 것이었다. 그 일환으로 건준 문화부는 9월 초순부터 해방과 함께 닫혔던 소학교의 문을 열고 빈부격차와 관계없이 모든 면내 아동들을 불러 모아 교육을 시작했다. 나도 이때 일제하에서는 전혀 배우지 못했던 우리말과 우리글을 익혔다. 또한 치안대와 건준은 일제의 경직된 총수탈체제 아래 말살된 전통민속인 씨름판 '난장'을 트기에 이르렀다. 당시 이런 모습은 면민이 자치적으로 모든 일을 잘 진행해 갈 수 있음을 입증해 주는 것이기도 했다.

이때 양정원도 다시 문을 열고 학생들과 면민들을 가르치기 시작했다. 여기서 정종희가 '난장'을 민속씨름판이라고 표현했으나, 난장은 오일장 이외에 임시로 여는 장이나 길가에 물건을 펼쳐놓고 파는 난전을 의미하는 것이다. 난장을 텄다는 것은 일제의 전시체제 아래서 위축된 면민들의 경제활동을 원활하게 하고 서로 필요한 것을 사고팔거나 물물교환을 할 수 있도록 장터를 열었다는 뜻인 것 같다. 그 장터에서 한동안 자취를 감추었던 씨름판도 벌어졌던 것을 보고 당시 열세 살의 정종희가 난장을 씨름판이라고 오해했던 것 같다. 어쨌거나 회천면 건준은 치안과 행정을 안정시키는 일뿐만 아니라 면민들의 교육과 문화, 경제활동까지 신경 썼던 것을 보면 매우 의욕적으로 활동을 펼친 것을 알 수 있다.

여운형이 해방되자마자 결성한 건준은 8월 말에 이르자 남한 내 145개 시·군에 지부가 결성되었다. 치안대, 보안대, 자위대 등 여러 가지 이름을 갖고 있던 지방의 자치조직들은 건준의 지부로 재편되었다. 건준에 참여한 사람들은 즉시 자주독립 국가를 건설할 것이라는 기대를 갖고 열성적으로 일했다. 건준은 일제강점기 동안 사회적·정치적 활동을 할 수 없었던 한국인들에게 자유롭게 활동할 수 있는 무대를 마련해 주었다. 해방 후 한 달 여 만에 50여 개의 정당과 사회단체가 조직되었다. 건준이 해방정국을 주도하게 되면서 좌우익의 갈등이 일어났다. 좌파의 영향력이 강해지자 우파가 반발했고, 그 여파로 안재홍이 부위원장직을 사퇴했다.

보성군 인민위원회와 회천면 인민위원회 위원장 정해룡

보성군 인민위원회는 9월 말에 등장했다. 미군이 진주해 본격적으로 점령정책을 시행하는 것이 임박했던 시기였다. 건준의 지부가 인민위원회로 개편될 때는 중앙의 지시에 의해 개편되는 경우, 물리력을 동원해 개편되는 경우, 표결을 통해 개편되는 경우, 건준과 독립적으로 인민위원회가 결성되는 경우 등 여러 가지 사례가 있었다. 보성의 경우에는 중앙의 지시에 의해 개편된 경우로 볼 수 있다. 보성군 인민위원회는 보성 북국민학교에서 인민대회를 개최하면서 공식적으로 출범했다. 인민위원회의 인적 구성은 건준과 거의 비슷했다. 건준위원장이었던 박태규가 보성군 인민위원회 위원장으로, 건준 부위원장이었던 최창순이 인민위원회 부위원장으로 선출되었다. 인민위원회는 박태규보다 일제강점기에 사회주의 운동을 하면서 청년 학생들을 이끌었던 최창순 쪽으로 무게중심이 옮아갔다.

그밖에 인민위원회의 주요 인사로 안병석, 박기원,* 박준재,** 손영채,*** 김종수 등이 있다. 이들은 건준 때와 마찬가지로 군청을 사무실로 사용했다. 정해룡, 윤윤기, 강환호, 장재경, 김몽길,**** 황수길, 최문수, 박형진 등이 인민위원회 위원을 맡거나 적극적으로 참여했다. 정해룡은 보성군 인민위원회 위원으로 참여하면서 회천면 인민위원장을 맡아 회천면에서 주로 활동했다.

건준 때와 비교하면 인민위원회를 주도한 사람들은 주로 사회주의 사상을 가진 사람들이 많았다. 이들은 건준시절의 활동에 대해 비판적인 입장을 보였다. 인민위원회의 치안대를 담당했던 안병석은 보성경찰서를 접수하고 보안서로 이름을 바꿨다. 보안서는 학도대와 청년동맹의 도움을 받아 일제시기에 친일행위를 한 사람들을 조사하고 연행했다. 친일파를 처벌하는 과정에서 지역 내 유력인사들의 이해관계가 충돌하고 좌우익의 갈등이 심해졌다. 이때부터 보성에서는 좌우익 정치세력 간에 주도권 다툼이 치열하게 벌어졌다.

인민위원회의 해체와 친일파의 재등장

미군정의 영향력이 보성에 미치기 시작한 것은 10월 말이었다. 나주, 장흥, 화순, 보성, 고흥을 관할하는 미군 제61중대가 1945년 10월 28일경

• 보성군 미력면 초당리 출생으로 보성에서 알아주는 공산주의 이론가였다. 광주고등보통학교 재학 중 광주학생운동으로 검거되어 광주지방법원에서 징역 3년형을 선고받기도 했다.
•• 해방 이후 사회주의 운동을 하다가 미군정 경찰계에 피살당했다.
••• 사회주의 활동가로 여순사건 때 화순 너릿재에서 경찰에게 피살당했다.
•••• 보성군 웅치면 강산리 출생으로 광주고등보통학교 재학 중 광주학생운동에 참여해 대구복심법원에서 징역 1년형을 선고받았다. 일제강점기에 보성군 청년동맹위원장으로 활동했으며, 한국전쟁 당시 보도연맹 검속 때 경찰에 의해 피살당했다는 설과 1949년 여순사건 직후에 처형되었다는 설이 있다.

부터 장흥에 주둔했다. 보성에 미군이 모습을 나타낸 것은 11월 초였다. 10여 명의 미군이 보성읍 신흥동 현 제일약국 자리의 일문자 여관에 머물렀다. 미군이 진주했다고 해서 당장 우익이 지역 내 세력을 장악할 수는 없었다. 지역민들의 다수는 좌익을 지지하고 있었기 때문이다. 우익은 좌익보다 한참 늦은 10월 중순부터 세력을 결집하기 시작했다. 우익 세력의 결집을 주도한 것은 건준 섭외부장이었던 박종면이었다. 그는 서울로 올라갔다가 10월 중순경 보성으로 내려와 대한독립촉성국민회(독촉) 보성지부를 결성하기 시작했다. 여기에 동참한 사람은 박종환, 김용준, 정금채, 황보익, 박용주 등이었다. 이들은 미군이 보성에 진주한 이후인 11월 24일에 인민위원회 치안대장이었던 안병석의 눈을 피해 임원진을 선출하고 다음날 결성식을 개최했다. 독촉 보성지부장에 황보익이 선출되었고 부위원장에 김성복, 정금채, 박용주가 선임되었다. 황보익은 1946년 미군정이 주도한 남조선과도입법의원의 의원으로 선출되었다. 황보익은 우익이었으나 정해룡과 친분이 두터워 훗날 봉강이 어려움에 처했을 때 도움을 주었다.

독촉 보성지부를 결성한 이들은 11월 25일부터 인민위원회를 무력화하는 데 나섰다. 그들은 인민위원회에 반대하는 사람들을 모아 세력을 규합하고, 치안대장 안병석을 공격했다. 11월 29일에 제61중대 소속의 미군과 박종면, 김성복의 지원 요청을 받아 광주에서 내려온 특수경찰대 소속 경찰관 20여 명이 안병석을 구속했다. 이들은 치안대를 해체하고 광주에서 온 경찰들을 중심으로 치안부서를 재편했다. 안병석에게 적용된 죄목은 공공건물을 점유해 불법유용했다는 것과 불법적으로 테러행위를 일삼았다는 것이었다.

곧이어 그들은 보성군 인민위원회를 해체하고, 일제강점기에 군수를 지냈던 신철균을 군수에, 순사부장을 지냈던 김두환을 경찰서장에 임명했다.* 건준과 인민위원회 시절 몰아냈던 친일관료들이 다시 돌아온 것이다. 이 사건은 보성지역에서 우익이 실질적인 권력을 장악하고, 우익을 중심으로 권력이 재편되는 첫 단계였다고 할 수 있다.

국민대회준비회 취지서에 서명한 정해룡

정해룡은 해방 당시 봉강리 자택에 있었고, 그 후 보성에서 건국준비위원회와 인민위원회 활동을 하느라 분주했다. 해방된 직후에는 회천면 건준 초대위원장과 인민위원회 위원장을 하면서 주로 보성에서 활동했으나 점차 활동무대를 중앙으로 넓혀갔다.

객관적인 사료에 나타난 해방 직후 봉강의 행적은 1945년 9월 7일 전국의 지도급 인사 300명이 서명한 '국민대회준비회 취지서'에서 확인할 수 있다.** 해방을 맞아 각 정파를 초월해 대동단결해 새 국가를 건설하자는 내용으로 오세창, 백남운, 김준연, 김병로, 송진우, 조만식, 김성수와 보성의 정해룡, 윤승원(윤윤기), 임정연 등이 서명했다.***

정해룡이 국민대회준비회 취지서에 서명했다는 것은 다소 의외라고 할 수 있다. 국민대회준비회는 송진우, 김성수, 김준연 등 호남 출신 보수우익인사들이 주도한 것이기 때문이다. 정해룡이 참가했던 건국준비위원회와는 거리를 둔 인사들이다. 송진우는 조선총독부의 협조 요청도 거절했고 건준에 참여해달라는 여운형의 요청도 거절했다. 송진우는 9월 7일에 미군이 인천항에 상륙한다는 사실이 확실해진 다음부터 정치 행보를 재개했다. 8월 말부터 '대한민국 임시정부 및 연합군 환영준비위

- 보성군사편찬위원회, 앞의 책, 401~02쪽.
-- 심지연 엮음, 『해방정국 논쟁사』, 한울, 1986, 145~48쪽.
--- 이재의, 앞의 글, 220쪽.

원회'와 '국민대회준비회'를 준비했다. 이 두 단체는 대체로 『동아일보』에 참여했던 사람들이 주류를 이루었다. 국민대회준비회가 발족한 9월 7일은 조선건국준비위원회가 조선인민공화국으로 전환을 선언한 바로 다음날이다.

9월 7일 오후 3시 광화문에 있는 동아일보사 강당에서 열린 발족식에서는 국민대회준비회의 입장과 비전을 담은 취지서가 발표되었다. 취지서의 요지는 첫째 충칭 대한민국 임시정부의 지지를 선언할 것, 둘째 국민의 총의로서 연합 각국에 사의를 표명할 것, 셋째 국민의 총의로서 민정수습의 방도를 강구할 것 등이었다. 국민대회준비회는 조선민족당과 한국국민당이 통합해 발기한 한국민주당으로 수렴되었다. 한국민주당은 건준이나 조선인민공화국에 반대하는 인사들이 결집한 것이다. 한민당은 전통적 보수야당인 더불어민주당의 뿌리라고 할 수 있다.

건준과 인민위원회에 적극 참여한 정해룡이 국민대회준비회 취지서의 발기인으로 서명한 것을 어떻게 보아야 할까? 정해룡은 국민대회준비회의 핵심인물 중 한 사람인 김성수와 개인적 친분이 있다. 보성전문학교 도서관 건립기금 기부를 계기로 안면을 익힌 두 사람은 그 후에도 교류를 가졌다. 인촌 김성수는 거북정을 방문한 유명인사들 중 한 사람으로 가족과 친지들 입에 오르내리고 있다. 정해룡이 사장인 보성인쇄주식회사에 『동아일보』 지국을 운영한 사람들이 이사로 참여했다는 사실도 주목할 만하다. 김성수의 요청이었는지 『동아일보』에 관여했던 사람들의 요청이었는지 확인할 수 없으나 그런 인연 때문에 서명에 동의했을 가능성이 있다. 봉강이 인촌 김성수에게 보낸 서신을 보면 1945년 말까지 서로 만나고 있었음을 알 수 있다.

　　　　拜言 漢陽一日承誨 秋復冬 下懷實非平品耳
　　　　此時國步多難 尊體侯神護萬重 而

報益于健國偉業 千企萬望耳 生 近日
歸師鄕里 以癰氣辛苦中耳 土産海衣
忘略送呈 則笑領如何 餘姑閣 不備上
乙酉陰十二月二十三日 生 丁海龍拜上

仁村 先生 座下

삼가 말씀드립니다. 한양에서 하루 가르침을 받고 가을에서 겨울이 되었으니 아랫사람의 심회가 실로 예사로운 일이 아닙니다. 나라가 많은 난리를 겪고 있는 오늘날에 귀하신 선생의 체후가 신의 가호를 받아 만중하시어 건국의 위업을 이루는 데 보익하시기를 천번 만번 바랄 뿐입니다. 저는 근일 가족을 데리고 향리로 돌아왔는데 종기 때문에 고역을 겪고 있습니다. 토산물인 김을 약소함을 잊고 보내드리니 웃으며 받아주시는 것이 어떻겠습니까. 나머지는 우선 생략합니다. 갖추지 못하고 올립니다.

을유년(1945년) 음력 12월 23일 소생 정해룡 배상

인촌 선생 좌하

봉강이 인촌 김성수와 언제까지 친분을 유지했는지는 분명치 않다. 정해룡과 김성수의 관계는 봉강이 정치적 지향이 달라도 두루 넓게 사람들을 사귀고 포용했다는 것을 다시 한 번 확인하게 해준다. 봉강은 좌익이냐 우익이냐를 떠나서 사람과의 만남과 사귐과 관계를 중히 여겼다. 봉강은 어렸을 때 아버지가 돌아가시고 할아버지의 뒤를 이어 일찍 가장이 되어 사회활동도 빨리 시작했다. 그런 이유로 그는 대체로 자신보다 훨씬 연배가 높은 사람들과 사귀게 되었다. 성품도 그러했지만 늘 겸손하고 배우는 자세를 가졌기에 좌우를 떠나서 사회에서 만난 선배들은 정해룡에게 호감을 가졌다. 겸손하고 상대방을 존중하는 태도 덕분에 폭

넓은 인간관계를 가졌다.

중앙정치에 참여하게 된 정해룡

정해룡은 조선인민공화국이 선포되었을 때 회천면 인민위원장이었다가 조선인민당이 창당되자 전남보성군당 총무부장*이 되었다. 이때부터 그는 본격적으로 정당정치에 뛰어들었던 것이다. 이 기록은 정해룡이 국민대회준비회 취지서에 서명했으나, 그의 이념과 활동지향은 그들과 확연한 차이가 있는 조선인민당 쪽이었음을 보여준다.

  미군정이 조선인민공화국을 정부로 인정하지 않자 여운형은 1945년 11월 12일에 조선인민당을 창당하게 된다. 조선인민당은 건준의 중심인물 중에서 박헌영이 주도한 조선공산당에 참여하지 않은 사람들이 창당했다. 고려국민동맹, 십오회, 인민동지회 등이 조선인민당에 들어왔다. 당수에는 여운형, 부위원장에는 장건상(1882~1974)**이 추대되었다. 여

---

* 〈광주고등법원 판결〉 (62고 416판결), 1962. 7. 8. "8·15 해방 직후 인민당 전남보성군당 총무부장에 취임했다."
** 호는 소해(宵海). 1916년 상하이로 망명해 신규식이 조직·운영하던 동제사에 가담해 독립운동에 투신했다. 1919년 김규식, 이시영과 함께 상하이에서 대한민국 임시정부 수립을 추진, 1919년 4월 13일 임정이 수립·선포되자 대한민국 임시정부 임시의정원 의원으로 선출되고 외무부 위원이 되었다. 의열단의 후원자(총장)가 되고 조직의 기밀부 요직을 맡아 활약했다. 1921년 8월에 고려공산당에 입당했으며, 1927년에는 조선민족혁명당 당원으로 상하이에서 활동했다. 1928년 심산 김창숙과 독립운동자금 관계를 의논한 뒤 상하이로 돌아와 김원봉과 만나 의열단 고문이 되어 폭탄을 만들어 국내에 반입하는 일을 지휘했다. 1944년 4월에는 대한민국 임시의정원 의원으로 선출되었다. 1945년 독립운동 좌우합작 대동단결을 위해 임정 대표로서 옌안에 파견되었는데, 그곳에서 광복을 맞이해 충칭 임정으로 돌아와 귀국했다.

운홍(여운형의 동생)은 조선인민당을 "건국동맹을 모체로 하고 극렬분자를 제외한 좌우 양익인사들로서 조직된 온건한 좌익정당, 즉 중간좌파적 성격을 띠는 사회주의 정당이었다"라고 말했다.

조선인민당은 여운형의 정치이념을 구현하기 위한 정당이었다. 정해룡은 조선인민당에서 근로인민당으로, 근로인민당 재건까지 일관되게 여운형의 정치이념을 따랐다. 해방 후에 정해룡이 지향했던 정치활동을 이해하기 위해서는 조선인민당이 무엇을 추구했던 정당인지 살펴보아야 한다. 조선인민당이 창당 당시 발표한 선언*에는 지하조직이었던 건국동맹이 외부 정세의 변화에 따라 조선인민당이라는 대중정당으로 새 출발을 하게 되었다는 것을 명시했다. 조선인민당은 근로대중을 중심으로 한 전 민족의 완전한 해방을 그 기본이념으로 하여 조선의 완전한 독립과 민주주의 국가의 실현을 현실적 과제로 한다고 했다.

1945년 10월에 발표한 조선인민당의 강령**은 다음과 같다.

1. 조선 민족의 총역량을 집결하여 진정한 민주주의 국가의 건설을 기함.
2. 계획경제제도를 확립하여 전 민족의 완전한 해방을 기함.
3. 진보적 민족문화를 건설하여 전 인류문화 향상에 공헌함을 기함.

강령을 보면 조선인민당은 경제체제에서 분명하게 사회주의를 도입할 것을 명시했다.

정해룡은 조선인민당 활동을 하면서 장건상을 만나 평생의 동지가 된다. 장건상은 정해룡보다 31년이나 연상이어서 아버지뻘이었다. 장건상

* 심지연 엮음, 앞의 책, 123~24쪽.
** 여운홍, 『몽양 여운형』, 청하각, 1967, 186쪽.

은 30년을 중국에서 독립운동을 위해 헌신했다. 위험한 일이나 어려운 일을 마다하지 않고 목숨을 내놓고 투쟁한 독립지사였다. 그의 이력에서 보듯이 조선독립을 위해 무력투쟁을 감행하고 공산당 활동을 한 이력이 있지만 해방된 이후로는 중도좌파의 노선을 유지했다. 장건상은 나이 차이에도 불구하고 봉강을 동지로 대접했으며 두 사람은 봉강이 먼저 세상을 뜰 때까지 정치적 여정을 함께했다. 장건상은 봉강이 먼저 세상을 떠난 후 추모비 건립준비위원회의 고문이 되었다.

봉강은 조선인민당 창당 당시 사무국장이었던 이임수와도 가까웠다. 이임수는 춘천 출신으로 직업이 의사였다. 춘천에서 관동의원을 개업하고 텅스텐 광산을 운영하면서 여운형을 재정적으로 지원했다. 이임수의 아들 이란*은 아버지의 심부름으로 보성으로 정해룡을 만나러 가기도 하고 집으로 찾아온 정해룡을 만난 적도 있었다.

• 1925년 강원도 춘천 신북읍 출생으로 춘천중학교에 재학 중이던 1939년 춘천중학교 학생들이 심훈의 『상록수』와 이광수의 『흙』 등 민족의식이 담긴 서적을 읽고 독후감을 발표했다는 '독서회 사건'으로 체포되었다. 그는 이 사건이 부친인 독립운동가 이임수가 여운형의 측근으로 활동하고 있었기 때문에 사상범으로 누명을 씌운 것이라고 주장한다. 이란은 1939년 7월에 검찰(춘천지청)에 송치되었고 1941년 11월 11일 경성부 서대문형무소에서 1년 수감되었다가 1942년 3월 27일 경성지방법원에서 이른바 치안유지법 위반으로 단기 1년, 장기 3년형의 부정기형을 선고받고 인천소년형무소에서 옥고를 치렀다.

— 10 —
좌우대립의 격랑 속에서

노동계급 속으로 들어가다

봉강리에서 형과 함께 해방의 기쁨과 감격, 일본인들과의 담판 등 극적인 며칠을 보낸 후에 정해진은 서울로 올라갔다. 그의 수기에는 8월 19일 형과 함께 해방 후에 해야 할 일들에 대한 꿈을 나누면서 산길을 걸어 보성읍에 도착했다는 이야기가 나온다. 그들이 구체적으로 무슨 이야기를 나누었는지는 나오지 않지만 해방 이후 형제는 서로 다른 길을 갔다. 해룡은 여운형을 따라 민족주의와 사회주의를 지향하면서 좌우합작 노선을 걸었다. 해진은 경성제대 시절부터 결심한 공산주의자의 길을 갔다. 해진은 계급문제와 민족문제를 함께 해결하는 길은 공산주의뿐이라고 생각했다. 해룡과 해진은 생각의 차이를 존중하고 자신이 옳다고 믿는 정치노선대로 활동하는 것에 대해서도 서로 존중했다.

해룡은 읍에서 열린 해방환영 군중대회에 참석하고 건준결성에 관한 유지들 모임에 갔다. 해진은 보성에 머물며 인쇄소 일들을 직원들에게 부탁하고 밤 기차를 타고 서울로 올라갔다. 정해진의 수기에는 해방 직후인 8월 19일의 서울 분위기에 대한 느낌이 생생하게 묘사되어 있다. 서울에서 8월 16일에 결성한 장안파 조선공산당(구서울파, 구화요파, 구ML파, 상해파 등 결집)에 대한 청년 정해진의 감상이 재미있다.

> 다음날 아침에 가슴을 설레면서 서울역에서 동대문행 전차를 타고 가던 도중 장안빌딩에 '조선공산당'이라는 간판이 붙은 것을 보고 너무도 반가워서 전차에서 뛰어내려 찾아들어갔다. 홀에 몇 개의 책상과 의자가 무질서하게 놓여 있고 '마르크스 머리'를 한 노투사연하는 사람들이 두어 사람 앉았는데, 나 같은 것은 '어떤 애송이야?' 하는 식으로 거들떠보지도 않았다. 나는 말도 걸어보지 않고 그대로 나와 버렸다.

마르크스 머리란 장발을 이야기하는 모양이다. 해진의 눈에 비친 해방 직후 서울의 모습은 복잡하고 혼란스러웠다. 해방 전에는 뜻 있는 사람을 만나기란 극히 힘들었고 생사를 같이할 혁명동지를 찾아낸다는 것은 하늘의 별따기와 같이 어려운 일이었다. 그런데 해방 후의 서울에서는 모두가 애국자라고 하고 모두가 혁혁한 투쟁경력을 내세우는 걸 보고 어이가 없었다. 서울 시내사람들은 모두 바쁜 듯이 움직였고 시내에는 불안한 활기가 넘쳐흘렀다. 혜화동 로터리에서는 '해방청년동맹'이라는 청년단체 주최로 군중집회가 열리고 있었다. 청년들은 저마다 뛰어올라가 조국의 미래에 대해 열변을 토했다. 해진이 자세히 보니 그 청년들 중에 낯익은 사람도 보였다. 한 청년은 해진과 그의 친구들이 친일경찰과 관련이 있는 것으로 생각했던 사람이었다. 군중집회에서 쓸 선전문을 쓰고 있는 사람 하나는 일제강점기에 '군수'를 지낸 사람이었다. 젊은 나이에 군수를 지냈다는 것은 고등문관시험에 합격한 수재였음이 틀림없다. 하지만 친일경력이 있는 자들까지 해방정국에서 애국자로 행세하는 것은 그리 좋은 징조는 아니었다.

해진은 거리 곳곳에 '박헌영 선생 나오시오'라는 벽보가 나붙기 시작하는 것을 보고 사회주의와 공산주의 진영에서 정세가 박헌영에게 유리하게 전개된다고 생각했다. 해진은 해방 전에는 '민족해방'이나 '사회주의'라는 말만 들어도 벌벌 떨던 사람들이 연줄을 타고 한 자리씩 하려고 애국자연하는 세태를 불쾌하게 바라보았다. 해진은 이승만을 대통령으로 하는 '조선인민공화국'의 각료 명단을 비판적으로 보았다. 공산주의자인 해진은 이것을 "해방자의 너울을 쓰고 기어드는 침략자 미제를 섬기겠다"라는 태도라고 여겼다. 그러나 여운형의 입장에서는 일찌감치 좌우합작을 염두에 두고 정치판을 짜야 한다는 정세판단에 따른 것이었다. 남한과 북한에 각각 미국과 소련이 점령군으로 행세하게 된 당시의 상황에서 현실정치를 풀어나가기 위해서는 좌파와 우파를 어떻게든 한 지붕 아래 모이게 해야 한다는 게 여운형의 생각이었다. 그러나 현실은 그리 녹록지 않았다.

해진은 이런 혼탁한 정세를 보면서 어떤 길을 선택할 것인지 고민했다. 해방 전에 조선독립을 위해 손잡았던 경성제대 출신의 비밀조직 성원들과 육영회 성원들과 가야 할 길을 의논해 보았다. 동지들은 위를 쳐다보고 정치세력에 줄을 대서 한 자리를 차지하는 데에는 관심이 없었다. 서울 시내 중학교에 교원으로 있는 친구들이나 신문사에 기자로 있는 친구나 자기 자리를 지키면서 인민을 묶어 조직을 세우는 하층공작에 전념하는 것이 정당한 길이라는 확신을 가지고 있었다. 해진은 이런 동지들의 모습을 보면서 공부를 마친 후에 하려 했던 노동계급 속으로 들어가 활동하는 길을 선택했다. 노동계급을 묶어 세워 강력한 혁명역량을 키워주고 그들에게 배우면서 자기 자신도 강철처럼 단련하자는 결심을 했다. 해진은 노동자들이 많은 경인 공업지대로 가기로 했다. 해진은 그것이 조국과 민족을 위해 복무하며 해방된 조국을 장차 사회주의 국가로 건설할 것을 지향하는 청년 인텔리에게 가장 참된 길이라고 생각했다.

조선공산당에 가입하다

해진은 여러 가지 여건을 살펴본 후, 9월 초순에 동향 출신의 후배 김선우와 자형의 6촌 형제인 신승우와 함께 인천 부평구의 노동자 지대로 내려갔다. 부평에는 해방 전부터 보성 출신의 활동가 선(宣)씨가 자리 잡고 있었다. 부평에는 해방 전에 일제의 조병창을 비롯해 미쓰비시 제련소, 부평 베어링 공장, 토건회사 등 수많은 공장이 있었다. 해방 전에는 약 15만 명의 노동자가 있었는데, 해방 직후에도 7만여 명의 노동자가 있었다.

해진과 동지들은 먼저 노동자들을 교양화해 노조를 만들고 노조의 핵심 노동자들을 중심으로 당조직을 결성하는 데 착수했다. 이 사업은 적산접수를 위한 공개적인 대중투쟁과 관리위원회 조직으로부터 시작했다. 토건회사들의 경우에 일본인 소유자가 아직 물러나지 않고 일본경찰과 해방 전에 친일파의 앞잡이였던 조직폭력배들과 연계하고 있었다. 이런 세력들을 쫓아내고 노동자대표들로 관리위원회를 조직하고, 관리위원회가 노조의 협조 밑에 재산을 관리하면서 노동자들의 생활안정을 도모하는 것이 급선무였다. 적산관리위원회를 중심으로 한 대중투쟁과 노조 조직활동을 통해 의식화된 핵심적인 노동자들을 밤에 따로 모아놓고 해방 후에 조성된 정세와 노동계급이 수행해야 할 선구적 사명 등에 대해 학습해 의식수준을 높여나갔다. 그들을 중심으로 노조결성을 늘려 나가고 대중투쟁의 선봉에 나서게 해 조선공산당 당원 후보로 육성하기 시작했다.

정해진과 동지들은 부평에서 역전동과 철마동 등으로 자리를 옮겨가며 밤낮없이 투쟁을 전개했다. 9월 하순까지 부평구 노조위원회가 조직되었고 인민위원회가 결성되었으며, 10월 초에는 각 공장 기업소, 학교, 농촌지역 등에 기층 핵심조직들이 결성되었다. 이런 기초 위에 10월 중순에 조선공산당 인천시 부평구역 당위원회가 나오게 되었다. 정해진은 당시 인천 시당위원장이었던 김점권과 조직부장이었던 최용현의 보증으로 10월 10일 조선공산당에 입당했다.

정해진은 바라고 바라던 공산당에 입당했으나 스스로 정치사상적 준비에 있어서나 혁명적 단련에 있어서 부족한 점을 많이 가진 채 당원이 되었다고 평가했다. 부평구역당이 조직되자 정해진은 조직부장을 맡았다. 신승우는 선전부장, 김선우는 조직부원이 되었다. 정해진은 1945년 12월부터 부평구역당 위원장이 되어 1946년까지 이 직책을 맡아 일했다. 정해진은 자신이 부평지역에 내려가 활동하던 1945년 9월 초순부터 10월까지의 정세와 12월의 모스크바 3상회의 결정을 둘러싼 정국에 대해 다음과 같이 분석하고 있다. 이것은 물론 공산당원인 정해진의 시각으로 본 정세분석이다.

이 기간은 9월에 인천으로 상륙한 미제가 포악한 군정을 실시하면서 남조선을 아시아 침략의 병참기지로, 식민지로 이용하기 위한 침략 정책을 노골적으로 시작한 시기였다. 미제는 도처에 군사기지를 닦기에 미쳐 날뛰었다. 일제를 대신하여 식민지 통치자를 자처한 미제는 일제의 식민지 통치기구를 거의 그대로 유지, 조선인민의 참의로 된 인민위원회를 인정하지 않았을 뿐 아니라 탄압하기 시작했다. 놈들은 이제껏 기를 펴지 못하고 있던 반동분자들을 적극 비호하여 나섰으며, 놈들의 정치적 기반을 닦기 위해 손때 묻은 주구 이승만을 미국에서 데려오는 동시에 반동세력들을 규합하기 시작했다. 놈들의 정치적 반동 공세가 우심해진 것은 모스크바 3상회의 결정이 잘못 알려지면서 반동세력들을 조종해서 일으킨 반탁운동 때부터였다.

모스크바 3상회의 결정을 둘러싼 갈등

'蘇聯은 信託統治 主張, 蘇聯의 口實은 三八線 分割占領' '米國은 即時 獨立 主張'

('소련은 신탁통치 주장, 소련의 구실은 38선 분할점령' '미국은 즉시 독립 주장')

『동아일보』 1945년 12월 27일자 1면을 장식한 이 헤드라인은 엄청난 혼란을 초래했다. 이 기사는 모스크바 3상회의의 내용을 보도한 것이다. 이 보도는 모스크바 3상회의가 끝난 1945년 12월 25일에 AP통신*과 UP**통신이 25일자로 모스크바 3상회의의 내용을 전한 것으로부터 나왔다. 그 기사가 26일 밤 국내 합동통신사를 거쳐 27일자 국내 신문에 실리는 과정에서 사실관계가 완전히 뒤집힌 왜곡보도가 나온 것이다. 조간

- 세계 최대의 통신사다. 1848년 뉴욕의 6개 신문사가 결성한 비영리단체에서 출발했다. 현재 전 세계 8,500여 개 신문사, 통신사, 방송국이 가맹해 뉴스를 제공하고 있다.
- 1907년 6월 19일 뉴욕에서 창설된 통신사. 초기에는 석간 전문의 상업통신이었다. INS(International News Service, 1909년 창립)와 합병해 1958년 5월 24일부터 UPI라는 이름으로 통신업무를 시작했다. AP가 전미(全美) 회원사에 의해 공동관리되는 비영리조합 조직이라면 UPI는 순전한 영리조직이다. 1970년대 들어와 미국 신문사들 간의 경쟁이 시들해진 가운데 통신사의 필요성도 점차 희박해지자 만성적 경영위기에 빠져 1982년 미디어뉴스에 매각되었고, 1992년 영국 런던에 있는 아랍계 방송사인 중동방송에 경영권이 넘어갔다.

신문인 『조선일보』도 이 기사를 실었지만 석간인 『동아일보』의 기사 제목이 가장 단정적이고 자극적이어서 즉시 독립을 간절히 원하던 한국인들을 분노에 빠트렸다.

1945년 12월 16일부터 25일까지 미국, 영국, 소련은 제2차 세계대전의 전후문제를 처리하기 위해 모스크바에서 외무장관 회의를 개최했다. 이 자리에서 한반도문제도 논의되었다. 미국은 한국에 대해 미국, 영국, 중국, 소련 네 나라의 신탁통치를 최장 10년 동안 실시할 것을 제안했다. 반면에 소련은 먼저 임시정부를 수립하고 한국인의 자주적 정부수립을 네 나라가 원조하자고 수정·제안했다. 모스크바 3상회의에서 결정한 내용은 다음과 같았다.

첫째, 한국을 독립국가로 재건하고 민주원칙에 따른 국가발전의 조건을 조성하며 일본의 지배와 잔재를 가능한 한 조속히 제거하기 위해 한국에 임시 민주정부를 세운다.

둘째, 임시정부의 수립을 지원하기 위해 미·소 양국의 대표로 구성되는 공동위원회를 창설한다. 이 과정에서 공동위원회는 한국의 여러 정당·사회단체들과 협의한다.

셋째, 공동위원회는 한국 임시정부 및 민주단체의 참여를 얻어 한국의 신탁통치를 위한 제반 조치를 강구하며, 향후 5년 기한의 신탁통치를 4대국에게 제안한다.

넷째, 2주일 내에 남북한의 당면한 문제를 심의하고 미·소 양군의 행정적·경제적 문제에 있어서 항구적인 조정방안을 강구하기 위해 미·소 점령군 대표회의를 소집한다.•

• 정창현 외, 『한국현대사 1: 해방과 분단 그리고 전쟁』, 푸른역사, 2018, 80쪽.

모스크바 3상회의의 내용이 '신탁통치 결정'이라는 부분만 부각되고 미국과 소련의 입장이 왜곡보도되면서 조선의 즉시 독립을 원하던 사람들의 분노가 폭발했다. 대중의 분노와 이를 이용하려는 정치세력들의 선동으로 대대적인 신탁통치 반대운동이 일어나게 됐다. 반탁운동의 불씨를 지핀『동아일보』의 오보가 의도적인 것이었는지에 대한 논란은 오늘날까지 계속되고 있다. 당시 한민당(한국민주당)의 창당을 주도한 인촌 김성수가『동아일보』를 창간했기 때문에『동아일보』의 왜곡보도는 우익진영에서 좌익진영을 공격하기 위한 목적으로 기획된 것이라는 주장이 제기되었지만 입증된 바는 없다.

모스크바 3상회의의 결정내용이 제대로 알려지고 나서 신탁통치 반대 일색이던 여론이 찬반으로 나뉘었다. 이 결정은 통일 임시정부를 수립할 수 있는 기회라고 받아들이는 쪽과 신탁통치가 실시되면 즉시 독립이 이루어지지 않는다는 것으로만 해석하는 쪽이 대립하게 된 것이다. 충칭 임시정부 계열은 신탁통치 반대운동이 '제2의 독립운동'이라는 논리로 극단적인 반탁운동을 전개했다. 임시정부인사들은 중국 망명시절부터 연합국이 신탁통치안을 만지작거린다는 사실을 알고 있었다. 신탁통치는 독립의 지연이라는 것이 그들의 확고한 신념처럼 굳어 있었다.

반탁은 애국, 친탁은 매국이라는 프레임

임정 측은 연합국에 발송할 신탁통치 반대 결의서를 작성했으며, 1945년 12월 30일에 신탁통치 반대 국민총동원위원회를 결성했다. 다음날인 31일에는 서울운동장에서 대대적인 반탁대회를 개최했다. 반탁세력은 "모스크바 결정은 독립을 일단 유보시켰으며, 소련이 주도하는 신탁통치를 통해 한국을 소련에 편입시키려는 결정으로 한국에게는 예속의 길"이라고 주장했다.

처음 신탁통치 실시가 알려졌을 때는 조선공산당도 반대의사를 밝혔으나, 모스크바 협상의 결정을 제대로 파악하고 나서는 연합국이 한반도에 통일정부를 세우는 데 도움을 주기 위한 것이라는 소련의 입장을 수용하기로 했다. 그들은 모스크바 결정을 즉각적인 임시정부 수립이라는 측면에서 긍정적으로 보았다. 신탁통치는 임시정부 수립을 위한 후원으로 받아들인 것이다. 여운형의 조선인민공화국은 1946년 1월 2일에 모스크바 3상회의 결정 지지로 선회했다. 중앙위원회는 정보 부족 때문에 반탁의 태도를 취한 것을 '과오'로 인정했다.

임시정부와 한민당 등 반탁세력은 공산당이 소련의 앞잡이가 되어 나라를 팔아먹으려고 든다고 비난하면서 반탁은 애국이요 찬탁은 매국이라고 몰아세웠다. 이런 논리를 대중들에게 선동하는 데는 언론의 왜곡보도도 한몫을 했다.

> "신탁통치는 소련이 제안한 것이며 좌익 지도자 박헌영이 한반도가 소비에트연방에 편입되어도 좋다고 했다"는 당시 일부 신문보도 내용은 음모라고 해도 좋을 만큼 심각한 왜곡이었다.●

반탁운동은 미군정조차 집단히스테리라고 표현할 만큼 격렬했다. 그러나 미군정은 신탁통치가 소련에 의해 제기되었다는 잘못된 주장이 확산되는 것을 사실상 방치했다. 미군정은 모스크바 3상회의의 결정문에 서명한 미국의 입장과는 다른 모순적인 태도를 취했다.

비록 반탁운동 연장선상에서 미군정에 도전하는 급진적인 정권 쟁취 운동을 벌인 충칭 임시정부 계열의 일시적인 모험에 대해서는 매우 신

● 정창현 외, 앞의 책, 87쪽.

속하게 제재를 가했지만, 다른 한편으로 미군정은 격렬한 반탁운동이 급진 좌익세력을 누르고 친미적인 우파 중심의 정국으로 재편되는 계기가 되었다는 평가를 내릴 만큼 반탁운동에 일정한 의미를 부여했다. 그리고 시간이 흐르면서 미국 정부 역시 이러한 현지 군정의 입장을 받아들이게 되었다.•

소련은 1946년 1월 24일 타스통신을 통해 3상회의에서 미국이 신탁통치를 제안했다는 사실을 공개했다. 1월 26일에 미·소 양군 대표자 회의에 참석하러 온 소련대표 슈티코프는 기자회견을 열어 기사 전문을 발표했다. 미군정이 반소전선을 부추기고 반탁운동을 고무했다는 사실이 밝혀지자 미국은 정치적·도덕적인 타격을 입었다. 소련의 조치로 신탁통치 파동은 일단 정리되었으나 반탁운동이 충칭 임시정부가 주도하는 정권수립운동으로 이어지면서 그 열기가 쉽게 가라앉지 않았다. 반탁은 애국이고 찬탁은 매국이라는 프레임은 좌우의 갈등과 대립의 원인으로 계속 유효하게 작용했다.

모스크바 3상회의의 결정 내용이 제대로 알려지면서 좌우익의 각 정당이 서로의 입장을 조정하려는 노력도 있었다. 1946년 1월 7일에서 1월 16일까지 네 차례에 걸쳐서 5당회의가 열렸으나 신탁통치에 대한 의견 차이를 좁히지 못하고 결렬되었다. 우파는 임정세력의 주도로 2월 1일 비상국민회의를 결성했고, 좌파는 2월 15일 민주주의민족전선을 조직했다. 모스크바 결정에 찬성한 좌익세력은 4개국 신탁통치가 실시되어도 대중들의 지지기반이 탄탄한 자신들이 임시정부 구성에서 유리하다고 생각했다. 반면에 충칭 임시정부 계열은 다양한 정당과 단체가 참여하는 임시정부 수립은 자신들의 정통성을 부인하는 것이라 보고 모스크바 결정을 반대했다. 한민당 등의 우익세력도 대중적 기반이 취약해

• 같은 책, 89쪽.

좌익세력과 함께 신탁통치하의 임시정부에 참여하는 게 불리하다는 정세판단을 하고 있었다.

미·소공동위원회의 결렬과 분단의 가시화

1946년 3월 20일 제1차 미·소공동위원회가 개최되었다. 모스크바 3상회의의 결정을 이행하기 위해 한반도의 임시 조선민주정부 수립을 지원하기 위한 협의를 진행했다. 미국은 모스크바 결정에 반대하는 단체들도 공동위원회에 참여시키자고 한 반면, 소련은 신탁통치 반대단체들을 참여시킬 수 없다고 맞섰다. 결국 두 나라는 의견 차이를 극복하지 못하고 5월 9일에 무기한 휴회를 선언하면서 미소공위는 성과 없이 끝났다.

제1차 미소공위가 열리고 있던 1946년 3월 23일, 북한의 김일성 북조선 임시인민위원장은 '20개조 정강'을 발표한다. 일제잔재 청산, 토지개혁(소작제 철폐, 무상분배), 8시간 노동제 실시, 최저임금 규정, 인민의무교육제 실시, 국가병원 수 확대해 전염병 근절하고 빈민들 무료치료, 중요산업 국유화, 개인의 수공업·상업 허락, 언론·출판·집회 및 신앙의 자유 보장 등이 포함되었다.

이 무렵 남한에서는 식량난으로 도처에서 시위가 일어났다. 1946년 1월 25일에 미군정청에서 법령으로 미곡수집령을 공포하고 당시 거래되는 가격의 5분의 1 수준인 한 가마에 120원에 쌀을 강제수매해 배급제로 전환했으나 쌀 배급량이 턱없이 모자라서 남한의 서민들은 굶주림에 허덕이고 있었다.

이승만은 1946년 4월 16일부터 남선순행(南鮮巡行)이라 하여 남한 전역을 순회하며 지역민들을 만나는 정치일정을 시작했다. 1946년 2월 8일에 임정의 반탁총동원위원회와 이승만 중심의 독촉중앙협의회의 지방 지부가 합친 대중조직인 대한독립촉성국민회(총재: 이승만, 부총재: 김구, 김규식)를 발족했는데, 이승만은 지역단위의 독촉국민회와 친미 친기독교 반공우익세력 결집을 위해 나선 것이다.

1946년 6월 3일, 남선순행 중 전라북도 정읍을 방문한 이승만은 "무기휴회된 공위가 재개될 기색도 보이지 않으며, 통일정부를 고대하나 여의케 되지 않으니 우리는 남방(南方)만이라도 임시정부 혹은 위원회 같은 것을 조직해 삼팔선 이북에서 소련이 철퇴하도록 세계공론에 호소하여야 될 것이다"라면서 남한 단독정부 수립을 주장하는 발언을 했다. 미군정청 최고자문기관 남조선 대한국민대표민주의원 전 의장 자격으로 4월부터 시작된 이승만의 남조선 지방순회 강연 이후 이승만의 영향력이 커지고 있는 상황에서 정읍 발언은 큰 파장을 불러왔다.

제1차 미소공위가 결렬되면서 모스크바 3상회의에서 결정된 한반도의 다양한 정치세력들이 참여하는 임시정부 수립과 5년 동안의 신탁통치안이 실현될 가능성은 점점 멀어졌다. 북한에서는 친소 공산주의 정권을 향한 사회개혁과 정치일정이 진행되고 있었고, 남한에서는 좌우 정치세력 간의 갈등이 깊어지는 와중에 이승만이 남한 단독정부 수립에 대한 의지를 밝힘으로써 남북분단이 가시화되고 있었다. 해방 직후만 해도 한반도의 분단은 임시적인 상황이었다. 그러나 1945년 12월의 신탁통치를 둘러싼 대립을 거치면서 미소 양국의 군사적 분할이 정치적·이념적 분할로 확대되었다. 이로써 임시적인 상황이었던 한반도의 분단은 장기화되거나 고착화될 조짐을 보였다.

— 11 —
분단을 막으려던 사람들

건준 조사부장 최익한과 정해룡

봉강은 해방 직후에 회천면 건준위원장을 하던 무렵, 건준의 조사부장 이었던 최익한*을 만나 교분을 쌓았다. 최익한은 대지주 집안에서 태어 난 사람으로 독립운동을 했으며 지식이 풍부하고 학문적 깊이가 있는

- 호는 창해. 1887년 경상북도 울진 출생으로 청년시절 상하이 대한민국 임시정부의 군자금을 모금하다가 체포되어 징역 4년을 선고받고 복역했다. 출옥 후에 일본 와세다 대학에서 공부하고 1925년 조선공산당 일본부에 입당했다. 귀국한 후에는 조선공산당 조직부장이 되었다. 1928년 조선공산당 검거사건(일명 ML당 검거사건) 때 체포되어 징역 6년을 선고받고 만기 출감한 이후에는 주로 국학연구에 전념했다. 1945년 8월 이영, 정백 등과 함께 조선공산당 장안파(종로의 장안빌딩에서 결성해 붙여진 이름)를 조직했으며, 그해 9월 조선건국준비위원회 조사부장에 선임 되었다. 남조선신민당, 조선공산당, 조선인민당의 11월 3당 합당 당시, 박헌영 중심의 남조선노동당에 반발해 여운형의 사회노동당에 동참해 감찰위원이 되었다가 1947년 5월 사회노동당의 후신인 근로인민당 중앙위원이 되었다.

167

사람이었다. 이른바 장안파 출신 공산주의자였던 최익한은 여운형의 좌우합작 노선에 공감해 사회노동당과 근로인민당에 동참했다. 정해룡은 1945년 가을에 서울에서 최익한을 만났던 것으로 보인다. 다음해인 1946년 음력 정월에 봉강이 최익한에게 보낸 편지가 남아 있다.

> 昨秋漢陽一夜承誨 此所謂勝十年讀耳
> 先生憂國之誠 見下民族通一上 賢明之方
> 策 使萬人敬恨耳 謹未審伊來政體候神
> 安 而健國偉業倍加萬鈞之重 誠祝之至 生 近日
> 瘇氣辛苦 而餘無足奉達耳 海苔忘略送呈
> 而笑領如何 餘姑閣 不備上
> 丙戌一月二十五日 生 丁海龍 拜上
> 崔益翰 先生

작년 가을 한양에서 하룻밤 가르침을 받았으니 이것이 이른바 10년 독서보다 낫다는 것입니다. 선생의 나라 걱정하는 정성은 현재 민족통일을 위한 현명한 방책이기에 만인들에게 존경과 탄식을 자아내게 했습니다. 삼가 살피지 못했습니다만, 요즘 귀하의 체후가 편안하신지요? 건국의 위업이 크나큰 무게를 갑절이나 더하였으니 진심으로 축하해 마지않습니다. 저는 근일 종기로 고역을 치르고 있는 것 말고는 달리 아뢸 만한 일도 없습니다. 김을 약소함을 잊고 보내드리오니 웃으면서 받아주심이 어떠하십니까. 나머지는 우선 생략합니다. 갖추지 못하고 올립니다.

병술년 1월 25일 소생 정해룡 배상
최익한 선생 봉강이 정치계에서 만나게 된 사람들은 대체로 봉강보다 나이가 열 살 이상 많고 항일투쟁 이력이 대단한 사람들이었다. 앞의 편지에서 보듯이 정해룡은 늘 겸손하고 배우는 자세로 그들을 대했다. 반면에 봉강이 만났던 정치계의 대선배인 장건상, 김성숙, 최익한과 몽양 여운형 등은 봉강을 동지로 대접했다. 이임수의 아들 이란과 김성숙의 아들 김청운에 따르면, 선배 정치인들은 봉강의 능력과 인품을 높이 평가했다. 최익한처럼 공산주의자였으나 여운형의 좌우합작 노선에 찬성했던 사람들은 이념보다는 민족 전체가 통일된 한 국가를 건설해야 한다는 명분을 중시했던 사람들이다. 봉강 역시 이런 좌우합작의 명분에 공감했기 때문에 여운형의 정치노선을 따랐고 끝까지 혁신정치 활동을 계속했던 것이다.

정해룡, 근로인민당 핵심간부가 되다

여운형은 줄곧 남북분단을 막고 통일정부를 수립하기 위해 노력했다. 여운형은 사회주의 노선을 갖고 있어 좌익이라고 불렸으나 현실적인 자세로 남한사회의 우익세력을 인정하고 그들과 협력하려고 했다. 그래서 여운형을 중도좌파라고 하는 것이다. 정해룡이 여운형의 정치노선을 지지한 이유도 거기에 있었다. 여운형은 정당활동을 하면서도 중도좌파의 입장을 유지했는데, 그로 인해 조선인민당의 강경파들이 반발했다. 여운형은 좌익인지 우익인지 정치적 입장을 명확히 하라고 요구하는 사람들에게 이렇게 말했다.

"노동자, 농민, 일반대중을 위하는 것이 공산주의냐? 만일 그렇다면 나는 공산주의자가 되겠다. 노동대중을 위해 여생을 바치겠다. 만일 우익이 반동적 탄압을 한다면 오히려 공산주의 혁명을 촉진시킬 뿐이다. 나는 공산주의자를 겁내지 않는다. 그러나 급진적 좌익이론을 나는 정당하다고 보지 않는다."

1946년 12월 4일, 여운형은 정계은퇴를 선언하고 건국사업에 백의종군하겠다는 뜻을 밝혔다. 그러나 1947년 초에 미소공위가 재개될 조짐을 보이자 여운형은 남부지방을 순회하면서 정치활동을 재개했다. 그는 지방여행을 하면서 자체적으로 조사한 결과 조선인민당원의 절반 정도는 남로당에 들어갔지만, 아직 10만여 명의 지지자가 있다고 보고 이를 기반으로 근로인민당을 결성했다. 여운형이 위원장, 남조선신민당 출신의 백남운이 부위원장을 맡았다.

여운형은 1947년 2월 28일에 '인민당 재건 전국대표자대회'를 개최한다. 이때 정해룡은 창당준비위원회의 중앙위원 38명 중 한 명으로 추천되었다. 여운형의 근로인민당은 1947년 5월 24일에 창당했다. 근로인민당 창당식에서 정해룡은 중앙위원 겸 재정부장에 임명되었다. 봉강은 34세의 젊은 나이에 근로인민당에서 중책을 맡은 것이다. 당 중앙위원은 국내외에서 독립운동 경력이 대단한 노장들이 포진하고 있었다. 여운형은 중앙위원 명단을 발표하면서 이 속에 젊은 열혈청년들이 있고 이들이 미래를 책임질 사람들이라고 말했다. 중앙위원 중에는 정해룡이 가장 젊은 사람이었다. 봉강은 여운형이 소중하게 생각했던 근민당의 '젊은 피' 중의 핵심이었다. 근로인민당 조직국장이었던 이임수의 아들 이란의 증언에 따르면, 정해룡을 당내에서 '호남세력'이라고 불렀다고 한다. 정해룡은 근로인민당 창당준비 단계에서부터 당의 재정문제를 이임수와 함께 책임졌고 호남의 유력인사들을 근로인민당 당원이나 후원자로 영입하는 데 힘썼다. 여운형은 당시 어떡하든 한반도의 분단만은 막아야 한다는 일념으로 정치활동을 했는데, 정해룡은 이런 여운형의 신념을 따르고 도움이 되기 위해 최선을 다했다.

봉강리에 울린 총성

봉강의 고향인 회천면에는 1945년 10월 초에 미군이 들어오면서 건준과 인민위원회가 밀려났다. 미군정은 면민들의 자치기구를 인정하지 않고 면내 행정과 치안을 접수했다. 회천면에는 일제 때의 관리와 경찰들이 다시 돌아왔다. 10월 하순이 되자 건준이나 인민위원회, 청년위원회에서 활동하던 사람들 중 일부는 공산당, 공산주의 청년동맹, 부녀동맹, 농민동맹으로 자리를 옮겼다. 이 단체들은 미군정청이나 경찰들과 마찰을 빚었다. 봉강은 회천면 인민위원장에서 조선인민당 보성군당 총무부장으로 자리를 옮겼다.

　1945년 말에 모스크바 3상회의 소식이 처음 전해졌을 때, 면민들은 미군 진주 후 처음으로 대대적인 반탁시위를 벌였다. 처음에는 이들도 모스크바 결정의 진의를 정확히 파악하지 못해 조선의 즉시 독립을 위해 신탁통치를 반대해야 한다고 믿었던 것이다. 그들은 시위를 마치고 경찰서로 쳐들어가 "미군정과 경찰은 물러가라"라는 구호를 외치며 집기를 부쉈다. 우익이 주도했던 서울과 대도시의 반탁시위와는 사뭇 분위기가 달랐다. 회천면 면민들은 즉시 독립을 위해서는 미군정이 물러나야 한다고 생각했다. 이 사건으로 인해 회천면은 미군정의 주목을 받게 되었다. 이번에도 사건을 주도한 사람들은 거의 정해룡의 집안사람들이었다. 보성경찰서에서는 즉시 봉강리를 지목했다. 1946년 1월 초순에 수십 명의 경찰과 무장한 미군이 봉강리에 들이닥쳤다. 정종희의 수기에는 당시의 상황이 다음과 같이 기록되어 있다.

　　당시 나는 우리 집 사립문에서 고개를 내밀고 진주한 군·경을 쳐다보고 있는데 그 골목을 향해 미군이 공포를 쏘았다. 그것은 해방 후 우리 부락에서 울린 최초의 총성이었다. 군경은 곧바로 집집마다 수색을 했고 젊은 사람들은 모조리 결박당한 채 끌려갔다. 미처 피신하지 못했던 작은집 둘째 조카(정해종)가 이때 체포돼 '미군정포고령 2호 위반'으로 목포형무소에 수감됐다.

정종희는 당시 미군정이 일제강점기를 되돌려 놓은 상황에서 면민들의 반항심을 일으켜 좌익화로 나타났다고 보았다. 회천면 어디서나 자연부락 단위로 농민단체, 청년단체, 여성단체에 대한 주민들의 참여율이 점점 더 높아졌다고 했다. 정종희는 집안의 친지들이 대체로 좌익활동을 했기 때문에 영향을 크게 받을 수밖에 없었다. 집안의 좌익계 인사들은 면민들의 궁핍을 타개할 것을 목표로 삼는 '토지의 무상몰수, 무상분배', '소작료 3·7제', '토지는 밭 가는 농민에게' 등 면민들의 피부에 와닿는 구호들을 내걸어 면민들을 지도하고 단결력을 이끌어냈다. 미군정 아래의 행정기관과 경찰에 일제강점기에 악질적으로 친일파 노릇을 하며 면민들로부터 지탄받던 인사들을 재기용해 다시금 면민들을 휘어잡으려 한다고 느끼자 미군정에 대한 반발심이 커졌다. 이런 분위기에서 좌익활동을 하는 사람들은 면민들의 지지를 받았다.

경찰지서 습격사건의 주모자였던 정종희의 형 정종팔은 몸을 피했으나 지명수배자가 되었다. 이로 인해 정종희와 그의 어머니는 경찰들의 감시와 시달림을 받았다. 정종희가 학교에서 돌아오면 잠복 중이던 경찰관은 형이 어디 있는지 대라고 다그쳤다. 모른다고 하면 뺨을 때리는 등 구타가 이어졌다. 경찰은 정종희와 어머니를 경찰서로 끌고 가서 정종팔의 행방을 대지 않으면 죽여버리겠다고 협박하기도 했다. 정종팔은 경찰지서 습격사건 말고도 보성군 남로당 결성혐의가 추가되어 거물급 수배자가 되었다.

1946년 10월에 대구항쟁을 시작으로 전국에 민중항쟁이 벌어졌을 때, 보성 군내에서도 항쟁이 일어났다. 보성 사람들은 그 항쟁을 '인민항쟁'

이라고 불렀다. 인민항쟁에는 좌익단체나 정당에 가입한 사람들만 참가한 것이 아니었다. 추수 때라 미군정의 추곡수매에 반발한 농민들이 전부 시위에 가담했다. 미군정의 식량정책은 총체적 실패로 불러 마땅했다.

   정해룡은 건준 결성 때부터 인민위원회가 존속하던 시기까지 보성군의 위원과 회천면 위원장으로 활동했다. 정해룡 가문의 친족들도 건준과 인민위원회에 적극적으로 참여했다. 삼촌인 정종팔과 6촌 형제들인 정해두와 정해종 등이 그의 일을 도왔다. 정해종은 한국전쟁 시기에는 남로당 보성군당 당원으로 활동했다. 건준과 인민위원회에 참여했던 봉강의 친족들은 미군정이 시작된 후 대부분 남로당에 가입했으나, 봉강은 그들과 달리 여운형의 조선인민당과 근로인민당을 선택했다. 정해룡은 1945년 가을 무렵에 활동무대를 서울로 옮겨 상경했다.• 정해룡은 중앙의 정치무대에서 활동하기 위해 여운형계의 정치인들과 만나고 있었다. 1945년 말과 1946년 초에 건강이 나빠져 잠시 봉강리에 내려와 생활하기도 했으나 다시 상경해 주로 서울에서 지냈다. 미군정의 압력으로 인민위원회가 해체되던 무렵에 봉강은 보성을 떠나게 되었다. 그래서 정해룡은 좌익이 세력을 잃고 미군정에 의해 우익과 친일파들이 권력을 장악하는 과정에서 벌어졌던 폭력을 피해갈 수 있었던 것으로 보인다.

정해진의 귀향

정해진은 부평의 노동자들 속에서 8개월 동안 공산당 조직을 확대하고

- 정용일, 「봉강 정해룡 집안의 5대 100년에 걸친 항쟁과 수난사: "역사의 죄인이 되지 말라!"」, 『민족21』(통권 제102호), 2009년 9월호, 167쪽.

강화하기 위해 투쟁하는 날을 보냈다. 그러다가 1946년 6월에 인천시당위원회 서기국원과 문교부장으로 부임했다. 서기국은 시당의 전체 사업의 일정을 토의하고 결정하는 핵심적인 기구였다. 문교부는 당원의 교양을 주관하는 부서였다. 인천은 서울의 관문인 항구도시로 남한의 4대 도시 중 하나였다. 조선기계를 비롯한 남한의 중요한 공장들이 집중되어 있는 공업의 중심지였다. 노동자 출신 공산당원이 많고 좌익세력이 우세한 편이었으나 독촉과 한민당 측에서도 세력을 넓히기 위해 활동하고 있었다. 정해진은 수기에서 당시의 활동에 대해 다음과 같이 서술하고 있다.

> 나의 기본 임무는 노동계급 출신 당원들의 계급적 자각을 높여주는 것이었다. 당시 노동자 당원들에 대한 교양의 주요 내용은 소미공동위원회에서 민주주의적 조선임시정부 수립을 한사코 반대하는 미제의 책동과 '정판사 위조지폐 사건' 날조 및 당 기관지 『해방일보』의 폐간에서 나타난 미제의 남조선 민주주의 정당활동에 대한 탄압 등을 예로 들어 조선에 대한 미제의 침략정책을 폭로하는 동시에 이승만 도배의 매국매족적 책동을 반대하는 것이었다.

정해진은 인천시당위원회에서 일하던 당시에 공장 2층에서 혼자 자취를 하고 있었다. 7월 들어 장마철이 되자 천장에서는 비가 새고, 늦게까지 일하다가 들어오면 끼니도 제대로 챙기지 못했다. 이런 날들이 계속되면서 8월 초에 정해진은 병이 들어 눕게 된다. 동창들의 도움으로 경성제대 의학부 부속병원에서 진료를 받은 결과 폐결핵이라는 진단이 나왔다. 정해진은 병원에서 2주일 동안 치료를 받았으나 차도가 없어 당의 승인을 받고 요양을 위해 고향으로 내려갔다. 1946년 8월 중순부터 1947년 7월 중순까지 정해진은 봉강리에 머물면서 건강을 회복하기 위해 노력했다.

정해진이 고향에 내려간 지 한 달 반이 지나서 10월항쟁이 일어나게 된다. 정해진은 인민항쟁을 지원하고 지방의 공산당 조직사업에 협조하는 한편 몸을 돌보았다. 봉강리에는 남로당 군당위원회와 면당위원회가 결성되었다. 해진의 6촌 이내 친척들 중 당원이 많았다. 해진은 마을의 당원들을 사상적으로 무장시키고 교양하는 일에 착수했다. 해룡은 근로인민당 창당 준비를 위해 서울에 머물면서 고향을 오가고 있었다.

해진은 1947년 5월 1일에는 노동절 경축시위를 조직했다. 미리 당원들을 시켜 준비한 대로 마을마다 '미제의 식민정책 반대' '민주주의적 임시정부를 수립하자!' '땅은 밭갈이하는 농민에게로!'라는 구호를 적은 현수막을 들고 농악을 치며 회천 장마당으로 모여들었다. 무장경관 두 명이 시위를 저지하려고 했으나 군중들의 기세에 눌려 옆으로 비켜서고 말았다. 수천 명의 농민은 장마당을 돌며 시위를 벌였다. 마을사람들은 무장경관이 지켜보는 가운데 미군정과 이승만 등을 비판하는 발언을 하며 기세를 올렸다.

서로 믿고 존중하는 형제

1947년 5월, 근로인민당 중앙위원 겸 재정부장이 된 정해룡은 당의 정치자금을 마련하기 위해 고향에 자주 내려왔다. 해진이 봉강리에 머물고 있어 형제는 모처럼 만나 회포를 풀었다. 봉강은 돈을 마련하기 위해 자기 소유의 산에 있는 수백 년된 노송을 팔기로 했다. 해진은 낯선 목재상을 마을에 들어오게 하지 말고 건축자재 판매사업을 하는 친척에게 맡기자고 제안했다. 해진이 염두에 둔 사람은 당원이었다. 동생의 말이라면 웬만해서 거절하는 법이 없는 봉강은 이 제안을 받아들였다. 해진은 당원인 친척과 함께 뒷산에 천막을 치고 목재를 베고 실어내는 일을 지휘하면서 그곳을 당원들의 연락장소이자 일꾼들과 인근 농민들을 교육하는 장소로 활용했다.

정해진은 수기에서 조선공산당, 조선인민당, 남조선신민당이 남조선노동당(남로당)으로 합치는 3당 합당과정에서 남조선노동당 노선에 반대하고 따로 당대회를 소집해 사회노동당을 결성한 사람들을 비판했다. 사회노동당은 여운형이 창당한 당이다. 정해룡이 사회노동당에 가입했다는 기록은 없으나 근로인민당에 합류한 것으로 보아 조선인민당에서 장건상, 여운형과 노선을 같이한 것은 분명해 보인다. 해진은 형이 여운형과 줄곧 같은 길을 가는 것에 대해 비판하지 않았다. 여운형에 대해서도 비판적인 말을 하지 않았다. 여운형이 좌우합작을 위해 북에 가서 김일성을 만나고 온 것을 지지했다.

가족이나 지인들은 여운형이 연설한 대중강연에 정해진도 연사로 참가한 적이 있다고 말한다. 청중들이 여운형 빼고는 정해진이 제일 말을 잘하더라고 칭찬했다는 말도 전한다. 여운형도 봉강에게 정해진이 유망해 보인다면서 근민당에 입당시키면 어떻겠느냐고 물었다. 봉강은 빙그레 웃으면서 "동생은 동생대로 생각이 있겠지요"라고 했다. 과격한 공산주의자였던 해진과 온건한 중도좌파였던 해룡, 이 두 형제는 정치적 노선이 달랐지만 서로를 신뢰하고 존중했음을 알 수 있다.

해진은 7월 중순에 고향을 떠나 다시 인천으로 갔다. 해진의 6촌 형인 정해두는 당시 남로당 보성군당위원장이었다. 정해두는 해진에게 광주에 들러 윤가현을 만나라고 했다. 전라남도 도당의 간부였던 윤가현은 해진의 6촌 매부였다. 윤가현은 해진에게 인천으로 가지 말고 전남도당에서 함께 일하자고 권했다. 그때 만약 해진이 윤가현의 권고를 받아들였다면 그의 운명은 달라졌을 것이다. 어쩌면 형 해룡의 운명도 바뀌었을지 모른다. 하지만 해진은 그 제안을 거절하고 인천으로 갔다.

해진은 남로당 인천시당에서 교양과장과 선전부장으로 일하게 되었다. 이 시기에 근로인민당 재정부장이 되어 서울 살림을 하던 해룡이 해진의 처와 함께 인천에 와서 인천 서구 율목동에 집을 사주었다. 해진이 객지에서 혼자 지내다가 병까지 얻게 되니 가족들과 함께 살게 해주려고 한 것이다. 해진은 이때부터 아내와 세 자녀를 데리고 인천에서 살았다.

좌우합작운동

정해진은 남로당 활동을 적극적으로 전개하는 것으로 한반도가 분단되는 것을 막을 수 있다고 생각했으며, 정해룡은 여운형의 정치노선을 따르는 것이 분단을 막는 최선의 길이라고 생각했다. 여운형은 한반도가 분단되는 것을 막기 위해서는 좌익진영과 우익진영이 협력해 돌파구를 찾아야 한다고 생각했다. 여운형은 제1차 미소공동위원회가 결렬되고 한반도의 분단이 고착화될 조짐이 보이자 김규식에게 좌우합작운동을 펼칠 것을 제안한다. 1946년 5월 25일에 시작된 좌우합작운동은 세 차례의 예비회담을 거친 후인 6월 30일에 합작위원회를 결성하고 대표단과 비서국을 선출했다. 이때 하지 미군정장관이 좌우합작을 지지하는 성명을 발표하자 힘이 실린다. 미군정이 공식적으로 좌우합작을 후원하기로 하자 한민당, 이승만, 김구의 한독당이 지지성명을 발표한다. 다른 정당과 단체들도 미소공위의 재개와 남북통일을 위해 좌우합작이 필요하다는 데 공감하고 참여를 희망하게 된다.

7월 29일 제2차 정례회담에서 좌익대표인 이강국이 좌우합작 5원칙을 제출했다. 3상회의 결정의 전면적 지지, 북조선민주주의민족전선과의 연대, 무상몰수와 무상분배를 원칙으로 한 토지분배, 친일파의 즉각

처리와 인민위원회로의 정권이양, 입법기구 창설 반대 등의 입장을 표명했다. 이에 대해 우익 측에서는 '전연 합작하지 않겠다는 뜻이다' '북조선과 마찬가지로 남조선에도 공산주의 제도를 실시하자는 것이다'라면서 반대의사를 밝혔다. 특히 우익세력은 인민위원회로의 정권이양은 북한과 같은 방식으로 정권을 장악하겠다는 것으로 받아들였다.

우익은 자신들의 합작 8원칙을 발표했다. 미소공위 재개의 필요성은 인정하나 신탁통치 문제는 임시정부 수립 이후에 논의하자는 유보의 입장을 취했다. 친일파 처리문제도 임시정부 수립 뒤로 미루고 있다. 토지문제에 대해서는 언급조차 하지 않았다. 친일행적을 배경으로 지주와 자산가 등이 주류를 이루고 있는 한민당 등 우익인사들의 계급적 특성 때문이다.

좌익 측은 민주주의민족전선(민전)의 성명을 통해 우익 측의 8원칙에 대해 '일체를 정부수립 뒤로 미뤄 임시정부 수립에만 급급하고 이 박사의 정치노선을 그대로 답습한 것'이라고 비판했다. 이 시기 이후에 좌우합작운동은 좌익계열의 3당 합당문제 등이 대두되면서 더 이상 진전되지 않고 소강상태에 빠졌다.

1946년 8월 28일, 북조선노동당이 창립대회를 열었다. 조선노동당 제1차 당대회로 명명된 이 대회에서 북조선공산당(1946년 4월 이후 '조선공산당 북조선분국' 대신에 사용하던 명칭)이 조선신민당과 합당해 남한의 조선공산당과는 독립적인 정당을 표명해 공산당의 1국 1당의 원칙을 깨트렸다. 이에 자극받은 남한의 조선공산당은 9월 4일 남조선노동당 준비위원회를 발족하고 남한 내 좌익세력을 결집하기 위해 여운형의 조선인민당과 백남운의 남조선신민당과의 3당 합당에 착수하지만 합당과정에서 대립과 갈등이 표출된다. 민전 의장단에서도 합작추진파(여운형, 장건상, 백남운)와 합작반대파(홍남표, 허헌)로 양분되었다. 조선인민당 내의 다수가 남로당을 선택해 좌익 내에서 여운형의 영향력이 약해졌다.

남조선노동당 준비위원회가 3당 합당을 추진하던 중인 9월 7일에 미군정청 경무부는 박헌영과 이강국 등 조선공산당 간부에 대해 체포령을 내리고 9월 8일에는 이주하와 김상룡을 체포한다. 조선공산당 간부들은 체포를 피해 달아나고 조선공산당의 활동은 지하로 잠복하게 된다.

여운형은 좌우합작을 지지하는 세력을 모아 좌익 측의 대표를 정하고 좌우합작을 다시 추진했다. 여운형은 10월 1일 북한을 방문하고 돌아와 합작위원회를 열고 10월 4일에 좌우의 입장을 절충해 합작 7원칙을 결정했다.

1. 조선의 민주독립을 보장한 3상회의 결정에 의하여 남북을 통한 좌우합작으로 민주주의 임시정부를 수립할 것.
2. 미소공위 속개를 요청하는 공동성명을 발할 것.
3. 토지개혁에 있어 몰수, 유조건 몰수 및 체감 매상 등으로 토지를 농민에게 무상으로 분여하고, 시가지의 기지 및 대건물을 적정처리하며, 중요산업을 국유화하고, 사회노동법 및 정치적 자유를 기본으로 지방자치제의 확립을 속히 실시하며, 통화 및 민생문제 등을 급속히 처리하여 민주주의 건국과업 완수에 매진할 것.
4. 친일파 민족반역자를 처리할 조례를 본 합작위원회에서 입법기구에 제안하여 입법기구로 하여금 심리 결정하여 실시케 할 것.
5. 남북을 통하여 현 정권하에 검거된 정치운동자의 석방에 노력하고 아울러 남북 좌우의 테러적 행동을 일절 즉시로 제지토록 노력할 것.
6. 입법기구에 있어서는 일체 그 권능과 구성방법, 운영 등에 관한 대안을 본 합작위원회에서 작성하여 적극적으로 실행을 기도할 것.
7. 전국적으로 언론·집회·결사·출판·교통·투표 등 자유가 절대 보장되도록 노력할 것.

입법기구 설치안에 대해 하지는 지지성명을 발표했으며, 미국 대통령 특사인 폴리도 좌우합작의 성공으로 통일정부가 수립된다면 극동의 복리를 의미하는 것이라고 긍정적인 평가를 내렸다. 이승만은 "합작 효력이 의문"이라면서 회의적인 반응을 보인 반면, 김구는 좌우합작의 성공을 위해 지지하고 협동할 것이라는 지지의사를 표명했다. 우익세력의 대표격인 한민당은 반대의사를 표명했다. 이들은 합작위원회를 "비좌(非左), 비우(非右), 비반탁, 비찬탁이라는 극히 애매하고 모호한 중간파, 회색적이며 기회주의적인 중간파"라고 비난했다. 한민당은 이승만의 남한단정론에 동조하고 편승해갔다. 우익은 처음부터 미소공위 재개와 좌우합작에 의미를 두고 있지 않았다. 공산당 역시 자신들이 주장한 합작 5원칙만이 정당하다면서 합작 7원칙을 반대했다.

좌우익을 대표하는 공산당과 한민당의 합작 7원칙에 대한 반대는 좌우합작이라는 본래 목표를 달성할 수 없다는 것을 의미한다. 그러나 좌우합작운동의 성과로 공산당의 강경노선에서 이탈한 중도좌파와 한민당을 탈당한 세력을 중심으로 형성된 중간우파가 결집해 극좌·극우세력 사이에 '제3의 정치세력'을 형성했다. 미군정은 이 세력을 중심으로 과도입법의원 구성을 준비한다.

1946년 12월 12일 남조선 과도입법의원이 개원한다. 의장은 김규식, 부의장은 최동오와 윤기섭이었다. 김규식, 안재홍, 장면 등 우익인사 위주로 구성된 관선 45명, 민선 45명의 의원으로 의회가 구성되었다. 좌익인사를 대부분 배제함으로써 좌우합작위원회는 유명무실해졌다. 미군정청으로부터 행정권 이양의 한 단계로서 남조선 과도입법의원에서 제정한 법령은 군정장관의 동의를 얻어 효력이 발생한다. 1948년 5월 20일까지 33건의 법률안을 심사해 18건을 통과시켰다.

1946년 11월 23일 남조선노동당은 서울에서 창립대회를 열고 위원장에 허헌, 부위원장에 박헌영을 선출한다. 조선인민당과 남조선신민당과 합당해 대중정당을 표방하게 되는 것이다. 이보다 앞선 11월 12일에 여운형을 중심으로 한 조선인민당 잔류파와 백남운을 중심으로 한 남조선신민당 잔류파는 사회노동당을 결성했으나 여전히 내분에 시달려 별다른 활동을 하지 못한다.

  1946년 12월 2일에서 1947년 4월 20일까지 이승만은 미국을 순회하면서 남한만의 단독정부 수립을 주장하는 강연을 하고 미국 내 인사들을 설득하러 다닌다.

— 12 —
여운형의 죽음과 정해룡

여운형, 테러에 희생되다

1947년 여름, 여운형은 바쁘게 움직이고 있었다. 5월 24일에 창당한 근로인민당을 좌우합작을 이끌고 갈 정치세력으로 키우는 일이 중요했다. 제2차 미소공위의 협의에 참가하기 위한 준비도 해야 했다. 이승만과 김구 등은 여전히 반탁운동을 했고 이승만은 단독정부 수립을 위한 공작을 계속하고 있었다. 여운형은 그사이 북한을 다섯 차례나 오가며 남북한의 통일정부를 수립할 방법을 모색하고 있었다. 미군정청은 여운형의 이런 행보를 곱지 않은 시선으로 보았다. 북한 방문에 대해 직접적으로 경고와 우려를 표시하는 메시지를 전달하기도 했다. 그러자 여운형은 "내 집 안에서 내가 윗방으로 가든 아랫방으로 가든 객이 웬 상관이냐?"라고 태연하게 물리쳤다.

　미소공위가 사실상 결렬되고 나서 여운형은 이제 어떤 길을 모색해야 할지 고민했다. 좌우합작을 주장하는 중간파에 대한 우익세력의 반감은 갈수록 거세지고 있었다. 여운형은 중간파 노선을 걸으면서 좌우 양 세력의 근본주의자들에게 모두 미움을 샀다. 기회주의자이고 회색분자라는 비난도 무수히 들어야 했다. 그런 비난을 무릅쓰고 좌우합작을 위해 동분서주하던 그를 멈춰 세운 것은 두 발의 총성이었다. 1947년 7월 19일 오후 1시, 서울 혜화동 로터리에서 한 대의 트럭이 여운형이 탄 자동차를 가로막는다. 한 남자가 나타나 차 안에 앉아 있는 여운형을 향해 총을 쏘았다. 두 발의 총탄은 여운형의 복부와 심장을 관통했고 병원으로 호송되던 도중에 세상을 떠났다.

여운형을 살해한 것은 한지근이다. 백의사* 단원이라고 알려졌는데, 당시에는 혼자서 범행한 것으로 처벌되었다. 나중에 4명의 공범이 더 있었던 것으로 밝혀졌다. 여운형 암살의 배후로는 경무부장 조병옥, 수도경찰청장 장택상이 지목되기도 했고 이승만과 김구를 의심하는 사람들도 많으나 아직 정확하게 진상이 밝혀진 것은 아니다. 분명한 것은 좌우합작운동을 하고 통일정부를 세우려던 여운형을 제거함으로써 중간파 세력의 힘을 약화시키는 것이 목적이었다는 점이다.

여운형의 장례는 8월 3일 서울 동대문운동장에서 수만 명의 인파가 지켜보는 가운데 인민장으로 치러졌다. 군중들은 억수같이 퍼붓는 비에도 아랑곳하지 않고 여운형의 마지막 가는 길을 지켜보았다.

- 1945년 11월경 염동진이 월남한 반공청년과 학생들을 중심으로 조직했다. 반공 테러단체로서 요인암살과 극우 테러활동을 했는데, 이른바 '실리 보고서'를 통해 광복 이후 한반도에서 일어난 대부분의 요인암살 사건에 개입한 것으로 드러났다. '실리 보고서'는 광복 후에 남한 주둔 미군 방첩대(CIC)에서 근무했던 조지 실리(George E. Cilley) 소령이 1949년 김구(金九) 암살 직후 작성해 미국 육군정보국에 제출한 것으로 52년 만인 2002년 국사편찬위원회에 의해 공개되었다 — 두산백과 참조.

여운형을 잃은 근로인민당에 대한 정해룡의 헌신

정해룡은 여운형의 장례위원회 위원으로서 인민장을 치르는 데 성심을 다했다. 여운형은 정해룡이 정치를 하도록 이끌어준 선배이자 동지였다. 남북과 좌우가 협력해 통일정부를 세우려고 했던 여운형의 뜻을 이어받는 것이 정해룡이 정치를 하는 이유였다. 여운형의 마지막 가는 길을 배웅하고 나서 상심을 달래고 마음을 추스르기 위해 정해룡은 고향으로 돌아갔다. 당의 간판이자 구심점이었던 여운형을 잃은 근로인민당은 어려움에 빠졌다.

근로인민당은 당을 재정비하기 위해 1947년 9월 27일부터 10월 5일까지 제3회 중앙위원회를 개최했다. 중앙위원회는 인적 쇄신을 꾀하기 위해 중앙부서를 개편했다. 당수는 12월 초순에 전당대회를 열어 선출하기로 하고 수석부위원장에 장건상, 사무국장에 이임수, 조직국장에 김성숙,• 선전국장에 조한용을 임명했다.

지금까지의 당의 정치활동에 대해 "근로인민당은 창립 이래 우경적 혹은 좌경적 경향이 없지 않았으며 이로 인해 당 사업은 소기의 성과를 얻지 못했다"라고 비판했다. 당의 정치노선을 재확립하기 위한 두 가지 선언을 채택했다. 첫째, 민족 내부의 모든 반민주주의적·극좌적 기회주의를 청소하고 민주주의적 민족통일전선을 재편성할 것을 강조한다. 둘째, 미소 양군이 조속히 동시 철퇴하고 조선민족의 자주·자결적 권리를

• 김성숙(1898~1969): 평안북도 철산에서 출생했으며, 호는 운암이다. 19세 때 용문사에서 출가해 3·1운동에 참여했으며, 25세 때 승려신분으로 중국 베이징에 유학한 뒤 중국 각지에서 항일투쟁을 전개했다. 일제강점기에 조선의용대 정치부장과 임시정부 국무위원 등을 역임했다. 승려 출신의 독립운동가이자 정치인이라는 독특한 이력을 가졌다. 해방 이후에 여운형의 좌우합작 노선에 공감하고 근민당에 합류했다.

승인하는 동시에 정권을 조선인민에게 이양해 주기를 주장한다. 극좌적 기회주의를 청소한다는 것은 근민당 내에서 남로당과 같은 정치적 입장을 가진 사람들을 겨냥한 것이었다. 근민당은 중도좌파로 분류되는 정당이었으나 당 내부에서 다시 좌파와 우파로 갈려 힘겨루기를 하는 상황이었다. 장건상과 김성숙은 당내에서 우파를 대표하는 사람들이었다.

정해룡은 충칭 임시정부 요인이었던 장건상, 김성숙과 정치적 입장을 같이했다. 이임수의 아들 이란의 중언에 의하면, 정해룡은 근로인민당을 재건하기 위해 힘을 합쳐달라는 두 사람의 요청에 의해 서울에 머물면서 당을 재건하려 애썼다. 김성숙은 정해룡보다 열다섯 살 연상이었으나 두 사람은 이때부터 죽을 때까지 동지로서 정치역정을 함께하면서 개인적으로도 둘도 없는 친구가 되었다. 정해룡, 장건상, 김성숙 등의 노력에도 불구하고 당내 각 파벌 간의 분열이 계속되었고 당은 힘을 잃고 표류하기만 했다. 당시 근로인민당 사무국장이었던 이임수의 아들이자 근로인민당 당원이었던 이란은 근민당의 내부 사정에 대해 다음과 같이 말했다.

"근로인민당이 좌파, 우파로 갈리고 나서 우리 아버지는 우파의 대장이었어요. 사무국장과 재정부장 사이라 우리 아버지랑 친하게 지냈던 정해룡 씨는 좌파와 우파를 다 포용했어요. 그분은 전혀 권위의식이 없었어요. 근민당이 완전히 좌우파로 갈리고 나서 중앙위원이 60명 정도인데 좌파 쪽이 30명이 조금 넘어서 숫자가 많았어요. 여운형 씨가 47년 7월 19일에 암살되고 나서 당권이 장건상 씨한테 부당수 형태로 넘어갔어요. 장건상 씨는 임정 국무위원 출신이고 같은 임정 국무위원 출신인 김성숙 씨가 조직국장을 맡았어요. 임시정부 출신인 손두환 씨가 감찰위원장을 맡았고, 정해룡 씨는 장건상, 김성숙 씨와 같은 그룹에 속했죠. 정해룡 씨가 근로인민당에 들어온 동기는 잘 모르지만 당에서는 호남세력이라고 말했어요. 아버지는 생전에 정해룡 씨가 철저한 민족주의자라고 했어요. 우리 아버지와 민족주의자라는 점에서 의기투합한 거죠. 정해룡, 장건상, 김성숙 이 세 사람도 민족주의자들이라 의기투합했죠. 심지어 좌파들이 근로인민당을 영어로 '레이버워킹파티'(labor-working-party)라고 하니까 장건상 씨가 화가 나서 '야, 이 새끼들아! 영어도 할 줄 모르냐? 레이버는 노동자 아니냐? 우리는 근로인민당이니까 워킹피플파티(working-people-party)다.' 그러면서 싸우기도 했어요."

여기서 이란이 말하는 '민족주의자'란 무엇일까? 민족주의는 여러 가지 의미로 해석될 수 있다. 제1차 세계대전 이후에 제국주의에 대항하는 식민지의 피지배 민족들에게 민족주의는 일종의 복음이요 절대가치였다. 윌슨의 민족자결주의에 자극받아 일어난 3·1운동 이후로 조선인들에게 민족주의는 민족이 해방될 때까지 추구해야 하는 가치가 되었다. 그러나 민족자결주의가 실제로는 강대국 간의 영향력을 조정하기 위한 구실에 불과했듯이 민족주의는 그 자체가 절대선일 수는 없었다. 아돌프 히틀러(Adolf Hitler)의 나치즘도 게르만 민족의 민족주의를 근간으로 하고 있고 일본 제국주의의 파시즘 역시 일본 민족이 가장 우수하다는 민족주의를 근거로 하고 있기 때문이다. 민족주의는 선일 때도 있지만 악일 때도 있는 것이다.

해방공간에서 정해룡과 그의 동지들이 믿었던 민족주의는 결국 '통일'이라는 가치를 지키는 것이었다. 일본 제국주의의 지배 아래 있었을 때는 독립이 최고의 가치였다면 해방되고 나서는 해방된 민족이 분열되어서는 안 되고 하나의 나라에서 살아가야 한다는 것이 그들이 믿었던 민족주의였다. 그러나 그들이 처한 현실은 '통일'이라는 가치를 지키기 어려운 쪽으로 가고 있었다.

여운형이 세상을 떠난 이후에 근로인민당은 재정적으로 큰 어려움에 처했다. 당장 당비를 내는 사람이 급격하게 줄어들면서 당을 운영할 경비를 마련할 길이 없었다. 근로인민당은 광화문에 있는 당사의 전기료도 내지 못할 정도로 가난해졌다. 정해룡은 재정부장으로서 책임을 다하려고 안간힘을 썼다. 정해룡은 자기 돈으로 당의 운영비를 댔다. 창당 초기에 자기 집 뒷산의 노송을 팔아 운영자금을 댔으며, 당이 어려워지면서는 보성에서 양조장이나 인쇄소를 하면서 벌어들인 돈을 운영자금으로 썼다. 모자라면 다시 얼마 남지 않은 땅을 팔 수밖에 없었다. 이란은 정해룡을 따라 보성으로 내려가 돈을 가져온 적도 있었다고 했다.

"당이 어려워서 전기가 끊겼어요. 정해룡 선생이 보성에 내려가서 돈을 좀 해줄 테니까 그걸 가지고 올라와 전기세도 내고 운영비로 쓰라고 해서 내려갔어요. 그 양반이 땅을 파시는 것 같았어요. 동네 농민들한테 돈 있는 대로 가져오면 문서를 내주겠다고 그러더라고요. 시세대로 받았는지 안 받았는지 몰라도 그렇게 해서 나온 돈이었어요. 그 돈을 가지고 올라와 급한 일을 막으니 다행이다 그랬어요. 여운형 선생이 돌아가시고 나서 다들 당이 망했다고 그러면서 당비도 안 내고 얼굴도 비치지 않는 사람들이 많았어요. 그래서 정해룡 선생이 많이 고마웠죠."

이란은 정해룡이 아버지 이임수와 의논할 게 많아 자신의 집에 자주 왔었다고 했다. 자기는 나이가 어려 정해룡과 직접 대화를 나눌 상대는 안 되었지만 아버지한테 들은 이야기를 기억하고 있었다. 아버지가 늘 정해룡 씨는 인격자라고 칭찬하기에 어느 정도냐고 물어봤더니 "돈이 있고 없고를 떠나 아주 철저한 양반형 인격자다. 러시아의 톨스토이를 연상하면 된다. 참 대단한 양반이다"라고 했다는 것이다. 1947년 당시 정해룡은 불과 35세로 30대 중반의 나이였는데, 훨씬 연장자였던 이임수가 그렇게 말했다는 것이다.

정해룡은 사재를 털어가면서 근로인민당을 지키고 남북한이 함께 참여하는 통일정부를 세우는 데 기여하려 했으나, 당의 사정은 점점 나빠지고 정국은 단독정부 수립의 방향으로 흘러갔다. 근로인민당은 여운형 암살 이후에 벽초 홍명희가 당수가 되었으며, 1948년 남북협상에 참여해 근로인민당 대표 자격으로 남북연석회의에서 활동했다. 홍명희가 북한에 남아 돌아오지 않자 장건상이 당수직을 맡았다. 근로인민당은 백남운과 정백 등이 월북하고, 정부수립 이후에는 이승만 정부의 탄압이 가중되면서 1949년 12월 김성숙과 장건상 등의 연서로서 당의 해체를 선언했다.

남한의 실태를 조사하러 방한한 웨드마이어 사절단

여운형이 암살당하고 정해룡의 헌신에도 불구하고 근로인민당이 몰락의 길을 걸어가고 있을 때, 한국은 분단에 반대하던 합리적인 정치권 인사들이 좌우익을 막론하고 테러의 희생양이 되거나 정치적 영향력에 타격을 입는 일이 벌어졌다. 미국과 소련이 협력해 한반도에 남북이 모두 참여하는 임시정부를 수립한다는 계획은 점차 실현 가능성이 희박해졌다.

1947년 7월 9일 트루먼 미국 대통령은 앨버트 웨드마이어(Albert Wedemeyer, 1897~1989)*에게 중국과 남한 방문을 지시했다. 미국은 1947년 초까지만 해도 소련과의 협의를 통해 한국문제를 해결하려고 했다. 미소공위의 미국대표단은 7월 중순 이후에 사실상 공위가 결렬되었다고 판단하고 본국에 대비책을 마련할 것을 건의했다. 미군정의 책임자들도 미국의 정책결정자들이 남한에 대한 여러 가지 대안들을 검토할 때가 되었다고 보고했다. 웨드마이어 사절단의 임무는 남한의 정치와 경제 실태를 조사하고 점령 당국의 의견을 본국의 정책결정자들에게 전달

• 미합중국의 군인(최종계급 육군 중장)으로 중일전쟁과 태평양전쟁에 참전했다. 웨드마이어는 중국 국민당의 장제스와 친밀한 관계로 중국 공산당과 싸우고 있는 국민당에 미국의 원조를 늘려야 한다고 주장했다.

하는 것이었다.

    웨드마이어는 중국 일정을 마치고 8월 26일 한국에 도착했다. 그는 먼저 미국인 관리들의 의견을 청취하고 한국인 주요 인사들을 만나 의견을 들었다. 웨드마이어와 한국인의 면담은 9월 1일까지 계속되었다. 당시 체포령이 내려진 허헌이나 김원봉 등은 직접 만날 수 없었다. 웨드마이어는 참고가 될 만한 사항을 서면으로 사절단에 보내줄 것을 요청했다. 각계각층의 사람들이 웨드마이어에게 편지를 보냈다.

    웨드마이어를 면담한 이승만, 한민당의 김성수와 장덕수, 김구는 공통적으로 신탁통치를 반대한다는 입장을 밝혔다. 이승만과 한민당이 총선거 즉시 실시를 제시했고 김구는 행정권 이양을 주장했다. 그러나 그들은 반공성향이라는 공통점을 갖고 있었다. 중간파는 여전히 신탁통치를 전제로 한 통일임시정부 수립을 주장했다. 근로인민당을 대표해 장건상, 황진남, 조한용이 웨드마이어와 면담했다. 이들은 남한 경찰체계를 비판하고 테러가 횡행하고 있다고 지적했다. 그들은 또 총선거가 실시되었을 때 극우세력이 정부를 통제하는 상황을 원치 않는다고 밝혔다.

    허헌과 김원봉 등 좌익은 편지로 의사를 전달했다. 그들은 정권형태를 인민위원회로 하고, 국호를 조선민주인민공화국으로 할 것, 토지를 무상분배하고 노동자에게 노동법령안을 실시할 것, 민주 애국자들을 즉시 무조건 석방하고 테러와 폭압을 멈출 것, 끝으로 친일파와 민족반역자를 제거하고 미소공위 사업을 완수할 것 등을 주장했다. 이것은 미소공위가 열리는 동안 계속해서 좌익이 주장해오던 것들을 되풀이한 것이었다.

미군정 아래 신음하는 한국인들의 절규

한국의 주요 인사들과의 면담보다 중요한 것은 편지로 전달된 민심이었다. 다음은 웨드마이어 문서철에서 발견된 한 통의 편지다.

> 1945년 8월 15일 이후 순간적으로 해방의 맛을 보았으나 이제 와서는 구속과 고통을 새삼스럽게 깨닫게 되었습니다. 다시 말하자면 2인의 강력한 위인이 한가운데에다 어린 아희를 세워두고 줄로 허리를 감아 양끝에서 끌어 갖고서 서로 잡아당김입니다. 필경은 두 사람 중에서어서 한 사람이 질 것은 사실이나 그러는 동안 아희는 시체로 화합니다. 이것이 금일 한국의 사태입니다. 우리는 이 무자비한 사태를 낳게 한 막부(莫府, 모스크바) 삼상결정을 삼우방(三友邦)에서 민주주의적으로 취청(取淸)하든지 불연(不然)이면 UN에 제의하야 카이로와 포-쓰담에서 선언한 국제공약을 토대로 양심 있는 회의를 열어 죽게 된 한국을 일일(一日)이라도 속히 해방하여 주기 바랍니다.•

두 사람의 거인(미국과 소련)이 어린아이(한국)를 사이에 두고 양쪽에서 자기 쪽으로 끌어당겨서 곧 죽게 생겼다는 비유가 절실하게 와닿는다. 미국과 소련을 배후로 한 우익과 좌익의 싸움으로 한국인들이 얼마나 고통받고 있는지 적절한 비유로 호소하고 있다.

정치적 혼란에 더해 경제적 파국으로 생활고가 심각했다. 물자는 부족하고 미군정의 통화남발로 인플레이션이 극심했다. 모리배들이 판치는 가운데 미군정에 빌붙는 친일경찰과 관리들의 부정부패로 민생은 더욱 어려워졌다. 징용에서 돌아온 한 서민은 편지에서 다음과 같이 답답함을 토로했다.

> 나는 1943년 6월에 일본 홋카이도로 강제징용 갔다가 지옥 같은 탄

• 정무용, 『해방의 공간 점령의 시간』, 푸른역사, 2018, 203쪽.

광 굴속에서 처음 해방소식을 들었을 때 미칠 듯한 기쁨. 나는 큰 꿈을 품고 고향에 돌아왔더니 현실은 어떻습니까. 팔아서라도 먹을 것이 있을 때는 좋았지요. 이제는 정말 죽을 지경이올시다. 홋카이도에서 같이 돌아온 여러 사람은 도로 일본으로 밀항해 가고 말았습니다. 조선에서는 먹고 산다는 사람이 거의 없고 친일파들뿐이지요. 서울 시청에서는 거러지를 시골로 실어 보내고 남은 거러지 떼가 있는 서울거리를 보십시오. 조선에는 거러지가 많다고 합니다. 그러나 이것은 너무나도 피상적으로 본 것입니다. 독립이 필요한 것은 말할 것도 없고 자유니 해방이니 말로만 외울 것이 아니라, 먹고 살기도 하여야 하지 않겠습니까. 웨드마이어 각하! 이것이 수많은 민중이 부르짖는 호소입니다. 들어주시기를 바랍니다.•

웨드마이어에게 보낸 편지에서는 테러를 근절해야 한다는 호소도 많다. 제2차 미소공위가 재개된 이후 대대적인 반탁시위가 전개되면서 좌익에 대한 우익의 테러가 부쩍 많아졌다. 사절단이 방한한 시점에도 테러가 계속되어 지방의 작은 마을에서까지 자행되고 있었다. 편지를 보낸 사람들 중에서는 공산주의자들의 음모로 남한이 혼란하기 때문에 우익 청년단과 경찰이 힘을 합쳐 악질 공산당을 제거해야 한다고 주장하는 사람도 있었다. 1947년경 우익 청년단은 지방을 순회하면서 반탁 서명을 강요하고 서명을 거부한 자를 폭행했다. 이런 현실을 고발하는 편지도 있다.

  …… 또 한 가지 문제는 좌익에 대한 학살과 테러다. 조선의 좌익은 공산주의자가 아니고 양심적인 애국자의 모임이라 대부분의 사람들이

• 같은 책, 204쪽.

좌익을 지지하고 우익을 미워하고 있다. 국립경찰은 테러단과 야합하여 법과 질서를 어지럽히고 있다. 반탁 테러단은 좌익탄압을 경찰로부터 위임받아 무고한 사람들까지 구타하여 죽음에 이르게 하고 있다. 이러한 문제는 결국 군정당국의 책임이며 미국의 불명예다. 중국에서 보고 온 것과 같이 이로 인해 민중들은 좌익을 지지하고 조선인의 대부분은 좌익이 될 것이다. 결국 민중들은 미국에 대한 반감을 갖게 될 것이며 ……. •

또한 민중들은 친일파와 민족반역자를 하루속히 청산해야 한다는 점을 호소했다. 지연된 식민잔재의 청산은 당시 민중의 삶을 어렵게 하는 가장 큰 원인으로 지적되었다. 이렇듯이 친일파와 민족반역자는 테러와 모리의 주범으로 인식되었다.••

웨드마이어 보고서와 한국문제의 유엔 이관

웨드마이어는 중국과 한국에서 수집한 자료를 바탕으로 미국의 대처방안을 권고하는 보고서를 작성했다. 이 보고서는 1947년 미국의 트루먼 대통령에게 전달되었다. 이 보고서는 미국이 한국에 대한 정책을 결정하는 데 활용되었다. 웨드마이어는 소련이 한반도 전체를 지배해 군사기지로 이용하는 것을 저지하기 위해 38선 이남에 반공정부를 수립해야 한다고 건의했다. 그는 남한에 우익단체가 잘 조직되어 있어 선거를 실시한다면 우익이 승리할 것이라고 했다.

• 같은 책, 211쪽.
•• 같은 책, 214쪽.

웨드마이어의 보고서에는 미군정 당국자들의 견해가 반영되었다. 통일민족국가를 건설하고자 노력한 남한의 정치세력들의 모든 노력은 철저히 무시되었다. 소련과의 대결에서 승리해야 한다는 논리 아래 이승만 중심의 우익이 선택되었다. 보고서는 작성 당시에 공개되지 않았다. 웨드마이어는 우익의 주도로 수립될 정부가 남한 민중의 의사를 대변할 수 없을 것이라는 점을 인지하면서도 그들을 남한 반공정부의 대표자로 선택해야 한다고 제언했다. 이는 '비민주적인 우익'이 통제하는 남한 정부를 미국이 지원한다고 시인하는 것이었다.•

결국 미국은 소련의 반대에도 불구하고 1947년 9월 17일에 한국문제를 유엔에 상정했다. 11월 14일 유엔총회에서 인구비례에 의한 남북한 총선거를 결의했다. 미국의 제안으로 '선 정부수립 후 외국군 철수'를 받아들여 유엔한국임시위원단이 조직되었다. 소련 측은 '선 외국군 철수 후 정부수립'을 주장했고 조선대표 없는 유엔한국임시위원단에 참가하기를 거부했다. 1947년 11월 24일에 김구는 성명서를 발표했다. "남측만의 단독선거는 국토양분의 비극을 가져올 것이다." 11월 29일에 김성수, 장덕수, 백남훈 등 한민당 수뇌부는 이승만에 대한 지지를 철회한다고 밝혔다.

장덕수 암살과 좌우합작위원회 해체

이승만과 김구, 한민당 등 남한의 우파세력들은 여전히 자신들의 정치적 이익을 위해 이합집산을 거듭하면서 정세의 변화에 촉각을 곤두세우고 있었다. 김구가 남한만의 단독선거를 반대하고 한민당 수뇌부가 이승만

• 같은 책, 217쪽.

에 대한 지지를 철회한다고 밝힌 직후인 1947년 12월 2일, 장덕수˙가 암살당하는 사건이 일어났다. 장덕수가 자택에서 한민당 간부들과 제헌국회 공천문제를 의논하고 있을 때, 두 청년이 찾아왔다. 한 명은 경찰제복을 입었고 다른 한 명은 학생처럼 보이는 검정 외투 차림이었다. 얼굴도 가리지 않았고 동대문경찰서에서 나왔다는 말에 아무 경계도 하지 않았던 장덕수를 M1카빈으로 두 차례 저격한 그들은 그대로 집을 빠져나갔다. 장덕수는 병원으로 옮기는 도중 세상을 떠났다.

장덕수의 살해범은 12월 4일 오전에 체포되었다. 주범은 종로경찰서 소속 경관 박광옥(당시 23세)이었으며, 공범은 연희대 학생인 배희범(당시 20세)이었다. 그들은 체포된 이후에 범행을 자백했다. 그들의 배후로 지목된 김석황(1894~1950)은 1948년 1월 16일에 체포되었다. 김석황은 김구의 측근으로 임시정부 출신이다. 해방 이후 한독당 중앙위원과 국민회의 동원부장으로 반탁시위를 주도하기도 했다. 현직 경찰관에 한독당의 주요 정치인이 연관된 이 사건으로 장택상 배후설이 나오기도 하고 이승만과 김구가 배후로 지목되기도 했다. 김구는 법정에 증인으로 서기도 했다. 진상은 정확히 밝혀지지 않은 채 이 사건은 김구에게 정치적 타격을 안겼다.

결론적으로 해방정국에서 우익 청년단 테러는 단정(單政)세력의 정권 장악을 가능케 한 수단으로 정의할 수 있다. 좌익뿐만 아니라 우익까지

• 장덕수(1894~1947)는 1920년 『동아일보』 창간 당시에 초대 주필과 부사장을 지냈다. 1923년부터 미국 유학을 떠났다가 1936년 귀국해 이듬해 보성전문학교의 교수로서 활동했는데, 『동아일보』의 취체역도 겸직했다. 1938년 이후 일제가 사상 전향 공작을 위해 조직한 친일단체인 시국대응전선사상보국연맹, 대화숙(大和塾), 조선임전보국단, 국민의용대 조선총사령부 지도위원 등 친일에 앞장섰다. 해방이 되자 송진우, 김성수 등과 함께 한국민주당 창당을 주도하고 미군정에 적극 협조했다. 우파세력의 주요 정치단체에 참여했다.

공격대상으로 삼은 이 테러는 단정세력의 지시에 따라 정적을 제거해줌으로써 그들에게 정치권력을 쥐어주었다. 우익 청년단들은 독자적인 건국이상과 목표가 아닌 권력의 향배와 자금의 출처에 따라 테러를 자행했다. '반공의거'는 행동의 명분이 되었지만 이들의 테러가 반드시 이데올로기적인 이유에서만 자행된 것은 아니었다. 미군정과 경찰은 이들의 테러를 근절하기보다는 동원하는 정책을 취했으며, 우익 청년단을 경찰 보조조직으로 이용해 이들에게 준(準)국가기구의 위상을 부여했다. 이는 미국의 이익을 실현할 수 있는 정권수립이라는 미군정의 점령 목표에 우익 청년단의 활동이 부합했기 때문이다. 미군정의 묵인과 방조 아래 일어난 우익테러는 이후 정권의 출범을 지원하고 불안정한 정권을 유지하는 수단으로 이용됨으로써 국가폭력으로 완전히 귀속되었다. 대한민국 정부수립 이후에 나타난 국가폭력의 원형은 미군정기에 형성된 것이다.•

남한 단독정부 수립이 가시화되면서 1947년 12월 6일에 미군정의 지원을 받던 좌우합작위원회는 해체된다. 1947년 12월 20일 중도파 정치세력들은 민족자주연맹(민련)을 결성(주석 김규식)하고 남북통일중앙정부의 조속한 수립을 위한 남북정치단체대표자회의 개최를 정책으로 제시했다. 중도파들이 통일정부 수립의 노력을 계속하겠다는 의지를 보이는 가운데 미국은 유엔을 내세운 단독선거 일정을 진행했다. 1948년 1월 8일에 유엔한국임시위원단이 남한에 입국했다. 이승만, 한민당, 독립촉성국민회 등은 환영의 성명을 발표하면서 "남한만의 즉각 선거 실시"를 주장했다. 김구와 김규식을 비롯한 남북협상파는 북한과의 대화를 시도하고 남로당을 비롯한 좌익세력은 유엔결의안을 반대했다.

• 임나영, 『해방의 공간 점령의 시간』, 푸른역사, 2018, 349~50쪽.

—13—
전쟁 전야

정해진의 투옥

정해진은 1947년 7월 중순부터 남로당 인천시당 교양부장을 거쳐 선전부장으로 일하게 되었다. 이 무렵 미소공동위원회가 결렬되고 7월 19일에는 여운형이 피살되었다. 8월에 들어서면서 좌익에 대한 대대적인 검거가 시작되고 남로당의 주요 조직은 지하로 숨어들었다. 이런 정세 속에서 선전부장을 맡게 된 정해진은 교양자료들과 선전문들을 작성해 극비리에 하부조직에 내려보냈다. 인쇄할 곳이 마땅치 않을 때는 자신의 집에서 이런 문건들을 인쇄했다. 선전문에서 그들은 미소 양군의 동시철수와 조선문제에 대한 유엔의 비법적인 결정을 대표하는 유엔한국임시위원단의 입국을 반대한다는 입장을 밝혔다.

1947년 미소공동위원회가 결렬되고 미국이 한국문제를 유엔으로 넘기자 유엔에서는 미국의 요구대로 남한만의 단독선거를 결정했다. 1948년 초부터 단독선거 강행과 저지를 둘러싸고 남한사회는 심각한 대립상황에 휩싸였다. 1948년 1월 8일에 유엔한국임시위원단이 방한하면서부터 시작된 이른바 '구국투쟁'은 2월까지 계속되었다. 남로당과 좌익세력은 1948년 2월 전평, 전농, 민청 등 대중조직을 앞세워 2·7구국투쟁을 전개하는 한편, '남조선단독선거반대투쟁전국위원회'를 조직해 본격적인 단독선거 저지투쟁에 나섰다. 해진은 2·7구국투쟁을 뒷수습하고 있던 와중에 경찰에 체포되었다.

정해진은 1948년 2월 20일 새벽 2시에 인천시 서구 율목동에 있는 자신의 집에서 체포되었다. 아내 전예준은 갓난아기와 함께 고향에 내려가 있었다. 해진은 자신의 고향 출신 3명과 함께 있었는데 네 사람 모두 체포되었다. 부평경찰서에 연행된 해진은 해방 전부터 함경도에서 일본경찰로 일하다가 월남한 형사에게 취조를 받게 되었다. 부평경찰서에서는 해방 직후 부평구역당 위원장이었던 거물을 잡았다고 법석을 피웠다. 그들은 해진을 고문하면서 공장에 포진해 있는 당원 명단을 대라고 닦달했다. 해진은 병 치료차 고향에 갔다가 인천에 돌아온 지 얼마 되지 않아 일을 전혀 하지 않았으며 하부 당원들에 대해서는 전혀 모른다고 완강하게 버텼다.

정해진은 경찰서 내의 프라치 조직사건과 무허가 집회를 연 혐의로 3월 말에 기소되었다. 인천경찰서로 이송된 해진은 단독선거를 저지해 민족분열의 위기를 막기 위해 옥중투쟁을 감행하기로 결심했다. 인천경찰서 유치장은 원형으로 된 2층집이었다. 감방은 아래, 위로 10개씩 모두 20개였다. 수감자는 남로당원이 170여 명, 잡범이 280여 명으로 모두 450명 정도였다. 감방 하나에 22~23명씩 콩나물시루처럼 빼곡하게 수감자가 들어찼다. 일제강점기에 비하면 수용인원이 2배에 달했다. 감방 안에는 악취가 코를 찔렀다. 정해진은 옥중에서 다른 수감자들과 함께 단식투쟁을 하면서 "5·10단독선거 무효"를 외쳤다.

1948년 6월 10일에 정해진의 선고공판이 있었다. 해진은 '무허가 집회 및 경찰서 내 당 프락치 조직'이라는 자신의 범죄혐의에 대해 강력하게 무죄를 주장하는 진술을 펴나갔다. 그의 수기에는 공판 당시 검사의 신문에 대한 자신의 답변이 다음과 같이 나와 있다.

오늘이 1926년 6·10만세 22주년 기념일인 것을 알고 있느냐? 만약에 일제의 침략과 그 앞잡이 놈들의 매국행위가 없었다면 조선이 망하지 않았을 것이며, 조선이 일제의 식민지가 되지 않았다면 6·10만세와 같은 피의 투쟁을 하지 않아도 되었을 것이다. 그와 마찬가지로 미제의 침략책동과 리승만 도당과 그 졸개들의 매국행위가 없다면 우리나라가 미제의 식민지로 전변되지 않을 것이며 온 겨레는 통일된 독립강산에서 행복의 노래를 부르며 살 것이고 나도 이런 법정에 나오지 않아도 될 것이다.

해방 직후 공개적인 집회에 몇 번 참가한 것이 나의 죄라는데 그 당시 조국의 해방을 경축하는 집회가 우리 조국 어느 곳에 없는 곳이 없었고, 일본놈의 기관과 재산을 몰수하는 집회와 인민위원회 조직을 경축하는 집회, 모스크바 3상회의를 지지하는 집회 등에는 조선 사람이라면 응당 참가하는 것이 도리인 것이다. 그때에 이런 집회에 참가하지 않은 자들은 일제의 주구로서 조선 민족에 죄를 지은 자뿐이었는데 이런 집회에 참가한 내가 죄인이라면 그런 죄를 들씌운 자는 틀림없이 일제의 주구로서 조선 민족에게 죄를 지은 자이니 검사 네놈이야말로 우리 겨레에게 씻을 수 없는 죄를 진 죄인이 아니냐? 또 괴뢰경찰서에 프락치를 조직한 것이 나의 죄로 된다는데 괴뢰경찰을 민주화하기 위하여 프락치를 박았던 것이다.

내가 이번에 부평경찰서에 유치되어 있는 동안 괴뢰경찰의 형언할 수 없는 부패상을 보고 민족적 의분을 금치 못하였다. 생계를 유지할 길 없는 불쌍한 조선 여성을 뚜쟁이를 통하여 미군의 수욕대상으로 제공한 자들이 바로 경찰들이 아닌가? 당신들은 몸을 판 값으로 받은 그 수치스러운 돈이 뚜쟁이를 통하여 경관 나리들의 호화로운 집이 되고 기름진 고기반찬이 되는 줄을 모르는가? 하급 경관놈들은 또 그 불쌍한 양공주들을 무허가 매음이라고 경찰에 잡아 가두고는 몇 푼 남지 않은 돈마저 모조리 제 호주머니에 다 긁어 모아가니 그들에게도 털끝만치라도 인간의 양심이 있는가? 나는 뚜쟁이들이 하루가 멀다 하고 경찰의 문을 넘나들며 양공주들이 매일 유치장에 붙들려 왔다가 돈을 내고 나가는 것을 내 눈으로 직접 보았다. 오늘의 경관이란 과연 인육을 팔아먹는 갱단이 아니고 무엇인가? 내가 박은 프락치들이 그대로 남아 있었으면 경찰이 오늘같이 겨레의 존엄과 영혼을 팔아먹는 더러운 소굴로 되지는 않았을 것이다.

정해진이 이같이 검사에게 들이대자 재판을 보고 있던 사람들 사이에서 신음소리와 박수가 터져나왔다. 검사는 황급히 발언중지를 요청하고 나서 징역 3년을 구형했다. 해진은 격분해 "미국놈이 던져주는 빵 부스러기를 주워 먹고 사는 자이지만 명색이 검사라면 조서라도 읽어보고 구형을 해야 되지 않겠는가? 공개집회에 서너 번 참가한 것이 징역 3년에 해당하는가? 이 개자식!"이라고 소리를 지르면서 의자를 집어던졌다. 해진은 판사를 향해 "당신도 민족적 양심이 있거든 나라를 파는 데 가담하지는 말아야 할 것이다. 당신은 미제의 칼부림에 피로 얼룩진 우리의 조국강산을 보지 못하는가? 우리 공산주의자는 미래를 사랑하며 앞날의 승리를 믿기에 죽음을 두려워하지 않는다. 당신도 분별 있게 행동해야 그렇지 않으면 조국이 통일되는 날 민족의 심판을 받게 될 것이다"라고 말했다.

판사는 징역 6개월에 예속기간 2개월을 선고했다. 예속기간 2개월은 사법부의 판단에 따라 2개월 더 형을 연장할 수 있도록 한 조치였다.

북한에서는 1948년 8월 최고인민회의 대의원 선거가 실시되어 9월 9일 사회주의헌법인 조선민주주의인민공화국 헌법을 채택하고 조선민주주의인민공화국 정부가 수립되었다.*

정해진은 인천시당으로부터 1948년 8월의 최고인민회의 대의원 선거를 지지하는 옥중투쟁을 전개할 것을 지시받았다. 조선민주주의인민공화국 창건을 찬성한다는 의사를 밝히는 문건에 감옥에 있는 당원들의 서명을 받아 내보내라는 지시였다. 전예준은 정해진에게 차입하는 옷섶에 지시문과 미롱지, 가는 유리관에 넣은 인주 등을 감추어 들여보냈다. 극비리 한밤중에 간수와 다른 죄수들의 눈을 피해가면서 당원들에게 서명을 받았다. 수감 중인 당원 166명 전원이 서명날인한 문서를 면회하러 온 아내를 통해 밖으로 내보냈다. 날인은 인주보다 거의 다 혈인(血印)을 찍었다.

해진은 시당으로부터 남한에서 1948년 8월부터 시작된 전기고문에 반대하는 투쟁을 하라는 지시도 받았다. 해진은 전기고문 반대 1일 단식투쟁을 전개하기로 하고 투쟁방향과 구호 등을 적어 각 감방에 돌렸다. 돌리는 도중에 지시문을 떨어뜨려 간수의 수중에 들어가게 되었다. '선봉대'를 자청하고 나섰던 당원 한 사람이 자기가 한 것이라고 나섰으나 필적이 다르다고 하루종일 고문을 당하고 밤중에야 돌아왔다. 처음 나

---

* 조선에는 일제강점기부터 결성과 해체를 반복하던 조선공산당이 있었고, 박헌영은 1945년 9월 11일에 당 중앙을 조직하면서 조선공산당을 재건했다. 코민테른의 원칙에 따라 공산당은 1국 1당밖에 허용하지 않기 때문에 김일성은 1945년 10월에 북한에 조선공산당 북조선분국을 세웠다. 1946년 2월 북조선임시인민위원회를 만들고 농지를 무상몰수해 실제 경작민에게 배분하는 무상몰수, 무상분배를 원칙으로 하는 토지개혁을 시행했다. 인민위원회가 설치되고, 조선공산당 북조선분국과 신민당이 연합해 북조선노동당을 만들었고, 남조선노동당과 합당해 조선노동당이 된다. 이어서 북조선인민회의와 조선인민군이 창설되고, 1948년 8월 최고인민회의의 대의원 선거가 실시되었다.

섰던 당원은 자기가 끝까지 책임을 지겠다고 했으나 다음날 아침 해진이 나서 지시문은 자신이 작성했다고 밝히고 취조실로 갔다. 담당 형사와 마주 앉은 해진은 자신이 잘못한 게 뭐가 있느냐고 대들면서 너희들과는 말해봐야 소용없으니 검사를 불러달라고 했다. 그때 마침 시내에서 시위가 벌어졌다는 소식에 경찰들은 시위대열을 단속하러 나가버렸다. 해진은 그 일로 다른 처벌은 받지 않았다.

해진은 인천경찰서 유치장에 있다가 9월 초에 마포형무소로 이송되었다. 그들이 옥중에서 공화국 창건을 지지하는 선거 지지투쟁을 벌인 사실이 해주에서 방송되었기 때문에 정해진의 수감기간을 더 늘린다는 소문도 있었으나, 그는 1948년 9월 말경에 마포형무소에서 석방되었다.

한국전쟁의 전초전이었던 제주 4·3항쟁

한반도의 분단이 가시화되면서 남한에서 좌익 정치세력에 대한 탄압이 극심해지고 있을 때 한반도의 끄트머리 섬 제주에서 믿을 수 없는 국가폭력사태가 일어났다. 제주는 일본과 미국이 하나같이 중요하게 여기는 군사적 요충지였다. 일본은 중일전쟁 때 제주도 서남쪽 모슬포에 비행장을 만들고 해군항공대를 배치해 중국을 향한 폭격기지로 삼았다. 지금도 모슬포에는 격납고가 남아 있다. 일제는 태평양전쟁 말기인 1945년 초에 제주도를 일본 본토 사수를 위한 최후의 보루로 삼기 위해 섬 전체를 요새화했다. 해방 전에 제주에는 남한 전체 일본군의 3분의 1에 달하는 6만여 명의 일본군이 주둔해 있었다.

전략적 요충지였던 만큼 미국에서도 제주의 군사적 가치에 눈독을 들였다. 1947년 3월 28일 이승만은 방한 중인 미 육군성 차관 드래퍼와 만난 자리에서 "미국이 제주도에 해군기지를 설치할 수도 있다고 들었다"

면서 "한국 정부가 수립되면 한국인들은 기꺼이 미국이 제주도에 영구적인 기지를 설치하도록 할 것으로 확신한다"라고 말했다. 미군정기인 이 시기에 아무런 공식적 직책도 없는 이승만이 이런 발언을 했다는 것은 무책임하고 주제넘은 짓이었다. 어떻게 하든 미국의 비위를 맞춰 집권하려는 욕심에서 그런 말을 했다고밖에 볼 수 없다.

일제의 군사기지로 고통받던 제주도 도민들은 어느 곳보다 해방을 반겼다. 자주국가 건설에 대한 의욕이 넘치던 도민들은 1945년 9월 10일에 항일운동을 했던 사람들을 중심으로 제주도건국위원회를 만들었고 9월 22일 인민위원회로 개편했다. 1945년 10월에 제주도에 들어온 미군정은 친일관리와 친일경찰들을 등용했다. 군정관리와 모리배의 결탁, 무리한 식량공출로 도민들의 불만이 쌓여갔다. 그런 와중에도 제주도 인민위원회는 치안유지와 주요 행정업무를 담당하고 학교를 설립하는 등 다양한 활동을 했다. 제주도 인민위원회는 1947년 3·1절 발포사건이 일어나기 전까지 도민들의 지지를 받으며 육지의 다른 지역들보다 미군정과 협력관계를 잘 유지했다.

제주항쟁의 씨앗이 된 3·1절 발포사건

1947년 3월 1일, 제주북국민학교 운동장에 약 3만 명의 도민들이 모여 3·1절 기념식을 가졌다. 그들은 기념식이 끝난 후 즉시 독립국가를 건설하라고 외치면서 가두시위에 나섰다. 이보다 앞선 2월 23일에 제주도에는 육지의 응원경찰대 100명이 파견되어 있었다. 시위행렬이 관덕정 광장을 벗어날 무렵 어린아이가 기마경찰의 말굽에 채였다. 기마경찰이 그냥 지나가자 주민들이 뒤를 쫓으며 항의했고 사과하라고 외쳤다. 그때 경찰이 총을 쏘기 시작해 주민 6명이 사망하고 8명이 중상을 입었다.

3월 5일에 남로당 제주도위원회는 3·1사건 투쟁위원회를 결성해 발포 책임자를 처벌할 것을 요구하고 3월 10일 총파업에 들어갔다. 3월 10일까지 진상보고 요청이 거부되자 도청, 관공서, 은행, 회사, 교통 및 통신기관 등 도내 156개 단체 직원들이 파업에 들어가고 상점은 철시, 학생들은 동맹휴학을 시작했다. 미군정과 경찰은 발포에 대한 사과 없이 3·1사건을 폭동으로 규정하는 담화를 발표하고 육지에서 지원 경찰 400여 명과 서북청년단원들이 대거 들어왔다. 항의하는 도지사를 비롯한 모든 공무원을 교체하고, 주모자를 검거해 500여 명을 체포했으며, 이 과정에서 테러와 고문이 자행되었다.

제주도민 30만 명을 희생시켜도 무방하다

1948년 4월 3일 새벽 2시에 350명의 무장대가 제주도 내 12개 경찰서 지서와 우익단체들을 공격하면서 무장봉기가 시작되었다. 이들은 경찰과 서청의 도민탄압을 중지할 것과 단독선거와 단독정부를 반대하고 통일정부 수립을 촉구한다는 구호를 내걸었다. 경찰과 서청으로 사태가 수습되지 않자 미군정은 국방경비대에 진압작전 명령을 내렸다.
　국방경비대 제9연대장 김익렬 중령은 항쟁 초기부터 무력진압에 나서지 않고 무장대 측 유격대장 김달삼과 협상을 벌여 평화적인 사태해결에 합의했다. 그러나 미군정장관 딘 소장이 비밀리에 제주도를 다녀가고 '오라리 방화사건'이 일어나면서 평화협정은 깨졌다. 김익렬은 '오라리 방화사건'이 서청과 대동청년단원에 의해 자행되었다고 밝혔으나 그의 말은 무시되고 연대장은 박진경으로 바뀌었다. 박진경은 미군정이 신임하는 인물로 "우리나라의 독립을 방해하는 제주도 폭동사건을 진압하기 위해서는 제주도민 30만을 희생시켜도 무방하다"라는 취임사를 할 정도였다.

딘 소장의 명령대로 박진경은 강력한 초토화 진압작전을 수행했다. 6월 중순까지 6,000여 명을 잡아들였다. 박진경의 연대장 숙소를 관리하던 손선호 하사는 "박 대령의 30만 도민에 대한 무자비한 공격작전은 전 연대장 김익렬 중령의 선무작전에 비해 대원들의 불만이 컸다. 우리가 화북이란 마을에 갔을 때 15세가량 되는 아이가 자기 아버지의 시체를 껴안고 있는 것을 보고도 무조건 사살해야 했다"라고 말했다.

젊은 군인들의 저항

박진경의 도민학살을 보다 못해 문상길 중위와 손선호 하사 등 부하 9명이 그를 살해했다. 문상길 중위는 군사재판에서 총살형이 확정되고 나서 다음과 같은 유언을 남겼다. "여러분은 한국의 군대입니다. 매국노의 단독정부 아래서 미국의 지휘하에 한국 민족을 학살하는 군대가 되지 말라는 것이 저의 마지막 염원입니다." 그의 나이 불과 22세였다.

당시 20세였던 손선호 하사는 법정에서 "박 대령을 암살하고 도망갈 기회도 있었으나, 30만 도민을 위한 일이므로 그럴 필요도 없었다. 나 하나의 생명이 30만 도민을 위한 것이며 3천만 민족을 위한 것인 만큼 처벌을 달게 받겠다"라고 말했다. 그들은 총살형으로 세상을 떠났다.

전대미문의 국가폭력, 책임은 누구에게 있는가

그들의 희생에도 불구하고 중산간 마을의 초토화 진압작전은 계속됐다. 중산간 마을의 95퍼센트가 불타고 많은 인명이 희생된 이 작전은 중산간 마을사람들 2만여 명을 산으로 내모는 결과를 가져왔다. 이 사건의 책임은 작전을 직접 실시한 한국군에게만 있는 것이 아니다. 1949년 1월 국무회의에서 강경진압을 직접 지시한 이승만, 미군정과 주한 미군 사고문단에게 책임이 있다. 미군정 아래에서는 제주지구 미군 사령관이 직접 진압작전을 지휘했고, 대한민국 수립 후에도 작전통제권을 미군이 가지고 있었다. 미군은 제주 진압작전에 무기와 정찰기를 지원했다.

2000년 1월에 제정된 '제주 4·3사건 진상규명 및 희생자 명예회복에 관한 특별법'에 의하면, 제주 4·3사건을 "1947년 3월 1일, 경찰의 발포 사건을 기점으로 하여 1948년 4월 3일 발생한 소요사태 및 1954년 9월 21일까지 제주도에서 발생한 무력충돌과 진압과정에서 양민들이 희생당한 사건"이라고 규정하고 있다. 제주 4·3사건 진상규명 및 명예회복 위원회에 신고된 희생자 수는 1만 4,028명이었다.

실제 희생자 수는 그보다 훨씬 많은 것으로 추정하고 있다. 이 학살에서 얼마나 많은 사람이 죽었는지는 아무도 알 수 없다. 하지만 오랫동안 비밀에 부쳐졌던 미국 자료에 따르면, 3~6만 명이 살해되었고, 최대 4만 명이 일본으로 도피했다(아직도 오사카에 많은 사람이 살고 있다). 최근의 연구는 살해된 사람의 숫자를 8만 명으로 제시한다. 1940년대 말, 제주도 인구는 많아야 30만 명이었다.●

제주도 출병을 거부하면서 일어난 여순사건

1948년 10월 19일 오전 7시, 육군본부는 여수 제14연대에 제주 4·3항쟁 진압을 위한 출병명령을 내렸다. 그러자 제14연대 소속 약 2,000명의

● 브루스 커밍스, 앞의 책, 181쪽.

군인이 출병을 거부하고 무력투쟁에 나섰다. 10월 19일에 제14연대 출동 거부병사들이 여수 시내로 들어오자 주민 600여 명이 합세했다. 군인들은 '제주토벌출동거부병사위원회'의 이름으로 '애국인민에게 호소함'이라는 성명서를 발표했다. "우리들은 조선인민의 아들, 노동자 농민의 아들이다. 우리는 우리들의 사명이 국토를 방위하고 인민의 권리와 복리를 위해 생명을 바쳐야 한다는 것을 잘 안다. 우리는 제주도 애국인민을 무차별 학살하기 위하여 우리들을 출동시키는 작전에 조선 사람의 아들로서 조선동포를 학살하는 것을 거부하고 조선인민의 복지를 위하여 총궐기하였다. 동족상잔 결사반대! 미군 즉시 철퇴!"

여수를 장악한 출동 거부병사 2개 대대는 10월 20일 오전에 순천으로 북상했고, 순천역 앞에서 대기 중이던 순천 파견 2개 중대도 여기에 합류했다. 광주에서 급파되어 순천에 배치되었던 제4연대 1개 중대도 합류를 반대하는 일부 병사들을 사살한 뒤 출동 거부군대에 합류했다. 10월 20일 오후에 순천 시내를 점령한 출동 거부병력 중 1,000여 명은 구례와 곡성, 남원으로 진출하고 나머지는 광주로 가기 위해 벌교, 보성, 화순 방면으로, 또 다른 일군은 광양, 하동 방면으로 진격했다. 각 지역에서는 지방의 좌익세력들이 출동 거부군대에 적극적으로 가담했다.

보성에 불어닥친 여순사건

1948년 10월 21일 정오 무렵에 보성은 제주 출동 거부병사들과 그에 동조하는 세력들에 의해 대부분 지역이 장악되었다. 보성에 주둔해 있던 제4연대 소속 1개 중대 병력도 출동 거부병사들에게 동조해 24일까지 보성을 점령했다. 제주 출동 거부병사들이 보성군에 들어오자 인민위원회가 다시 결성되었다. 당시 유치장에 수감되어 있던 최창순이 석방되어 인민위원회를 구성했다.

   정종희는 1948년에 제주 4·3사건이 터졌다는 소문이 들려오고 단독정부 수립을 위한 5·10선거를 앞두고 경찰이 마을사람들을 감시하기 위해 전보다 자주 들어왔다고 했다. 여순사건이 일어나기 전부터 보성에서는 단독선거에 반대하는 사람들에 대한 탄압이 벌어졌다. 정종희는 수기에서 당시의 상황을 다음과 같이 기록하고 있다.

> 그해 4월을 넘기지 못하고 일은 기어이 터지고야 말았다. 4월 말부터 경찰의 삼엄한 감시망을 뚫고 면내 곳곳에서 단독정부 반대시위가 벌어진 것이다. 이때부터 경찰의 대응방식은 예전과는 사뭇 달라졌다. 경찰은 시위 혐의자들에 대해 즉각적인 '토벌전'으로 나온 것이다. 우리 마을에서는 내 작은집 조카들이 경찰의 지목을 받게 됐고 곧바로 작은집 가옥이 불태워졌다. 이어서 당시 활동적이던 마을 젊은이 배경칠 씨가 경찰이 휘두르는 몽둥이에 맞아 그 자리에서 숨지는 사태가 벌어졌다. 아랫마을 청년 두 명(박태룡·소태영 씨)은 산으로 끌려가 총살당했다.•

   정종희의 어머니는 아들의 신변을 걱정해 집을 잠시 떠나 있으라고 했다. 형 정종팔이 감옥에 갇혀 있을 때라 어머니의 걱정은 이만저만이 아니었다. 하지만 그때는 농사일이 한창 바쁠 때라 어머니를 혼자 남겨두고 떠난다는 것이 쉽지 않았다. 어머니는 자기는 여기 있어도 고생만 하면 되지만 젊은이들은 다 죽는 판이니 어서 피하라고 간곡하게 권했다. 그래서 정종희는 인천으로 갔다. 항만에서 막노동이라도 할 작정이었다. 객지생활은 고달팠으나 죽는 것보다는 나으려니 하고 견뎠다. 몇 달을

• 정종희, 「통일에 거는 광명 천지」, 『월간중앙』, 1990년 2월호, 중앙일보사, 1990.

참고 지냈으나 추수 때가 되니 일손도 아쉬울 것 같고 어머니 걱정에 마음이 불편했다. 정종희는 가을에 접어들어 고향으로 돌아갔다. 집에 돌아가니 어머니는 무사했지만 작은집 조카들이 줄줄이 체포되고 구속되어 있었다. 정종희는 형 정종팔의 옥바라지도 모자라 조카들의 옥바라지까지 해야 했다.

  10월 중순도 지난 어느 날, 정종희는 집에서 22킬로미터나 떨어진 장흥형무소로 작은집 조카의 면회를 갔다 돌아오는 길이었다. 워낙 먼 길이라 날이 저물었다. 장흥에서 집까지 가려면 크고 작은 재를 여럿 넘어야 했다. 그중에 제일 높은 재는 웅치면 뒤에 자리한 웅치재다. 웅치재를 넘는데 어둠 속에 내려다보이는 마을에 모닥불이 타오르고 마을사람들이 모여 있었다. 그는 무슨 일인지 궁금해 단숨에 내려가 보았다. 젊은이 한 명이 모여 있는 사람들에게 이야기하고 있었다. "여러분, 여수에서 제14연대가 반란을 일으켜 도민들을 해방시키기 위해 이곳으로 온답니다." 그 자리는 제14연대를 지지하는 웅치면민대회였다. 회천면이 궁금해 발길을 재촉해 집에 와보니 마을에서는 아직 그 소식을 모르고 있었다. 그날 낮이 돼서야 반란군이 보성읍까지 장악했다는 소문이 돌았다. 회천면에서는 그날 제14연대환영면민대회가 열렸지만 제14연대는 회천면에 오지 않았다. 긴장된 분위기 속에서 며칠이 지나고 다른 소문이 돌았다. 진압군이 제14연대를 격퇴하고 회천면으로 들어온다는 소문이었다.

반란군과 토벌대 사이에서 희생자가 늘어나고

사흘이 지나고 정종희는 추수일로 고단해 누워 있다가 큰댁(거북정) 사랑채에서 깜박 잠이 들었다. 쿵쾅거리는 소리에 잠에서 깨어보니 20명

남짓한 군인들이 툇마루와 마당을 가득 채우고 서 있었다. 잠 좀 자야겠으니 비켜달라는 말에 정종희는 급히 사랑채에서 나왔다. 토벌대에 쫓겨 산으로 후퇴한 제14연대 소속 군인들인 것 같았다. 그들은 두어 시간 자고 난 뒤에 여러 집에 나뉘어 밥을 해달라고 해서 먹고는 뒷산으로 사라졌다.

반란군들이 봉강리에 다녀갔다는 사실을 알게 된 토벌대는 낮 동안 마을에 상주하다가 밤이 되어서야 돌아갔다. 토벌대는 반란군에게 밥을 해주거나 연락을 해달라는 부탁을 받아 승낙한 자는 마을사람들이 보는 앞에서 일가족을 총살해 버리겠다고 경고했다. 그러나 반란군들은 밤이 면 마을에 내려와 식사 제공을 강요했다. 마을은 군경 토벌대와 반란군 사이에 끼어 공포의 나날을 보내게 되었다. 정종희는 수기에서 여순사건 당시의 참혹했던 상황을 다음과 같이 기록하고 있다.

당시 우리 부락 구장(지금의 이장)이 정종연 씨였는데, 토벌대는 부락민 동태를 확실하게 보고하지 못한다고 수상한 눈총을 보내고 있었다. 하루는 밤늦은 시간에 반란군이 구장 집으로 찾아왔다.
"밥 해주시오."
"제발 그냥 돌아가시오. 나는 내일 죽습니다."
"밥 해주지 않으면 오늘밤 우리가 죽이겠소."
공포에 못 이겨 식사 제공을 수락하자마자 그들은 구장을 덮쳐 오랏줄로 묶고 그 길로 지서로 데려갔다. 토벌대가 반란군으로 가장해서 들어왔던 것이다. 그리고 그 다음 날 토벌대는 부락민을 한 명도 빠짐없이 마을 앞에 모이게 했다. 이어서 회천면 경찰지서장 천화보 씨의 연설이 시작되었다.
"반란군을 끼고 있는 동네는 불순한 동네다. 그러므로 너희들도 불순한 사람들이다. 자! 지금부터 전부 매를 때리겠다. 이것은 내가 때리는 매가 아니라 삼천만 국민이 너희를 때리는 매다. 매 끝에 태극기를 달았다."

이날은 남녀노소를 가릴 것 없이 부락민 전체가 무수히 구타당했다. 이어서 토벌대는 집집마다 돌며 가축을 비롯하여 값나갈 만한 물건을 싹 챙겨서 마을을 나갔다. 국가를 위해 고생하는 그들에게 경제적 뒷받침을 하는 것이 바로 애국이라는 말을 남기고서.

여수, 순천, 보성, 벌교에서 토벌대는 반란군을 밀어내고 치안을 확보했다고 발표했으나, 막상 정종희가 사는 회천면 일대에서는 마을사람들의 피해가 그치지 않았다. 봉강리 뒤쪽에는 약 600미터에 이르는 일림산이 있다. 그 산줄기는 동쪽으로 보성읍과 벌교읍까지 이어져 있다. 남해안에 면한 곳치고는 꽤 깊은 산세라서 토벌대에 쫓기는 반란군이 근거지로 삼기에 적당했다. 이런 지형조건 때문에 토벌대와 반란군 사이의 싸움은 쉽게 끝나지 않고 길어졌다. 1948년 겨울은 유난히 추웠다. 마을사람들은 토벌대와 반란군 사이에서 반쯤 넋 나간 상태로 그 겨울을 났다. 면 지서에서 보성경찰서까지의 거리가 약 18킬로미터쯤 되는데 그 사이에 험준한 산이 가로놓여 있었다. 토벌대는 나무들에 전화선을 걸쳐두는 방식으로 통신을 했다. 그런데 이 전화선이 밤이면 반란군에 의해 잘려나갔다. 토벌대는 면내의 모든 마을을 대상으로 한 가구에 한 명씩 밤마다 전화선을 지키는 야경꾼으로 동원했다. 가구당 한 명이 나가야 했기 때문에 어떤 집은 대여섯 살 먹은 아이가 나가야 했고 노인들이 나온 집도 있었다. 추운 산속에서 밤을 지새워야 했기 때문에 해질녘이면 남부여대로 장작더미를 지고 행렬을 지어 나서는 게 그해 겨울의 일상이 되었다.

어느 날 몇 명의 반란군이 토벌대에 생포되었다는 소문이 돌더니 토벌대를 태운 트럭 한 대가 마을에 나타났다. 군인들은 마을사람들을 전부 불러 모았다. 그들은 어린 시절부터 정종희와 단짝이던 백형춘을 불러내더니 그 자리에서 총을 쏘아 사살했다. 체포된 반란군에게 밥을 해준 사람을 대라고 족치자 '백형춘'이라는 이름이 나왔다는 것이다. 그 당시 반란군에게 밥 한 번 해주지 않은 집이 없었지만 생포된 반란군 입장에서는 피해를 최소화하기 위해 한 집에서 계속 밥을 대 먹었다고 말했을지도 모른다. 다음날은 봉강리 옆 동네인 회령부락에서 주민들을 모아놓고 반란군에게 밥을 해주었다는 이유로 남자 7명, 여자 1명을 살해했다.

이렇게 되자 민심은 극도로 흉흉해졌다. 정종팔이 좌익으로 교도소에 있었던 탓에 마을사람들은 뭔가 피해를 볼까 두려워 정종희의 집안사람들을 피하기 시작했다. 정종희는 불안한 마음에 마을을 떠나기로 하고 어머니의 말대로 강진군에 있는 외가에 가서 몸을 숨겼다. 여순사건을 겪으면서 정종희가 사는 봉강리를 비롯한 일림산 일대의 분위기가 얼마나 살벌했는지 짐작할 수 있다.

여순사건에 대한 재평가가 필요하다

여순사건은 그동안 '여수 14연대 반란사건' '여수·순천 주둔군 반란사건' '여순반란사건' '여순봉기' 등 여러 이름으로 불렸다. 진실화해위원회에서는 이 사건을 '여순사건'으로 지칭하면서 "1948년 10월 19일 여수 주둔 제14연대 소속 군인들이 반란을 일으킨 뒤, 1950년 9월 28일 수복 이전까지 약 2년 동안 전남·전북·경남 일부 지역에서 군경의 토벌작전 과정에서 비무장 민간인이 집단학살되고 일부 군경이 피해를 본 사건"으로 정의했다.•

• 김상숙 외, 『한국현대사와 국가폭력』, 푸른역사, 2019, 67쪽.

군경토벌대에 의해 다수의 민간인이 희생되었으며, 제14연대와 제4연대 소속 군인들 중 반란군에 가담하지 않은 사람들까지 반란군으로 몰려 총살당했다. 여순사건은 이승만 정권이 좌익을 더 강하게 탄압하도록 만들었다. 미군은 반란군을 진압하는 데 적극적으로 개입했고, 정부는 국방경비법을 기초로 해서 국가보안법을 제정했다. 국민보도연맹 조직과 학도호국단을 창설하는 등 전 국민을 대상으로 통제체제를 구축했다. 여순사건은 반란군과 토벌대가 번갈아 지나가면서 주민들끼리 서로 지목해 우익을 처형하고 반란군 협력자를 처벌하는 바람에 공동체 구성원 간의 신뢰가 무너지면서 심각한 후유증을 가져왔다.

여순사건의 진상은 아직 다 밝혀지지 않았다. 사건에 대한 역사적 평가도 제대로 이루어지지 않았다. 현재 유족과 시민사회 단체에서는 '여순사건의 진상규명과 희생자 명예회복을 위한 특별법'을 제정하라고 요구하고 있다.

여순사건과 정해룡

1948년 여순사건 당시, 정해룡은 봉강리에 머물고 있었다. 회천면 일대에서 토벌대가 산으로 피신한 반란군들을 쫓고 있을 때, 정해룡은 보성경찰서 유치장에 갇혀 있었다.* 여순사건이 일어났을 때 보성경찰서의 경찰관이 찾아와 정해룡과 이야기를 나눈 뒤에 그를 자진출두 형식으로 경찰서에 데려갔다. 가족들은 경찰서에서 정해룡을 보호하기 위해 데려간 것이라고 생각했다. 정종희가 회상하는 당시의 살벌한 상황으로 보아

• 안종철 외, 「중도 민족주의와 혁신계」, 『근현대의 형성과 지역사회운동』, 새길, 1995, 132쪽.

정해룡이 갇혀 있었던 것은 오히려 다행한 일이었기 때문이다. 정해룡은 2~3개월 수감되어 있다가 사태가 거의 다 수습된 뒤에 별도의 수사나 재판을 받지 않고 유치장에서 풀려났다.

　봉강이 별다른 처벌을 받지 않은 것을 보면 여순사건이 보성을 지나갈 당시 매우 신중한 태도를 취했던 것 같다. 봉강은 해방 직후 회천면 인민위원장을 할 때와는 달라진 것이다. 미군정 3년 동안 중도적 성격의 근로인민당의 핵심간부로 활동하면서 정세를 보는 눈이 더 밝아졌을 것이다. 정해룡은 여운형이 암살되는 것을 지켜보면서 좌우익의 대립이 언제든 목숨을 앗아갈 수 있는 위험이라는 것을 알게 되었다. 사실 여부와 상관없이 당시 남로당이 일으켰다고 언론에 보도된 여순사건에 정해룡이 연루되지 않은 것은 다행스러운 일이었다.

　봉강이 무사할 수 있었던 또 한 가지 이유로 최천과의 친분을 들 수 있다. 여순사건 때 최천(1900~67)*이 전남경찰청 부청장으로 와 있었다. 최천은 일제강점기에 신간회 활동을 하고 항일운동으로 두 번 징역을 산 적이 있다. 그는 1945년 초에도 일제경찰에 피검되어 서대문형무소에 구류되어 있었다. 정해룡은 중국에 다녀오는 길에 정해진의 친구를 만나러 갔다가 경찰에 체포되어 서대문형무소에 구류되어 있을 때 최천과 만났다. 두 사람은 그때 같은 감방에 갇혀 있으면서 두터운 친분을 쌓았다. 정해룡이 여순사건 당시 보성경찰서에서 무사히 풀려날 수 있었던 것은 최천의 배려가 있었던 것으로 보인다. 최천은 우익인사였으나 정해룡에 대해서는 각별한 호의를 갖고 있었다. 여순사건이 일어나기 전인 1948년 2월, 정해진이 남로당 인천시당 선전부장으로 일하다가 경찰

* 경남 통영 태생. 경찰 출신 정치인으로 제3·4·5대 국회의원을 지냈다. 1927년 경상남도 도평의원 김기정의 매국행위를 규탄하는 징토대회를 열어 일제에 피검되어 징역형을 받았으며, 신간회 활동도 했다. 1942년에 박영근 등과 함께 항일운동을 모의하다 체포되어 징역형을 언도받고 복역하기도 했다.

에 체포되었을 때 봉강이 최천을 찾아갔다. 최천은 당시 인천경찰서장이었다. 최천은 정해룡이 온 것을 알고 뛰어나와 봉강의 두 손을 잡으면서 "정 동지가 어쩐 일이오?"라며 무척 반가워했다. 정해룡과 최천은 정치적 지향은 달랐지만 항일운동을 한 동지로 끈끈한 우정을 이어간 것으로 보인다.

거북정을 구한 봉강의 어머니

1948년, 여순사건을 주도한 제14연대 소속 군인들은 봉강리를 지나 일림산으로 피신했다. 군경토벌대는 그들이 봉서동을 지나갔다는 사실을 꼬투리 삼아 정씨네 일족들이 사는 윗동네에 보복을 가했다. 토벌대는 정씨 일가의 집 여러 채에 불을 질렀다. 정종일과 정해평의 집이 순식간에 잿더미가 되었다. 정해두의 집은 절반이 탔다. 당시 정해룡은 경찰서 유치장에 갇혀 있었고 해룡의 어머니와 식솔들은 아랫마을로 피신을 가고 거북정은 비어 있었다. 거북정 근처에 사는 주민들도 경찰의 지시로 마을을 비우고 소개당해 마을에는 사람이 살고 있지 않았다. 아무도 없는 마을에 들어온 군경토벌대는 삼의당을 불태우고 거북정에도 불을 질렀다. 현재의 삼의당은 불타고 난 뒤에 다시 재건한 것이다.

아랫마을에 피신해 있던 봉강의 어머니 윤초평은 멀리서 집에 불이 붙은 것을 보고 한달음에 달려왔다. 사랑채와 행랑채가 타들어가고 심은 지 100년도 더 되었다는 감나무에 불이 붙고 있었다. 이제 불길은 곧 사당을 집어삼킬 기세였다.

"네, 이놈들! 너희들은 조상도 없느냐? 대대로 내려온 종가의 선영을 모셔놓은 사당이 보이지 않느냐? 돌아가신 선영이 무슨 죄가 있기에 이런 못된 짓을 하느냐?"

어머니의 노기는 타오르는 불길보다 뜨거웠다. 집안의 남자들이 모두 잡혀가거나 피신해 있는 지금, 정씨 가문을 지킬 사람은 자신밖에 없다는 생각에 어머니는 두려움을 떨쳐버렸다. 어머니는 감나무가 불타면서 자옥한 연기에 휩싸인 정원을 지나 사당으로 들어가 위패를 하나씩 들고나왔다. 12대 선조의 위패를 모두 들고나와 안채 마루 위에 경건하게 내려놓았다. 그사이에 소개당해 있던 마을사람들이 하나둘 모여들었다.

마을사람들의 숫자가 늘어나면서 긴장감이 고조되었다. 윤씨 부인의 당당함이 좌중을 압도했다. 토벌대의 지휘관이 사당을 쳐다보더니 부하들에게 중지명령을 내렸다. 토벌대는 방화를 멈추고 물러났다. 마을사람들이 저마다 양동이에 물을 담아 와서는 불길을 잡았다. 이날 봉강의 어머니 윤초평이 나서지 않았다면 거북정은 잿더미로 변했을 것이다. 안채 정원에는 반쯤 불에 타서 명을 다한 감나무가 시커멓게 그을린 몸통으로 그날의 참담했던 현장을 증언하고 있다.

폭압과 공포에 짓눌린 사람들

윤초평의 용기는 가문에 대한 자부심과 자식들이 옳은 일을 하고 있다는 확신에서 나온 것이다. 그러나 봉강의 가족들이 모두 어머니 같지는 않았다. 봉강이 할아버지의 영에 따라 그의 나이 16세 되던 해인 1928년에 결혼한 박남이는 보성읍 봉산리 출신이다. 박씨는 시집올 때까지 집안에 갇혀 신부수업만 받은 보수적인 집안의 처녀로 내성적인 성격이었다. 정종호는 봉강의 어머니가 너무 얌전하기만 한 며느리보다는 활달한 며느리를 원했다고 했다. 일찍이 청상과부가 되어 어린 두 아들을 키우면서 연로한 시아버지를 모시고 종부로서 대가족을 이끌었던 윤초평은 여장부 소리를 듣던 사람이었다. 윤씨는 영민한 사람이었고 세상 보는 눈도 트인 편이었다. 어려운 시대를 살아내려면 세상일에 대한 판단력도 있고 강단이 있는 활달한 여성이 며느리로 들어왔으면 했다. 그러나 세상일이 다 뜻대로 되는 것은 아니다.

박남이는 1929년에 첫딸을 낳고 1934년에 큰아들을 낳았는데 그때부터 신경증을 앓았다. 집안사람들이 말하는 신경증이란 지금으로 말하면 우울증 증세였던 것 같다. 어린 나이에 시집을 와 연달아 자식을 낳았으나 남편과는 따뜻한 정을 나누지 못했다. 봉강은 늘 밖으로만 나다니며 뭔가 중요한 일을 하는 듯했으나, 박씨는 남편이 무슨 일을 하는지 알지 못했다. 삼천 석지기 부잣집으로 시집왔으나 시할아버지가 돌아가신 후에 집안의 재산은 줄어들기만 하고, 남편 봉강은 독립운동자금을 댄다는 둥 뭔가 위험한 일을 하고 있다는 이야기가 들려왔다. 해방 직전 남편과 시동생은 투옥되고 해방정국이 되자, 집안은 하루도 바람 잘 날 없었다. 마을에서 연일 총소리가 들려올 무렵부터 심약한 박씨의 강박증과 신경증은 더욱 심해졌다. 여순사건 이후에 봉강과 박씨는 사실상 결혼생활이 불가능해졌다.

정치를 하고 활발한 사회활동을 펼치던 봉강은 제수인 전예준의 동기인 이화여전 출신의 최봉조를 소개받아 1949년부터 율포 양조장 옆에 살림집을 짓고 사실혼 관계에 들어갔다. 최봉조가 호적을 정리해줄 것을 요구하자 봉강은 종손으로서 문중회의를 거쳐 승낙을 받은 후에, 박남이의 어머니(장모)의 허락까지 구한 후 호적을 정리했다. 박남이는 1960년에 봉강과 법적으로 이혼하게 되지만 거북정에서 시어머니와 함께 살았다. 봉강은 박남이를 끝까지 책임지고 돌보았다.

봉강의 장남 득상은 1934년생이다. 그는 순천고등학교를 다닐 때부터 토벌대가 휩쓸고 다니는 집안과 동네의 분위기에 두려움을 느끼고 민감하게 반응했다. 한국전쟁 이후에 마을이 빨치산과 토벌대의 전쟁터처럼 변했을 때부터 조울증을 앓았다. 어머니 박씨와 비슷한 증세로 시작되었으나 약물과용으로 나중에는 환각증세가 심해졌다. 봉강의 차남 철상은 순천고등학교를 졸업하고 육군사관학교에 진학하기 위해 입학시험을 쳐서 합격했으나 정해룡의 정치활동과 정해진이 월북한 사실 때문에 신원조회에 걸려 불합격 처리되었다. 그 충격으로 방황하다가 전남대 영문과에 진학했는데 그 후 어머니와 형처럼 조울증 증세를 보였다.

봉강의 처와 두 아들을 국가폭력의 희생자라고 볼 수 있을까? 국가폭력의 희생자라기보다는 분단체제의 희생자라고 할 수 있을 것이다. 그들은 자신들이 살고 싶은 삶의 방식과 꿈이 있었을 것이다. 그러나 국가와 민족을 위해 '큰일'을 하는 정해룡 형제와 그것을 당연한 의무로 받아들이는 집안 전체의 분위기 속에서 개인이 추구하는 삶의 가치는 무시되었다. '역사의 죄인이 되지 말라'는 가훈은 해방 전의 독립운동과 해방 후의 사회주의 투쟁으로 수렴되었으며, 그것은 집안 전체에 대한 탄압으로 이어졌다. 그 속에서 박남이와 득상, 철상은 공포와 좌절을 느끼며 '정상인'의 범주에서 멀어졌던 것이 아닐까?

2·7구국투쟁

정해룡은 보성에서 제주 4·3항쟁과 여순사건의 피해를 간신히 피해갔지만 한반도의 분단이라는 역사의 시간표를 되돌릴 수는 없었다.

1948년 2월 7일, 남로당과 민족민주전선을 비롯한 좌익세력은 이른바 2·7구국투쟁이라 하여 단독선거 거부투쟁에 나섰다. 그들은 유엔의 결의에 따른 단독선거 분쇄, 양군 철퇴와 조선민주주의인민공화국 수립, 북조선에서 이미 실시된 민주개혁의 실시 등을 투쟁목표로 내걸었다.

"쌀을 다오! 임금을 인상하라! 공출을 중지하라! 양군 동시 철퇴로 조선통일민주주의 정부수립을 우리 조선인에게 맡겨라! 국제제국주의 앞잡이 이승만·김성수 등 친일파를 타도하라! 남조선 단독정부 수립을 반대한다! 조선의 분할침략 계획을 실시하는 유엔한국임시위원단을 반대한다! 노동자 사무원을 보호하는 노동법과 사회보험제를 즉시 실시하라! 정권을 인민위원회에 넘겨라! 지주의 토지를 몰수하여 농민들에게 무상으로 나누어 주라!"

조선노동조합전국평의회(전평)는 전국에서 총파업을 전개했다. 학생들도 동맹휴학에 들어갔다. 남로당 측은 2월 7일부터 9일까지 3일 동안 투쟁에 총 147만여 명이 참가했다고 주장했다. 1948년 3월 26일자 『노력인민』은 구국투쟁으로 37명이 사망하고 146명이 부상했으며, 1만 845명이 검거되었다고 발표했다. 남로당의 총력투쟁도 남한 단독선거 일정을 막지는 못했다. 2월 26일에 유엔 소총회는 '남한만의 선거추진과 유엔한국임시위원단의 선거감시'에 대한 안건을 통과시켰다.

단독정부 수립을 저지하기 위한 마지막 노력

북조선은 단독정부 수립을 반대하면서 남북협상을 제안하고 통일정부 수립을 위해 노력하겠다고 밝혔다. 그러나 1948년 2월 8일, 조선인민군 창군 열병식을 가졌다. 김일성 항일유격대의 전통을 계승한다는 조선인민군 창군 열병식은 수십 만 명의 인파가 몰린 가운데 평양역 앞 광장에서 거행되었다. 북한은 정부수립 이전에 독자적으로 국군을 창건한 것이다. 조선노동당을 창당하고, 조선인민군을 창군하고, 인민공화국을 창건하는 식으로 북한 역시 단독정부 수립의 수순을 밟고 있었다.

1948년 2월 10일에 김구(한독당 당수)는 '삼천만 동포에 읍고(泣告)함'이라는 제목으로 성명서를 발표했다.

"마음속에 38선이 무너지고야 땅 위에 38선도 철폐될 수 있다. 내가 불초하나 일생을 독립운동에 희생하였다. 나의 연령이 이제 70인바 나에게 남은 것은 금일 금일 하는 여생이 있을 뿐이다. 이제 새삼스럽게 재화를 탐내며 명예를 탐낼 것이랴! 더구나 외국 군정하에 있는 정권을 탐낼 것이랴! 내가 대한민국 임시정부를 주지하는 것도, 한독당을 주지하는 것도 일체가 조국의 독립과 민족의 해방을 위하는 것뿐이다. ……… 나는 통일된 조국을 건설하려다가 38선을 베고 쓰러질지언정 일신에 구차한 안일을 취하여 단독정부를 세우는 데는 협력하지 아니하겠다. 나는 내 생전에 38이북에 가고 싶다. 그쪽 동포들도 제 집을 찾아가는 것을 보고서 죽고 싶다. 궂은 날을 당할 때마다 38선을 싸고도는 원귀의 곡성이 내 귀에 들리는 것 같았다. 고요한 밤에 홀로 앉으면 남북에서 헐벗고 굶주리는 동포들의 원망스러운 용모가 내 앞에 나타나는 것도 같았다."

김구에 대해 독선적이고 융통성이 없다고 비난하거나 이승만처럼 권력욕의 화신이었다고 비판하는 사람들도 있으나 통일에 대한 열망만은 진정성이 있어 보인다. 그러나 김구도 단독정부 수립을 막지는 못했고 이승만이 집권한 뒤에도 통일운동을 계속했다. 김구는 1949년 6월 26일 경교장에서 육군 포병 소위 안두희에게 암살당함으로써 정치테러의 희생자가 되었다.

1948년 3월 1일, 하지 미군정청 사령관은 3·1절 기념식에서 남한 내 총선거를 실시한다고 발표했다. 남한의 단독정부 수립이 기정사실화된 것이다. 이 발표와 함께 전국적으로 단독선거에 의한 단독정부 반대시위가 확산되었지만 대세를 뒤집기에는 역부족이었다.

남한 내 정치세력들의 저항도 이어졌다. 1948년 3월 12일에 7거두 성명이 발표되었다. "통일독립을 위해 여생을 바칠 것이다. 남한만의 단독선거에 참여하지 않겠다"라는 내용의 성명에 참여한 사람은 김구, 김규식, 김창숙, 홍명희, 조소앙, 조성환, 조완구 등이었다.

1948년 3월 27일, 북조선노동당은 제2차 당대회를 열었다. 대의원 979명이 참석해(노동자 446명, 농민 270명, 인텔리겐치아 234명, 기타 29명) 당중앙위원회를 선출하고 김일성을 위원장으로 선출했다. 김일성이 인민위원회에 이어 당을 장악해 권력의 일인자로 자리를 굳혔다.

1948년 4월 19일에 제1차 남북협상인 전조선제정당사회단체대표자연석회의(평양남북지도자연석회의)가 평양 모란봉극장에서 열렸다. 이 대회에는 김구와 김규식을 비롯해 남한의 31개 정당(한민당 불참) 및 사회단체와 북한의 15개 정당·사회단체에서 선출된 545명의 대표가 참석했다. 이 대회에 참석하기 위해 북으로 떠나면서 김규식은 38선 푯말을 붙잡고 "이제 내가 짚고 있는 푯말을 뽑아버려야만 하겠소. 그러나 나 혼자의 힘만으로는 되는 것이 아니고 온 겨레가 합심만 한다면 곧 뽑아버릴 수 있을 줄 아오"라면서 분단을 막기 위해 온 민족이 협력해줄 것을 호소했다.

4월 27일까지 계속된 남북연석회의는 남한의 단선단정과 미제국주의의 한반도 식민지화 야욕을 규탄하는 북한의 입장을 천명하는 자리가 되었다. 제1차 남북협상이 종료된 이후에 홍명희, 김원봉, 임화, 박태준 등 많은 인사가 북측에 잔류해 통일정부 수립방안을 모색했다. 연석회의가 끝나고 나서 1948년 4월 27일에 4김 회담(김구, 김규식, 김일성, 김두봉)이 열리고 김일성과 김규식 간의 양김 회담도 열렸다. 15인지도자협의회(김구, 김규식, 조소앙, 조완구, 홍명회, 김봉준, 이극로, 엄항섭, 허헌, 박헌영, 백남운, 김일성, 김두봉, 최용건, 주영하)를 열어 공동성명서를 채택하기도 했다. 4월 30일에 발표된 15인지도자협의회 공동성명서의 내용은 ① 외국군 미소의 즉시 철군, ② 외국군의 철수 후 내전이 발생할 수 없다는 점의 확인(남북 불가침), ③ 4단계 통일정부 구성안: 전 조선정치회의 소집 → 임시정부 수립 → 총선(보통선거)으로 입법기관 탄생 → 헌법제정과 통일정부 수립, ④ 남한의 단선단정 반대 등이었다.

통일정부 수립을 모색한다며 남북연석회의를 열면서도 한편으로 북한은 4월 29일에 북조선인민회의 특별회의를 열어 헌법 초안과 인공기를 만장일치로 채택했다. 남북한 단독정부 수립이 불가피하다고 보고 북조선 단독정부 수립을 위한 정치일정을 진행한 것이다.

1948년 5월 6일에 김구와 김규식은 귀경 공동성명서를 발표했다. "남한의 단독선거, 단독정부 수립을 반대한다." 공동성명서가 발표되자 전국적으로 이에 호응하는 시위가 일어났고 학생들은 동맹휴학을 결의했다. 5월 8일에 서울 시내의 대학과 전문대, 고등학교 등 18개 학교에서 단독선거를 반대하는 동맹휴학에 들어갔다.

1948년 4월 평양에서 열린 남북연석회의는 분단을 극복하기 위한 우리 민족 스스로의 노력이었다. 북한 정권의 수립에 이용됐다는 부정적인 평가가 있으나 적어도 2000년 6월 남북정상회담이 열리기 전까지 남북의 지도자들이 모여 분단에 반대하고 통일을 위해 노력한 회의였고, 이후 전개된 통일운동의 출발점이었다는 의의가 있을 것이다.•

분단을 막아보려던 사람들의 온갖 노력에도 불구하고 결국 5월 10일에 남한만의 단독선거가 치러졌다. 이른바 5·10총선거로 대한민국의 제헌 국회의원을 선출한 것이다. 제헌의원의 의석수는 총 200석이었는데, 제주도 2개 선거구가 투표율 과반수 미달로 선거무효로 처리되면서 총 198석이 되었다. 분단을 돌이킬 수 없게 만든 안타까운 선거였으나 나름대로 의미도 있었다. 이 선거는 성별, 신앙과 관계없이 21세 이상의 성인에게 동등한 투표권을 부여한 보통선거로 치러졌다. 미국도 수정헌법 제24조 발효로 문맹자, 흑인이나 가난한 사람들을 배제하지 않는 보통선거를 1964년에야 실시했다는 사실에 비추어 보면, 한국 민주주의의

• 노영기 외, 『한국현대사 1: 해방과 분단 그리고 전쟁』, 푸른역사, 2018, 215쪽.

역사에서 중요한 사건임이 틀림없다.

　헌법과 기본적인 법률의 제정임무를 맡은 제헌의원의 임기는 2년이었다. 정당으로는 한국민주당만 적극 참여하고 남로당, 한국독립당, 국민당, 민족자주연맹 등 해방정국에서 민중의 신망을 받던 정당은 정당 차원에서 불참했다. 이들 정당에 소속되어 있던 사람들 중 개인 자격으로 참여한 사람들은 무소속으로 출마했다. 제1당은 대한독립촉성국민회(총재 이승만 55석), 제2당은 한국민주당(수석총무 김성수 29석)이었으나, 무소속 의원(김구, 김규식, 안재홍 계)이 85석으로 가장 많은 의석을 차지해 당시 민심은 통일을 원하고 있었음을 보여준다.

　이 선거에는 김구와 김규식 등 민족주의자들은 참가하지 않았다. 정해룡과 함께 근로인민당에 속해 있는 장건상과 김성숙도 참가하지 않았다. 선거 참여는 단독정부 수립을 인정하는 것이라고 생각했기 때문이다.

　여기서 주목할 점은 제주도의 2개 선거구가 투표율 과반 미달로 선거 무효가 되었다는 사실이다. 이것은 제주 4·3민중항쟁의 여파였다. 제주도민 3만여 명이 희생된 이 사건은 한국전쟁의 예고편이나 다름없었다. 이 사건은 남북한에 각각 단독정부가 수립되고 국토가 분단된다는 것이 곧 내전을 의미한다는 것을 말해준다. 한국전쟁을 흔히 동족상잔의 비극이라고 부르는데, 같은 한국인들이 서로를 적과 아군으로 나누어 피를 흘리는 사태는 해방 직후 한반도가 미국과 소련의 점령지가 되면서부터 시작되었다. 단독정부 수립에 반대하고 통일정부를 수립해야 한다는 민중과 정치지도자들의 피맺힌 절규는 외세의 개입과 기회주의적인 정치세력들에 의해 허공으로 흩어지고 말았다. 그 결과 바로 2년 후에 한국전쟁이 발발하고, 해방 후 79년이라는 기나긴 시간이 지난 현재까지 한국은 통일을 이루지 못한 채 세계무대에서 사라진 냉전시대의 이념분쟁에서 헤어나지 못하고 있다.

세 번째로 체포된 정해진

1948년 9월 말에 마포형무소를 나온 해진은 연말까지 몸을 추스르고 나서 1949년 1월 초에 중앙당의 지시로 부산 경남지역의 남로당 조직을 확대하기 위해 부산으로 내려갔다. 경남도당의 선전부장과 진주지구 책임자와 거리에서 접선한 해진은 그들의 안내를 받아 2층 목조 가옥에 들어갔다. 자리에 앉은 지 2~3분도 채 안 되어 무장형사대에 의해 포위되었고 끝내 체포되었다. 나중에 알고 보니 진주지구 책임자가 미행당한 것이었다.

경찰에 체포된 그는 모진 고문에도 굴하지 않고 『농림신문』 기자로 일하면서 신년축하 광고를 모집하기 위해 부산에 왔다는 진술을 끝까지 유지하면서 미리 준비해둔 기자증과 모 기업의 광고의뢰증을 증거로 제시함으로써 검사의 불기소처분을 이끌어냈다. 해진은 인천경찰서 유치장에 같이 수감되어 있다가 나온 후에 남로당원이 된 인정식을 통해 『농림신문』 기자증을 구해 가지고 있었다. 기업의 광고의뢰증은 남로당을 비밀리에 지원해주던 기업체 대표가 직접 작성해준 것이었다. 신분증과 광고의뢰증이 진짜였으므로 위기를 모면할 수 있었던 것이다. 해진은 경찰에서 석방된 이후에 기자로 신분을 위장하고 부산에서 경상남도의 남로당 조직을 확대하는 공작을 계속했다.

정해진이 다시 서울로 돌아왔을 때는 미군정에 의해 남로당 조직이 파괴되어 당원들이 일신의 안위를 지키기가 점점 힘들어지고 있었다. 정해진도 체포의 위험을 느끼고 집에도 들어가지 않은 채 숨어 지냈으나, 1950년 2월 27일 서울에서 세 번째로 체포되었다. 해진은 이때 서울시당의 선전부장으로 있으면서 위험을 무릅쓰고 하부 선전지도에 전력하고 있었다.

체포되던 날은 해진과 매일 접선하고 있던 여론지도책이 접선장소에 나오지 않았다. 제2접선장소에도 나타나지 않아 비상선에 나가야 했다. 비상선은 광화문 사거리에서 서대문 로터리 쪽으로 가는 오른쪽 거리를 오후 4시에 스쳐가기로 되어 있었다. 해진은 경계를 늦추지 않고 광화문 사거리 약국에서 약을 사가지고 나와 정각 4시에 오른쪽 거리를 100미터가량 훑어보면서 사거리를 횡단해 왼쪽 오솔길로 들어갔다. 여론지도책은 오른쪽 거리 가로수 밑에 서 있었다. 체포된 것이 틀림없다고 생각하는 찰나 해진에게 형사들이 달려들어 포위하고 체포했다. 정해진은 광화문의 수도청 분실로 끌려갔다.

  책임자 놈이 나왔는데 남로당 서울시당 부위원장을 하다가 변절하여 숱한 당원을 잡아서 학살한 홍민표란 놈이었다. 놈들은 "네놈들이 죽을 날은 멀지 않을 것이다!"라고 소리치는 나를 황급히 유치장으로 끌고 들어갔다. 유치장에 들어가 보니 남로당 중앙선전부 관계자 30여 명이 체포되어 있었다. 수도청 분실이라면 전에 남로당원으로 있다가 체포되어 변절한 개들로 조직된 남조선에서 가장 악질적인 수사기관으로서 남로당원들은 잡는 데는 이골이 난 놈들만이 모여 있는 소굴이었다. 놈들은 남로당의 조직체계와 행동규칙을 잘 알고 있기 때문에 수사에 능숙할 뿐 아니라 장차 제놈들의 운명이 멸망하는 길밖에는 없다는 것을 알기 때문에 일단 체포된 당원을 제놈들처럼 변절시키거나 그렇지 못하면 죽여버려야 한다고 앞뒤를 가리지 않고 발악하는 놈들이었다. 놈들이 나에게 조직부와의 선을 대라고 고문했다. 문제는 어떻게 하면 상향선과 기본선에 불이 번지지 않게 하겠는가 하는 것이었다.

경찰들은 당시 서울시당 선전부장이었던 해진에게서 조직부와의 선을 자백받기 위해 밤낮없이 고문했다. 정해진의 수기에는 당시 그가 당한 고문의 실상이 다음과 같이 묘사되어 있다.

고문은 밤낮을 가리지 않고 진행되었다. 물고문, 고춧가루 고문, 비행기태우기 고문, 불고문, 전기고문 등 들이대지 않는 것이 없었다. 난로 불에 쇠꼬챙이를 빨갛게 달구어 전신을 지지는 불고문은 살가죽이 지글지글 타들어가는 데도 나는 악이 받칠 대로 받쳐 있었기 때문에 아픈 줄을 몰랐는데 전기고문은 참으로 힘들었다. 양쪽 새끼손가락에 전선을 매달고 발전시키면 심장으로 전류가 통과하는 듯 이빨이 으드득 갈리고 혀끝은 잘려져 입 안이 온통 피투성이가 되었다. 피가 흐르면 누전된다고 해서 일부러 혀끝을 자르는 것이다.

해진은 불로 지진 곳이 덧나 열이 39도를 넘게 되고 온몸이 피멍이 들어 운신을 못하게 되었다. 그런데도 경찰은 고문을 그치지 않았다. 해진은 이미 죽을 각오가 되어 있었기 때문에 자백하지 않고 버텼다. 고문자들은 살얼음이 낀 목욕통에 해진의 머리를 담근 다음에 전기고문을 했다. 그런 고문을 몇 번 당하고 나자 콧구멍에서 찬 공기가 새어나오면서 정신이 아득해졌다. "아, 나는 이제 죽는구나. 하지만 나는 애국자로서 죽는다"라는 생각을 하면서 의식을 잃었다. 해진이 정신을 차렸을 때 그는 병원에 있었다. 고문자들이 그를 병원으로 데리고 온 것은 그의 목숨이 귀해서가 아니라 어떻게 해서든 선을 찾아내려는 목적이었음은 물론이다. 해진은 20일이나 계속된 고문을 이겨내고 3월 중순에 '대한민국 정부전복을 위한 남로당 중앙선전부 사건'이라는 죄명으로 기소되어 서대문형무소에 압송되었다.

형무소에 압송된 해진은 병동감방으로 이송되었다. 의료진의 진단에 의하면, 전기고문으로 인한 심장판막증이었다. 허벅다리와 엉덩이에는 곪은 상처가 두 군데 크게 나서 붕대가 1미터씩은 들어갔다. 병감(病監)은 넓은 마루방이었고 재감 환자 수는 50여 명이 되었다. 모두 정치범인데 고문으로 인한 심장병 환자가 제일 많았고 전혀 걷지 못하는 환자도

4~5명 정도 있었다. 의사는 거의 오지 않고 간병인이 약을 타다가 치료해 주었다. 간병인은 잡범이었는데, 별로 의학적 지식이 있는 사람도 아니었다. 병감에서의 치료란 그저 환자들이 줄지어 누워 안정을 취하는 것에 불과했다.

4월 초에 어머니가 면회를 왔다. 해진의 아내 전예준과 둘째 아들 훈상을 데리고 같이 왔다. 해진은 어머니를 보면 마음이 약해질 것 같아 눈물을 보이지 말아야 한다고 마음을 다잡고 어머니를 만나러 나갔다.

"어디가 아프냐?"

"심장이 아픕니다."

어머니는 다른 말씀은 없이 갓 태어난 셋째 손주 자랑만 했다. 건강하고 뼈대가 늘씬한 게 인물도 준수하다는 이야기를 되풀이했다. 해진의 기분을 좋게 해주려고 일부러 밝은 이야기만 하는 어머니의 속내를 짐작할 수 있었다.

"어머니, 죄송합니다. 저희 형제가 어머니께 한평생 마음고생만 시켜드려서."

해진은 진심으로 어머니께 죄송했다.

"그런 모린 소리 하지 마라. 너희 형제가 떳떳한 길을 걸으니 나는 그것이 제일 기쁘다. 어미 걱정은 조금도 하지 마라."

역시 어머니답다. 해진은 어머니가 자랑스러웠다.

"어머니, 저희들이 어머니 환갑 때면 자식의 도리를 하겠다고 늘 말씀드렸는데 내년이면 어머니 환갑입니다. 제가 대학 다닐 때 어머니 모시고 금강산에 갔댔지요? 제가 어머니를 부축하여 상팔담에 오를 때 어머니가 저에게 부모가 늙으면 자식이 부모의 지팡이 노릇을 하는 거라고 말씀하셨지요? 어머니가 환갑이 되실 때는 저희들 형제가 지팡이가 되어 어머니를 모시고 평양도 가보고 만경대에도 가보자고 하였는데."

"오냐. 꼭 가보고 싶구나. 가볼 날이 오겠지. 명년에 가보자꾸나."

어머니가 밝게 말씀하셔서 해진도 기분이 좋아졌다. 면회시간이 끝나자 "언제 다시 어머니를 뵐 수 있을까?"라는 생각에 가슴이 조여 왔으나 해진은 끝내 밝은 얼굴로 어머니와 헤어졌다.

봉서동은 우리의 모스크바였다

정해진은 정씨 일가와 지역사회의 젊은이들에게 정신적 스승 역할을 했다. 해진은 공산주의 혁명가로서 주변사람들을 사상적으로 교화시키는 것을 당연한 사명으로 여겼다. 경성제대를 졸업하고 동경제국대학에서 유학한 해진에 대한 일가와 지역주민들의 신뢰는 두터웠다. 그의 이야기는 자주독립 국가와 평등한 세상을 꿈꾸는 젊은이들에게 '복음'이자 '진리'였다. 해진은 매우 언변이 좋은 달변가였다. 그의 이야기는 명쾌하고 설득력이 있었다. 해진은 같은 연배나 후배들뿐만 아니라 훨씬 연배가 위인 사람들에게도 존경을 받았다. 정종희 역시 큰집 조카인 해진을 동경하고 존경했다.

정종희의 형 정종팔은 1946년 10월의 인민항쟁 때 주모자로 체포되어 재판을 받고 징역을 살고 있었다. 1948년에 여순사건이 보성을 휩쓸고 지나간 뒤에, 토벌대와 반란군이 번갈아 마을에 나타나면서 마을의 민심은 극도로 흉흉해졌다. 반란군에게 밥을 해줬다는 이유로 마을사람들이 토벌대로부터 매를 맞고 총을 맞아 죽는 일들이 빈번하게 일어나면서 정종희는 불안감에 휩싸였다. 형이 교도소에 있다는 이유로 마을사람들이 자기 집을 꺼려한다는 것을 알기에 마을에서 견디기가 힘들었다. 1948년 겨울, 강진에 있는 외가로 몸을 피했던 정종희는 이듬해 봄에 고향으로 돌아와 농사일을 했으나 여전히 불안감에 시달렸다. 1949년 여름이 시작되자 어머니를 설득해 서울로 올라갔다. 당시 17세의 정종희는 서울 신촌에 셋방을 얻어 닥치는 대로 막노동을 하면서 어머니를 모시고 살았다. 정종희는 서울에 온 김에 항상 소식이 궁금했던 조카 정해진을 만나려고 했다.

서울에서 자리를 잡은 뒤 나는 큰댁 둘째 조카(정해진)를 수소문 끝에 만날 수 있었다.
"여순사건으로 고향이 말이 아닙니다. 거기서 살 수가 없어서 어무니 모시고 올라왔습니다."
조카이기는 했지만 둘째 역시 나보다 열일곱 살이나 위였다.
"판국이 어려워 다들 고생이 많습니다. 이 시기를 굳세게 견뎌 나가셔요. 곧 좋은 날이 오겠지요. 모쪼록 서울에 오셨으니 얼마 안 되는 친척끼리 도우며 삽시다. 아재도 틈틈이 공부를 해야지요."
당시 둘째 조카는 지하공산당원으로 서울에서도 비중 있는 역할을 담당하고 있었다. 그는 보성에서 유일하게 경성제국대학을 거쳐 동경제국대학 대학원에까지 유학한, 말하자면 보성이 낳은 '인물'이었다. 어린 시절 이런 조카를 가까이서 지켜본 나로서는 일종의 존경심 같은 마음을 갖고 있었다. 그는 자신에게 엄격한 생활태도를 지닌 데다 해박한 사람이었다. 아무튼 서울에서 조카와 만난 이래 나는 그의 영향을 크게 받았다.
"우리 집안이 겪고 있는 현재의 고통은 역사가 변화되는 데서 필연적으로 나타나는 한 현상에 불과합니다. 이를 올바로 받아들이고 혁명에 적극 나설 수 있는 사상적 의지와 준비가 필요합니다."
이 같은 조카의 충고 속에 나는 혁명에 관한 기본이론들을 공부했고, 앞으로의 삶도 '계급해방'이라는 역사적 요청에 따라 걸어갈 것을 결심했다. 일제 이래부터 겪어온 수난의 민족사가 결국은 어떤 하나의 길로 접어들기 위해 필요했던 '진통'의 과정으로 여겨지기도 했다.

정해진 집안에는 보성에서 한국전쟁 이전부터 남로당 활동을 하거나 한국전쟁 중에 공산당 활동을 한 사람들이 많다. 봉강의 숙부이자 정종희의 형인 정종팔은 전쟁 전에 인천 소년형무소에서 복역하다가 탈옥해 빨치산 활동 도중에 사살당했다. 정종희의 누나인 정국남도 빨치산 활동을 하다가 사살되었다. 봉강의 재종형인 정해두는 보성군 농민동맹위원장으로 활동하다가 입산해 빨치산이 되어 사살되었다. 정씨 가문 사람들은 자수하거나 전향하기보다 끝까지 투쟁하다가 죽음을 택한 사람들이 많다.

정해진과 함께 부평과 인천에서 공산당 활동을 한 적이 있는 김선우(1918~54)는 보성군 웅치면 출신이다. 한국전쟁 당시 조선노동당 전남도당 부위원장으로 유격대를 지휘했다. 그는 유격대원들에게 '사령관님'으로 불리며 존경받았다. 한국전쟁 이후에도 백아산에서 빨치산을 이끌다가 1954년에 토벌대에게 사살되었다.

김선우 전남도당 부위원장 겸 유격대 사령관은 '철두철미하게 관용과 애정을 기본으로 하는 간부정책'을 펼치고, 투항한 경찰을 데리고 다니는 것이 귀찮으니 총살하자는 유격대원에게는 그들을 살리는 것이 "정치적으로 승리하는 길"이라며 설복하던 유연한 지도자로 그려졌다.• 김선우는 세 살 많은 고향 선배였던 정해진과 매우 가까웠는데, 김선우의 어머니는 "똑똑한 내 아들 선우가 해진이와 어울리다가 죽었다"라고 정해진을 원망했다고 한다.

그밖에도 보성의 하동 정씨 가문의 장손 역시 정해진의 영향으로 인민군 장교가 되었다. 김선우뿐만 아니라 보성에서 자식들이 공산주의자가

• 한국역사연구회 현대사증언반 엮음, 「윤기남: 여순을 말한다」, 『끝나지 않은 여정』, 대동, 1996, 252~54쪽; 김진환, 「빨치산, 역사의 격랑에 선 사람」, 『역사비평』(통권 제94호), 역사비평사, 2011년 봄호, 308~09쪽에서 재인용.

되어 화를 입은 집안의 부모들 중에는 봉강리에 드나들다가 그렇게 되었다고 이야기하는 사람들이 많았다. 이 마을 출신 김성섭*은 "봉서동은 우리에게 모스크바였다"라고 회상했다.

첫 번째 도전, 국회의원 선거에 출마한 정해룡

해진이 병감에서 고문 후유증으로 얻은 병마와 싸우고 있을 때, 해룡은 중요한 결단을 내리게 된다. 1950년 5월 30일에 실시되는 제2대 국회의원 선거에 출마하기로 한 것이다. 봉강은 여운형의 죽음으로 근로인민당이 어려움을 겪다가 이승만 정권에 의해 등록이 취소되면서 완전히 해산된 이후 정치활동을 하지 않았다. 1950년 5월 30일에 제2대 국회의원 선거가 다가오자 장건상과 김성숙 등 그의 정치적 동지들이 출마를 결심하면서 봉강에게도 출마를 권했다. 정해룡은 선거 출마를 앞두고 여러 차례 상경해 근로인민당을 함께하던 동지들을 만났다.

   1948년에 단독정부 수립을 반대하면서 남북협상을 지지하던 정치인들은 제헌의회 선거에 참여하지 않았다. 1948년에 남북한에 단독정부가 수립되고 나서 2년 동안 이승만 정권의 국정운영은 완전히 실패했다. 이승만 정권은 1948년에서 1950년까지 극심한 인플레이션, 높은 물가 등으로 파탄지경에 이른 민생을 안정시킬 효과적인 경제정책을 수행하지 못했다. 그리고 반민족행위자의 처벌 등 사회정의나 민족정기 바로 세우기에도 실패하고 귀속재산의 처리과정에서도 부패가 만연해 사회·경

- 1938년생으로 회천면에 살던 정춘상의 친구다. 부친이 정해룡과 친구였고 외가가 영성 정씨 가문이라 봉강의 집안과 가깝게 지냈다. 해방 후 양정원에서 잠시 공부했다.

제적 혼란이 가중되었다. 정치 분야에서도 민국당(한민당의 후신)과의 갈등이 완화되지 않고 국회에서 내각책임제 개헌안 문제를 놓고 첨예하게 대립하고 있었다.*

이승만은 5월로 예정된 총선을 치안문제 등을 핑계로 12월로 연기하려 했으나 미국의 압력과 야당의 반대로 실패했다. 제2대 국회의원 선거는 2년 동안 국정을 책임져 온 이승만 정권에 대한 국민의 평가라는 의미를 가진 선거였다. 제헌의회 선거를 거부했던 정치세력들이 이승만과 기존 정치세력들에 더 이상 나라를 맡길 수 없다는 판단 아래 대거 선거에 참여해 정치판도를 바꾸기로 했다. 정해룡 역시 의회에 진출해 이승만 정권을 견제한다는 명분에 동조해 출마를 결심한 것이다.

정해룡은 보성군에서 무소속으로 출마했다. 박종면(대한국민당), 현역 국회의원 이정래(민주국민당), 김낙오(국민회), 염동두(무소속), 김영관(무소속) 등 보성군의 국회의원 후보는 모두 6명이었다. 제1야당인 현역 의원과 집권당 소속의 후보, 그리고 관변단체인 국민회 소속의 후보와 겨루어야 했고, 무소속 후보들도 중견 관료 출신으로 정해룡보다는 유리한 입지를 가진 후보들이었다. 경쟁후보들의 면면을 보면 처음부터 쉽지 않은 선거였지만 정해룡은 정부와 친여 정당, 관변단체들의 방해와 견제까지 견디며 선거에 임해야 했다. 이승만 정권은 선거를 보름 앞두고 보성경찰서장에 고흥경찰서장이던 이봉하를 내려보냈다. 새로 부임한 경찰서장은 자신이 임명된 이유를 잘 알고 있었다. 경찰서장은 경찰을 동원해 정해룡을 찍으면 총살하겠다는 협박을 공공연하게 했다. 미군정 시기와 여순사건을 겪으면서 폭력에 길들여진 지역 유권자들은 공포를 느끼고 움츠러들었다. 『보성군사』에서는 당시의 선거 분위기를 다음과 같이 묘사하고 있다.

- 김수자 외, 『한국현대사 1: 해방과 분단 그리고 전쟁』, 푸른역사, 2018, 250~51쪽.

여기 짚어두고 갈 점은 '꽃장다리 선거'다. 정해룡 씨를 중심으로 한 사회주의 동조자들이 일제히 들고 일어나니 선거 분위기는 초반에 거의 압도하는 분위기였다. 이런 기류를 막아보고자 동원된 수단이 농가의 꽃장다리 단속이었다. 산감(산림경찰), 지서 직원을 동원하여 각 농가를 산림법 위반으로 단속을 시작하니 어느 농가고 이에 저촉되지 않는 호구가 없어 불과 2년 전에 겪었던 (여순)반란의 힘겨운 망령 속에서 사람들은 너나 할 것 없이 자연히 움츠러들게 마련이었다. 꽃장다리란 당시 농가의 유일한 연료로 봄에 산에서 철쭉의 뿌리를 캐서 말려 땔감으로 사용했다.*

이런 어려운 상황에서 고향에 돌아와 있던 정종희는 정해룡의 선거운동에 나서게 되었다. 정종희는 수기에서 정해룡의 선거운동을 도와주던 일에 대해 다음과 같이 기록했다.

> 무소속으로 입후보한 큰조카는 손발이 돼줄 만한 젊은 친척들을 죄다 감옥에 두고 있었으므로 초장부터 고전하는 형세였다. 제반 사정을 알아본 나는 인근 부락의 학교 동창들을 찾아 나섰다. 자기 면에서 국회의원 후보가 나선다 하면 누구든지 반기고 적극 도우려함직 하건만 큰댁 조카에게는 그런 지지자가 없었다.
>
> 대다수 면민들은 속마음이야 어떻든지 간에 '빨갱이 후보'라고 몰아대며 "누구든 그의 선거운동을 도우면 가만 놔두지 않겠다"는 경찰의 위협 아래 살고 있었던 것이다. 어려운 사정 속에서도 몇몇 친구들이 선뜻 나의 제의를 받아들였다. 벽보를 붙이고 인사장을 돌리기 시작한 지 사흘쯤 됐을까?
>
> "천포리 쪽을 돌던 친구들이 다 잡혀갔다."

• 보성군사편찬위원회, 앞의 책, 482~83쪽.

"누가 합법적인 선거운동을 방해해?"

"야, 지금 순진하게 법 따질 때냐? 빨리 피하자."

우리 선거운동 팀을 면 지서에서 체포하러 나선 것이다. 다음날로 나는 지서에 붙들려갔다.

"빨갱이 선전운동을 하는 놈은 다 죽여버리겠다. 일단 한 번 돌려보내겠지만 다시 이런 짓 하면 죽을 줄 알아라."

무수한 구타를 당한 뒤 "한 번만 봐 준다"는 은전(?)을 받고 풀려났다. 그리고 선거 임박해서까지 아무것도 할 수 없었다. 이례적으로 보성 경찰서장이 각 마을을 순회했다.

"누가 누구에게 표를 찍었는지 다 압니다. 정해룡 후보에게 표를 찍은 사람은 나중에 조사해서 엄벌에 처할 것이오."

정해룡은 6명의 후보 중 4위로 낙선했다. 봉강은 4위에 그쳤지만 보성읍에서는 나머지 4명의 후보의 표를 합친 것보다 더 많은 몰표를 받았다. 그러나 나머지 지역에서는 관권선거의 벽을 넘지 못했다. 당선자는 국민회 김낙오 후보였다. 국민회는 사실상 정부기관과 다름없는 조직이었다. 전국적으로 가장 크고 대중적인 조직을 갖고 있었고 말단 행정기구를 하부 조직망으로 활용했다. 여순사건의 공포가 가시지 않은 보성은 남북협상파가 대거 당선된 서울이나 다른 대도시 지역과는 분위기가 확연하게 달랐다.

이승만 정권에 대한 국민의 심판

제2대 국회의원 선거는 전국 평균 투표율이 86퍼센트에 달할 정도로 국민들의 관심이 높았다. 총 39개의 정당과 사회단체가 참여해 국회의원

입후보자가 총 2,209명으로 평균 10.5대 1의 높은 경쟁률을 보였다. 여당이었던 국민당은 대통령직선제를, 야당인 민국당은 내각책임제 개헌을 주장했다. 선거 결과는 단정세력이었던 국민당과 민국당의 참패로 나타났다.

무소속 후보가 126명이 당선되어 전체 의석수의 3분의 2에 가까운 의석을 차지했다. 이승만을 지지하는 정당 및 단체인 국민당, 국민회, 대한청년단 등은 각각 24, 14, 10석, 일민구락부 31석, 대한노총 3석, 대한여자국민당, 대한부인회, 대한불교위원회가 각 1석으로 이승만 대통령계가 총 85석을 차지했다. 민국당은 24석, 사회당은 2석, 민족자주연맹은 1석을 차지했다.

5·30총선거에서는 중간파와 남북협상 참여파들이 압도적인 지지를 받으며 당선되었다. 대한민국 임시정부 외교부장과 한독당 부위원장을 지내고 남북협상에 참여했던 조소앙은 미군정기의 경무부장이었던 조병옥(민국당)과 서울 성북구에서 맞붙었다. 조소앙은 3만 4,035표, 조병옥은 1만 3,409표를 얻었다. 조소앙은 전국 최다 득표를 거두며 조병옥에게 압승했다. 남북협상에 참여했던 원세훈, 오하영, 윤기섭, 조시원(조소앙의 동생), 여운홍(여운형의 동생)도 서울과 경기지역에서 정부 각료와 현역 국회의원들을 큰 표 차이로 따돌리고 당선되었다. 정해룡과 근민당을 함께했던 장건상은 부산에서 당선되었다. 당시 정해룡과 가장 가까운 동지였던 운암 김성숙은 경기도 고양군에서 출마했으나 낙선하고 말았다. 그것이 꼭 당락에 영향을 끼쳤다고 단정할 수는 없으나 김성숙은 장건상과 달리 남북협상에 참여하지 않았다.

총 당선자 중 재선 국회의원은 31명에 불과했다. 이런 선거 결과는 단독정부 수립을 주도했던 정치세력의 무능에 대한 국민의 심판이었다. 그러나 국회의원 선거가 끝난 지 한 달도 채 안 되어 한국전쟁이 발발했기 때문에 제2대 국회는 정상적으로 운영되지 못했다. 한반도가 전쟁의 소용돌이에 휩쓸리면서 선거에서 표출된 민의를 정치에 반영할 기회도 영영 사라져버렸다.

─ 14 ─
한국전쟁

남북한 전체 국민이 희생자였던 전쟁

1950년 6월 25일부터 1953년 7월 27일까지 만 3년 동안 이어진 한국전쟁의 경과는 세 단계로 정리할 수 있다. 1950년 6월부터 가을까지 북한이 남한을 점령하기 위한 전쟁, 1950년 가을과 겨울에 북한을 두고 벌인 전쟁, 그리고 중국의 개입 이후 참호전 형태로 2년 동안 더 지속된 전쟁이다. 이 길고 참혹했던 전쟁에서는 막대한 피해가 발생했다.

우선 인명 피해에 있어, 남측에서는 한국군(경찰 포함) 63만 명, 유엔군 55만 명을 포함 119만 명이 전사·전상·실종되었고, 북측에서는 북한군 80만 명, 중국군 123만 명의 손실이 생겨 군인 피해만도 총 322만 명에 달했다. 또한 1952년 3월 15일까지 발생한 전재민의 수가 천만 명을 넘어섰다. 휴전 때까지 이 숫자는 훨씬 늘어났겠지만 결과적으로 전체 인구의 절반 이상이 전화(戰禍)를 입었다. 따라서 당시 한국인의 상황을 살펴보면 가족 구성원 중에서 최소한 한 명은 전쟁의 피해를 받은 셈이어서 전·사상자의 혈육과 이산가족 등 많은 사람이 한국전쟁의 연장선상에서 고통을 받고 있다.

봉강리와 보성에서 일어난 전쟁 초기의 참상

봉강 정해룡과 그의 가족들에게도 전쟁의 거센 파도가 밀어닥쳤다. 정해룡은 국회의원 선거를 끝내고 봉강리에 머물며 선거운동을 도와준 사람들에게 감사의 마음을 전했다. 어려움을 무릅쓰고 지지해준 사람들에게는 낙선을 했어도 낙선인사는 챙겨야 했다. 선거기간 동안에 신경을 쓰지 못했던 양조장이나 인쇄소 등 사업체도 둘러보았다. 국회의원 선거 전인 2월 27일에 첫 딸을 낳은 아내(최봉조)에게도 마음을 써주어야 했다. 그러다가 전쟁이 터졌다.

한국전쟁이 터졌다는 소식이 들려오자 봉강은 예비검속을 피해 산으로 숨어들었다. 봉강은 남로당에 가입하지 않았지만 과거 건준이나 조선인민당, 근로인민당 이력만으로도 늘 좌익으로 찍혀 있어 남한과 북한 사이에 전쟁이 일어났을 때 무사하리라는 보장이 없었다. 동생 해진과 일가붙이들 중 남로당 당원이 많았던 것도 봉강의 약점이었다. 여순사건 때처럼 경찰서 유치장에 들어간다고 해서 안전할지도 알 수 없었다. 봉강은 우선 피하고 보라는 어머니의 말씀을 따라 일림산으로 들어갔다. 봉강리에는 다시 공포와 불안의 나날이 시작되었다.

정종희는 모내기를 하느라 6월 한 달을 정신없이 바쁘게 보냈다. 1950년 당시 동네에는 젊은 사람이 드물었다. 정종희도 좌익에 대한 무차별적 폭력으로부터 목숨을 부지하려고 마을을 떠나 서울에 살다가 모

• 양영조 외, 『한국현대사 1: 해방과 분단 그리고 전쟁』, 푸른역사, 2018, 288쪽.

내기는 해야겠다는 생각에 막 돌아온 참이었다. 특히 여순사건의 여파로 청년들은 거의 다 마을을 떠나고 없었다. 당시 정종희는 오랜 친구인 임종만과 자기 집에서 같이 지내고 있었다. 청년들이 없어 마을의 모내기를 둘이 도맡아 하느라 함께 기거하면서 새벽에 같이 일하러 다니던 참이었다. 임종만은 여순사건 당시 반란군을 따라 산으로 올라갔다가 내려와 자수를 하고 풀려났다. 정종희는 친구 임종만이 전쟁 직후 보도연맹 예비검속으로 희생된 정황을 다음과 같이 진술했다.

6월 26일, 전날의 모내기로 고단한 탓이었는지 이날은 해가 중천에 오르도록 친구와 잠에 떨어져 있었다. 어느 때쯤이었는지 밖에서 누군가 부르는 소리가 들렸다. 일어나 문을 열어보니 같이 있던 친구 임종만의 어머니께서 가쁜 숨을 내쉬며 마루에 걸터앉아 아들을 부르는 것이었다.

"종만아, 얼렁 지서에 가 봐라. 아침에 순경들이 너 좀 만나자고 집에까지 찾아왔드라."

"뭔 일이락합디요?"

"이번에 지서로 나오믄 니한테 붙은 보도연맹인가 뭔가 하는 그 딱지 아조 띠어준다 하드라."

그 당시 소위 '국민보도연맹'이라는 것이 있었다. 과거에 좌익활동을 했거나 좌익계 사람들을 도와줬던 사람들이 체포된 후 전향하면 살게 해준다는 조건으로 가입시켰던 단체가 그것이었다. 우리 마을에서는 수십 명이 이 단체에 가입돼 있었고, 절차를 밟지는 않았지만 우리 가족도 내 형님이 형무소에 있던 관계로 보도연맹 가입대상이었다. 말하자면 과거의 좌익활동 혐의자들을 대상으로 이 단체를 만들어 앞으로 탈없이 사는지 감시하기 위한 기구였던 것이다.

아무튼 26일 오전에 친구 임종만은 기쁜 얼굴로 면사무소로 향했다.

그런데 어찌 된 일인가? 다음날 소식을 들으니 지서에서 수십 명의 보련 가입자들이 총살당했다는 것이다. 내 집에서 나간 임종만이는 영영 돌아오지 못할 길을 떠난 것이다. 그리고 날마다 보련 대상자들을 찾는 순경들의 출입이 늘어났다. 며칠 뒤 우리 부락에서 정영수 씨, 정민수 씨, 김순태 씨가 경찰에 붙잡혀 가 사살됐다. 이때까지도 우리 면에서는 6·25가 일어난 것을 까마득히 모르고 있었다.

"보련 대상자는 다 죽인다"라는 소문이 퍼지면서 정종희는 다시 언제 죽을지 모른다는 공포에 사로잡혔다. 대상자를 급수별로 분류해 하나씩 잡아다가 어디서 어떻게 죽이는지도 모르게 총살한다고 했다. 소리 없이 다가오는 죽음의 그림자에 쫓겨 정종희는 다시 산으로 피신했다. 언제 경찰이 들이닥칠지 모르니 일단 피하고 보는 게 상책이었다. 낮에는 뒷산에 숨어 있다가 밤이면 도둑고양이처럼 몰래 내려와 허겁지겁 끼니를 때우고는 다시 산으로 올라갔다. 날씨가 춥지 않은 게 다행이었다.

7월 초가 되자 "38선이 터졌다"는 소문이 퍼졌다. 당시로서는 한반도 남쪽 끄트머리 바닷가에서 전세(戰勢)가 어찌 되었는지 알 길이 없었다. 보련 가입자들을 찾아다니는 경찰들의 얼굴에 초조한 기색이 역력하다는 말을 듣고 막연히 공산군이 깊숙이 내려왔나 보다 짐작할 뿐이었다.

보성경찰서에서는 7월 23일에 보성읍과 인근지역에서 건준이나 인민위원회 활동을 했던 사람들과 보도연맹원 등 20여 명을 연행해 유치장에 가두었다. 경찰은 그날 저녁 유치장에 있던 사람들을 모두 보성군 미력면의 국도변 골짜기로 데리고 나가 총살했다.• 보성인쇄소에 함께 있던 정해필과 윤윤기가 여기 포함되어 있었다. 천포리에서는 경찰들이 오봉사 지서의 분서 유치장에 사람을 꽉 채워놓고는 그대로 총을 난사한

• 이재의, 앞의 글.

뒤 어디론가 빠져나갔다는 소식도 들렸다. 6월 26일부터 7월 25일 사이에 보성군에서 죽은 보도연맹 가입자들만 해도 수백 명에 달했다.

국민보도연맹에 가입했다가 희생된 사람들

국민보도연맹은 1949년 4월 20일에 창립되었다. 1948년 대한민국 정부 수립을 전후해 제주 4·3사건과 여순사건이 일어나면서 이승만 정부는 1948년 12월에 국가보안법을 제정했다. 남조선노동당이 와해되면서 일부는 빨치산이 되어 입산했는데, 활동하지 않고 남아 있는 사람들과 외곽단체에 속해 있던 사람들을 관리하기 위해 국민보도연맹을 만들었다. 국민보도연맹은 국민을 보호하고 이끈다는 뜻을 가진 단체였다. 일제강점기에 내선일체를 강화하기 위해 만든 사상보국연맹이나 대화숙(大和塾) 같은 단체를 본떠 만든 것이다. 정부가 국민보도연맹을 창설할 때는 주로 좌익활동을 한 사람들이 가입대상이었다. 그러나 각 경찰서에서는 할당된 인원을 채우기 위해 좌익활동과 무관한 사람들을 마구잡이로 가입시켰다.

 정부는 보도연맹원의 신분을 보장하고 사상적인 측면에서 전향을 했다고 판단하면 '국민'으로 받아들이겠다고 선전했다. 그러나 실제로는 이들을 요시찰 대상으로 보고 감시와 통제를 계속했다. 이들은 전쟁 이전부터 이승만 정부의 반대자로 낙인이 찍혔고 제거해야 할 대상으로 분류되었다. 이런 분위기에서 북한이 전면적인 남침을 감행하자 이승만 정부는 이들이 정부를 위협하는 동조세력이 될 것이라고 예단하고 연행해 구금했다. 그리고 전황이 불리해지자 후퇴하면서 이들을 학살한 것이다. 그러나 학살이 시작될 때 전선 이외의 지역에서 보도연맹원들이 인민군을 도와줄 수도 없었으며, 그들이 북한을 이롭게 한 경우는 거의 없었다.

전쟁 당시 국민보도연맹의 총 가입자 수는 30만 명가량이었다. 학계에서는 이 중에서 약 20만 명이 희생된 것으로 추정한다. 1960년 4·19혁명 이후 조직된 전국피학살자유족회가 정부에 제출한 회원 수는 114만여 명이다. 이를 근거로 시민사회단체에서는 전쟁 중에 100만여 명의 민간인이 학살당한 것으로 보고 있다. 여기에는 국민보도연맹원뿐만 아니라 형무소의 재소자와 부역혐의자, 국군 제11사단의 호남지역 토벌작전,* 같은 국군 제11사단에 의해 벌어진 거창사건,** 미군 폭격에 따른 피해자 수가 포함되어 있다.

봉강리의 인민공화국 시절

인민군은 7월 25일에 보성에 들어왔다. 인민군은 8월 초에 인민위원회를 구성했다. 1945년 8월 15일부터 설립되어 활동하던 건국준비위원회가 9월 6일 조선인민공화국을 선포하면서 인민위원회로 바뀐 적이 있다. 인민위원회는 좌우익을 망라한 자생적 자치기구였으나, 미군정은 좌익단체로 인식하고 인정하지 않았다. 북한에 진주한 소련은 기존의 인민위원회를 인정하고 지원했다. 김일성 정권은 인민위원회를 정권창출의 기반으로 삼았다. 인민군은 해방군을 자처하면서 남한에 들어와 해방 직후의 인민위원회를 재건한 것이다.

정해룡은 해방 후 5년 만에 다시 회천면 인민위원회 위원장으로 추대

- 1950년 10월부터 1951년 3월 사이에 수복 및 빨치산 토벌작전을 수행하던 국군 제11사단 20연대와 9연대에 의해 자행된 담양, 영광, 장성, 함평, 화순 등지에서의 양민학살을 말한다.
- 1951년 2월 경상남도 거창군 신원면에서 국군 제11사단 소속 군인들이 마을사람들을 집단학살한 사건을 말한다.

되었다. 인민군이 점령한 지역들은 모두 회천면처럼 해방 직후의 인민위원회를 되살려 구성했다. 사람들의 면면이 바뀐 곳도 있지만 5년 전의 인민위원회와 비슷한 인적 구성을 갖추었다. 그들의 활동은 인민군과 함께 들어와 다시 조직된 조선노동당의 지원과 통제를 받는 것으로 바뀌었다.

법원의 판결문*과 여러 증언에 따르면, 정해룡의 가족과 친족들이 한국전쟁 시기에 여러 조직에서 활동했음을 알 수 있다. 봉강의 두 번째 부인 최봉조는 여성연맹(여맹) 선전부장, 재종인 정해두는 보성군 농민동맹위원장으로 활동했다. 정해종은 한국전쟁 시기에 남조선노동당 보성군당 당원, 정해목은 조선민주청년동맹위원회(민청) 보성군 부위원장으로 활동했다. 정해승은 국군이 보성군을 수복하자 부역활동으로 처벌받을 것을 피해 입산했다. 그는 전투 중에 사살되었다. 정해두는 국군의 수복 이후 입산해 승주군(현재 순천시)과 화순군의 경계를 이룬 모후산에서 세상을 떠났다. 정해두가 빨치산으로 활동하던 지역은 전남 화순군 모후산 일대였다. 보성유격대가 모후산에서 활동하고 있었다는 점으로 볼 때, 정해두는 보성유격대 소속이었을 것이다. 정해두가 언제 세상을 떠났는지는 분명치 않으나, 토벌대의 공격을 받아 죽은 곳은 모후산 자락이었다.**

정종팔은 한국전쟁 이전에 공산주의 활동을 하다가 인천소년형무소에서 복역 중 탈옥해 화순군 모후산으로 입산했다. 한국전쟁 시기에는 남조선노동당 전라남도 도당에서 활동했다. 광주가 국군에 의해 수복되자 도당을 따라 화순군 소재 백아산으로 후퇴했다. 그는 빨치산으로 활동을 계속하다가 체포되어 총살당했다. 정종팔의 누이동생 정국남(봉강

---

* 〈서울형사지방법원 제1부 판결〉(80고합 847), 1981. 4. 8.
** 이상철, 「두 귀가 눈이 되었고, 두 발이 눈이 되었고」, 전라도닷컴, 2007년 4월 11일.

의 고모) 역시 빨치산으로 활동하다가 사살되었다. 정종호는 해방 이후 남로당에 가입했다. 한국전쟁 시기에는 회천면 인민위원회에서 교육계장(면 직원 성분심사)으로 활동했다. 정해민(정해룡의 10촌)은 월북해 협동농장관리인으로 일했다. 앞서 살펴본 것처럼 정해필은 보도연맹 검속 때 보성인쇄소에 있다가 끌려가 윤윤기와 함께 사살되었다.

봉강리에서의 한국전쟁은 국군의 수복 이후에도 한동안 계속되었다. 1950년 11월에 봉강리에 대한 경찰의 토벌이 수차례 이루어졌는데, 이 과정에서 다수의 민간인이 살해되었다. 마을사람들은 일림산의 빨치산을 토벌하기 위해 경찰을 비롯한 토벌군의 무차별 총격이 마을 앞산에서 수도 없이 일어났다고 증언한다. 이런 상황은 봉강리 인근 마을에서도 마찬가지여서 1951년 전반기 빨치산 토벌이 어느 정도 마무리될 때까지 반복적으로 발생했다.●

정종희는 회천면당의 요청을 받고 민주청년동맹(민청)에서 일하게 되었다. 정종희가 한 일은 치안유지와 면내의 행정을 파악하기 위한 서류를 정리하고 보고하는 일이었다. 전쟁 중이었기 때문에 면당도 체계를 제대로 갖출 만한 여유가 없었고 당면한 문제들을 처리하느라고 바빴다. 면민들은 바뀐 국가질서 속에 적응하느라고 혼란을 겪었다. 낙동강 전선으로 물자를 보급하는 일에 대해 면민들의 이해를 구하는 것도 큰일이었다. 전쟁소식도 나중에야 알게 되었듯이 국군과 유엔군이 인천상륙작전을 통해 서울을 다시 탈환했다는 것도 모르는 채 9월 하순이 되었다. 면당에 나가보니 분위기가 어수선했다.

"정종희 씨, 미제가 인천 방면으로 치고 들어왔다고 합니다."

"그럼 낙동강 싸움은 어떻게 되는 것이오?"

● 진실·화해를 위한 과거사 정리위원회, 『2008 상반기 조사보고서』(제2권), 2008, 425~66쪽.

8년여의 감옥생활을 마치고 고향 뒷산 일림산에 오른 정해룡의 삼촌 정종희 부부. 정종희는 정각수의 둘째 부인 태생이라 조카인 정해룡보다 스무 살 어린 1933년생으로 소년 빨치산 활동 당시 눈에 총상을 입고 세상을 보지 못하게 되었고 1980년 '보성가족간첩단 사건'으로 갖은 고초를 겪었다.

    예기치 못했던 소식에 당황했다. 금방 끝날 것이라던 전쟁은 어떻게 될지 예측할 수 없는 국면으로 바뀌었다. 불안한 날들이 지나갔다. 10월 초가 되자 당과 조직들을 면 일대의 산악지역으로 옮기기로 결정되었다.
    퇴각명령이 있던 날 아침, 정종희는 어머니께 큰절을 올리고 집을 나섰다. 국군과 경찰이 들어올 경우 어머니의 안전이 걱정되었지만 어쩔 수 없었다. 정종희는 그때까지 한 일만 가지고도 집에 있다가는 총살을 면치 못할 것이 뻔했다. 정종희로서는 당시 조국이 처한 상황에서 입산해 동료들과 생사를 같이한다는 것은 선택의 여지가 없는 일이었다. 일림산이 단풍으로 서서히 물들어갈 무렵, 정종희는 이른바 빨치산이 되어 산으로 갔다. 1933년생이니 그의 나이 불과 18세, 만 17세밖에 안 되었을 때였다.

죽음은 면했으나 빛을 잃은 정종희

정종희가 처음 몸담은 곳은 가까운 일림산이었다. 일림산은 앞쪽으로 보성만이 펼쳐져 있어 득량도와 소록도 등의 섬들이 내려다보이는 곳으로 장흥군 일대에서 회천면을 거쳐 동쪽으로는 벌교까지 산세가 이어져 있다. 유격대원들은 면당조직을 중심으로 민청, 농민연맹, 여맹 등 외곽단체에 속한 인원 약 50명으로 이루어져 있었다. 산에서는 군경의 추격을 피하기 위해 흔적을 남기지 않는 것이 중요했다. 따라서 입산 후에는 줄곧 장소를 옮겨다니면서 행군을 해야 했다. 안전지대를 찾아 이 계곡 저 계곡을 헤매는 것이 일과의 전부였으니, 실상 전투를 하는 유격대가 아니라 도망부대였던 것이다. 그들처럼 일상생활을 하다가 목숨을 부지하기 위해 피신한 사람들에게는 전투가 있다 해도 방어를 위한 것이지 공격은 엄두도 내지 못할 일이었다.

조직을 군사부와 정치부로 나누어 재편성했다. 군사부는 대원들을 호위하는 무장 전투조직이었고, 정치부는 정치사상 교양과 규율을 관장하는 조직이었다. 정종희는 입산해 정치부에 배속되었고 민청위원장이 되었다. 제일 큰 문제는 추위였다. 10월 초에 입산한 그들은 입은 옷도 변변치 않아 갈수록 추워지는 날씨를 견디는 게 고통스러웠다. 가을이 깊어지면서 군경의 수색도 빈번해졌다. 우세한 인력과 화력으로 추격해오는 군경을 피해 낮에는 안전지대에 숨어 있다가 밤이 되면 더 안전한 곳을 찾아 이동해야 했다. 하룻밤에 수십 킬로미터씩 걷기도 했다.

토벌대는 점점 숨통을 조여오고 식량도 부족해 식사를 하루 한 끼로 줄였다. 11월로 접어들면서 고통은 점점 심해졌다. 그해 따라 늦가을 비가 자주 왔다. 비에 흠뻑 젖은 상태로 행군을 할 때면 한기를 못 이겨 기침이 터져나왔다. 식량조달이 안 돼 굶기도 다반사였다. 생존조건은 상상을 뛰어넘는 열악한 상태로 치달아갔다. 행군 도중에 어느 대원이 "도

토리를 물고 달아나는 저 다람쥐가 부럽네"라고 말해도 웃는 사람 하나 없이 다들 침울한 표정이었다.

   11월이 되면서 포위망에 걸려들어 전투가 벌어지기도 했으나, 군경도 전면적인 공격을 가해오기에는 산세가 험해 애로가 많았고 대원들은 산의 지리에 밝아 위기를 모면하곤 했다. 혹독한 겨울을 지내고 1951년 봄이 되자 군경의 춘기(春期) 공세가 본격적으로 시작되었고, 대원 수는 처음 입산했을 때의 절반도 안 되는 20명으로 줄어들었다. 여름철은 비교적 수월했다. 녹음이 우거져 숨어 있기 좋았고 식량보급도 쉬웠기 때문이다. 9월이 되자 군경의 공세가 다시 시작되었다. 군경의 공세를 피해 오봉산과 일림산을 오가며 지내던 중 일림산 골짜기에서 잠을 자던 정종희는 아침에 기습해온 토벌대의 총알이 눈을 스치면서 부상을 입는다. 동료들이 밤중에 어머니의 집에 정종희를 내려다놓고 간 덕분에 그는 목숨을 부지하게 되었지만 두 눈의 빛을 잃고 만다. 마을사람들이 자수하러 왔다고 지서에 연락했고 정종희는 실명에 이르는 큰 부상을 입은 덕분인지 처벌을 면했다. 정종희는 19세에 두 눈을 잃고 절망한 채 한때 자살을 결심하기도 했으나 친척들의 도움과 위로에 힘입어 다시 살기로 결심한다.

보성경찰서 유치장의 정해룡

10월 초에 인민위원회와 면당의 조직원들이 산악지대로 후퇴할 때, 정해룡도 일림산으로 도피했다. 정해룡은 잘 알고 지내던 경찰의 권유로 산에서 내려와 자수했다. 보성지역에서 봉강이 베푼 덕과 소문난 인품은 경찰조차 함부로 대하지 못하게 하는 면이 있었다. 봉강은 일제강점기 때부터 보성에서 존경받는 인물이었고, 해방 후에는 몽양 여운형의 측근으로 중앙 정치무대에서 활동하던 정치인으로서 지역민들의 존경을 받았다. 봉강이 인공에 부역한 것이 명백한데도 경찰이 자수를 권유한 데는 지역에서 영향력이 큰 유지들과의 친분과 폭넓은 인맥도 작용했다.

정해룡은 보성경찰서 유치장에 수감되었다. 벌교에 사는 김연수는 당시 보성경찰서에 근무했다. 그는 봉강에 대해 강한 인상을 받았다고 회상한다. 김연수에 의하면 인공에 부역한 혐의로 20여 명이 유치장에 들어와 있었는데 봉강은 제일 끝 방에 수감되어 있었다. 유치장을 순찰하던 경찰들은 봉강의 방 앞에는 잘 가지 않았다. 어두컴컴한 유치장 안에서 봉강의 눈은 불을 뿜어내는 것처럼 타고 있었다. 호랑이처럼 새파랗게 안광을 내쏘고 있었다고 오싹한 듯 몸을 움츠리는 사람도 있었다. 죄 없는 사람들을 마구 죽이고 잡아들이고 폭력을 행사하는 데 분노한 탓이었다. 그러면서도 같이 잡혀 들어와 있는 사람들에게는 동정을 베풀고 마음을 썼다. 주먹밥을 갖다 주면 자기 몫을 한 방에 있는 사람들에게 나누어주었다.

이때 정해룡을 구해준 사람들은 우익인사들이었다. 그중 적극적으로 힘을 써준 이가 황보익이다. 남조선 과도입법위원회에 참가하기도 했던 황보익은 보성지역을 대표하는 유지 중 한 사람으로 존경받는 목사였다. 그의 아들 황성수는 4선 국회의원으로 국회 부의장, 전라남도 도지사를 지냈다. 정치적 지향은 달랐지만 황보익은 아들 연배인 봉강을 무척 아꼈다. 황보익은 "봉강, 이제부터 하나님 믿으세. 내일부터 교회도 나오고"라고 정해룡이 전향해야 한다는 뜻을 돌려 말했다. 봉강은 생각해보겠다는 말로 호의에 답했다.

경찰서에서 풀려난 정해룡은 10월에 구국청년총연맹 보성군 부위원장이 되었다. 그가 우익 청년단체에 가입한 것은 부역혐의로 처벌받는 것을 면하기 위한 것으로 보인다. 봉강을 석방하는 데 힘을 쓴 우익인사들과 경찰들이 엄중한 시국에서 그를 보호하기 위해 내놓은 고육책이었다. 봉강이 여운형계의 정당에서 중앙위원을 지낸 정치인이고 지역에서 신망이 두터운 인사였기에 처벌하기보다 정치적으로 이용하는 것을 선택한 것으로 볼 수도 있다.

구국청년총연맹은 1948년 2월 14일에 창립된 단체였다. 해방 직후에 이승만이 설립한 독립촉성중앙협의회(독촉) 총본부가 1948년 2월 5일에 이승만을 지지하는 172개 단체를 모두 모아서 만든 조직이다. 구국청년총연맹은 각각의 우익 청년단체들이 독자적인 활동을 하면서 공동의 목적을 위해 협력하는 연합체로 운영되었다. 구국청년총연맹은 제헌국회를 선출하는 1948년 5·10총선거에서 큰 역할을 했다. 구국청년총연맹 소속 단체들은 1948년 12월 19일에 결성된 대한청년단으로 통합되었다.

서대문형무소에서 정해진이 맞은 한국전쟁

정해진은 한국전쟁이 발발했을 때 서대문형무소 병감에 있었다. 6월 25일 새벽부터 들려오는 포성은 대부분의 서울 시민에게 공포와 불안감을 주었지만 해진에게는 구원의 소리로 들렸다. 해진은 운이 좋은 편이었다. 경찰서 유치장이나 형무소에 갇혀 있던 정치범들 중에는 전쟁 직후 사살된 경우도 있었다. 서대문형무소에서는 다행히 그런 일이 일어나지 않았다. 공산주의자인 해진은 북한 인민군의 서울 진주를 '해방'으로 받아들이고 환호했다. 정해진의 수기에는 서대문형무소에서 나오기까지의 과정이 다음과 같이 기록되어 있다.

> 병과의 투쟁의 나날을 보내고 있을 때 1950년 6월 25일 새벽에 먼 곳에서 포 소리가 은은히 들려왔다. 바깥을 보니 정세는 달라진 것 같았

다. 교도관들은 모자 끈을 턱 밑으로 내리고 총 끝에는 칼을 꽂았다. 간병인이 전하는 말에 의하면 전면적인 전쟁이라는 것이었다. 포 소리는 점점 더 크게 들려왔다. 동두천 방향과 문산 방향에서 나는 것 같았다. 우리는 죽은 듯이 숨을 죽이고 누워 있었다. 놈들에게 잘못 보여 끌려나가기만 하면 즉석에서 총살당할 수 있기 때문이었다. 저 포 소리가 계속 더 빨리 크게 들려야 우리가 살아날 수 있겠는데 하는 생각에 가슴은 죄어들었다. 26일 낮에는 우리 공화국의 영용한 매들인 그라망이 편대를 지어 서울 상공을 날며 삐라를 뿌렸고 시간이 흐름에 따라 포 소리는 점점 커져갔다. 27일 밤 11시에는 30분 동안이나 계속되는 긴 사이렌이 울렸는데, 나중에 알고 보니 그것은 이승만이 최종적으로 서울에서 총퇴각하는 것을 알리는 사이렌이었다. 우리들은 죽은 듯이 누워 있었으나 서울이 해방되는 그 시각을 초조하게 기다리면서 한숨도 자지 않았다.

  6월 28일에 삼각산 쪽을 보니 사람들이 하얗게 올라가고 있었다. 피난을 가는 시민들이 틀림없었다. 바깥을 내다보니 이제껏 기승을 부리던 교도관들이 하나도 보이지 않았다. 그러자 본 감방이 창문 두드리는 소리, 문짝 치는 소리 등으로 왁자지껄해졌다. 병감에서도 철창문을 차고 나갔다. 이때까지 걷지 못하던 동무들도 어디서 힘이 솟아났는지 걷기 시작했다. 단 한 사람이 업혀 나왔다. "만세! 만세!" 소리가 천지를 진동시켰다. 이때에 따발총을 메고 얼굴이 검붉게 탄 인민군대 한 동무가 병감 쪽으로 달려와서 "동무들! 우리는 동무들을 구원하라는 김일성 장군님의 명령을 받고 만 사흘 동안을 쉬지도 자지도 않고 달려왔습니다"라고 말했다. "김일성 장군 만세! 김일성 장군 만세!" 소리는 삼각산을 넘어 멀리 북한산 쪽으로 메아리쳐 나갔다. 우리들은 젊은 인민군대 동무를 얼싸안고 형무소 정문 쪽으로 물밀듯이 밀고 나왔다.

정해진은 인민군이 서울에 들어온 1950년 6월 28일에 서대문형무소에서 구출되었다. 해진은 인공 치하의 서울에서 서울시인민위원회 문화부장을 역임했다. 전예준은 석 달 동안 창덕여고 교장으로 있었다. 해진은 인민군이 후퇴할 때, 두 아들 국상과 훈상을 보성의 본가에 맡겨둔 채 아내와 어린 딸 그리고 아들을 데리고 북으로 갔다. 해진은 그것이 영이별이 될 줄은 몰랐을 것이다. 봉강이나 어머니 윤초평도 곧 해진을 다시 만날 수 있을 것이라고 생각했다.

― 15 ―
진보정치 탄압과 정해룡의 시련

이승만 독재체제와 보수 양당제의 시작

단독정부 수립 이후 총체적 무능과 부패로 제2대 국회의원 선거에서 국민의 심판을 받고 위기에 처했던 이승만 정권은 한국전쟁을 계기로 다시 살아났다. 이승만 정권은 한국전쟁 발발 초기에 서울 시민들에게 국군이 서울을 사수할 테니 안심하라는 방송을 하고 정부기관과 고위 공무원들만 빠져나갔다. 철수과정에서 사전에 아무런 예고도 없이 한강 다리를 폭파해 수많은 시민을 희생시키기도 했다. 국민방위군을 편성해 1·4후퇴 때 철수시키면서 반공청년단체 간부들이 대부분이었던 국민 방위군 간부들이 장병들에게 지급되는 식량비와 의류비를 착복하는 바람에 9만여 명이 굶어 죽고 얼어 죽는 어이없는 일이 벌어지기도 했다.

그럼에도 불구하고 이승만은 경찰력을 강화해 국민을 감시하고 통제하는 한편, 온갖 편법을 동원해 국회를 장악하려고 시도했다. 전쟁 중이던 1952년 5월 25일에는 계엄령을 선포해 '부산 정치파동'을 일으켰다.

의사당에 출근하는 국회의원 통근버스를 헌병대 본부로 강제로 끌고 갔다. 내각책임제 개헌안을 추진하던 국회의원 10여 명을 국제공산당과 공모했다는 혐의로 체포했다. 관변단체들을 동원해 국회의원을 소환하라고 요구하고 겁박해 국회의원들이 숨어 있게 되었다. 미국의 중재로 1952년 7월 4일에 정부 측의 대통령 직선제 개헌안을 골자로 하고 야당에서 제출한 내각책임제 개헌안을 일부 수용한 이른바 '발췌개헌안'이 국회를 통과했다. 이렇게 해서 1952년 8월에 정·부통령 선거가 실시되고 이승만이 대통령으로 당선되었다. 이승만은 정치파동을 통해 국가권력이 갖고 있는 대민 통제능력을 이용해 정치권을 압박함으로써 권력 연장에 성공했다. 정치파동을 거치면서 야당세력의 기세는 현저하게 약해졌다.

 1953년에 접어들자 이승만은 휴전에 반대하면서 대규모 군중을 동원해 북진통일운동에 불을 붙였다. 휴전협정 타결 직전인 1953년 6월 18일 반공포로를 일방적으로 석방해 휴전협정 체결이 한 달이나 늦어졌다. 이승만은 미국에 국군이 유엔군의 통제에서 벗어나 단독으로라도 북진하겠다고 통보하기도 했다. 휴전 반대와 북진통일운동으로 한미상호방위조약을 체결하고 미국으로부터 더 많은 군사적·경제적 지원을 얻어냈다는 평가를 받기도 했다. 이승만은 강대국의 압력에도 굴하지 않고 통일을 추구하는 민족주의적 지도자라는 이미지를 만들어내는 데 성공했다.

 혁신계를 제외하고 야당을 비롯한 모든 정치세력은 북진통일운동을 지지했다. 북진통일운동에 반대하면 매국노와 사대주의자로 매도되었다. 해방정국에서 신탁통치 반대운동으로 애국자와 매국노의 프레임을 만들었던 것과 흡사한 정치공작이었다. 이승만은 한국전쟁 기간 중의 온갖 실정과 민주주의를 훼손한 부산 정치파동에도 불구하고 북진통일운동을 통해 사태를 장악하고 국부(國父)의 위상을 다시 세웠다.

 이승만과 자유당의 위상 강화는 1954년 5월 20일 제3대 국회의원 선거에 반영되었다. 총선기간 중 무려 77명의 후보가 사퇴했다. 선거 결과는 자유당이 114석, 야당인 민주국민당은 15석을 얻었고, 군소정당이 7석, 무소속이 67석을 얻었다. 이승만은 자유당이 다수를 차지하자 초대 대통령에 한해 3선 제한규정을 없애는 개헌작업에 착수했다. 1954년 11월 27일 표결에 부쳐진 개헌안은 국회의원 3분의 2인 136표에서 한 표가 모자란 135표로 부결되었다. 이틀 후에 국회 부의장은 총의석 수 203석의 3분의 2를 정확히 계산하면 135.33인데, 이를 사사오입하면 135가 되기 때문에 개헌안은 통과되었다고 하면서 가결을 선포했다. 이른바 '사사오입 개헌'이라는 사상 초유의 일이 벌어진 것이다.

후안무치한 사사오입 개헌을 인정하지 않고 자유당을 탈당한 세력들과 기존의 야당세력이 통합해 새로운 보수야당을 창당했다. 구파는 한국민주당과 민주국민당으로 이어지는 정통야당의 맥을 이은 조병옥, 신익희, 윤보선 등이 주축이었으며, 신파는 이승만의 자유당 정권을 반대하는 관료나 기업가 출신의 인사들로 장면, 오위영, 주요한 등이 핵심이었다. 구파 중 김성수와 신익희는 조봉암* 등 진보성향의 정치세력을 야권통합에 포용하려 한 반면, 조병옥과 장면 등은 이들을 배제하려고 했다. '반공 이데올로기와 자유자본주의 신념'을 내세웠던 이른바 자유민주파(장면, 곽상훈, 현석호, 오위영, 박순천, 정일형 등)의 주도로 1955년 9월에 민주당이 창당되었다. 민주당의 창당으로 한국정치는 반공 이데올로기를 공유하는 양대 보수정당이 경쟁하는 보수 양당제 구도로 굳어지기 시작했다.

• 죽산 조봉암(1899~1959)은 일제강점기 사회주의 항일운동을 하다가 제헌국회에 참여해 초대 농림부장관과 국회 부의장을 역임했다. 1958년 1월 국가보안법 위반으로 체포되어 1959년 7월 사형이 집행되었으나, 2011년 1월 대법원의 무죄판결로 복권되었다.

조봉암과 진보당

보수야당인 민주당을 창당할 때 영입 대상자로 거론되었던 조봉암은 당시 진보정치세력을 대표할 만한 인물이었다. 조봉암은 일제강점기에 일본 유학 중 공산주의자가 되어 중국으로 건너가 조선공산당 창당을 주도하고 중국공산당원으로 활동했다. 1932년 상하이에서 체포되어 7년 동안 옥살이를 했다. 조봉암은 해방 후에 박헌영의 공산주의 노선을 비판하고 노동계급의 독재, 자본계급의 전제를 다 같이 반대한다는 중도통합노선을 주장하고 조선공산당과 결별했다. 좌우합작과 남북협상에 찬성했으나 장건상, 김성숙과는 달리 제헌국회에 참여해 국회의원에 당선되고 초대 농림부장관이 되었다. 이런 선택으로 단독정부 수립에 반대했던 진보세력으로부터 단정에 협력한 변절자라는 비판을 받게 되었다.

범야신당 추진이라는 명분에 합류하고자 했던 조봉암은 극우반공세력을 중심으로 한 민주당 창당에서 배제되자 진보세력들을 모아 이른바 혁신정당을 표방하면서 세를 결집하려고 했다. 혁신정당 창당의 필요성에 동의했던 사람들은 1955년 9월에 모임을 가졌다. 광릉회합이라고 일컫는 이 모임에 참여한 사람은 조봉암, 서상일, 장건상, 최익환, 서세충, 정이형, 윤길중, 김기철 등 40여 명이다.

장건상은 단독정부 수립에 참여한 조봉암의 전력을 비판하면서 진보정당의 지도부에서 배제할 것을 주장했다. 그러나 가장 무게감 있는 중도파 정치인이었던 김규식, 조소앙, 안재홍이 한국전쟁 중에 납북되고 나서 현실적으로 혁신정당을 이끌 수 있는 사람은 조봉암이었다. 그는 제도권 정치 안에서 경험과 실력을 쌓은 유일한 정치인이기도 했다. 진보당은 조봉암을 중심으로 결성되어 1955년 12월 진보당 발기추진위원회를 구성했다.

진보당은 미처 창당을 하지 못한 채 1956년 5월의 정·부통령 선거에 참가한다. 대통령 후보로 조봉암, 부통령 후보로 박기출(1909~77)을 지명했다. 진보당은 선거운동 과정에서 이승만 정권의 북진통일론에 맞서 평화통일론을 주장해 관심을 끌었다. 자유당은 이승만, 민주당은 신익희를 대통령 후보로 내세웠다. 민주당은 '못 살겠다 갈아보자'라는 구호로 이승만 독재정권에 반대하는 사람들에게 어필했다. 신익희가 지방유세 중에 갑자기 뇌일혈로 세상을 떠나자 진보당은 부통령 후보 박기출이 사퇴한다는 성명을 냈다. 진보당은 박기출이 사퇴해 장면을 밀 터이니 대통령은 조봉암으로 밀어주라는 뜻으로 민주당과의 연대전략을 표방한 것이다. 그러나 민주당은 대통령 후보로는 누구도 지지하지 않는다는 성명을 내고 진보당과 연대하지 않는다는 것을 분명히 했다. 이 선거에서 이승만이 당선되기는 했으나 조봉암은 216만 3,000여 표를 득표해 지지율 30퍼센트라는 성과를 거뒀다.

진보당은 1956년 11월에 공식적으로 창당했다. 창당도 하기 전에 무소속으로 출마해 부정선거의 와중에 30퍼센트의 지지를 받았다는 것은 조봉암이 이승만의 장기집권을 위협하는 정치적 거물로 부상했다는 의미였다. 진보당은 지역 사무실에 정치깡패들이 난입해 행패를 부리는 등 수많은 테러에 시달렸다. 자유당과 민주당은 조봉암의 평화통일론을 용공으로 몰았다. 5월 총선을 앞둔 1958년 1월, 조봉암과 진보당 간부들이 검거되었다. 특무대와 결탁해 대북 밀무역을 하던 양명산이 간첩으로 체포되어 "북한 공작금을 조봉암의 대통령 선거자금 및 진보당 창당자금으로 지원했고, 북의 서류를 조봉암에게 주었다"라는 허위진술을 하게 된다. 검찰은 이를 근거로 조봉암과 진보당 간부들을 기소했다. 재판 과정에서 양명산은 조봉암의 간첩혐의에 대한 증언이 강압에 의한 허위진술이었다고 주장했지만 조봉암에게는 사형이 선고되었고 1959년 7월 31일에 사형이 집행되었다.

정해룡이 속해 있던 근로인민당 출신 정치인들은 조봉암의 진보당에 참여하지 않고 독자적인 노선을 모색하고 있었다. 조봉암의 진보당이 이승만 정권에 의해 용공조작 사건의 덫에 걸려들기 전에 근로인민당 재건기도 사건이 터졌다. 1958년의 5월 총선을 앞두고 혁신정치세력들을 몰아내기 위한 이승만 정권의 정치공작이 시작된 것이다.

근로인민당 재건기도 사건

진보당 사건이 터지기 두 달 전인 1957년 11월 5일, 장건상과 최익환이 국가보안법 위반혐의로 구속되었다. 그보다 앞서 간첩혐의로 검거된 박정호*와 접촉해 정보를 제공하고 공작금을 받았다는 것이다. 11월 15일에는 박정호에게 정치자금을 받아 근로인민당을 재건하려 했다는 혐의로 김성숙 등 10명을 구속했다.

김성숙은 진보당 추진위에서 이탈해 박기출, 서상일 등과 1957년 10월에 민주혁신당(민혁당)을 창당해 정치위원이 되었다. 민혁당은 모든 진보진영의 대통합운동을 모색했다. 이승만 정권에 대한 국민들의 불만이 커지고 있어 혁신세력이 제도정치권에 진입할 기회가 왔다고 판단했다. 혁신세력의 움직임을 주시하던 공안당국이 손을 쓰기 시작했고 장건상과 김성숙이 공안사건 공작에 걸려들었다. 공안당국에서는 거물급 간첩 박정호로부터 공작금을 받아 근로인민당을 재건하고 김일성의 지령에 따라 정당을 운영하려 했다고 주장했다. 경찰이 발표한 이 사건 관련 구속자 12명 중에 정해룡이 포함되어 있다.

- 평양 출신인 박정호는 3·1운동에 참여하고 광복군으로 평양금융조합을 습격했다가 일제에 의해 8년형을 언도받고 복역했다. 해방 이후 조선공산당에 입당해 평남도당 재정부 부부장을 지냈다. 1953년 5월 남파되어 검찰에 위장 자수한 후 정계에 침투해 활동하던 귀순간첩이었다.

정해룡은 한국전쟁 이후 보성에서 조용히 지내고 있다가 근로인민당 재건기도 사건으로 구속되었다. 검찰의 기소내용에 따르면, "근로인민당 중앙위원 및 재정부장을 지낸 정해룡은 대한민국이 수립되자 동 당의 정강정책, 특히 조국통일론이 국헌에 위배되는 까닭에 정당으로 등록치 않고 동년 9월 민전*의 지령으로 지하에 잠입해 계속 시기를 대기하고 있는 자"로 1955년 광릉회합 이후 김성숙 등 근민당 잔류파의 소집에 응해 상경했다는 것이다.

그들의 혐의내용은 정해룡 등 12명이 왕십리에 있는 이원박의 집에 모여 남한에 흩어져 있는 근로인민당 간부들을 재결속해 블록을 구성하고, 그 블록이 핵심이 되어 신당(민혁당) 창당에 관여해 주도권을 장악할 것을 모의했다는 것이다. 또한 신당을 근민당 노선으로 이끌고 갈 것과 장건상과 김성숙의 의견을 조화시켜 결속력을 강화할 것, 그리고 장건상을 신당인 민혁당 위원장으로 추대할 것 등을 협의해 결정했다는 것이다.

정해룡이 김성숙의 집에서 둘이 만나 전남 광주시에 거주 중인 최상배와 국기열 등을 포섭하라는 지령을 받았고, 그 지령을 실행해 각자 당의 지도적 임무에 종사하면서 민혁당의 실행사항을 협의하고 실천했다는 내용도 있다.

정해룡, 김성숙, 장건상 등 피의자들은 박정호에게 지령이나 자금을 받기는커녕 일면식도 없는 사이라고 일관되게 주장했다. 그들의 혐의를 입증할 만한 물증도 전혀 없었다. 서울지방법원과 서울고등법원은 그들의 주장을 받아들여 구속된 12명 전원에게 무죄를 선고했다. 아울러 1958년 12월 16일에 대법원에서 최종적으로 무죄가 선고되었다.

당시 77세였던 장건상은 1심 판결이 있기 전인 1958년 2월 18일에 병

• '민주주의민족전선'의 줄임말로 미군정 시기에 서울에서 결성된 좌익계열의 연합단체다.

보석으로 풀려났고, 정해룡은 1심 무죄판결로 4월 7일 석방되었다. 김성숙은 1심에서 무죄판결을 받고도 구형량이 12년이었다는 이유로 10년 구형을 받은 김일우 등과 함께 계속 구금되어 있다가 항소심에서 무죄판결이 나온 8월 13일에야 석방되었다. 고등법원에서 무죄판결을 받은 정해룡은 장건상, 김성숙과 함께 김홍섭 부장판사의 집에 인사를 갔었는데, 그는 버선발로 뛰어나와 이들을 반갑게 맞아들이고 고생 많았다고 위로했다. 김홍섭은 고등법원 항소심에서 이들에게 무죄를 선고했다. 정해룡이 근로인민당 재건기도 사건에서 무죄를 선고받은 것은 혐의사실을 입증할 증거가 전혀 없었기 때문이다. 대법원에서 무죄가 확정되고 난 뒤에 김성숙은 정해룡에게 편지를 썼다. 1957년 11월에 보낸 봉강의 편지를 받고 답장으로 원고지에 정성껏 쓴 편지가 남아 있다. 1957년 12월 1일에 쓴 편지다. 다음은 한문체로 된 편지를 번역한 것이다.

동지께서 12일 쓰신 편지를 22일 접독하게 되었습니다. 우송 도중에 어디서 연체된 것이 아닌가 생각합니다. 여하튼 동지의 편안하신 소식을 알게 되니 기쁘고 반갑습니다. 제(弟)와 이곳 친우들은 다 잘 있습니다. 신문보도로 벌써 잘 아실 것이오나 지난 16일 대법에서도 무죄언도를 받았습니다. 본래 무죄한 사람들로서 1년 유여를 역적으로 몰려 갖은 고난을 당하게 된 것을 생각하면 원통하기 짝이 없는 일인데 그럼에도 불구하고 소위 무죄언도라는 것을 기쁘게 받아들이지 않을 수 없는 것이 이 나라의 실정인 동시에 인간의 감정인가 생각됩니다. 그리고 이번 우리 사건과 병합재판하게 된 박정호 일당은 물론 면죄는 못한다 할지라도 형이 너무도 과중하게 되었고 특히 오중환과 이○○ 형제는 너무도 억울하게 판죄되어 방관자로서도 참을 수 없는 불쾌감을 느끼게 하였습니다. 그런데 이번 사건에 있어서 신태악 변호사의 공로는 매우 큰 것이며 우리는 그에게 진성으로 감사해야 하겠습니다. 지금 국회 내

봉강의 4남 정춘상의 결혼식을 축하해주기 위해 운암 김성숙이 써준 족자(1968년 11월 2일). 운암 사후에 유일하게 남은 유품이라고 한다.

에서 벌어지고 있는 자유·민주 양당의 대립투쟁은 그 시비 여하를 막론하고 무고한 우리를, 특히 진보당을 탄압한 결과로 나타나게 된 것입니다. 예를 들자면 세 마리의 개가 한 개의 고깃덩어리를 놓고 서로 싸우는 과정에서 두 마리의 개가 합세해서 한 마리의 개를 몰아내어 없앤 다음에 나머지 개 두 마리가 최후의 판갈이 싸움을 하게 되는 것과 마찬가지입니다. 물론 최후에 가서 체면을 세워주는 조건하에서 타협이 성립될 것이지만 두 마리의 개가 고깃덩어리 하나를 두고 싸우는 과정은 갈수록 격렬해질 것만은 사실입니다. 우리는 초한전쟁*을 보듯이 그 추악한 싸움에 관여하지 않고 방관자로서 구경만 하게 될 것입니다. 그러나 국제적으로 전개되는 세계사의 총 방향은 우리들의 예견한 바와 같이 부단히 광명을 향해 돌진하고 있습니다. 이것으로서 자신을 가지고 용기를 가지고 계속 노력할 수 있는 것입니다. 끝으로 동지 건강을 축하하오며 영부인에게 문안드립니다.

12월 1일 제 김성숙

평생 목숨을 내놓고 독립운동에 헌신하던 운암 김성숙. 그는 조국으로 돌아온 지 12년 만에 환갑을 맞은 나이로 국가보안법 위반으로 국사범으로 몰려 감옥에 갇히게 된 자신의 처지가 얼마나 분하고 답답했을까? 무죄언도를 기뻐하는 것이 너무나 쓰디쓴 위안으로 느껴졌기에 봉강에게 하소연을 하고 있는 것이다. 일제강점기에 감옥살이를 한 것은 조국을 위해 희생한다는 보람이라도 있었지만 해방된 조국에서 무엇을 위해 누구 때문에 감옥살이를 해야 하는지 참담하기만 했을 것이다.

운암 김성숙과 봉강 정해룡

정해룡과 김성숙은 정치적 동지를 넘어 형제처럼 따뜻한 우정을 나눈 사이였다. 봉강은 서울에 갈 때면 꼭 김성숙의 집에 들렀다. 운암은 가난한 살림이었지만 늘 봉강을 따뜻이 맞아들였다. 운암의 아들 김청운은 어린 시절 자기 집을 드나들던 봉강을 기억하고 있다.

"어릴 적 일이지만 똑똑히 기억이 나요. 우리 집에 오실 때면 꼭 주무시고 가셨어요. 그냥 가신 적이 없어요. 정 선생님이 우리 집에 오신 게 아마 1957년에서 1963년 사이의 일인데 전라도 분이라 사투리 억양이 강하고 키가 크고 피부가 흰 편인데 인물이 아주 훤칠했던 게 기억에 남아요. 우리 집은 세를 살았는데 일본식 2층 집에 2층이 다다미방이었어요. 추울 때 유탄포**라고 뜨거운 물을 보온병에 담아가지고 발밑에 넣고 자고 그랬거든요. 정 선생님 오실 때면 아버님이 항상 유탄포를 미리

- 고대 중국의 판세를 결정지은 초-한 전쟁으로, 진나라 이후 혼란스러웠던 난세에 두 영웅인 항우와 유방이 5년 동안 벌인 혈투였다.
** 湯湯婆, 湯たんぽ, ゆたんぽ.

준비하셨어요. 맨날 바둑 두시고 그랬죠. 정치 얘긴 제가 어렸으니 잘 모르고, 근로인민당 재건기도 사건으로 투옥되고 그런 사실은 어려서 잘 기억이 안 나도 아버님이 정 선생님한테 극진했던 기억은 나요."

운암은 중국에서 독립운동을 하다가 돌아와 진보정치에 몸담으면서 경제적 기반이 없어 늘 생계를 걱정하는 처지였다. 그런 가운데서 봉강과의 우정은 큰 위로가 되었다. 운암은 봉강보다 열다섯 살이나 나이가 많았지만 두 사람은 나이의 차이를 넘어선 친구였다.

운암이 봉강의 고향집에 내려올 때면 거북정은 손님 맞을 준비에 법석을 피웠다. 고택의 안팎은 물론이고 봉강리 전체가 대청소를 했다. 운암 김성숙은 시골사람들에게는 전설 속의 인물처럼 인식되었다. 봉강리 주민들은 중국에서 독립운동을 하고 몽양 여운형과 함께 서울에서 정치를 하는 분이라는 말을 주고받으며 운암과의 친분이 자신의 일이나 되는 것처럼 자랑스러워했다.

운암이 거북정에 올 때면 봉서동에서 가까운 웅치면 강산마을에 사는 판소리 명창인 송계 정응민(1896~1963)*과 그의 제자들이 불려올 때가 많았다. 여름철이면 거북정 뒤편의 작은 폭포가 흘러내리는 계곡에 있는 전각에서 송계와 그 제자들의 소리를 들었다. 송계는 봉강보다 열일곱 살이나 연상인데 두 사람은 서로 깍듯하게 예의를 다했고 친밀한 관계를 유지했다. 봉강은 송계가 그냥 소리꾼이 아니라 항일민족의식이 강한 예인이라고 했다. 송계 정응민이 거북정에 초대를 받고 와서 소리를 하면 봉강은 적지 않은 금액의 사례를 했다. 송계가 득음을 위해 생계의 어려움을 무릅쓰고 고향에서 10년 동안 소리공부를 위해 정진할 때도 봉

• 호는 송계(松溪). 전라남도 보성 출신으로 중요무형문화재 제5호 판소리 「심청가」기 예능 보유자인 정권진의 아버지다. 보성군 소재 강산마을(현재 전남 보성군 웅치면 강산리)에 살았다.

강이 마음을 써주었다. 1964년에 정응민이 세상을 떠났을 때 봉강은 문상을 가서 예를 올렸다. 양반들은 소리꾼을 광대라고 천시했으나 봉강은 그의 소리에 민족혼이 깃들어 있다면서 그를 아꼈다. 정해룡의 이 같은 행보는 전통문화를 귀하게 여겨 보존하려는 그의 선비정신을 드러내 준다. 한편으로는 모든 사람을 평등하게 대하는 봉강의 인품을 엿볼 수 있다.

운암뿐만 아니라 인촌 김성수나 이극로 등 명사들이 방문할 때면 으레 정응민과 그의 제자들이 불려왔다. 동네사람들은 손님들이 와서 정응민 일행이 소리를 하러 오면 거북정 주변에 모여들어 명창들의 소리를 들으며 귀 호강을 했다. 온 동네가 잔치 분위기를 즐기는 '서울 손님'의 방문이 취소되기라도 하면 동네사람 모두가 실망했다.

— 16 —
4·19혁명과 5·16쿠데타

**국민의 저항으로
이승만이라는 독재자를 끌어내린 4·19혁명**

근로인민당 재건기도 사건으로 1957년 11월 15일에 구속되었던 정해룡은 1심 무죄판결로 1958년 4월 7일 석방되었다. 봉강은 그 후 2년 여 동안 봉강리에 칩거하면서 별다른 정치적 행보를 취하지 않았다. 이 시기에 운암 김성숙이 봉강리를 다녀가거나 정해룡이 서울에 올라가서 김성숙의 집에 머물고 편지를 주고받았다. 김성숙은 봉강보다 나이가 훨씬 많은 데다 건강이 그리 좋지 않은 상태였다. 봉강 역시 수감생활을 한 후에 지병이라 할 수 있는 종기로 고생하는 날이 많았다.

  1960년 3월 15일 대통령 선거가 다가왔다. 경제난이 심하고 관료와 정치인의 부정부패가 만연해 민심은 점점 이승만으로부터 멀어지고 있었다. 공정한 선거로는 대통령 선거에서 승리하기 어렵다고 판단한 이승만 정권과 자유당은 내무부장관 최인규를 중심으로 모든 행정력과 자금력을 동원해 부정선거를 기획하고 실천했다.

3·15선거는 최악의 부정선거였다. 야당인 민주당은 이날 오후 4시 30분경에 선거무효를 공식적으로 선언했다. 마산에서 민주당과 시민들이 함께 하는 대대적인 시위가 일어났으며, 이 과정에서 경찰의 총격으로 8명의 사망자와 72명의 부상자가 발생했다. 이승만 정권과 경찰은 시위대에 용공조작의 혐의를 씌우려고 공산주의자의 책동이라고 발표했다. 그러나 중고등학생들의 시위는 점점 확산되었다. 전라북도 남원에서 고등학교 진학을 위해 마산에 왔던 당시 17세의 김주열이 3월 15일의 마산시위에 참여했다가 행방불명되는 사건이 발생했다. 4월 11일에 김주열이 고문당한 참혹한 모습의 주검으로 마산 앞바다에서 발견되었고, 이를 계기로 시민들의 분노가 폭발했다. 마산 시민들은 연일 대규모 시위를 벌였다.

서울에서는 4월 18일에 고려대 학생들이 시위를 벌이자 정치깡패들이 학생들을 습격해 부상을 입히는 사건이 발생했다. 이를 계기로 4월 19일에 중고등학생과 대학생들이 일제히 거리로 뛰쳐나왔다. 시민들도 합세해 10만여 명의 시위대가 경무대 앞으로 밀고 들어가자 경찰은 시위대에 총격을 가했다. 서울 시내 곳곳에서 시위대와 경찰이 충돌했고 경찰은 시위대에 총탄을 발사했다. 부산, 대구, 광주, 대전 등 대도시에서도 이날 대규모의 시위가 벌어졌고 사상자가 발생했다. 4월 19일 하루 동안 5대 도시에서 100명이 넘는 사망자가 발생했다. 이승만은 서울을 비롯한 5대 도시에 계엄령을 선포하고 군대를 동원해 시내에 배치했다.

계엄령으로 민의를 누르고 독재체제를 유지하려던 이승만 정권에 치명적인 결정타를 날린 것은 대학교수들이었다. 계엄령 아래인 4월 25일에 대학교수들은 서울대 교정에 모여 시국선언문을 발표했다. 대통령의 사퇴와 구금된 학생들의 석방을 요구한 교수들은 '학생의 피에 보답하라'는 내용의 플래카드를 앞세우고 거리로 나왔다. 죽음을 각오한 교수들의 행동에 학생과 시민이 가담해 서울 시내에서 다시 대규모의 시위가 일어났다. 4월 26일에 이승만은 대통령직을 사임했다. 일부 학생과 시민들은 국회해산을 요구했으나, 허정 과도정부와 민주당은 기존 국회에서 자유당과 타협해 내각책임제와 참의원·민의원 양원제를 골자로 하는 개헌안을 통과시켰다. 1960년 6월 15일에 개헌안을 통과시킨 국회는 자진 해산했다. 1960년 7월 29일 내각책임제 헌법 아래 국회의원 총선거가 치러지게 되었다.

7·29총선에 사회대중당 후보로 참여한 정해룡

7·29총선에는 민주당과 무소속으로 출마한 구 자유당 세력들, 그리고 혁신정치세력들이 모두 참여했다. 원래 혁신계라는 명칭은 해방 이후 조선공산당에도 속하지 않았고 한국민주당에도 속하지 않았던 세력, 말하자면 여운형을 중심으로 한 조선인민당 계열 또는 근로인민당 같은 세력을 가리키는 용어였다. 혁신계는 좌파인 조선공산당 계열로부터는 협상파로 불리며 선명성이 없다는 비판을 받았으며, 우파인 한국민주당 계열로부터는 중간파로 불리며 용공세력이라는 비판을 받았다. 혁신계는 단독정부 수립과 한국전쟁 이후 이승만 정권 아래 합법적인 활동이 허용되지 않아 활동을 중단하거나 지하화를 강요받았다.

혁신세력들은 4·19혁명과 함께 합법적 공간으로 진출하면서 서둘러 정당을 창당하고 선거에 나섰다. 혁신정치세력 대부분이 사회대중당의 깃발 아래 모였다. 1960년 6월 17일에 '민주적 사회주의'를 창당이념으로 내걸고 사회대중당 창당준비위원회를 결성했다. 사회대중당은 근로인민당과 진보당을 계승하는 범혁신세력의 통합정당이었다. 이념적으로 비자본주의·비사회주의 노선을 내세워 용공성 시비에 휘말리지 않으려고 했다. 그러나 일부 사회대중당 인사들이 '남북교류' 등의 정책을 내걸자, 보수정당과 언론은 여전히 용공세력으로 몰아붙이며 공격했다. 사회대중당은 이를 개인적인 의견이라고 발표하는 등 자신 없는 모습을 보였다. 해방공간과 미군정 치하에서 좌익은 물론이고 통일의 가치를 인정하고 민족주의를 옹호하던 우익 정치인들까지 모조리 테러로 희생되는 것을 목격한 정치인들은 주눅이 들어 있었다. 그들은 이승만 정권의 장관까지 지내고서 사법살인으로 희생된 조봉암 사건을 겪은 사람들이다.

국회의원 선거를 불과 한 달 앞두고 창당준비위를 결성한 사회대중당은 전국적으로 121명의 후보를 냈다. 선거를 준비할 시간도 없었고 자금력과 조직력도 보수정당에 비해 턱없이 부족했다. 보수정당과 뚜렷하게 차별화된 정책을 내놓지도 못했다. 정책을 개발할 시간도 없었거니와 반공 이데올로기를 이용한 탄압 때문에 자기검열이 작용한 탓도 있었다.

고향에 칩거하던 정해룡은 김성숙과 의논한 끝에 김성숙, 장건상과 사회대중당 창당준비위원으로 나섰다. 혁신세력이 합법적 정치공간으로 다시 나올 수 있는 기회가 왔기 때문에 서둘러 행동에 나선 것이다. 정해룡은 보성지역에서 출사표를 던졌다. 1950년 제2대 국회의원 선거에 이어 10년 만에 제5대 국회의원 선거에 도전한 것이다. 당시 봉강의 선거운동을 도왔던 조인현(당시 35세)은 선거 분위기를 다음과 같이 전했다.

"선거운동을 모두 즐겁게 했어요. 시골에서는 봉강을 모르는 사람도 있지만 지식인들은 다 알았어요. 선거유세 때 대중연설도 했는데 듣는 사람들이 사람 참 점잖다고 다들 그랬죠. 신뢰가 가고 예의바르고 그런 사람이었죠. 우리나라는 농민이 8할이니까 농민이 잘사는 나라가 되어야 한다고 말씀하셨죠. 저는 봉강이 용공분자라고 생각하지 않았어요. 남북통일을 위해서 근로대중을 위해서 성심껏 노력하는 분이고 애국지사라고 생각했죠. 근로인민당 재정부장 했다는 얘기도 들었고, 양정원에 대해서도 들었고, 봉강이 덕을 베푼 이야기도 많이 들었죠. 사람들은 봉강의 인품과 덕이 할아버지, 아버지 대대로 다 물려 내려온 거라고들 했죠. 덕을 베푼 가정은 다 돌려받는다는 얘기도 하고. 하여간 특출한 인물이라고 생각해요. 지금도 빨갱이라 그러고 용공이라 그래요. 전라도라서 더 그런 것도 있고요. 없는 사람들, 서민들을 위해서 최대한 노력을 했으니까 진보적인 사상가인 것은 틀림없어요. 요즘 같은 때 봉강 같은 분이 국회의원의 8할만 뽑히면 나라가 제대로 되겠지요."

조인현은 아내가 봉강리 사람이라서 선거 전부터 거북정에 자주 드나들었다. 조인현은 항상 잔칫날처럼 많은 사람이 북적거리던 고택의 분위기를 기억한다. 서울에서 운암 등의 거물 정치인들이 왔다갔던 것도 인상적이었다. 사랑채에는 늘 사람들이 모여 정치에 대해 이야기꽃을 피웠다. 봉강이 이야기를 시작하면 많은 이가 경청하곤 했다. 점잖고 배려심 많은 성품에 대해 칭찬하는 사람들도 있었다. 조인현의 아내는 정치적으로 탄압받는 봉강의 선거운동을 도와주면 남편이 괜한 오해를 받을 수 있다는 걸 알면서도 반대하지 않았다. 그만큼 지역민들은 봉강을 믿었고 호의를 가지고 있는 사람이 많았다.

정길상은 정해룡의 여섯째 아들로 1946년에 태어났다. 1960년 제5대 국회의원 선거 당시에 그는 중학교 2학년이었다. 보성 북국민학교에서 선거유세가 있던 날, 길상은 아버지를 보러 갔다. 다른 후보들은 시멘트를 타 와서 다리를 놔주겠다, 도로를 넓혀주겠다, 양곡수매를 좋은 가격으로 해주겠다, 너나없이 그런 공약을 내세웠다. 길상의 아버지 봉강 정해룡의 연설내용은 다른 후보들과 전혀 달랐다.

"북쪽의 외세와 남쪽의 외세를 몰아내고 통일이 되어야 합니다. 3·8마선을 걷어내서 민족이 통일을 해야만 우리 국민이 잘살 수 있습니다."

길상은 아버지의 연설을 들은 주민들의 반응을 살펴보았다.

"참 기가 막히게 좋은 말 한다. 그렇다고 여기서 저 말을 몇 명이나 알아먹을까? 고무신 준다, 다리 놔 준다 이런 얘기는 알아들어도 저 훌륭한 소리를 알아들을 사람이 몇 명이나 되겠나?"

그렇게 말한 사람은 혀를 차면서 고개를 흔들었다. 그래도 사람들은 아버지가 당선될 거라고 말했다. 후보를 본 사람들은 다 호감을 보이고 선거 분위기가 너무 좋다고 하면서 선거운동을 하는 사람들끼리 한껏 고무된 이야기를 나누었다. 그들은 아버지 봉강의 선거운동을 하는 것이 자랑스럽다고 했다. 속이 뻔히 보이는 얄팍한 공약을 늘어놓는 다른 후보들 사이에서 봉강이 단연 돋보인다고 하면서 자신들도 애국자가 된 것 같아 뿌듯하다고 했다.

그러나 기대와 현실은 차이가 컸다. 선거 결과 정해룡은 3위로 낙선했다. 민주당은 전체 의석의 3분의 2가 넘는 175석을 차지하는 압승을 거둔 것에 비해 사회대중당은 4명의 당선자를 냈을 뿐이다. 사회대중당이 최소 20명 이상의 당선자를 낼 것이라는 언론의 예측은 터무니없이 빗나갔다. 당의 전체 득표율은 6퍼센트에 불과했다. 정해룡의 지역구인 보성에서는 민주당의 이정래 후보가 당선되었다.

7·29총선 당시에도 민주당은 신파와 구파로 나뉘어 있었다. 당시 민주당 신파의 핵심이었던 장면이 거북정으로 자신의 비서관을 보냈다. 그는 봉강의 집에서 사흘간 머물면서 봉강을 설득했다고 한다. 당시 보성에서 출마한 민주당 후보 이정래는 구파에 속한 사람이었는데, 봉강이 무소속으로 출마해 그를 꺾어주길 바랐던 것이다. 그렇게만 해주면 선거 비용 일체를 대주겠다고 제안했다. 물론 당선된 후 민주당에 입당해 신파 계보로 활동할 것을 전제로 한 제안이었다.

당시 장면의 비서관이 타고 온 승용차가 집 앞 홍살문 옆에 사흘 동안 주차되어 있는 것을 정길상이 직접 목격했고, 나중에 정종호와 정종희 등 집안사람들과 마을사람들이 위와 같은 사실을 이야기해 주었다. 회천면에 살던 오승환(1937년생)이 이런 사실을 들었다고 증언한 녹취록도 있다. 정해룡으로서는 제도권 정치에 진입해 국회의원이 될 수 있는 좋은 기회였으나, 그는 이 제안을 거절하고 사회대중당 후보로 입후보해 낙선했다.

사회대중당은 4·19혁명 직후 정치활동을 시작한 혁신세력이 제5대 국회의원 선거를 맞이해 선거에 대응하기 위해 결성한 정당이다. 준비위원회 출범에서 총선까지 한 달여밖에 남지 않은 상황이었지만 범혁신계 최초의 통합정당이었다는 점에서 역사적 의미가 있다. 1948년 단독정부 수립 이후에 지하화되었던 건준, 인민위원회, 남로당, 빨치산 투쟁 참여 인사들이나 진보당 사건으로 정치활동의 제약을 받았던 김규식과 조봉암 계열의 민족주의적 인사들에 이르기까지 범혁신계 인사들이 계파 간의 차이를 인정하고 4·19혁명이라는 특수한 상황을 감안해 합법적인 정치활동을 통해 정치과정에 참여한 최초의 정당이었다는 점에서도 역사적 의미를 찾을 수 있다.

그러나 사회대중당은 선거용으로 총선 한 달을 앞두고 급조한 정당의 한계를 가졌다. 사회대중당 후보들은 무소속으로 대거 출마한 구 자유당 계열의 후보자들과의 경쟁에서 보수와 진보의 뚜렷한 차별성을 보여주지 못했다. 민주당의 공산주의자 낙인을 이용한 공세에 적극적으로 대응하지 못했고 민주당 정책과의 차별성을 제시하지도 못했다. 이런 이유로 선거에서 참패한 이후에 어설프게 봉합했던 계파 간의 갈등과 강력한 리더십의 부재를 극복하지 못하고 분열하고 말았다.

선거 후에 내각책임제 아래서 실권이 없는 대통령직은 구파인 윤보선이, 실질적 행정수반인 국무총리에는 장면이 임명되었다. 장면이 신파를 중심으로 내각을 구성하자, 권력에서 배제된 구파들은 민주당을 탈당해 신민당을 창당한다.

혁신세력의 재편과 통일운동

7·29총선에서 패배했지만 혁신세력은 새로운 길을 찾아 나섰다. 혁신계는 1960년 11월에서 이듬해인 1961년 1월 사이에 통일사회당, 혁신당, 사회대중당, 사회당 등 4개의 정당으로 나뉘었다.

장건상은 1960년 12월 10일 혁신당을 창당했다. 윤길중 등은 사회대중당을 이탈해 1961년 1월 21일 통일사회당을 발기하게 된다. 운암 김성숙이 통일사회당 창당에 참여했다. 통일사회당의 창당선언문을 보면 정치적으로는 민주적 사회주의 이념을 지향하고, 경제적으로는 민주적 복지국가의 건설, 통일방안에 있어서 한반도 중립화 통일을 추구하고 있다. 통일사회당이 실제로 활동한 것은 4개월밖에 안 된다. 분열된 혁신정당의 재통합 요구에 따라 '2·8한미경제협정반대투쟁위원회'와 '2대악법공동투쟁위원회'에 참여해 공동투쟁을 전개하다가 초기 민족자주통일중앙협의회(민자통) 결성준비위에 참여했으나 결별했다. 결별 이유는 통일에 대한 구체적인 방안을 먼저 마련해야 한다는 통일사회당 측의 요구가 받아들여지지 않았기 때문이다. 통일사회당 측은 중립화조국통일총연맹(중통련)을 결성해 본격적인 통일운동을 전개하려던 중에 5·16쿠데타가 발생하면서 더 이상 활동을 하지 못하게 된다. 통일사회당은 혁신계 정당 중에서 가장 온건하고 우파적 성격의 정당으로 평가받았다.*

통일사회당 전남도당은 당무위원회 부위원장인 이명하가 조직책 역할을 맡아 결성을 추진했다. 구 진보당계 인사들이 주축이 되어 결성한

---

* 통일사회당은 다소 우파사회주의 냄새를 풍기는 온건세력이라고 할 수 있으며 사회대중당, 사회당, 혁신당은 사회주의적 색채에 있어서 강렬한 색채를 띠고 있다─『민국일보』, 1961년 1월 22일자.

통일사회당 전남도당은 다른 혁신정당에 비해 재정적으로는 나은 편이었으나 동조자를 많이 모으지 못해 5·16쿠데타가 일어나기 전까지 조직화가 활발하게 이루어지지 못했다. 그래서 청년운동단체인 통일민주청년동맹(통민청)과 연계하거나 '2대악법반대전남공동투쟁위원회' 등 정치투쟁을 위한 임시조직에 참여하면서 조직활동을 전개했다. 통일사회당 전남도당은 1961년 3월 24일 결당준비위원회를 결성한다. 광주시 남동 박세원의 집에서 통사당 당무위원회 부위원장이자 통사당 전남지역 임시조직책 이명하의 주도로 최운기, 정해룡, 조중환, 임춘호, 박세원, 노응상, 정길문 등 통일사회당 전남도당 결성준비위원 18명이 만났다. 이 모임에서는 통사당 전남도당 준비위원회의 임원을 선출하고 부서를 결정했다. 전남도당 위원장에 최운기, 정치위원 겸 부위원장에 정해룡·조중환, 당무위원장 임춘호, 인권옹호위원장 박세원, 조직국장 노응상 등을 선출했다.

  이 모임은 중앙당의 지방유세 개최를 위한 준비모임을 겸하고 있었다. 바로 다음날인 3월 25일 오후 2시에 광주공원 앞 광장에서 통사당 주최의 정치강연회가 예정되어 있었다. 지역조직책 이명하가 행사의 취지와 주요 내용을 설명하고 행사 개최를 위한 도당준비위의 임무를 분담하는 논의가 이루어졌다. 정해룡은 사회를 보기로 했고 박세원은 행사장의 설비를 맡았다. 조중환은 차량과 마이크를 준비하기로 하는 등 할 일을 분담했다.

  이날 모임에서는 이명하가 전달한 "동서냉전의 희생에서 해방되고 미소 양국의 세력에서 벗어나서 정치적·군사적 완충지대에 설 수 있도록 한반도의 영세중립화를 실현하는 것만이 통일과 독립을 가능하게 한다"라는 취지의 영세중립화 조국통일총연맹 발기선언문 100부를 참가자들이 분배·회람한 후 영세중립화 조국통일총연맹 전남도맹 결성을 합의해 최운기를 도맹위원장으로 선임했다. 이명하가 전달한 유인물은 정해룡을 통해 같은 해 4월과 5월 통사당원인 정길문과 손성훈 등을 통해 보성군 지역에 배포하는 것을 비롯해 결당준비위원들이 이 유인물을 배포해 한국 영세중립화 통일논의 확산을 시도했다.

혁신정당은 선거에서 참패한 결과 의회활동보다 사회단체와 연계해 통일운동에 힘을 쏟았다. 경북 민족통일연맹, 마산 영세중립화통일추진위원회 등의 통일 관련 사회단체와 민주민족청년동맹, 통일민주청년동맹 등 진보적 청년단체들이 통일운동에 나섰다. 1961년 2월에는 통일사회당을 제외한 혁신정당과 사회운동단체의 연합체로 민족자주통일중앙협의회(민자통)가 결성되었다. 민자통에는 전국적으로 약 5만 명의 회원이 참여했다.

당시 시민들의 통일논의는 중립화통일론과 남북협상론으로 나뉘어 있었다. 한국을 스위스 방식처럼 강대국이 협정을 맺어 영세중립화하는 방식으로 통일하자는 주장은 주로 온건·개혁성향 인사들에게서 나왔다. 외세의 간섭을 배격하고 남북협상으로 모든 것을 결정해 통일해야 한다는 주장은 급진성향 인사들의 지지를 받았다. 민자통은 양쪽 입장이 공존했으나 남북협상파의 목소리가 더 컸다.

1961년 5월 3일, 서울대 민자통이 남북학생회담을 제안했다. 장면 정권의 여론조사에서 이산가족들의 서신왕래 등 남북교류에 대해 찬성하는 사람들이 더 많은 것으로 나타났다. 일부 보수정치인들도 제한적인 차원에서 남북교류에 찬성했다. 장면 정권은 공식적으로는 남북교류에 반대하는 입장이었으나 국제적십자사를 통한 남북이산가족 서신왕래 문제를 검토하기도 했다. 북한당국이 학생회담 제안에 적극적으로 찬성하자 보수정치인과 언론이 반발하고 나섰다. 용공성 시비를 여론화하려고 하자 학생 통일운동세력들은 다소 위축되는 듯 했으나 민자통은 1961년 5월 13일에 서울운동장에서 남북학생회담 개최를 지지하고 촉구하는 대규모 집회를 열었다. 사흘 후에 5·16쿠데타가 일어나면서 통일의 물꼬를 트고자 했던 노력은 모두 물거품이 되었다.

5·16쿠데타와 반공 이데올로기의 강화

1961년에 들어서자 사회단체와 학생들은 무능하고 부패한 민주당 정부에 실망해 항의하고 나섰다. 그들은 4·19혁명의 대의를 통일운동으로 성취하려 했다. 사회 각계각층의 요구가 왕성하게 분출되고, 이를 정치권에서 제대로 수용하지 못하자 박정희 등의 정치군인들이 나라를 지키라는 군대를 멋대로 동원해 쿠데타를 일으켰다. 육군사관학교 5기 졸업생과 8기 졸업생들이 중심이었다. 이들은 사회혼란을 수습한다는 명분을 내세웠다. 1961년 5월 16일 새벽, 쿠데타 세력들은 3,400여 명의 군인들을 앞세워 서울로 진입했다. 이들은 한강다리에서 약간의 총격전이 있었을 뿐, 무방비상태인 서울 시내로 진격해 중앙청과 육군본부, 그리고 방송국을 장악했다. 한국군 전체의 5퍼센트에도 미치지 못하는 병력을 동원한 쿠데타는 믿을 수 없을 정도로 쉽게 성공했다.

당시에는 쿠데타를 긍정적으로 보는 시각이 존재했다. 당시 많은 지식인이 구독하던 『사상계』(思想界)는 5·16쿠데타를 "부패와 무능과 무질서와 공산주의의 책동을 타파하고 국가의 진로를 바로잡으려는 민족주의적 군사혁명"이라고 평가했다. 4·19혁명이 일어나고 집권한 민주당 세력은 사회악을 일소하지 못하고 부패에 연루되었다는 의혹이 제기되었고 연일 계속되는 시위에 국민들은 피로감을 느꼈다. 해방 이후 계속되는 경제난에 지친 국민들은 경제발전을 통해 가난에서 벗어나기를 소원하기도 했다.

일부 지식인들은 이집트의 나세르나 인도의 네루가 표방한 민족주의적이고 비동맹주의적인 입장을 가진 군인들이 혁명을 일으킨 것이라고 생각했다. 그런 입장을 가진 군인들이 사회개혁을 이룰 것이라는 기대가 있었다. 장건상도 그런 사람들 중 하나였다. 장건상은 5·16쿠데타 다음날인 5월 17일에 정치적으로 같은 길을 걸어온 동지들을 만났다. 장건상과 동지들은 "우리 이념과 같은 혁신정치가 이 땅에 출현할 것 같으니 거족적으로 환영하는 성명서를 발표하자"라고 의견을 모았다. 그들은 성명서 문안까지 작성했으나 장건상이 하루이틀 더 사태의 진전을 좀 지켜본 후에 발표하자면서 신중론을 펴는 바람에 보류되었다.

쿠데타 세력들은 혁명공약을 발표했다. 그들은 혁명공약의 첫머리에서 "반공을 국시의 제1의(義)로 삼고 지금까지 형식적이고 구호에만 그친 반공체제를 재정비·강화할 것입니다"라고 밝혔다. 그들은 국가재건최고회의를 구성했다. 국가재건최고회의는 국가재건비상조치법이라는 특별법을 제정하고 혁명재판소와 혁명검찰부를 설치했다. 사회혼란을 일소한다는 명분으로 정치깡패와 3·15부정선거 관련자들을 구속하고 민주주의와 민족통일을 주장했던 혁신세력과 학생운동세력을 구속했다. 이들 중 3·15부정선거를 기획한 내무부장관 최인규, 사회당 간부였던 최백근, 『민족일보』 사장이었던 조용수(1930~61)는 사형을 당했다.

5월 18일부터 형사들이 들이닥쳐 좌경이니 용공이니 하면서 혁신계 정치인들을 잡아들이기 시작했다. 1961년 5월 22일자 『경향신문』의 보도에 따르면, 1961년 5월 22일 치안국장 조흥만은 "지난 5일 동안 전국에서 용공분자 2,014명을 검거했다"라고 발표했다. 당시 81세의 고령이었던 장건상은 경찰에 체포되어 여러 달 고초를 겪다가 병보석으로 풀려났으나, 다시 구속되어 횃불시위를 주도했다는 죄목으로 서울지방법원에서 5년형을 선고받았다. 정국은 얼어붙고 혁신계 정치인들은 공포에 사로잡혔다. 언제 누가 잡혀갈지 모른다는 불안감이 감돌았다.

할아버지의 생신잔치 때문에 체포된 정해룡

봉강 정해룡은 아버지를 대신해 자신을 길러준 할아버지 정각수에 대해 각별하게 예를 다했다. 할아버지가 돌아가시고 난 이후에 해마다 생신이 돌아오면 지역민들을 되도록 많이 초대해 잔치를 열어 대접했다. 효성이 지극했던 봉강은 많은 이가 오래도록 할아버지를 기억하고 추모하기를 바랐다. 그해 정각수의 음력 생일은 공교롭게도 5월 17일이었다. 쿠데타가 일어나자마자 계엄령이 발표되었고 계엄포고령 제1조 제1항은 "일체의 옥내외 집회를 금한다"였다. 손님들을 초대했기 때문에 이미 많은 음식을 장만해 놓은 참이었다. 봉강은 잠시 망설이다가 잔치를 예정대로 열었다. 할아버지의 생신을 축하하는 잔치였으나 이번에는 지난 선거에서 자신을 도와준 사람들에게 고마움을 표한다는 의미도 있었다. 다른 때보다 많은 200여 명이 참석했다. 이 잔치에 참석했던 사람들 중에 봉강과 가까운 사람들 19명이 불법집회를 열었다는 이유로 체포되었다. 검거된 사람들은 대부분 그의 선거운동을 도와준 사람들이었다.

잔치를 하다 말고 봉강과 그의 측근들이 갑자기 붙잡혀 가고 나서 마을에는 흉흉한 소문들이 나돌았다. 군사 쿠데타가 일어난 직후라 사람들은 공포에 사로잡혀 있었다. 이제 곧 죽을 것이라는 둥, 벌써 총살당했다는 둥 온갖 억측이 난무했다. 봉강의 어머니 윤초평은 당시 중학교 3학년이었던 손주 길상을 불렀다. 길상은 할머니를 모시고 보성경찰서까지 걸어갔다. 정길상은 윤초평과 함께 아버지를 찾아 보성경찰서에 갔던 일을 다음과 같이 기억한다.

할머니는 자식걱정에 힘든 줄도 모르고 그 먼길을 한달음에 달려갔다. 길상이 따라가기 벅찰 정도로 잰걸음이었다. 경찰서 정문에서 경비원이 막아섰지만 "내 자식 내가 찾아가는데 네까짓 놈이 뭐기에 가로막느냐?"고 외치며 막무가내로 밀고 들어갔다. 노인네라서 봐준 것인지 봉강의 어머니라서 그랬는지 할머니와 길상은 경찰서 유치장 근처까지 갈 수 있었다. "아들아! 해룡이 어디 있느냐?"고 외치자 유치장에 있던 열아홉 명의 사내들이 일제히 "어머니!" 하고 대답했다. 봉강과 함께 붙들려온 사람들이었다. 맨 끝 방에서 봉강을 찾아낸 어머니가 아들에게 당장 써야 할 생활비를 어떻게 해야 할지 물었다. 당시 집안의 재산을 봉강이 직접 관리하고 있었기 때문이었다. 그러자 봉강이 "어머니, 저는 나랏일을 하다가 잡혀온 사람입니다. 가정일을 하다가 들어온 사람이 아닙니다. 그런 말씀 하시려거든 그냥 가십시오"라고 대답했다. 효성이 지극해 어머니 말씀을 거역하는 법이 없는 아들이었으나 정치적 이유로 사람을 마구 잡아가두는 행태에 분노해 결기에 찬 모습이었다. "오냐! 내가 잘못했다. 몸은 좀 어떠냐?" 할머니가 금세 마음을 가라앉히고 물었다. "어머니, 걱정 마십시오. 나라를 위해 일하다가 당한 것이니 추호도 서운하게 생각하거나 부끄럽게 생각하지 마십시오. 당당하게 행동하세요."

할아버지의 생신잔치로 인한 검거사건은 다행히 잘 마무리되었다. 경찰들이 잔치에 초대되어 왔었기 때문이다. 경찰이 입회한 행사는 불법이 아니라는 이유로 대부분의 사람이 풀려났다.

전라남도 통일사회당 사건으로 옥고를 치른 정해룡

정해룡은 생일잔치 사건이 해결되고 나서 다시 검거되어 구속된다. 이번에는 전라남도 통일사회당 사건이라는 이름이었다. 정해룡 등 5명이 연루된 이 사건은 혁명재판소에서 다루지 않고 광주지방법원으로 이관되었다. 이 사건을 맡은 윤영학 검찰관은 피고인들이 통일사회당의 주요 간부가 아니고 직접 활동한 사실이 없는 등 사건내용이 경미하다는 이유로 이송을 신청했다. 정해룡 등의 주요 혐의는 통일사회당 전남도당 결성준비위원회를 조직하고 정치강연회를 열어 '민주사회주의 노선의 역사적 임무' '중립화 통일방안에 대하여' '2대법(반공법과 데모규제법)을 반대한다' 등의 주제로 이야기하면서 반국가단체인 북한을 고무 찬양했다는 것이었다. 사상검증으로 반공 이데올로기를 강화하려는 쿠데타 세력들의 정치탄압이었기에 유죄는 이미 정해진 상황이었다.

정해룡은 앞서 언급한 통일사회당 전남도당 결성과정에서 정치위원 겸 부위원장으로 선출되어 활동한 것은 사실이다. 1961년 3월 25일 광주공원 앞 광장에서 개최된 통일사회당의 정치강연회를 준비하고 사회를 보았다. 이날 통일사회당 중앙당 정치위원장인 이동화가 연사로 나서 '민주사회주의 노선의 역사적 임무'라는 제목의 연설을 했다. 통일사회당 특별위원회 통일촉진위원회 위원장인 김기철이 '중립화 통일방안에 대하여'라는 제목의 연설을 했으며, 통일사회당 조직국장이자 민의원인 박권희가 '2대법(반공법과 데모규제법)을 반대한다'는 제목의 연설을, 선전국장 고정훈이 '국내의 정세보고'라는 제목의 연설을, 전남 조직책이자 당무위원회 부위원장인 이명하가 '우리는 어떻게 하면 살 것인가'라는 제목의 연설을 했다.

통일사회당 주최의 이 강연회에는 1만여 명의 군중이 참석해 호응했다. 참석자들에게는 영세중립화 조국통일총연맹 발기선언문이 배포되었다. 정치강연회에서 연설한 사람들은 집권당인 민주당의 무능과 장면 정권의 비민주성을 비판하면서 2대 악법이 혁신정당을 탄압하고 보수정치의 도구로 사용하려는 시도라는 점, 한국의 영세중립화 통일안이 한국의 정치적 특수성과 국내외 정세에 맞는 대한민국의 진정하고 유일한 통일방안이라는 점 등을 강조했다.

통사당 전남도당준비위는 준비위 단계에서 활동하다가 5·16쿠데타로 임원들이 구속되면서 조직이 와해되었다. 5·16쿠데타 직후 특수범죄처벌에 관한 특별법 위반으로 구속된 통사당 전남도당 간부들은 정해룡, 조중환, 임춘호, 박세원, 노응상 등 5명이다.

 1962년 8월 7일 광주지방법원은 1심에서 정해룡 등 피고인들에게 징역 5년의 중형을 선고했다. 그보다 앞서 혁명재판소는 1962년 2월 14일 통일사회당 중앙당 사건의 피고인 중 당수 서상일이나 김성숙 등 10명의 중앙간부에게 징역 3년을 선고했다. 전라남도 통일사회당 사건은 통일사회당 사건과 병합되어 혁명재판소에서 재판하다가 사건내용이 경미하다 하여 민간법원으로 이관된 것인데 정해룡 등에게 외려 더 중형을 선고한 것이다.

 정해룡 등 통사당 전남도당 관계자들은 위에 언급한 강연회와 시가행진을 기획하고 참가한 것 때문에 기소되었다. 이들은 재판과정에서 정치강연을 하고 김기철이 중립화 통일에 대해 연설한 것은 사실이나 그 내용이 1954년 제네바 유엔총회 때 한국대표 변영태가 제안했던 14개 조항을 기초로 한 유엔 감시하 인구비례에 의한 총선거와 미국 상원의원 맨스필드의 의견을 반영해 한국 중립화 통일에 대한 전망을 설명하고 국민의 여론에 묻고자 한다는 요지의 연설로서 국헌에 위배된 바가 없다고 주장했다. 괴뢰집단에 대한 동조나 찬양의 내용이나 언질이 전혀 없으며 그 외의 연설도 반국가적인 언사나 반정부적인 언사도 없었다고 항변했다. 자신들의 활동은 헌법의 테두리 안에서 합법적인 절차와 수속을 거쳐 행한 정당한 정당활동임을 강조했으나 받아들여지지 않았다.

 정해룡 등은 항소했고 1962년 12월 27일 광주고등법원(판사 홍남순)은 모든 피고인에게 징역 3년 집행유예 5년을 선고했다. 정해룡은 체포된 날로부터 440일 동안 구금되어 있다가 석방되었다. 박정희가 대통령에 당선된 이후인 1963년 11월 25일에 특별사면과 정치활동 금지처분 해제 대상자의 명단을 발표했을 때, 정해룡은 해금 대상자 명단에 이름이 올라 있다. 봉강은 그 전에 형 집행정지로 석방되어 있었다.

자작시를 통해 본 봉강 정해룡의 속내

정해룡은 통일사회당 사건으로 수감되어 있는 동안 옥중에서 다섯 편의 한시를 지었다. 어려서 한문을 수학한 봉강은 남다른 감회가 있을 때면 마음의 풍경을 한시로 표현했다. 봉강은 예술적 감성이 풍부한 사람이었다.

어머니를 그리워하는 노래

違忱北堂元不孝	어머니를 떠나는 것이 원래 불효이지만
奈何忠國事難成	나라에 충성하는 일 어려운 것을 어찌 하리
靑孀獨守古家業	청상(靑孀)으로 혼자 지키는 것이 고가(古家)의 가업이요
白髮重逢難世程	백발로 다시 만나는 것이 난세의 길인 것을
斜陽幾作倚閭望	석양에 몇 번이나 여문(閭門)에 기대어 바라보았으며
中夜無窮禱佛行	한밤중엔 끝없이 부처에게 빌겠지
故園回首汸沱淚	고향을 돌아보니 눈물이 흐르는데
千里妖雲何日晴	천리 요사한 구름은 어느 날에 걷힐꼬

젊었을 때 남편을 잃고 홀로 되어 자식을 기르고 종부로서 거북정의 큰살림을 맡아 해온 어머니를 생각하면서 안타까운 마음을 노래했다. 아들 둘을 위해 모든 희생을 감내했건만 작은아들은 만날 기약이 없고 집안의 기둥인 장남마저 감옥에 빼앗긴 어머니의 심정을 헤아리고 있다. 이 모든 것이 나라를 되찾고도 둘로 갈라져 진정한 자주독립을 이루지 못한 시대의 탓임을 한탄하고 있다.

아내를 그리워하는 노래

光山夜雨別離悲	광산의 밤비에 이별은 슬픈데
君我相逢十二朞	그대와 내가 만난 지 십이 년일세
風雲前道皆難測	풍운 가득한 앞길은 알 수 없으니
琴瑟何時更有期	금슬 다정한 날 언제 다시 기약하리
鄕關隔路音書絶	고향은 길이 멀어 소식 끊어지고
江漢無橋魂夢遲	강물은 다리 없어 꿈길 더디네
萬古興亡君旣識	만고 흥망의 이치를 그대 이미 알거니
臨難赴義是男兒	난리에는 의리를 쫓는 것이 남아인 것을

봉강은 옥중에서 아내 최봉조를 그리워하는 시도 남겼다. 뒤늦게 만나 동지적 의리와 애정으로 헌신적인 내조를 해준 아내와의 만남과 사랑을 되돌아보고 있다. 아내는 시대와 불화할 수밖에 없는 남편의 선택을 이해해 줄 것이라고 믿으며 애틋한 마음을 표현하고 있다.

세상을 탄식하는 노래

少學雲長不朽名	젊어서 관운장의 불후의 이름을 배웠는데
男兒大義實難成	남아의 대의는 실로 이루기 어렵네
舜臣殆死漢城獄	이순신은 한성(漢城)의 옥에서 거의 죽을 뻔하였고
恒福未歸關北行	이항복은 *관북(關北)에서 돌아오지 못했네
故鄕一別無消息	고향을 한번 떠난 뒤 소식이 없이
兵馬長驅渾世情	전장에 뛰어든 몸이 혼세(渾世)의 실정일세
秋燈獨坐懷千古	가을 등잔 앞에 홀로 앉아 천고를 생각하니
八域風雲何日晴	조선 천지 풍운은 어느 날에 걷힐꼬

*관북(關北): 마천령 이북의 함경도 지방

일찍부터 세상을 바꿀 꿈을 꾸었던 자신을 관운장, 이순신, 이항복과 비교하며, 혼란스러운 세상에서 탄압받는 처지를 전쟁터에 뛰어든 장수에 비유하고 있다. 그래도 개인적인 고초보다는 나라의 앞날을 걱정하고 있다. 나라가 정상적인 길로 들어서야 이 고난도 끝날 것이라고 생각하고 있다.

옥중에서

萬樹秋聲入夜長	모든 나무 가을 소리 나는데 밤은 길어
獄中形影倍淒凉	옥중의 모양새가 배나 처량하구나
笑吾白髮多經亂	우습다 난리를 많이 겪은 내 백발이
憐爾黃花敢傲霜	가련하다 서리를 무시하는 너 국화여
丕往泰來天運定	*비(丕)가 가면 태(泰)가 오는 것이 천운의 정해짐이요
昨分今合世程忙	어제 나뉘고 오늘 합치는 것이 세상의 바쁜 길이로다
鐵壁重重如鬼界	철벽이 첩첩하여 마치 귀신 사는 곳 같으니
夢魂安得到京鄉	꿈에선들 어찌 경향(京鄉)에 가보리오

 * 비(丕): 비(否)의 오기인 것 같다. 주역의 비(否)괘는 천지가 막혀 통하지 못하므로 혼란한 것을 의미하며 태(泰)괘는 하늘과 땅이 서로 사귀어 태평한 것을 말한다.

여름에 갇혀서 가을을 맞으니 쓸쓸하고 울적한 것은 어쩔 수 없다. 봉강의 나이도 이때 쉰이 다 되었으니 장년이라 할 만하다. 그렇다고 아직 백발이 될 처지는 아니나 시련이 많아 이미 나이보다 훨씬 늙은 듯한 피로감을 느낀다. 세상은 변화하게 마련이고 시대상황도 바뀔 것이라는 이치를 되새기며 마음을 달래고 있으나 옥중생활은 답답하고 암울한 것이 사실이다.

봉강은 옥중에서 운암 김성숙과 편지를 주고받으면서 한시를 적어 심정을 전했다. 봉강과 마찬가지로 감옥에 갇혀 있던 운암 역시 한시를 지어 화답했다. 아래의 시는 봉강이 운암에게 보낸 것이다.

갇혀 있으면서

囚人移渡漢陽洲	죄인이 *한양주(漢陽洲)를 건너 이송되는데
葉落風嘯屬晚秋	잎 지고 바람 부는 늦가을일세
山河幾怵滄桑變	산하는 몇 겹이나 **창상(滄桑)이 변했는가
客子空長今古愁	나그네 부질없이 근심만 길어지네
治平判國籌難得	태평한 나라 만드는 계책 얻기 어려워서
憂歎男兒淚自流	근심하는 남아의 눈에 눈물이 절로 나네
何日我看天下定	어느 날에 천하가 안정되어서
槿花灼灼滿靑丘	온 나라에 무궁화꽃 가득 핀 것을 볼 수 있을까

*한양주(漢陽洲): 한양의 모래섬
**창상(滄桑): 상전벽해(桑田碧海)

운암과 함께 꿈꾸던 통일된 조국과 외세의 간섭을 받지 않고 만인이 평등하게 잘사는 나라를 만들 수 있는 방법을 고민하는 자신의 심경을 노래한다. 한 민족이 평화롭게 함께 사는 세상을 온 나라에 무궁화꽃 가득 핀 나라로 표현하고 있다.

운암은 봉강의 시에 대해 다음과 같이 화답했다.

妖雲起伏亞東洲	요사한 구름이 동아시아에 오르내리는데
大義男兒按劍秋	대의 당당한 남아가 칼을 어루만지네
怨獄禁身何足嘆	원통하게 옥에 갇힌 몸을 뭐 그리 한탄하리
逆奸*窃國是堪愁	역적들이 나라 훔친 것이 걱정될 뿐이로다

刑場同苦心同結	형장에서 함께 고생하며 마음을 함께 맺고
亂世共悲淚共流	난세에 함께 슬퍼하며 눈물 함께 흘렸네
但願掃除南北寇	다만 사방의 도둑을 쓸어버려서
昇平日月照靑丘	태평 일월이 우리나라 비추기를 원할 뿐이네

*窃國의 窃는 窈(=竊)의 오기라고 생각된다.

운암의 시에는 중국에서 무력투쟁을 피하지 않고 긴 세월을 싸워온 독립운동가의 기백이 넘친다. 죄 없이 감옥에 갇힌 것은 대의를 지키다 그리된 것이니 당당하게 받아들이지만 쿠데타 세력들이 국권을 찬탈한 것을 걱정하고 있다. 봉강과 함께 고민하고 고초를 겪으면서 다진 우정을 상기하며 나라가 안정을 찾기를 기원하는 심경을 담았다.

위헌적 법률로 처벌받은 정해룡, 아들 정길상이 재심을 청구하다

정길상은 5·16쿠데타 세력들의 정치적 탄압으로 억울한 옥살이를 한 아버지의 명예를 회복하기 위해 이른바 '전라남도 통일사회당 사건'이라고 불리는 이 사건에 대한 재심을 청구했다. 정길상의 법률대리인인 법무법인 '향법'의 심재환 변호사와 신의철 변호사는 2019년 9월 5일 광주고등법원에 재심청구서를 제출했다. 재심청구서에 의하면 당시 정해룡에게 유죄를 선고한 근거법률인 특수범죄처벌법은 위헌적 법률이다. 당시 특수범죄처벌법으로 재판이 이루어진 것은 106건, 대상이 된 사람들 숫자는 328명이다. 특히 "정당·사회단체의 주요 간부로서 반국가단체(북한)의 이익이 된다는 정을 알면서 찬양·고무·동조"한 자를 처벌하는 '제6조 특수반국가행위'는 4·19혁명 이후 늘어난 각종 정치사회단체와 민주애국인사를 탄압하는 데 활용되었다. 이에 대한 근거로 법률대리인 측은 위 조항으로 재심을 청구한 이 법의 피해자들이 모두 무죄를 받았다는 점을 들었다. 법무부 자료에 따르면 2007년부터 2017년까지 특수범죄처벌법으로 처벌받은 이들이 재심을 청구한 89건 모두 무죄가 선고되었다.

법률대리인 측은 이같이 위헌적인 법률집행으로 440일 동안이나 구금되어 있었던 정해룡의 재심을 청구한다고 밝혔다. 또한 봉강 정해룡이 어떤 사람인지 설명하면서 분단과 독재에 맞서는 정치사회운동에 앞장섰다는 이유로 기본권을 유린당한 망인에 대해 불법무도한 판결을 바로잡아 죄가 없다는 점을 밝히는 것은 빼앗긴 망인의 명예와 존엄을 되살려내고 사법부가 위헌적 법률을 적용해 아무런 잘못을 범하지 않은 한 애국자를 범법자로 만들어 형사처벌함으로써 스스로 무너뜨린 법적 정의를 회복하는 일이기도 하다는 점을 강조하며 재심을 개시하는 결정을 내려달라고 촉구했다.

광주고등법원 제1형사부는 2021년 10월 15일 재심결정을 내렸다. 앞에서 밝혔듯이 정해룡과 같은 특수범죄처벌법으로 재심을 청구한 이들이 모두 무죄판결을 받았으므로 봉강 역시 무죄판결을 받고 명예를 회복할 수 있을 것으로 보인다.

― 17 ―
대중당 활동과 3선개헌 반대투쟁

서민호의 대중당 창당에 참여하다

정해룡은 전라남도 통일사회당 사건으로 투옥되었다가 풀려난 이후 1963년 말에 복권되었으나 정치활동을 하지 못했다. 정해룡은 복권되고 난 이후에도 늘 공안당국의 감시를 받고 있었기 때문이다. 보성경찰서 정보과 대공 파트에는 정해룡을 전담하는 형사가 배정되어 있었다. 정길상은 중고등학교 시절에 집 근처에서 낯선 남자들을 수시로 목격하곤 했다. 검정 점퍼 차림의 남자가 거북정 뒤편의 대나무밭에서 나오는 것을 본 적도 있었다. 정해룡이 출타해 사람을 만나러 가면 그 자리에도 형사들이 따라와 있었다. 이런 상황 속에서 봉강은 거북정에 칩거해 은둔 생활을 했다. 이 무렵 봉강은 책에 파묻혀 지내면서 운암과 편지를 주고받는 게 유일한 낙이었다.

정해룡은 1967년에 서민호(1903~74)*의 대중당 창당에 관여하면서 정치활동을 재개했다. 정해룡이 언제부터 서민호와 결합하게 됐는지는 분명치 않다. 서민호가 대중당을 창당하기 전인 1966년 민주사회당을 창당했을 때는 정해룡이 참여한 기록이 없다. 서민호는 일제강점기에 조선어학회 사건으로 투옥된 적이 있다. 그는 해방 이후에 광주시장과 전라남도 도지사를 지냈고 1950년 제2대 민의원의원에 당선되어 정치인이 되었다. 그의 이력 중 특별한 것은 1952년에 거창양민학살 사건의 국회조사단장으로 활동하던 중에 조사를 방해할 목적으로 자신을 암살하려던 대위 서창선을 살해하고 8년 동안 복역하다가 1960년에 4·19혁명이 일어나고 나서 출옥했다는 점이다. 서민호는 이런 이력들로 말미암아 친일세력이 대부분인 우익 정치진영에서 정의감이 살아 있는 정치인으로서 존재감이 뚜렷했다.

서민호는 1960년에 제5대 민의원의원에 당선되었고 민의원 부의장을 지냈다. 그는 1961년 5월에 남북교류를 주장한 일로 구속되었다가 5·16쿠데타 이후 혁명검찰에서 기소유예로 풀려났다. 1963년에 제6대 민의원의원에 당선되었으나 1965년에 한일협정을 반대하는 정치투쟁으로 의원직을 사퇴했다. 서민호는 한일협정을 반대해 의원직을 사퇴한 사람들(윤보선·정성태·김도연 등)과 조국수호협의회 예비역 장성, 구 자유당 정치인들, 우파와 혁신계를 망라한 정치신인들을 포괄하는 신당 창당작업에 착수했다. 서민호는 정치적 지향이 다르고 이해관계가 복잡한 사람들을 모두 망라해 정당을 만든다는 것이 쉽지 않다는 것을 깨닫고 독자적인 신당 창당운동에 나섰다.

서민호가 독자적으로 추진하던 신당은 민주사회당이다. 이승만 독재의 타도나 한일협정 반대투쟁에서는 강경노선을 보였으나 정치적 지향은 보수적이었던 서민호가 민주사회주의를 표방하며 신당작업에 나선 것은 다소 의외였다. 서민호는 정해룡이 관여했던 통일사회당 측 인사들

* 호는 월파(月坡)다. 전라남도 고흥 출신으로 제2, 5, 6, 7대 국회의원을 지냈다.

과 접촉했으나 그들과의 통합에는 성공하지 못했다. 진보성향의 사회단체들과 창당작업을 추진한 결과 1966년 5월 민주사회당 창당준비위원회를 설립했다. 1966년 5월 10일에 민주사회당은 발기인대회에서 서민호를 당대표 최고위원으로 선출했다. 민사당은 남북한 간의 서신교환과 언론인·문화인의 교류 등을 당의 통일정책으로 채택한 발기 취지문을 발표했다. 1966년 5월 27일 창당준비확대회의에서 서민호는 한일기본조약의 폐기, 주월 한국군의 철수 등을 주장했다. 아울러 자신이 집권한다면 북한의 김일성과 국제기구를 통하거나 해서 직접 면담하고 대결할 용의가 있다고 발언했다.

  박정희 정권은 민주사회당을 탄압하기 시작했다. 중앙정보부는 민주사회당 임시대변인 이필선을 반공법 위반혐의로 구속하고 민사당 간부인 김윤식과 임창수 등을 연행했다. 1966년 6월 3일에는 서민호를 반공법 위반혐의로 구속했다. 서민호를 구속한 사유는 창당 취지문에서 '남북한 서신교환'과 '언론인 및 체육인의 상호교류'를 주장한 것과 "우리가 집권한다면 남북한 통일문제에 대해 북한의 김일성과 직접 대결할 용의가 있다"라고 주장한 것이 반공법 제4조 제1항의 북한에 대한 동조에 해당한다는 것이었다. 서민호가 모든 형사책임을 지기로 하고 혼자 구속되고 나머지 간부들은 불기소처분되었다. 재판부는 남북교류를 주장한 것과 월남파병 반대를 주장한 것은 무죄를 인정했으나 김일성과 면담하겠다고 발언한 것은 "반국가단체의 수괴를 자신과 대등한 위치로 끌어올림으로써 반국가단체인 북괴를 합법정부인 대한민국과 동등하게 취급했다"라는 이유로 유죄를 인정했다. 서민호는 1966년 9월 5일에 보석으로 석방되었으나 1966년 12월 27일에 서울형사지법(판사 신남식)은 서민호에게 징역 2년, 자격정지 2년의 실형을 선고했다. 검찰 측과 서민호 측은 즉각 항소했고 형이 확정되기 전까지 서민호는 정치를 계속할 수 있었다.

1967년에 제6대 대통령 선거가 다가오자 서민호는 다시 혁신계와의 통합에 나선다. 1967년 3월 9일 민주사회당 창당대회는 대표최고위원에 서민호를 선출하고 정당 명칭을 대중당으로 변경했다. 이날 정해룡은 전당대회 부의장으로 선출되면서 공식적으로 대중당에 합류했다. 통일사회당 사건으로 옥고를 치르고 나온 후 4년 만에 정치무대에 복귀한 것이다.

봉강이 서민호의 대중당에 참여한 것에 대해 의문을 표시하는 사람들이 많다. 서민호는 한일협정에 반대하고 남북교류를 통한 통일문제를 거론하는 등 진보적인 목소리를 내기는 했으나, 보수진영에 속한 정치인으로서 혁신계와는 일정한 거리가 있었다. 정해룡이 대중당에 합류한 배경에는 나중에 밝혀진 바대로 1965년에 정해진을 따라 월북했던 정해룡의 아들 정춘상을 통해 전달된 북의 지령이 한 원인일 수 있다.•

그러나 정해룡과 서민호가 정치적 동지가 된 데에는 지역적 유대감과 성장배경의 유사성도 한몫했다고 볼 수 있다. 서민호의 아버지 서화일(1860~1933)은 자수성가한 사업가로 일제강점기 당시 보성군 벌교읍과 고흥군 동강면을 중심으로 활동하면서 많은 자선활동을 펼쳤다. 남선무역주식회사 대표이사였던 서화일은 벌교사립학교와 영산포공립고등심상소학교 등에 기부금을 냈으며, 대지주로서 소작료를 경감해주고 소작조합을 자발적으로 조직해 소작인의 편의를 봐주었다. 지역민들은 서화일의 자선활동에 대해 지금까지 입을 모아 칭송하고 있다. 봉강 정해룡의 집안처럼 월파 서민호의 집안은 '착한 부자'의 명성을 얻고 있었다. 두 사람은 정치적 노선이 달랐지만 비슷한 배경을 가진 지역유지로서

• (정춘상은) "아버지 정해룡을 통해 대중당을 완전 장악하여 불원간 남북이 통일될 수 있도록 혁명과업을 추진하라는 등의 지시를 받고 ……" —서울형사지방법원 제11부 판결문(1981.4.8.).

일정한 친분을 유지하고 있었던 것이다.

4·19혁명 이후 혁신당에 참여했고 정해룡과 교분이 있는 김세원*은 봉강의 생각을 직접 들은 적이 있다고 전한다.

> 그때 봉강은 월파(서민호의 호) 같은 보수정객이 아니고서는 파쇼 치하에서 혁신정당의 기치를 내걸 수 없기 때문에 대중당에 참여하게 된 것이라고 자신의 생각을 내비쳤죠.**

봉강 정해룡은 해방 후에 여운형의 노선을 따라 현실정치에 발을 들여놓았다. 미국과 소련 양국의 대립 속에서 남북이 분단되어 각각의 정권을 수립하는 것을 끝까지 막으려고 애쓰던 여운형은 테러에 의해 희생되었다. 여운형뿐만 아니라 좌우와 중도를 막론하고 민족의 분열을 막아야 한다는 합리적인 생각을 가진 유력한 정치인들이 수도 없이 정치 테러의 희생양이 되고 말았다. 봉강은 혁신정당에 몸담으면서 국회의원선거에도 도전해 보았으나 군사독재체제에서 남북통일정권의 수립이라는 꿈이 점점 멀어지는 것을 목격했다. 장건상이나 김성숙처럼 항일운동을 한 쟁쟁한 경력의 원로들은 계속되는 탄압에 현실 정치무대에서 힘을 쓰지 못했다. 그렇다고 아무것도 하지 않을 수 없으니 독재체제를 무너뜨리기 위해 작은 힘이라도 보태는 현실적인 노선을 선택했다는 것이다. 정해룡은 보수 정치인인 서민호와 당을 같이하는 것이 적절치 않다

---

* 전국민족민주운동연합(전민련) 조국통일위원과 민자통 공동의장을 지냈다. 광주·전남 운동권의 대부로 불린다. 1960년 제5대 국회의원 선거(7·29선거) 당시 정해룡의 선거운동을 도왔다. 어린 시절부터 통일운동에 뛰어들기까지의 과정과 역경을 상세히 담은 『비트』(일과놀이, 1993)를 출간했다. 이 책에 정해룡을 언급한 부분이 있다.
** 이재의, 앞의 글, 222쪽.

는 지인들의 비판에 "민주주의 회복과 통일을 위해 쓸 약은 다 써봐야 한다"라고 말했다. 정해룡은 4·19혁명 직후에 통일을 이룰 수만 있다면 중립국을 선택해야 한다는 생각을 가진 사람들과 뜻을 같이하기도 했다. 정해룡에게는 정파와 노선, 이념보다 항상 통일이 중요했다. 봉강 정해룡이 평생 추구했던 최고의 가치는 일제강점기에는 민족의 독립이었으며, 남북이 분단되고 난 이후에는 민족의 통일이었다.

조국의 독립과 민족의 통일만이 지상과제였다는 점에서 정해룡은 장준하(1918~75)*와 닮았다. 장준하는 중학생일 때 사진관에 가서 한반도 지도를 들고 사진을 찍으면서 "내 일생은 우리나라의 독립운동에 바치겠다"라고 맹세했다. 이 맹세를 지켰던 그는 분단된 조국의 통일에 대해서는 다음과 같이 말했다.

모든 통일은 좋은가?
그렇다. 통일 이상의 지상명령은 없다. 통일은 갈라진 민족이 하나가 되는 것이며, 그것이 민족사의 전진이라면 당연히 모든 가치 있는 것들은 그 속에 실현될 것이다.
공산주의는 물론 민주주의·평등·자유·번영·복지, 이 모든 것에 이르기까지 통일과 대립하는 개념인 동안은 진정한 실체를 획득할 수 없다.**

---

* 일제강점기 한국광복군 제2지대에 배속되어 활동한 독립운동가이자 언론인, 정치인, 민주화 운동가다. 광복 이후 잡지 『사상계』를 간행했으며, 민주화 운동과정에서 여러 차례 투옥되었으나, 옥중에서 제7대 국회의원에 당선되었다. 유신체제 반대 운동을 주도하던 중 1975년 의문의 등산사고로 세상을 떠났다.
** 장준하, 「민족주의자의 길」, 『씨알의 소리』, 1972년 9월호.

대중당 창당을 방해한 경찰

정해룡이 대중당 창당을 위해 분주하게 움직였던 1966년 가을에 정길상은 봉강리 집에 있었다. 길상은 당시 자신이 직접 보고 들은 일들을 생생히 기억하고 있다. 1966년 가을 어느 날, 할아버지 정종희가 길상을 불러 아버지를 뵙고 말을 전하라는 심부름을 시켰다. 아버지는 보성읍내 개거리 근처로 시집간 정칠남이라는 문중 여인의 시댁에 상객으로 가 있었다. 정종희는 길상에게 아버지를 만나면 "정보부원이 잔칫집 주변에 쫙 깔려 있다"고만 말하고 오라고 했다. 점심을 먹고 출발해 20킬로미터를 걸어 잔칫집에 도착한 길상은 아버지를 만나 정종희의 말을 전했다. 당시 정해룡은 대중당 창당을 위해 보성지구당을 조직하고 있었다.

길상이 잔칫집으로 찾아갔던 그 다음 날, 봉강은 대중당 보성지구당 당원들의 명단을 들고 보성역에서 서울행 새벽열차에 올랐다. 막 출발하려는 기차를 멈춰 세우고 보성경찰서장이 객실에 올라왔다. 서장은 정해룡에게 당원들의 명단이 들어 있는 가방을 내놓으라고 요구했다. 정해룡이 거부하자 수행한 경찰관이 강제로 가방을 빼앗았다. 잠시 후에 열차가 화순역에 도착하자 이번에는 화순경찰서장이 열차에 올라왔다. 그는 정해룡에게 조사할 것이 있다며 내리라고 했다. 정해룡은 불같이 화를 냈다. 합법적인 정당활동을 하고 있는 정치인을 사찰하고 미행해 당원의 명단을 탈취해간 경찰의 불법행위를 절대로 좌시할 수 없으니, 이를 언론에 알리고 중앙당 차원에서 강력하게 대응하겠다고 경고했다.

잠시 후 열차가 광주역에 도착했을 때 전남도경의 간부가 정해룡의 가방을 들고 열차에 탔다. 일련의 사태를 보고받은 전남도경에서 조치를 취한 모양이었다. 도경 간부는 정해룡에게 죽을죄를 지었으니 한 번만 살려달라고 머리를 조아리면서 사과했다. 이 사건을 확대하지 말아달라며 무릎까지 꿇었다. 정해룡은 앞으로 다시는 자신을 사찰하거나 괴롭히지 않을 것을 약속하라고 요구했다. 이 약속을 지킨다면 이 문제를 정치 쟁점으로 삼지는 않겠다고 했다. 도경 간부는 정해룡의 요구를 받아들이고 약속을 지키겠다고 확언했다.

서울에 도착해 이 이야기를 전해들은 서민호는 있을 수 없는 일이라고 펄쩍 뛰면서 경찰에 정식으로 항의하겠다고 했다. 정해룡은 경찰과 한 약속이니 이를 기회로 대중당을 사찰하지 못하도록 하자고 설득했다. 대중당 보성지구당 명단에 이름이 올라 있는 당원들 20여 명이 보성경찰서에 소환되어 조사를 받기는 했으나 모두 석방되었다. 중앙당 창당도 차질 없이 진행되었다. 정해룡은 통일사회당 사건으로 옥고를 치르고 일상적으로 감시를 당하는 고초를 겪으면서 그만큼 유연해지고 현실적으로 행동하는 요령을 터득했던 것이다.

정종희는 나중에 이 사건에 대해 길상에게 더 자세한 설명을 해주었다. 당시 봉강리 주변에서 가끔 이상한 전파가 잡히고 봉강의 외출이 잦아지자 경찰이 뭔가 불온한 일이 벌어지고 있다는 추정을 한 것 같다는 것이다. 봉강이 서울로 출발하고 나서 보성경찰서에서는 아예 마을에 수사본부(정윤상의 집)를 차려놓고 기차에서 봉강에게 입수한 대중당 당원들을 모두 불러서 사흘 동안 주야로 조사했다. 간부급들은 아예 보성경찰서로 이송해 심문했다. 당시 보성읍과 회천면 사람들은 숨죽이며 사태의 추이를 지켜보았다. 4일째되는 날 보성에 붙들려간 사람들이 전부 무혐의로 풀려났다. 정종희는 경찰이 그들을 순순히 풀어준 것은 당시 한일회담 반대 등으로 정국이 소란하던 참에 대중당에서 이 사건을 야당 탄압이라면서 정치공세를 펼 경우에 박정희 정권에 득될 것이 없다는 판단이 작용한 것 같다고 말했다.

대중당의 대통령 선거와 국회의원 선거

1967년 5월 3일에 제6대 대통령 선거가 실시되었다. 공화당의 박정희, 신한당의 윤보선, 민중당의 유진오, 대중당의 서민호 등 8명의 후보가 입후보했다. 선거를 앞두고 보수야권이 손을 잡은 신민당이 창당되고 윤보선이 후보로 나서면서 제5대 선거 때와 마찬가지로 박정희와 윤보선의 대결로 압축되었다. 서민호는 투표를 닷새 앞둔 4월 28일에 대통령 후보직을 사퇴했다. 보수와 진보가 양당제를 이뤄야 한다는 생각에 입후보했으나 장기적인 비전에 앞서 정권교체가 시급하다는 국민의 여망에 따르기로 했다는 것이 사퇴 이유였다. 그러나 박정희는 경제성장 성과를 앞세워 50.4퍼센트의 득표로 41퍼센트의 지지를 받은 윤보선을 따돌리고 대통령에 당선되었다.

대통령 선거에 이어서 같은 해 6월 8일에 국회의원 총선거가 있었다. 이 선거는 사상 최악의 부정선거였다. 박정희 정권은 3선개헌을 목표로 개헌이 가능한 전체 의석의 3분의 2를 차지하기 위해 온갖 부정을 저질렀다. 무더기표 바꿔치기, 매표행위, 위협투표 등이 공공연하게 자행되었다. 신민당은 6·8총선을 3·15정부통령선거보다 더한 부정선거로 규정했다.

고흥지역에서 대중당 후보로 출마한 서민호는 선거 방해공작과 부정행위가 벌어지는 선거판에서 고전했다. 투개표 참관인을 매수해 투표함 바꿔치기를 하는 경우도 흔했다. 고흥의 대중당 선거대책본부는 서민호의 조카 서철이 육지를 맡고, 정해룡의 아들 정춘상이 섬지역을 맡아 투개표체계를 관리하도록 했다. 고흥지역구에는 섬이 많는데 정보과 형사들이 동원되어 야당의 투개표 참관인이 배를 타지 못하도록 감시했다. 보성지역 당원들은 미역장수나 생선장수 등으로 위장해 섬으로 들어가 투표 참관인으로 투표를 감시하고 투표함을 지켰다. 정씨 집안의 청년들이 총출동하고 옆 마을사람들의 도움도 받았다. 당시 정해룡은 국회의원에 출마하지 않고 고흥에서 출마한 서민호의 당선을 위해 총력을 기울였다.

개표가 시작되고 육지의 투표함이 열렸다. 막상 개표가 시작되자 당선이 유력하던 서민호가 의외로 고전하면서 경쟁후보와 경합을 벌이게 됐다. 세찬 비바람이 불고 날씨가 좋지 않아 섬지역의 투표함이 제시간에 도착하지 못하고 늦어지자 서민호 선거본부는 마음을 졸였다. 섬지역으로 투입된 당원들은 끝까지 투표함을 지켜냈다. 다음날 아침에 도착한 섬지역의 투표함이 개봉되자 서민호 후보의 표가 쏟아졌다. 서민호는 700여 표 차이로 어렵게 당선을 따냈다. 불가능할 것 같았던 선거판에서 이룬 성과라 더욱 소중했다. 서민호는 정해룡의 손을 잡고 울었다. 서민호는 군소정당의 후보로는 유일하게 원내에 진출하게 되었다. 정해룡과 서민호는 정치적 지향이 달랐으나 인간적으로 신뢰관계를 유지했다. 서민호는 봉강의 아들 정춘상이 결혼할 때 주례를 설 정도로 친밀하게 지냈다. 서민호는 신민당과 대중당의 합당을 추진했으나, 신민당과 당 차원의 합당을 이루지 못하고 1971년에 혼자서 신민당에 입당했다.

공화당은 이 선거에서 129석의 의석을 확보했다. 신민당 45석, 대중당이 1석을 차지했다. 선거가 끝나자 부정선거를 규탄하는 시위가 이어졌다. 6월 14일에 연세대와 고려대 등 서울 시내 8개 대학, 15일에는 전국 21개 고교와 5개 대학에서 시위가 벌어졌다. 정부는 14일 시내 11개 대학에 휴교령을 내리고 16일에는 전국으로 휴교령을 확대했다. 7월 3일에 서울 시내 모든 고교가 무기한 휴교에 들어가고 4일부터 각 대학이 조기방학에 들어감으로써 시위는 진정되었다. 그러나 정치권과 국민들의 계속되는 반발을 무마하기 위해 공화당은 1명의 당선자를 무효화하고 7명의 의원을 제명하는 조치를 취했다. 이로써 애써 확보한 개헌 가능 의석수에 미달되었으나 박정희 정권과 공화당은 포기하지 않고 대통령의 3선이 가능한 헌법으로 개정하는 개헌공작을 시작했다. 중앙정보부는 정치공작을 통해 신민당 국회의원 3명을 개헌 찬성으로 돌아서게 만들었으며, 일요일인 1969년 9월 14일 새벽 2시 국회 제3별관에 몰래 모여 찬성 122, 반대 0으로 2분 만에 개헌안을 통과시켰다. 야당의 항의에도 불구하고 개헌안은 10월 17일 국민투표에 부쳐져 총유권자의 77.1퍼센트가 참여해 65.1퍼센트의 찬성으로 가결되었다.

정해룡은 1969년 7월 3선개헌 반대 범국민투쟁대회 발기인 329명 중의 한 사람으로 참여했다. 3선개헌을 막아내지는 못했으나 정치적 소신을 지키기 위한 노력을 계속했다. 1982년 봄, 정길상이 광주교도소에서 복역할 때 만난 유낙진(1928~2005)˙은 3선개헌 반대운동을 전개하던 1969년에 보성 예당장(득량면의 전통오일장)에서 정해룡이 연설하는 것을 본 적이 있다고 말했다. 그는 정해룡이 3선개헌 반대와 함께 당시 아무도 거론한 적이 없는 미군철수를 주장했다고 기억했다.

정치인 정해룡의 육성

정해룡은 대중당 정치훈련원장으로 활동했다. 정치훈련원장은 당원들을 교육하는 일이 주된 업무였다. 당의 이론가로 나선 것이다. 정치훈련원장으로 강연할 때 봉강이 직접 작성한 원고가 남아 있는데, 한시와 편지를 제외하면 유일한 친필원고인 셈이다. 봉강의 육성과 다름없는 이 원고를 원문 그대로 옮긴다.

• 전라북도 남원 출신으로 남조선노동당(남로당) 출신의 비전향 장기수로, 빨치산 활동과 혁신당 조직활동 등으로 몇 차례 감옥에 수감되었다가 1999년 광복절 특사로 가석방되었다. 보성 예당중학교 교사로 재직하기도 했다.

우리나라 혁신운동의 사적(史的) 고찰

혁신운동은 부정부패에 대한 개혁쇄신운동이라 사적(史的) 혁신운동은 정치적 혁신운동과 교학적 혁신운동, 그리고 경제적 혁신운동으로 삼 분류 할 수 있다고 나는 생각한다.

1. 혁신운동의 사적 유래

정치적 혁신운동은 요약하면 자주적이고 민주적인 운동이다. 우리나라의 1천 년의 역사는 원래 강대세력에 대한 사대파와 자주파의 투쟁사라 할 수 있다. 신라가 당의 세력을 이용하여 삼국을 통일한 후에 당은 신라의 내정에 간섭할 뿐만 아니라 고구려의 영토 대부분을 강점하자 고구려의 유민들은 발해국을 건립하여 당의 세력을 구축했으며 인류사의 최강 대제국인 몽고가 고려를 침공하자 30년간 몽고에 항거하던 고려군이 강화도에서 항복하니 이에 분개한 고려 삼별초군이 진도를 근거지로 몽고와 고려연합군에 항쟁하다가 진도가 함락되자 제주도를 근거지로 1백 년간 항쟁했으니 이는 우리 민족의 찬란한 자주운동의 정화다. 최영 장군의 정명군이 친명파 이성계의 위화도 회군으로 실패하고 만고 용장 임경업도 명군과 연합하여 청군을 정벌하다가 친청파인 김자점에게 학살당했으며 이조 말엽의 애국열사들이 모두 친일파 이완용 등에게 실패했으니 이것이 우리나라 1천 년 내의 자주투쟁사이며 임진왜란 때 군경귀족들이 일신일족의 생명의 안전을 위하여 야반에 도망칠 때 개성의 민중들이 도망을 저지하려 했으며 평양의 민중들도 도망을 저지하려 했으니 이것이 모두 민주운동이며, 가산의 홍경래난은 서북의 민주운동이며 갑오동학난은 호남의 민주운동이고 이조 말의 친일내각이 일진회를 앞세우고 매국하려 할 때 독립협회 지사들이 피투성이의 투쟁을 했으니 이것은 민주운동의 정화이며 자유당 정권 때의 민중투쟁과 학생투쟁이 모두 민주운동이다. 이것들이 모두 역사상 정치적 민주혁신투쟁이라고 나는 보고 있다.

2. 교학적 혁신운동의 사적 유래

　신라시대의 대승 원효대사는 불교의 자비·현묘·적멸의 교리가 민생문제와 유리됨을 통감하고 보호국가의 학설을 창작 개진하여 서산대사와 사명대사 등 선장 출현의 정신적 기초가 되었으며, 유교성리학과 과거학이 국가민족의 실용후생에 하등의 가치가 없음을 통감한 이조의 거유 다산 정약용과 연암 박지원 선생 등은 정치·경제·군사·산업 등 실용학의 발전에 노력했으며, 우리나라 유일의 종교인 천도교주 수운 최제우 선생은 천도교를 창교하여 동학혁명과 삼일운동의 주축이 되었으며, 우리나라의 천주교의 순교사와 기독교의 애국운동은 필설로 다 기록할 수 없다. 이것이 모두 역사상 교학적 혁신운동이라고 나는 보고 있다.

3. 경제적 혁신운동의 사적 유래

　공자의 『시경』에 민유방본(民維邦本) 본고방령(本古邦⃞)이라 했으니 (민중이 평안해야만 국가가 평안하다) 고금 흥망사는 모두 민생문제가 좌우한다 해도 과언이 아니다. 역사상 통치계급이 자기들의 부귀와 향락을 위하여 민중을 압박 착취함으로써 민생이 도탄에 허덕일 제 민중은 자기들의 생을 위하여 항거투쟁함이 고금의 흥망사다. 백제의 의자왕은 신라 미인간첩 금화(錦花)에게 탐감하여 소인 임자(任子)에게 정권을 일임하고, 임자는 모든 부정부패를 자행하여 백제 멸망의 원인이 되고 신라는 여왕 만(진성여왕)이 음란하여 소인 위홍에게 정권을 일임하여 역시 신라 멸망의 원인이 되었으며(이광수,『마의태자』), 고려는 정치의 혼탁과 전제(田制)의 문란으로 재정이 파탄되어 왕조 멸망의 원인이 되었고(이상백 박사,『이조 건국』), 이조 말엽의 세도 이씨 정권이 실정하여 민생이 도탄이 되니 동학난이 봉기하여 일청전쟁이 되고 결국 이조 멸망의 원인이 되었다. 왜정 시 소작농의 생활참상은 필설로 다 기록할 수 없으며 해방 후의 토지개혁은 역사상 일대 쾌사이며 근일에 지주제도 부활 운운은 섭섭한 일이다. 현재 우리나라의 경제사정은 도시의 부익부빈익빈의 현상이 증대하여 사회불안의 요인이 양성되고 있으며, 농촌의 농산물의 수지타산이 맞지 아니하여 농촌경제가 위기에 있고, 공무원의 부정부패가 만연한 듯하니 위정자의 맹성을 촉구하는 바다.

4. 끝으로 우리나라 혁신정당의 입장을 논함

우리나라는 서구 선진국가와 사정이 다르다. 서구 선진국가는 공업이 발달하여 노동계급이 형성되었으나 우리나라는 후진국으로 공업이 발달되지 못하여 노동계급이 형성되지 못했으니 노동계급을 대표한 계급정당이 될 수 없다. 우리나라의 혁신정당은 자주와 민주와 민생과 정의와 양심을 위주한 대중정당으로서 양심적 자본가를 위시하여 양심적 지주, 도시 소시민과 지식층, 노동자와 농민을 망라한 대중정당이라야 될 줄로 안다. 특히 경제 면에 있어 우리나라 공업은 대부분이 민족자본이 아니고 외래자본에 의하여 형성 중에 있으므로 우리 기업인들은 자주정신에 투철해야 될 줄로 알며, 도의 면에 있어 우리나라 고유의 충신독후의 기풍이 희박하고, 향락적 부화경박의 풍조가 만연된 퇴폐적 민주주의가 진행됨을 볼 때 참으로 한심한 일이다. 결론적으로 우리나라 혁신정당운동의 자주·민주·민생운동이 중국 쑨원 선생의 민족주의·민권주의·민생주의의 삼민주의와 합치된 줄로 나는 알고 있다.

1969년 7월 대중당 훈련원장 정해룡 記

봉강 정해룡은 이 글에서 자신의 정치적 신념과 이념적 지향을 뚜렷하게 드러내고 있다. 그는 부박한 자본주의를 비판하면서도 교조적인 사회주의나 공산주의를 부정하고 있다. 그는 우리나라의 역사와 전통, 현실에 맞는 혁신정당운동이 필요하다고 밝힌다. 노동계급을 대표한 계급정당이 아니라 여러 계층의 양심적인 세력을 망라한 대중정당이라야 우리나라를 대표할 수 있다고 보고 있다. 그는 조봉암처럼 비자본주의, 비공산주의의 입장에서 우리에게 필요한 자주·민주·민생운동을 통해 민주주의 국가를 발전시켜 나가야 한다는 입장을 가지고 있었다.

― 18 ―
나의 아버지 봉강 정해룡

니가 간첩이 뭔지 안다냐

정길상은 봉강의 다섯째 아들이다. 해방 후인 1946년에 길상이 태어났을 때는 가세가 완전히 기운 뒤였다. 그가 중학교에 다닐 때 아버지는 두 차례 선거에서 낙선해 집안 분위기가 침울했다. 선거의 후유증이 가시기도 전에 5·16쿠데타가 일어나고 아버지가 구속되었다. 길상은 당시 '특수반국가행위처벌법 위반'이라는 아버지의 죄목이 무슨 뜻인지 알지 못했다. 길상은 그 난리 통에 고등학교 진학문제를 결정해야 했는데, 6개월 동안 학교도 제대로 다니지 못하는 상황이 되었다. 결국 학비가 전액 국비로 지원되는 목포 해양고등학교에 진학했다.

목포에서 고등학교를 다니던 시절, 집에 올 때는 장흥에서 버스를 탔다. 길상이 고등학교 2학년(1966년)이던 어느 날, 막차를 타고 보성 해안로를 지나는데 버스에는 길상과 남자 승객 한 명이 타고 있을 뿐이었다. 40대 중반 정도의 남자는 얼굴이 잘생긴 편이었다. 그는 길상의 옆좌석으로 오더니 "학생은 어디서 사느냐?"고 물었다. 조금 있다가 그는 다시 "장흥과 보성의 경계선이 어디냐?"라고 물었다. 길상이 바로 여기라고 대답했더니, 다시 "여기서 지서가 얼마나 되느냐?"라고 물었다. 길상은 "여기서 4킬로미터 정도 될 겁니다"라고 대답하고 나서 문득 이상한 생각이 들었다. 당시는 가는 곳마다 '반공' '방첩' 포스터가 붙어 있던 시절이었다. 학교에서도 늘 수상한 사람은 신고하라고 했다. 근방의 지리를 캐묻고 특히 지서의 위치를 묻는 이 낯선 남자가 '수상한 사람'이 아닐까? 길상은 집에 오는 내내 '간첩'이라는 두 글자가 머릿속을 맴돌았다. 그때는 간첩을 신고하면 5천만 원을 준다는 포스터가 여기저기 붙어 있었다.

집에 와서 저녁밥을 먹으면서 길상이 아버지에게 그 남자 얘기를 했다.

"틀림없이 간첩이었는데, 신고하고 5천만 원 받을 걸 그랬어요."

아버지는 밥숟갈을 내려놓고 길상의 얼굴을 물끄러미 바라보았다. 아버지의 얼굴이 왠지 슬퍼 보였다. 아버지는 나지막한 목소리로 길상에게 말했다.

"너, 간첩이 뭔지 안다냐?"

"나쁜 놈이잖아요."

길상이 아무 생각 없이 대답했더니 아버지가 말했다.

"니가 간첩이 나쁜 짓 하는 거 봤냐? 나쁜 짓 한지 좋은 짓 한지 니가 모르는 거 아니냐? 그걸 모르면서 그 사람을 니가 나쁘다고 단정지으면 안 되지. 모르면 가만 놔둬야 그걸 왜 신고를 하냐?"

아버지는 부드럽지만 단호한 목소리로 길상에게 타이르듯이 말했다. 듣고 보니 아버지 말씀이 맞았다. 학교에서 간첩은 나쁘다고 무조건 신고해야 한다고 가르치긴 했으나 길상이 직접 간첩이 나쁜 짓 하는 것을 보거나 경험한 적은 없었다. 그래도 길상은 아버지의 창백하고 슬픈 얼굴이 이상하기는 했다. 뭔가 속상한 일이 있는 것처럼 보이기도 했다.

고등학교를 졸업하고 길상은 군대에 가게 되었다. 입대하는 날 길상이 사랑채로 가니 아버지는 마침 손님과 이야기를 나누고 있었다. 꾸벅 고개를 숙이면서 "아버지, 저 군대 갈랍니다" 했더니 아버지는 "잘 다녀오너라"라고 한마디 할 뿐이었다. 원래 아버지는 말수가 적었다. 자식들에게 잔정을 표현하는 법도 없었다. 사실 평소에 가족들이 밥을 먹는지 죽을 먹는지 잘 모른다고 해야 옳았다.

집을 나와 터덜터덜 가고 있는데 양정원 터 앞까지 갔을 때 집에서 사람이 뛰어와 길상을 불렀다. 아버지가 다시 오라고 했다는 것이다. 길상이 집으로 가니 손님은 가고 아버지 혼자 앉아 있었다. 아버지는 돈 5천 원을 꺼내어 길상에게 건넸다.

"자, 이거 가지고 가라. 옛날에는 자식이 군대에 가면 부모가 싸워서 이기고 돌아와라, 이기지 않으면 오지 마라, 그렇게 죽음을 각오하고 보냈는데 지금은 그때와 다르단다. 다른 나라와 싸울 때 이기기 전에 돌아오지 말라는 것이지 너는 살아서 돌아오너라. 같은 민족의 가슴에 총부리를 겨누는 일은 없어야 한다. 너, 절대 총 쏘지 마라. 그저 살아만 돌아오너라. 강대국에 의해 만들어진 38선에 놀아나지 말아야 한다."

길상은 아버지의 말씀을 다 이해하지는 못했지만 아버지가 생각이 남다른 분이라는 건 이해했다. 길상이 아버지를 제대로 이해하게 된 것은 훨씬 뒤의 일이었다.

세상에 없는 효자

길상이 기억하는 아버지는 세상에 없는 효자였다. 아침에 나갈 때면 "어머니, 오늘 동네에 가서 누구 만나서 무슨 일을 하고 올랍니다" 하고 꼭 이야기하고 나갔다. 어머니가 기다린다는 것을 알기에 늦게 들어와도 안채에 들어와 "어머니, 해룡이 왔습니다"라고 인사했다. 보성을 떠나 타지로 갈 때는 사당에 들어가 "제가 오늘 서울에 가서 누구를 만나서 무슨 일을 보고 언제 돌아올랍니다"라고 조상에게 고하고 갔다. 돌아오면 역시 사당에 가서 "돌아왔습니다"라고 반드시 인사했다. 봉강의 그와 같은 행동은 큰일은 사당에 고하고 작은 일은 어머니에게 고한다는 유교적 관습에 의한 것이다.

길상의 큰형이 신경증에 걸려 대소변을 못 가릴 때 사기로 된 요강을 던져서 하루에 두 개가 깨져나갈 때도 있었다. 할머니가 큰손주의 수발을 직접 다 하셨는데 하루는 "해룡아, 니 자식이니까 니가 요강을 사와라"라고 말씀하셨다. 원래 요강은 집에서 일하는 사람을 시키거나 할머니가 장에 가서 직접 사오곤 했는데 너무 힘든 나머지 봉강에게 푸념을 하신 것이다. 그런데 어머니의 말이 떨어지자 봉강은 바로 장터로 가서 요강을 사왔다. 집안의 일꾼들이 질색하며 요강을 빼앗아 들고 가려 하자 봉강은 어머니의 명이라며 한사코 집에까지 들고 갔다. 자신의 체면보다 부모의 말이 더 중하다는 것이다.

봉강은 집에서 효심이 지극한 아들이었지만 어머니의 마음을 편하게 해주지는 못했다. 일제강점기서부터 재산을 다 들어내가고 감옥을 들락거려서 어머니는 늘 가시방석에 앉은 것마냥 불안한 날들을 보냈다. 그러나 할머니는 그 모든 것을 꿋꿋하게 이겨냈다. 길상은 아버지가 감옥에 갔던 1962년에 목격한 할머니의 모습을 잊지 못한다. 할머니는 엄동설한에 하루도 거르지 않고 목욕재계하고 소복을 입은 채 정안수를 떠놓고 아들의 석방을 빌며 북쪽을 향해 절을 했다.

봉강은 감옥에 갔다 와서는 그곳에서 알게 된 것들을 할머니에게 자상하게 이야기해 드리곤 했다. 길상은 태어났을 때부터 어머니가 환자라서 할머니 품에서 자랐다. 할머니 옆자리에 누워 잠을 자면서 아버지가 할머니한테 와서 고하던 소리들을 들은 기억이 난다.

"어머니, 기남이가 잽했다고 하요." 기남이가 누군지 길상은 몰랐지만 할머니는 아시는 듯했다. "어머니, 박헌영이가 지금 죽었다고 헙니다, 북에서." 그런 말도 들었다. 할머니는 박헌영에 대해서도 잘 알고 있는 것 같았다. 나중에 알고 보니 아버지가 말하던 기남이는 윤기남이었다. 할머니의 친정 조카인데 북에 갔다가 공작원으로 내려와 붙잡혔던 모양이었다. 아버지는 서대문형무소에서 복역하면서 거기서 들은 이야기를 할머니에게 전한 것 같았다.

할머니는 요강사건 때처럼 가끔 아들에게 불만을 털어놓았다. 집에는 늘 손님이 들끓는데 길상의 어머니가 환자라서 할머니가 손님접대를 도맡았다. 전라도 양반집의 상차림은 보통 손이 가는 일이 아니었다. 일하는 사람들을 데리고 한다고 해도 모든 것을 지휘해야 하는 할머니는 허리를 펼 틈이 없었다. 힘들 때면 할머니는 봉강에게 "이놈아, 자식들을 다 두고 어미가 언제까지 이걸 해야 되느냐?" 하고 한탄했다. 봉강은 "어머니, 조금만 기다리세요. 건강하게 오래 살아서 해진이 보셔야죠"라고 달랬다. 길상은 그때 아버지가 어디서 작은아버지 소식을 들었나 하는 생각을 해보기도 했다.

국민학교 때 길상은 해남 대흥사로 수학여행을 갔다. 길상은 할머니를 졸라 어렵사리 용돈을 얻었다. 수학여행을 마치고 돌아오는 길에 명아주 지팡이를 사다가 할머니에게 드렸다. 다음날 봉강이 다가와 물었다. "네가 할머니께 선물을 했더냐?" 그랬다고 했더니 봉강이 대견한 듯 자식의 머리를 쓰다듬으며 말했다. "네가 참 효자다, 네가 참 효자다." 아버지는 자기 대신 어린 아들이 할머니를 챙겨드린 것이 기특했던 모양이다. 길상은 아버지의 따뜻했던 손길이 잊히지 않는다. 감정표현을 잘 하지 않는 분이라 더욱 소중한 기억으로 남았다.

아버지는 선비였을까 혁명가였을까

길상은 아버지에 대해 긍정적인 이야기와 부정적인 이야기를 같이 들으면서 자랐다. 봉강은 훌륭한 사람이라는 사람이 더 많았지만 "천 석지기 재산 다 말아먹은 사람"이라는 평가는 분명 칭찬은 아니었다. 길상에게는 할아버지 항렬인 아버지의 당숙 정종호는 아버지가 보통사람이 아니라고 말하곤 했다. 길상은 어머니의 보살핌을 받지 못하고 자란 데다 유일한 의지처인 할머니는 너무 할 일이 많았다. 길상이 어렸을 때 아버지는 늘 거리감이 있었고 뭔가 큰일을 하는 사람이라는 막연한 사실밖에 몰랐다.

길상이 어렸을 때는 동네에 거지들이 많이 돌아다녔다. 하루는 거지가 동냥을 왔는데 할머니가 바가지에 쌀을 부어주었는데도 가지 않고 시끄럽게 떠드는 소리가 났다. 이런 부자집에서 이것밖에 안 주느냐고 시비를 걸었다. 그때 아버지가 대문 앞으로 나갔다. 아버지는 거지에게 "뭐가 부족하십니까?"라고 물었다. 거지가 이런 집에서 쌀 한 줌 줘서 되겠느냐고 하니까 아버지가 들어가서 지폐 한 장을 들고 나왔다. 거지에게 돈을 건네며 "이러면 되겠습니까?"라고 하자 거지가 무안한 듯 돈을 받더니 절을 하고 뛰어갔다.

또 일꾼들이 바깥채에서 밥을 먹고 식구들이 안채에서 밥을 먹으면 아버지는 일꾼들한테 갔다. 만약 일꾼들 상의 밥이나 반찬이 자기 것보다 못하다 싶으면 자기 것을 들고 가서 일꾼들에게 주고 일꾼들의 것을 가져다 먹었다. 아버지는 항상 힘든 일을 하는 사람들이 더 잘 먹어야 한다고 이야기하곤 했다. 아버지를 모시고 면소재지에 가거나 장에 가면 봉강이 오는 것을 보고 피하는 사람들이 있었다. 누구든지 아는 사람을 보면 먼저 깊숙이 고개 숙여 절하기 때문에 숫기 없는 사람들은 절 받기 민망해 그러는 것이었다. 장날 같은 때 술에 취해 비틀거리며 걷다가도 봉강을 발견하면 자세를 바로 하는 사람들도 있었다. 아버지는 누구에게나 정중하고 친절했는데 그래서 오히려 어려워하는 사람들이 많았다.

길상은 고등학생 때 자기네 산에서 나무를 하는 사람하고 시비하다가 그 사람을 때린 적이 있었다. 왜 남의 산에서 나무를 하느냐고 했더니 상대방은 도리어 길상에게 큰소리를 쳤다. 길상은 화를 참지 못하고 주먹질을 했다. 맞붙어 싸웠으나 길상이 더 힘이 셌다. 상대방은 병원에 입원할 정도가 되었다. 상대방이 당장 경찰에 고발하지는 않았지만 길상은 걱정이 되었다. 아버지에게 고하니 아버지가 "당장 찾아가 잘못했다고 백 번 사죄해라"라고 했다. 길상은 아버지 말대로 병실로 찾아가 용서를 빌었으나 아무래도 안심이 안 되어 잠깐 어디론가 피해 있을 궁리를 했다. 길상은 해남에 있는 진외가로 갈 결심을 하고 봉강에게 허락을 구했다. 아버지의 외가, 할머니의 친정인 진외가는 고산 윤선도 집안의 작은 종가였다. 봉강은 한동안 아무 말 없이 앉아 있더니 "양말 신고 가거라"라고 말했다. 허락이 떨어진 셈인데 아버지의 속 말뜻은 종가의 법도에 어긋나지 않게 몸가짐을 조심하라는 것이었다. 그때는 한여름이었다. 말씀이 적은 아버지가 하는 한마디는 늘 뜻을 잘 새겨들어야 했다. 어른이 되고 나서 아버지를 생각하면 '선비'라는 말이 생각났다. 조선시대 선비를 본 적은 없지만 아버지는 조선의 선비 같은 품격을 갖춘 분이었다.

봉강은 바둑을 잘 두었다. 손님들이 오면 마주앉아 바둑을 둘 때가 많았다. 인근에서는 봉강을 이기는 사람이 드물다는 이야기가 들렸다. 바둑을 좋아하는 젊은 친척들은 바둑을 배우겠다고 찾아오기도 했다. 길상도 바둑에 재미를 붙여 열심히 두었다. 자신도 바둑을 꽤 잘 둔다고 생각하게 된 길상은 아버지에게 바둑을 청했다.

"아버님, 저하고 바둑 한 번 두시지요."

"네가 바둑을 좀 배웠느냐?"

"네."

"바둑이란 속여먹기 놀음이다. 그런데 아비가 자식을 속이겠느냐, 자식이 아비를 속여 넘기겠느냐?"

거절이었다. 길상은 끝내 아버지와 바둑을 두어보지 못했다.

중학생 시절에 아버지가 국회의원 선거에 나가서 유세하는 걸 구경한 적이 있지만 길상은 정치라는 게 뭔지 알 수 없었다. 아버지가 이야기하던 나라를 위한 일이라는 건 도대체 무엇일까? 군에서 제대하고 나서 길상은 아버지가 민족주의자라는 사실을 이해하기 시작했다. 거북정에는 충무공 이순신, 민영환, 이준, 이상설 등이 쓴 친필 족자가 걸려 있었다. 어려서는 흘려보았지만 아버지가 재산을 다 바치고 감옥에 들락거리며 지키려 했던 가치가 무엇인지 어렴풋이 알 수 있었다. 사회과학서적도 들여다보고 역사공부도 하면서 길상은 아버지가 그냥 선비가 아니라 혁명을 꿈꾼 사람일지도 모른다고 이해했다. 그러나 그때까지는 그저 막연한 짐작일 뿐이었다.

봉강과 운암의 평생 우정

길상은 아버지와 운암 김성숙의 남다른 우정에 대해 알고 있다. 운암은 보성에도 여러 차례 다녀갔고 아버지가 서울에 가면 그분 댁에서 머문다는 이야기도 들었다. 봉강과 운암은 5·16쿠데타 이후 함께 옥고를 치르고 나온 뒤에도 여전히 가깝게 지냈다. 운암은 독립운동을 하고 정치를 하면서 가난을 면치 못했다. 뒤늦게 정치하는 남편을 만나 생활고에 지친 운암의 아내는 남편이 조금이나마 가정을 돌보기를 원했다. 운암은 쿠데타로 들어선 박정희 정권에서 더 이상 진보정치를 계속하지 못했다. 박정희가 공화당을 창당하고 정치에 뛰어든 이후 윤보선은 신민당을 이끌며 야당세력을 결집해 나갔다. 윤보선은 운암 김성숙을 신민당의 지도위원으로 영입했다. 임시정부 요인이었고 독립운동가인 운암을 원로로 대접해 영입하고 민족주의 중도진영을 흡수해 박정희와 맞붙는 대통령 선거에서 유리한 입지를 차지하려는 전략이었다.

운암은 신민당 지도위원을 지낸 이후에는 정치활동을 계속하지 못했다. 말년에는 가난과 함께 병고에 시달렸다. 봉강은 서울에 올라가 날로 쇠약해가는 운암을 보고 온 날이면 어머니에게 속상한 심정을 토로하곤 했다. 운암은 변변한 집 한 채 없이 셋집을 떠돌다가 말년에 동지들이 돈을 모아 마련해준 집 한 칸에서 생을 마감했다. 봉강은 그때 형편이 넉넉지 않았지만 3천 원을 선뜻 내놓았다. 노산 이은상은 운암의 집을 피우정(避雨亭)이라고 명명했다. 비를 피하는 집이라는 뜻이다. 운암은 평생 성실하게 일기를 기록했는데, 말년의 일기에서 봉강에 대해 언급한 것을 볼 수 있다.

1964년 5월 7일.

오늘도 종일 집에서 지냈다. 처는 도둑이 무섭다고 창구마다 철창을 해달기로 했는데 대금이 2,900원이나 된다. 월부로 하기로 하고 우선 2,000원을 지급하였다. 창문에 철창을 달아놓으니 마치 감옥방 같아서 그리 기분이 좋지 않으나 처가 하는 일이니 나는 그대로 따르기로 했다. 봉강 동지의 편지를 받고 곧 회답을 썼다. 봉강 동지는 진실로 대의를 알고 또 특히 지키는 대인군자에 속하는 사람이다. 나더러 역사의 죄인이 되지 않도록 절의를 굳게 지켜달라는 간절한 부탁을 하였다. 내가 생활에 쪼달려 참다 못해서 반동과 타협할까 우려하고 있다. 참으로 고마운 동지요, 나를 아는 동지다.

봉강과 운암은 불운한 정치역정 속에서 위로를 주고받으며 한길을 갔다. 서로에게 귀한 인연이었다.

― 19 ―
준비되지 않은 이별

부모를 찾아 북으로 간 정훈상

1969년 8월, 거북정은 발칵 뒤집혔다. 정해진의 둘째 아들 정훈상이 일본으로 밀항해 일본당국에 붙잡혔다는 소식을 들었기 때문이다. 정해진은 한국전쟁 당시 장남 국상과 차남 훈상을 보성의 어머니에게 맡겼다. 국상과 훈상은 봉강의 자식들과 함께 할머니의 보살핌을 받으며 자랐다. 큰아버지와 할머니는 부모 없이 자라는 국상 형제에게 마음을 썼다. 특히 할머니에게 손주들은 작은아들 대신이었기에 각별한 사랑을 베풀었다. 그러나 집안은 갈수록 어려워졌고 훈상은 길상처럼 국비로 운영되는 목포 해양고등학교에 진학했다. 훈상은 항해사가 되려고 열심히 공부했다. 그러나 월북자 아버지를 둔 훈상에게는 을종 2등 항해사의 면장과 여권이 붙어 있는 선원수첩이 나오지 않았다.

국상과 훈상은 서울로 올라가 고학을 하면서 대학을 다녔다. 훈상은 중앙대 신문방송학과에 재학 중 군에 입대했다가 1969년 6월 22일 휴가

정해진의 둘째 아들 정훈상. 아버지 정해진에 대한 그리움과 연좌제의 고통으로부터 벗어나기 위해 탈영과 밀항 등을 할 수밖에 없었던 그는 "자신의 조국에서 난민으로 살았던 사람"이었다.

를 나와 탈영했다. 아버지를 닮아 기질이 강하고 대범한 성격인 훈상은 연좌제의 고통에서 벗어나고 그리운 부모를 만나야겠다는 일념으로 일본으로 밀항해 망명을 요청하게 된다. 훈상은 고베항에서 발견되어 일본 경찰에 의해 구치소에 감금되었다. 훈상은 부모가 있는 북한으로 보내달라고 일본에 정치적 망명을 요청했다.

훈상은 1969년 8월 13일 출입국관리령 위반으로 기소되어 재판을 받았다. 정훈상은 법정에서 다음과 같이 호소했다.

일본당국은 나를 '출입국관리령' 위반혐의로 재판에 걸었습니다. 나는 일본당국에 내가 거주하기 위해 온 것이 아니라 부모님이 계신 북조선에 가기 위해 온 것이라 설명하고 북조선에 갈 수 있도록 조치를 취해줄 것을 요청했습니다. 그런데 일본당국은 나를 체포해 고베구치소에 감금한데다 재판에 회부하는 조치를 취했습니다. 나는 지금까지 걸어온 길을 그대로 밝혀 일본 정부와 일본 국민 여러분에게 호소합니다. 일본 정부 및 일본 국민 여러분! 여러분이 진정으로 인도주의 및 국제법과 국제관례를 존중한다면 내가 하루라도 빨리 사회주의 조국, 조선민주주의인민공화국으로 돌아가 어린 시절에 헤어진 부모님과 재회해 마음껏 공부하고 인간으로서의 생활을 할 수 있도록 해주십시오. 만일 남조선에 강제송환된다면 나를 기다리는 것은 죽음뿐이며 그 외에 어떤 것도 없습니다.●

이 사건은 일본에서 큰 주목을 받았고 무려 129명의 인권변호사가 참여하는 '훈상 청년 정치망명 사건 변호인단'을 꾸렸다. '정훈상(정치망명)을 지키는 모임'이 결성되었으며, 이 사건을 계기로 '재일조선인의 인권을 지키는 모임'도 결성되었다. 조총련과 일조(日朝)협의, 일본기관지협회(노조 및 시민단체 등의 기관지를 발행) 등이 훈상에게 실질적 도움을 주었다.

한국 정부는 정훈상을 소환하게 해달라고 요청했고 북한은 북한으로 송환하라고 요구했다. 당시 일본은 한국과 국교를 맺고 경제적 협력관계도 맺고 있는 상황이어서 한국 측의 요구를 고려하지 않을 수 없었다. 하지만 일본의 시민사회나 언론 등의 여론은 정훈상에게 동정적이었다. 당

● 日本機関紙協会兵庫支部 編, 『共和国への道を日本に求めて —丁勲相(政治亡命)青年の手記』, p. 29.

시 일본은 북한과도 우호적인 관계를 유지하려고 노력하고 있었고 재일 조선인들의 북송을 허락하고 있었다. 일본은 외교적으로 매우 난감한 상황에 처했다.

조국에서 난민으로 살았던 사람들

일본 법정은 1970년 12월 19일 정훈상에게 금고 6개월에 집행유예 1년을 선고했다. 처음에는 정훈상을 한국에 인도한다는 쪽에 무게가 실렸다. 그러나 수많은 단체와 사람들의 도움으로 일본 내에 정훈상을 동정하는 여론이 높아지자 일본 정부는 절충안을 선택했다. 고베 입국관리소에 구금되었다가 입국관리소의 자비출국 허가조치로 1970년 12월 26일에 하네다에서 모스크바행 비행기로 일본을 떠났다. 이렇게 해서 훈상은 모스크바를 경유해 12월 29일 평양에 도착했다. 일본에 밀항한 지 1년 반 만에 북으로 건너간 것이다.

성공회대 일본어학과 권혁태 교수는 정훈상에 대한 글*에서 그를 자신의 조국에서 난민으로 살았던 사람이라고 썼다. 식민지에서 태어난 사람들과 마찬가지로 분단된 조국에서 태어난 사람들 가운데 분단 이후 자신의 선택과는 상관없이 '국민'의 권리를 빼앗기고 '난민'으로 살아야 했던 사람들이 있다. 바로 연좌제라는 그물에 걸린 사람들이다.

한나 아렌트(Hannah Arendt)가 『전체주의의 기원』에서 "(난민의) 수난은 다른 집단들이 겪는 수난과는 다르다"라고 말한 것처럼 정훈상은 법적으로 '국민'이면서 동시에 '권리를 가질 권리를 잃은 존재' 그 자체였

* 권혁태, 「잃어버린 사람을 찾아서: 북으로 간 탈영병 정훈상 이야기」, 『황해문화』 제82호, 새얼문화재단, 2014년 봄호.

다. 즉 그는 한국의 '국민'이면서 동시에 '난민'이기도 했다. 최인훈이 『광장』에서 말한 것처럼 "돈과 마음과 몸을 지켜준다는 '법률'의 밖에 있는 어떤 삶"*을 살 수밖에 없는, "발을 땅에 붙이고 살 장소조차 주어지지 않는" 존재였다. 그는 '난민'에서 벗어나 '법률의 안에 있는 어떤 삶'을 살기 위해, 즉 '국민'이 되기 위해 북한행을 택했다. '난민'에서 벗어나 '국민'이 되고자 '난민'의 길을 택한 것이다.

물론 그에게 북한은 한 번도 경험해보지 못한 미지의 땅이었지만 부모의 존재를 통해 북한은 그가 생각하는 선택공간의 범위 안에 있었다. 한국전쟁을 거치고 1950년대와 1960년대를 산 그에게 북한은 부모가 삶을 일구고 있는 선택 가능한 삶의 터전으로 다가왔을 가능성이 크다. 정훈상은 재판과정에서 북한행을 "귀국"이나 "돌아간다"라는 말로 반복해 표현하고 있다. 1959년 이후 북한으로 건너간 약 10만 명의 재일조선인의 고향이 거의 남쪽이었음에도 불구하고 북한으로 이동한 것이 '조국 귀환'이었듯이 남쪽이 고향인 훈상에게도 북한으로 가는 것은 어디까지나 '돌아가는 것', 즉 '귀국'이었다. 휴전선은 세계 어디에나 존재하는 국경선보다 훨씬 더 강고했지만 정훈상의 마음속에서는 국경이 아니라 동일 국가 내의 다른 모습을 가르는 경계였다. 혹은 '난민'과 '국민'을 가르는 경계였다. 남과 북은 서로를 인정하지 않고 있었지만, 그는 남과 북을 동일 국역(國域) 내에서 선택 가능한 서로 다른 체제로 보았다. 과장해 말하자면 마치 한 국가 내에서 '거처'를 옮기는 것일 뿐이었다. 그는 국경을 넘으려 한 것도 아니고 국가를 벗어나려 했던 것도 아니다. 같은 생활권 내의 '위험지대'에서 '안전지대'로 이동하려 했을 뿐이다. 그래서 '법률의 밖에 있는 삶'에서 '법률의 안에 있는 삶'을 살고자, 즉 '난민'에서 '국민'이 되고자 한 것이다.**

- 최인훈, 『광장/구운몽』, 문학과지성사, 1996, 69쪽.

아버지는 땅을 팔아서 무엇을 하려고 했을까

57세가 된 봉강에게 1969년은 유난히 힘겨운 해였다. 평생의 동지였던 운암 김성숙이 같은 해 4월에 가난과 병고로 고통스러웠던 이승에서의 삶을 버렸다. 이 땅에 평등하고 자주적인 민족국가를 세우려고 평생 동안 목숨을 건 투쟁과 신념을 건 정치활동을 전개해온 운암은 그에 합당한 보상은커녕 일신의 안위만을 추구하는 기회주의자들로부터 핍박만 받다가 세상을 떠났다. 봉강은 운암의 죽음이 안타깝고 한스러웠다. 식사도 제대로 하지 못하고 애통해하는 봉강의 모습에 가족들은 건강을 상할까 염려했다. 애도는 여러 달 지속되었다.

봉강이 슬픔을 채 추스르기도 전에 훈상의 밀항사건이 터졌다. 어머니를 달래느라고 뒤로 밀쳐두었던 본인의 고민과 걱정은 혼자 있는 시간에 봉강을 덮쳐서 잠을 설치게 했다. 훈상이 무사히 북한으로 가서 부모를 만나기를 빌었지만 결과를 알기 전까지는 마음을 놓을 수 없는 날들이었다. 동생과 예기치 못한 이별을 한 국상의 심정이 어떨지 그것도 걱정이었다. 진중한 성격이라 힘들다는 내색을 하지 않았으나 어려서부터 둘이 의지하고 살아온 형제의 부재가 어떤 것인지 봉강은 누구보다 잘 알았다. 해진이 북한으로 간 이후에 아우의 빈자리는 봉강에게 무엇으로도 메꿀 수 없는 상실감을 안겨주었다.

정길상은 1969년 9월에 군 복무 중 마지막 휴가를 나왔다. 길상이 거북정에 도착해 보니 집안 분위기가 얼어붙어 있었다. 할머니가 아버지 때문에 화가 나 있었다. 효자로 이름난 아버지와 아들이라면 자다가도 벌떡 일어나는 할머니는 늘 사이좋은 모자였다. 그런데 할머니는 밥상을 물리치고는 물 한 모금 마시지 않은 채 머리를 싸매고 누워 있었다. 길상

•• 권혁태, 앞의 글.

봉강 정해룡 장례식 모습. 그의 장례는 양정원 후신인 회천 서국민학교 교정에서 사회장으로 치루어졌다.

은 할머니가 아버지한테 그렇게 심한 말을 하는 것을 처음 봤다.

"저놈이 집안 재산을 다 말아먹고, 겨우 몇 뙈기 남은 전답하고 산까지 다 판다고 내놨단다. 저것이 사람이냐?"

길상은 할머니가 왜 저렇게 화가 나셨냐고 물었다. 봉강은 "할머니가 암것도 모르고 저러신다. 할머니가 잘못 아신 거니까 진지 드시라고 하고 자리 봐 드려라. 할머니가 아무것도 모르신다"라고 말했다.

아버지는 결국 할머니를 노엽게 했던 그 땅을 팔지 못했다. 길상은 지금도 그때 아버지가 땅을 팔아 무엇을 하려 했는지 궁금하다. 힘든 일이 많아 머리가 복잡했을 1969년 가을, 아버지에게는 무슨 계획이 있었을까? 길상은 아버지가 1969년에 운암의 죽음과 훈상의 밀항 말고도 큰 고민을 안고 있었음을 나중에 알게 되었다.

봉강의 어머니 윤씨는 고산 윤선도를 조상으로 둔 호남의 명문가에서 태어나 삼천 석지기의 종부로 시집왔으나, 말년에는 끼니를 걱정해야 할 정도로 형편이 어려웠다. 그녀는 종가의 위신을 지키고 도리를 다하기 위한 최소한의 재산을 지키려고 장남과 다투기도 했으나 자식들을 위해서라면 목숨도 아끼지 않는 어머니였다. 여장부 소리를 듣는 강한 여성으로 두 아들이 감옥에 드나들어도 늘 중심을 잡고 집안을 지켰다. 자식들에 대한 자부심이 강했는데, 삶의 고난이 끝나지 않자 자신의 선택을 후회하기도 했다.

윤씨는 "내가 대학생이 다섯이라 말년에는 꽃가마를 탈 줄 알았는데 아버님(정각수) 말씀 안 듣다가 이렇게 되었다"라고 말했다. 작은아들 해진과 사위 안용섭, 그리고 손녀사위가 경성제대, 며느리 둘(최봉조, 전예준)이 이화여전을 나왔다. 자식들에게 신식교육을 시키지 않고 한학만 가르치려고 했던 시아버지 정각수의 말을 따랐다면 정씨 집안은 무사할 수 있었을까? 정해룡은 신식교육을 받지 않고 한학만 공부했지만 순탄한 길을 걷지 못했다. 어머니 윤씨의 고난은 시대 탓이지 신식교육 탓은 아니다. 길상은 할머니가 집안에 가장 큰 환난이 닥치기 전인 1976년에 돌아가신 것이 그나마 다행이라고 생각한다.

봉강의 갑작스러운 죽음

1969년 10월 31일, 아침식사를 마친 정해룡은 일하다 들어와 늦은 밥상을 받은 일꾼과 마주앉아 추수 뒤에 보리갈이를 어떻게 할 것인지 의논하다가 갑자기 쓰러졌다. 가족들이 달려가 일으키려 했으나 이미 의식을 잃은 상태였다. 눈동자가 돌아가고 혀가 말려들어가 젓가락을 집어넣어 보았으나 호흡도 멈춘 것 같았다. 경운기에 싣고 병원으로 옮겼지만 의사가 할 수 있는 일은 아무것도 없었다. 요즘처럼 구급차를 부르면 단숨에 달려오던 때도 아니어서 손쓸 사이도 없이 허망하게 세상을 떠난 것이었다. 길상이 나중에 들으니 혈압이 높아 뇌출혈이었다고 했다. 길상이 군대에서 휴가 나올 때면 술을 자주 드시는 것 같아 걱정되곤 했다. 상상도 못할 갑작스러운 죽음에 가족들은 물론이고 봉강을 아는 모든 사람이 큰 충격에 휩싸였다. 맏아들을 의지하고 살던 어머니는 하늘이 무너진 것 같은 절망에 빠졌다.

　많은 사람이 그의 죽음을 애도했다. 봉강의 장례식은 사회장으로 모시기로 하고 7일장으로 치러졌다. 거북정에는 문상객이 줄을 섰다. 장례식은 그가 설립한 양정원을 모태로 해서 태어난 회천 서국민학교에서 치러졌다. 삼백 장이 넘는 만장이 들어왔는데, 너무 많아 하나씩 다 들고 갈 수 없을 정도였다. 100미터가 넘게 줄을 매서 중간중간 대나무를 잘라 이어서 들고 갔다. 봉강이 57세라는 아까운 나이에 급작스럽게 세상을 떠나니 그를 사랑했던 지역민들과 정치를 함께했던 동지들은 슬픔과 황망함을 감추지 못했다.

장례식에서 낭독한 조사*

오호~

봉강 정해룡 선생님, 이 어찌 된 일입니까?

땅을 치고 하늘을 원망하며 통곡해도 다시 도라오시지 못할 길을 영영 떠나셨다니 믿으랴 해도 믿어지지를 않습니다. 지금 이 자리에는 선생님을 모시고 조국과 민족의 앞날을 걱정하고 손과 손을 마주 잡고 때로는 생명의 위협을 무릅쓰며 일하던 동지들이 여기에 와있습니다.

봉강 선생님! 정해룡 선생님!

어찌하여 이러서 방기여주시지 않습니까? 어찌하여 아무런 대답이 없으십니까?

그 무슨 일이 급하시여서 저이덜을 뒤에 남기고 외로이 홀로 가시는 것입니까?

조국의 지상명령이요, 민족의 숙원인 남북통일의 과업을 누구에게 마끼시고, 또 못살겠다고 아우성치는 이 민족과 이 형제들을 이데로 버리신 체 영영 도라올 수 없는 길을 걸어가시는 것입니까?

일제 식민지 치하에서부터 이 나라의 독립과 민족해방을 걱정하시고 1945년 8·15의 감격된 자유만세와 더부러 민족의 태양으로 불리였던 몽양 여운형 선생님과 뜻을 같이하여 근민당을 창당하시면서부터 사랑하는 가족과 고향을 등지고 애국일념의 뜻으로 아낌없이 전 재산과 일신을 바쳐 굳은 신념을 일관하신 봉강 선생님은 민족의 거울이시며 국가 위에 빛여진 등대이기도 하셨습니다. 그 후 몽양 선생님이 잔악무도한 자들의 흉탄에 쓰러지자 선배동지를 잃어버린 슬픔에도 용기를 잃치 않고 죽산 조봉암 선생님이 이끄신 진보당에 협력하고, 독재자 이승만 정권의 박해에 쪼끼면서 민주통일전선에 참여하시다 험난한 가시밭

---

* 현대 맞춤법에 맞지 않더라도 원문에 충실하게 입력했다.

길에 선봉장이 되어도 주셨던 평소 외유내강한 선생님의 인격은 그 누구에게나 선각자적인 감화를 주시여 자상한 인성으로 따뜻하게 안아주시였는데 이제 영영 적적한 말씀 한마디 들을 수가 없습니다그리여.

　봉강 선생님 드르시나이까? 지금 동지들이 선생님 앞에 울부짓는 한 많은 사연들을 …….

　천인공노할 독재자 이승만이가 잔악하게도 죽산 조봉암 선생님을 서대문의 교수대에 쓰러트렸을 때 눈물을 흘리며 때가 오기를 기대리자고 목메이며 술잔을 기우리든 어제의 일들이 생생합니다. 그러나 천도는 무심치 않어 역사를 거역한 이승만이는 민족의 이름으로 규탄받고 태평양의 고도 하와이로 다라날 때 봉강 정해룡 선생님은 누구보다도 먼저 시대의 요청이요 민족의 희망인 사회대중당에 앞장섰으나 지각없는 군인들이 5·16구테타로 광주형무소와 서대문형무소로 옥고를 치르지 않으면 않되였던 수난을 역사와 더불어 우리들 동지들은 잊을 수가 없습니다.

　몇일 전만 하드라도 민주헌정질서를 바로 세우고 박정희 일인 장기집권을 규탄하고 나선 삼선개헌 반대 범국민투쟁위원회에 중책을 걸머지시고 반군사 파시스트 운동을 용감이 주장하시든 선생님의 투지와 숭고한 정치신념에 동지들은 지금 머리를 수구려 명복을 빌고 있습니다.

　일생을 독립운동과 정치생활 속에서 항상 헐벗고 굼주리는 동포와 형제에게 관심을 기울려 활동하셨다는 것은 너무나도 유명한 일입니다.

　봉강 선생님께서 눈감고 누워 계시는 지금 보성천지는 말할 것도 없거니와 하늘도 땅도 산천초목도 슯어하고 있습니다. 선생님, 조국과 민족을 위하는 정치투쟁을 그치고 영광된 조국통일은 남어 있는 우리들 동지에게 맡기여 주십시오. 그리고 저 제상에 가시여서도 무력한 대중에게 힘과 용기를 주시고 우리를 지원해주십시오.

　봉강 선생님, 때는 마치 높은 하날 밑에 오곡을 거두어드리는 수확의 계절입니다마는 선생님이 원하시고 바레시는 남북통일을 거두어드리지 못하니 이 얼마나 슬으고 안타까운 일입니까?

그러나 남아 있는 저이덜은 떠나시는 선생님의 유지를 받으러 기어코 신식민지상태의 해방과 민족자주통일을 거두어 선생님의 영전에 바쳐드리겠사오니 부디 잊으시고 고이 잠드시옵소서.

영원토록 평안하시옵소서.

1969년 10월 31일
전남동지회 일동
이일행 대독

세상을 떠나기 전 말년에 이른 봉강의 삶은 고단하기 짝이 없었다. 봉강은 일제강점기에 수탈과 탄압 속에서 독립의 꿈을 안고 헌신했다. 민족교육과 독립운동을 위해 가진 재산을 아낌없이 바쳤고 신변의 위험을 무릅쓰고 항일운동에 힘을 보탰다. 일제강점기와 해방 이후까지 동생 해진의 학업과 혁명가로서의 투쟁에 아낌없는 지원을 해주었다. 해방 이후에는 평등세상을 꿈꾸며 못 가진 사람들에게 토지를 나누어주었고 몽양 여운형을 도와 자주독립 국가를 세우려고 정치에 투신했다. 봉강으로서는 민족의 자주와 통일을 원해 헌신했을 뿐인데, 그는 재산을 다 잃고 감옥에 들락거리다가 결국 권력의 감시를 받으며 가택연금이나 다름없는 처지로 지냈다. 봉강의 다섯째 아들인 길상과 정해진의 둘째 아들 훈상은 학비가 없어 국비로 운영되어 학비를 내지 않아도 되는 목포 해양고등학교에 진학해야 할 정도로 가세가 기울었다. 봉서동에 사는 일가들은 말년의 봉강을 지탱해준 것은 그의 명성과 덕성이었다고 입을 모은다. 봉강은 그가 오랫동안 베푼 선한 일들을 기억하고 그에게 변함없는 존경과 애정을 보이는 마을사람들이 있어 그나마 위안이 되었을까?

봉강의 삶을 높이 평가하고 그의 죽음을 안타까워하는 사람들은 그가 세상을 떠난 다음해인 1970년 6월에 '우국지사 봉강 정해룡 선생 추모비건립위원회'를 설립했다. 지역에서 봉강의 가장 가까운 친구였던 김상백과 김종석을 중심으로 지역민과 정치활동을 같이했던 동지들이 추모비 건립위원회에 참여했다. 장건상, 정화암, 조헌식 같은 혁신정치계의 원로들이 고문이 되었으며, 김달호, 윤길중, 이명하, 김기철, 조규희, 조규택 등 혁신계의 동지들과 홍남순, 이기홍 등 광주와 전남지역의 명망가들이 위원으로 참여했다.

땅속에 묻힌 추모비

'우국지사 봉강 정해룡 선생 추모비'는 1971년에 완성되었지만 세상의 빛을 보지 못했다. 공안당국은 좌익활동을 한 봉강을 '우국지사'라고 표현한 것을 인정할 수 없다면서 추모비를 세우지 못하게 했다. 보성경찰서 정보과 형사로 1965년부터 정해룡을 담당했던 임직은 "돌아가시고 나서 비를 세운다고 상부에 보고하니까 무슨 소리냐 빨리 저지하라고 해서 갔습니다. 안 되겠습니다, 하지 맙시다, 하니까 건립위원회 사람들도 안 된다는 거야. 그래서 나 좀 살려주시오, 했습니다. 지역에서는 그 비석 세운다 했을 때 호응이 말도 못했어요. 상부에서 안 된다고 하니 막아서 비를 (못 세우고) 놔둬버렸어요"라고 말했다.

정해룡의 2주기를 맞아 1971년 11월 4일 건립될 예정이었던 추모비는 보성읍 장터에 있는 채석장 뒤편 땅속에 묻히고 말았다. 박정희가 죽고 난 뒤인 1980년에 두 번째로 추모비건립위원회를 다시 조직해 추모비를 세상 밖으로 불러내려고 했으나 또 좌절되었다. 전두환의 신군부 정권이 박정희 정권보다 나을 리 없었다. 전두환 정부의 경찰은 외려 봉강의 추모비를 찾아 없애버리려 했다. 봉강을 담당했던 임직이 나서서

봉강의 추모비. 정해룡이 세상을 떠난 이후 지역유지들이 추모비 건립을 시도했으나 박정희 정권의 탄압으로 이루어지지 못하다가 1995년 다시금 시도해 세워지게 되었다. 이 추모비 건립에 앞장선 사람이 박정희 정권 아래에서 정해룡을 사찰하던 형사였는데, 그는 사찰기간 동안 정해룡의 삶과 정신에 깊이 감화되었다고 한다.

추모비를 찾지 못하도록 막아야 했다.

사연 많은 봉강의 추모비는 1995년 3월 16일에야 세상에 나와 빛을 볼 수 있었다. 돌로 된 비석 하나 세우는 것이 무슨 그리 큰일이냐고 생각하는 사람들도 있겠지만, 조선대 이종범 교수는 "전남지역 차원에서 1987년 6월항쟁의 성과를 들자면 조선대학교의 민주화와 봉강의 추모비를 세운 것"을 꼽았다.*

회천 서초등학교가 도로 하나 사이로 건너다보이는 국도변에 자그마한 시민공원이 조성되었고 그곳에 봉강의 추모비가 세워졌다. 회천 서초등학교는 양정원을 계승한 학교다. 양정원은 일제강점기가 말기로 치달아가던 엄혹한 시절에 민족교육을 향한 봉강의 열정으로 세운 배움의 터전이니 추모비가 서기에 적합한 장소다. 이 작은 공원터는 지역주민들이 십시일반으로 주머니를 털어 구입해 세 번째로 구성된 추모비건립위원회에 기증한 것이라 더욱 뜻깊다. 봉강의 추모비를 끝까지 지켜낸 것은 봉강 덕분에 어려운 시절을 넘겼다고 말하는 보성지역 사람들이었다. 추모비에는 그들의 마음을 담은 추모사가 새겨져 있다. 통일사회당 사건으로 봉강이 옥고를 치를 때 같이 복역했던 동국대 정남주 교수가 추모사를 썼으며, 보성 출신의 유명한 서예가인 송곡 안규동이 글씨를 썼다.

> 여기 한평생 나라와 겨레를 위하여 금석 같은 정성을 쏟아 놓은 애국지사가 계셨으니 봉강 정해룡 선생이시다. …… 밤은 고요하여 늘어진 잎사귀에 하늘 바람 내리고 달은 밝아 뿜은 향기 시냇물에 서리었으니 선생이 피운 애국의 꽃은 길이 시들지 않으리라.**

---

* 정용일, 앞의 글.
** 봉강 추모비에 새겨진 추모사 중에서.

— 20 —
1980년 보성가족간첩단 사건

올 것이 왔구나!

1980년 11월 11일 오후 2시, 정길상은 보성의 회천 동초등학교 교실에서 여느 때처럼 학생들을 가르치고 있었다. 교감이 교실로 올라와 앞문을 두드렸다. 문을 열고 나갔더니 교감이 "정 선생, 교장실로 가보시오. 교장 선생님이 좀 오시랍니다"라고 말하는데 표정이 이상했다. 가슴이 철렁했다. 수업 중인 교사를 교장실로 부른다는 것은 예사로운 일이 아니었다. 길상은 마음을 진정하려고 애쓰며 "애기들은 잠깐 기다리고 있어라. 선생님이 교장실에 다녀올 테니"라고 학생들에게 이르고 교장실로 갔다.

교장실에는 건장한 체격의 남자 셋이 앉아 있었다. 그중 한 남자가 중앙정보부*에서 왔다고 하면서 명함을 꺼내서 보여주었다. 구속영장이 아니라 명함이었다. 길상은 명함에 뭐라고 적혀 있는지 보지도 못했다. 그러고는 그 자리에서 바로 수갑을 채웠다. 수갑의 차가운 감촉이 손목에 닿는 순간 온몸이 얼어붙었다. 그때 길상의 머릿속에는 '올 것이 왔구나!'라는 생각이 떠올랐다. 교장과 교감은 길상을 똑바로 보지 않고 시선을 피했다. 무슨 일인지 들은 모양이었다.

정길상은 그 당시 아내와 아이들을 데리고 학교 관사에서 살고 있었다. 수사관들은 길상을 앞세워 관사로 갔다. 그들은 구두를 신은 채 집안으로 들어가 방이고 마루고 샅샅이 뒤졌다. 압수수색 영장이고 뭐고 없었다. 길상은 나중에야 그런 생각을 했지 당시에는 아무 생각도 나지 않았다. 아내는 사색이 되어 수갑을 찬 길상과 갑자기 들이닥친 무례한 남자들을 쳐다보고만 있었다. 길상은 당시 다섯 살, 세 살, 생후 2개월 된 세 딸의 아버지였다. 그들이 무엇을 찾으려고 했는지 몰라도 관사에서는 아무것도 나오지 않았다. 수색이 끝나고 수사관 중 한 명이 무슨 이유에서인지 다섯 살 난 길상의 맏딸에게 천 원짜리 한 장을 쥐어주었다.

길상은 중앙정보부 수사관들의 차를 타고 봉서동으로 갔다. 수사관들은 길상의 할아버지뻘(아버지의 숙부)인 정종희의 집으로 갔다. 정종희는 눈이 보이지 않는 사람이었지만 그들은 아랑곳하지 않고 즉시 수갑을 채워 끌고 나와 차에 태웠다. 정종희의 집에서도 압수수색이 벌어졌지만 길상의 관사나 마찬가지로 수사관들은 아무것도 건진 게 없었다. 그들이 정종희의 집에서 몇 발자국 떨어져 있지 않은 거북정을 그냥 지나칠 리 없었다. 당시 거북정은 비어 있었다. 봉강이 돌아가시고 할머니마저 돌아가시자 식구들은 각자 직업이나 상황에 맞춰 뿔뿔이 흩어져 살았다. 회천면에 사는 길상이 가끔 들러서 집을 돌보고 있었다. 거북정은 워낙 넓어 수사관 셋에서 잠깐 사이에 샅샅이 뒤지기는 불가능했다.

- 1979년 10·26사건 이후 중앙정보부의 위상이 추락하면서 1980년 12월 31일자로 국가안전기획부(안기부)로 이름이 바뀌었다. 정길상 등이 체포된 1980년 11월에는 중앙정보부였다가 재판 받을 무렵 안기부가 된 것이다.

정종희는 실명된 후 어머니와 함께 힘들게 살다가 헌신적인 아내를 만나 잘살고 있었다. 아내가 생계를 잇느라 행상을 하고 닥치는 대로 일을 하면서 고생했으나 자식들이 잘 자라주어 행복했다. 그들 부부는 아이들에게 희망을 걸고 열심히 살고 있었다. 정종희는 그의 수기에서 그날의 일을 다음과 같이 기록하고 있다.

1980년 11월, 광주 비극의 소식이 전해진 직후라서 우리 마을에도 음산한 분위기가 감돌 때였다. 어느 날 마루에 앉아 있는데, 이웃 아주머니가 "뭔 찝차가 두 대나 올라온다요?"라고 말했다. 워낙 시골구석이라 관공서 차량이 찾는 일은 드문 일이었다. 좀 이상하다는 생각은 들었지만 볼일이 있겠지 하고 있는데 우리 집 문 밖에서 멎는지 시동 끄는 소리가 가까이서 났다.
"정종희 씨 맞소?"
"네, 그렇습니다만."
"수사기관에서 왔소. 잠시 따라갑시다."
몇 사람이 나를 붙들어 차에 태웠다. 나는 그날로 수사기관에 끌려갔다. 차 안에서 요원들은 "눈도 안 보이는 사람이 무슨 욕심으로 간첩 노릇을 해?"라고 비아냥거렸다. 그때까지 무슨 일로 끌려가는지 모르고 있던 나는 그 말을 듣고 불안과 공포에 몸을 떨었다. 불현듯 13년 전에 겪었던 일이 생각났다.

도대체 13년 전에 그들에게는 무슨 일이 있었던 것일까? 정길상과 정종희가 둘 다 짐작하고 있는 그 일 때문에 이제부터 그들 앞에는 엄청난 고통이 기다리고 있었다. 정길상과 정종희는 중앙정보부 광주분실로 연행되었다. 수사관들은 그들을 지하실로 데려갔다. 둘은 서로 대면할 수 없었다. 따로따로 가둬두고 고문을 시작했다.

온 집안이 피해자가 되다

지하실에 들어가자 수사관들은 길상에게 옷을 다 벗으라고 하고 군복으로 갈아입혔다. 계급장과 명찰이 없는 군복은 여기 끌려온 사람이 어떤 취급을 받는지 짐작케 한다. 사회적 존재도 아니고 개인의 인권도 무시되는 익명의 인간, 무명씨가 되는 것이다. 국민을 아무 근거도 없이 명령에 따라 움직여야 하는 익명의 군인으로 취급하는 것이다. 여기 들어온 이상 무죄추정의 원칙이나 피의자의 인권 따위는 먼 나라 이야기가 되었다. 속옷까지 샅샅이 뒤져서 쇠붙이라든가 무기가 될 만한 것은 다 빼앗았다. 혹시 고통에 못 이겨 자해를 하거나 자살을 시도하는 걸 방지하기 위해서였다. 처음에는 두세 사람이 번갈아가면서 들어와 아무 말도 안 하고 노려보기만 하고 갔다.

오후 7시쯤 되었을까? 누군가 방으로 들어오더니 그때부터 다짜고짜 길상을 때리기 시작했다. 구석에 군용 야전침대가 있었는데 그 이음새를 끼우는 나무를 뽑아 곤봉으로 썼다. 뭘 묻는 것도 아니고 그냥 때리기부터 했다. 일단 얼을 빼고 기를 죽여 놓은 다음 본격적인 취조를 할 모양이었다. 정종희가 지르는 비명이라고 짐작되는 소리가 어디선가 들려왔다. 그들을 맡은 팀은 서울에서 내려왔다고 했다. 광주분실 수사관들이 "이게 무슨 사건이냐"라고 묻는 소리를 들었다.

같은 상황에서 눈이 보이지 않는 사람은 캄캄한 한밤중에 어디서 날아오는지 모르는 몽둥이에 맞는 것처럼 성한 사람보다 공포가 심하다. 정종희는 수기에서 그때 겪은 고문장면을 다음과 같이 기록하고 있다.

> 그해(1980년) 말에 수사기관으로 끌려간 나는 밤낮을 가리지 않고 조사를 받았다. 조사 시작 전에는 엄청난 구타를 당했다. 눈이 안 보이니 어디서 날아올지 모를 몽둥이에 대한 공포는 더욱 컸다. 당시만 해도

광주농업고등학교 재학시절 정해룡의 넷째 아들 정춘상(뒷줄 맨 오른쪽). 1965년 작은아버지 정해진을 따라 월북했던 그는 1980년 '보성가족간첩단 사건'으로 사형이 집행되어 형장의 이슬로 사라져버렸다.

신군부의 서슬이 퍼렇던 시절이라 조사과정의 살벌함이 어떠했을지는 누구나 짐작이 갈 것이다. 며칠 동안의 심한 몽둥이 세례 끝에 발톱들이 빠져나갔다. 그들은 내가 사실 그대로를 이야기하면 항상 그 이상을 원했다. 자연히 안 했던 일도 했다고 불지 않을 수 없었다. 삶에 대해서 완전히 체념했고 차라리 나를 죽여줬으면 하는 생각뿐이었다.

"무슨 지령을 받았어? 빨리 대."

"별 죄의식 없이 혈육을 만났습니다. 지시받은 일은 없고 북에서 나 같은 소경에게 무슨 지시를 했겠습니까?"

"이 ××가 누굴 놀리나? 혼 좀 나야겠어?"

이런 식의 조사과정에서 그들은 모든 것을 구타로 해결했고, 나는 견디다 못해 있는 일 없는 일 다 맞춰야 했다.

 수사관들은 정길상과 정종희 두 사람 다 월북한 사실이 있는 것처럼 몰아세웠다. 북에 간 일 없다고 대답하면 거짓말을 한다면서 매가 떨어졌다. 모든 식구의 이름이 거론되는 걸 보면서 길상은 눈앞이 캄캄했다. 정길상과 정종희는 이틀 만에 서울의 남산분실로 이송되었다. 길상의 형인 춘상과 건상, 해진의 아들 국상, 길상의 계모인 최봉조, 정해석과 정해준 등 정씨 일가들이 줄줄이 끌려왔다. 길상의 누나 정영숙과 길상의 고모 내외, 정종희와 정길상의 가까운 친구들까지 잡혀 들어왔다.

정해진의 방문

정씨 일가를 수렁에 빠트린 이 사건은 1965년 8월에 시작되었다. 무더위가 계속되고 나락이 익기를 기다리던 한여름, 늦장마라도 온 것처럼 하루종일 장대비가 퍼부었다. 밤중까지 비는 그치지 않았다. 자정이 가까워오는 시간에 봉강리에 손님이 다녀갔다. 한국전쟁이 난 1950년에 고향을 떠난 정해진이 15년 만에 형을 찾아온 것이다. 해진은 두 명의 경호원을 데리고 왔다. 그들은 거북정 아래쪽 옛 양정원 근처에 있는 정종호의 집을 찾아갔다. 형을 만나러 왔다는 해진의 말에 정종호는 그들을 거북정 뒤편에 있는 삼의당으로 데려갔다.
 삼의당에서 만난 해룡과 해진 형제는 불도 켜지 못한 채 어둠 속에서 손을 마주잡았다. 급박한 상황이라 15년 만에 만난 형제는 회포를 풀 사이도 없었다. 주위를 물리치고 어둠 속에서 단둘이 마주 앉자마자 해진이 말했다.
 "형님, 김일성 주석께서 형님을 만나자고 합니다."

예상치 못한 동생의 한 마디에 해룡은 잠시 호흡을 가다듬었다.

"나는 밤낮으로 감시를 받고 있는 몸이다. 내가 한밤중에 집을 떠나 며칠씩 집을 비우면 의심을 사게 될 것이다. 춘상이가 대학 졸업해 지금 집에 있다. 심지가 굳고 똑똑하니 시키는 일은 무엇이든 할 수 있는 아이다. 나 대신 춘상이를 데리고 가라."

해룡이 말했다. 길게 이야기할 시간이 없었다. 해진이 위험을 무릅쓰고 여기까지 왔을 때는 그만한 이유가 있을 것이고, 자신이 갈 수 없다고 그냥 보낼 수는 없는 노릇이었다. 춘상의 운명은 아버지의 그 한마디로 결정되었다. 코앞에 있는 거북정에는 한시도 잊은 적 없는 어머니와 아들들이 있을 테지만 해진은 그들을 만날 여유가 없었다.

해룡은 춘상을 데리러 거북정으로 갔다. 춘상은 해진의 아들인 훈상과 함께 자고 있었다. 해진의 장남 국상은 그때 부산에서 군복무를 하고 있었다. 해룡은 조카를 깨워 "훈상아, 네 아버지가 지금 저기 와 있다"라고 말해 줄 수 없는 상황이 안타까웠다. 훈상이 늘 부모를 그리워한다는 걸 알면서도 그럴 수 없었다. 해룡은 훈상이 깨지 않도록 조심하면서 춘상을 가만가만 흔들어 깨웠다. 해진은 물때를 맞춰 떠나야 한다고 했다. 시간이 별로 없었다.

잠에서 깬 춘상은 아버지를 보고 당황했다. 이 시간에 무슨 일일까? 짐작도 가지 않았다. 아버지는 낮은 목소리로 춘상에게 얼른 옷을 갈아입고 나오라고 일렀다. 춘상을 데리고 삼의당으로 올라가면서 봉강이 말했다.

"춘상아, 북에서 작은아버지가 오셨다. 네가 나 대신 작은아버지를 따라 북조선에 다녀와야 한다."

아버지의 입에서 나온 말은 춘상에게 엄청난 충격을 주었다. 하지만 춘상은 토를 달지 않았다.

"네, 아버지, 다녀오겠습니다."

그 한마디로 모든 것이 끝났다. 그때 춘상의 나이 26세였다. 웬만한 사람들은 믿기 힘든 이야기다. 1939년생인 정춘상은 학교와 사회에서 반공교육을 철저히 받고 자란 세대다. 월북해 북한에 살고 있는 작은아버지가 찾아와 함께 북한으로 간다는 것이 무엇을 뜻하는지 모를 수가 없다. 그런데 어떻게 그럴 수 있었을까? 정춘상을 대신해 정길상이 이 질문에 대답했다.

"다른 사람들은 이해하지 못하겠지만 나는 사당을 대할 때 언제나 훈훈한 전통이 살아 있다고 느꼈어요. 양반의 집이라도 사당에 제를 지내고 하는 집안이 별로 없어요. 집안의 대소사를 사당에 고하는 것은 봉건시대의 낡은 습속 같고, 유물론적인 관점으로는 상상할 수 없는 일이지만 우리 집안의 혁명의 뿌리는 그것이었어요. 민족의 땅을 지키는 토착문화이자 민족의 뿌리정신인 유교사상과 혁명사상이 전혀 충돌하지 않았어요. 저라도 당연히 그랬을 겁니다. 아버지가 가라고 하면 갔을 거예요. 아버지는 필요한 일에 저희를 보냈을 겁니다."

봉강의 집안에서는 학교와 사회에서 받은 교육보다 조상으로부터 이어져 내려온 아버지의 가르침이 더 중요했다. 그들은 국가나 사회의 법보다 아버지의 말씀을 더 신뢰했다. 그것으로 그 밤에 자다 일어나 작은아버지를 따라나선 춘상의 행동을 설명할 수 있다.

북으로 간 춘상

가족들은 정해진이 그 당시 조선노동당 대남사업부 부부장이었다고 전한다. 해진은 춘상에게 북으로 가는 이유를 짧게 설명했다.

"춘상아, 아버지한테 들은 것처럼 나를 따라서 북조선으로 가자. 장래를 위해 조국의 실정을 알고 공부하여 곧 통일이 되면 혁명투사로 일해야 한다. 이번에 나랑 북에 가서 경험도 쌓고 직접 보고 들으며 배울 것이 많을 것이다. 오고가는 문제는 내가 책임지고 무사히 돌아오도록 할 테니 걱정하지 말거라. 지금은 길게 말할 시간이 없으니 가면서 이야기하자."

그들이 탄 배는 꼬박 이틀을 항해해 진남포에 도착했다. 춘상은 북조선 땅을 밟았다는 것이 실감 나지 않았지만 자신의 몸은 분명 그곳에 있었다. 춘상은 정치사상교육을 받고 평양대극장에서 열린 9·9절 행사를 구경했다. 대동교, 모란봉, 을밀대 등 명승고적과 평양종합운동장, 공업시설 등을 구경했다. 당시 북한은 외세의 지배를 벗어나 자주독립 국가를 건설했다는 자부심이 있었다. 어디를 가나 '통일만이 살 길이다'라는 구호가 붙어 있었다.

춘상은 보름 정도 북에 머물렀다. 돌아오기 전에는 공작사업에 필요한 교육을 받았다. 무전 치는 방법, 난수표와 암호해독 방법 등 북한과 교신할 수 있는 방법을 가르쳐 주었다. 송별식 자리에서는 아버지에게 전하라는 개성 인삼과 김일성의 친서를 받아들었다.

춘상은 1965년 9월 중순, 배를 타고 다시 이틀 만에 고향으로 돌아왔다. 무장한 호송원들은 군학리 동산에 무인 포스트*를 약정한 후 돌아갔다. 작은아버지 정해진과는 진남포에서 헤어졌다. 작은아버지는 조카에게 "통일된 조국에서 일하는 자랑스러운 전사가 되어라. 내려가면 아버지께 꼭 이 말을 전해라. 김 주석이 말씀하시기를, 항일투쟁할 때 만주에서 형님(정해룡)이 나를 만나러 왔다는 전갈을 들었는데 전투 중이고 몸이 좋지 않아 형님을 뵐 수 있는 여건이 못 되었으니 그것을 알려드리라고 했다." 김일성의 친서에는 "정해룡 선생이 남조선의 카스트로**가 되

• 비밀공작에 있어 직접 접촉하지 않고 조직 양자 간에 전달될 수 있도록 문서나 물품을 은닉하는 장소나 시설물을 말한다.
•• 피델 카스트로(Fidel Castro, 1926~2016): 쿠바의 정치가이자 혁명가다. 1959년 총리에 취임하고 1976년 국가평의회 의장이 되었다. 공산주의 이념 아래 49년 동

어주시오"라는 내용이 있었다고 하나 자세한 내용은 전해지지 않는다.

두 번째 방문

1967년 5월, 정해진은 다시 한 번 봉강리에 왔다. 지난번처럼 정종호의 집으로 간 해진은 해룡을 불러내 삼의당에서 만나기로 했다. 그런데 삼의당으로 가는 길에 해진 일행이 마을사람을 만났다. 모내기를 앞두고 논에 물을 대려고 개울가에서 잠을 자던 농부는 해진과 안면이 있는 사람이었다. 삼의당에서 만난 해진은 해룡에게 농부와 마주친 일을 이야기하고 어떡했으면 좋겠는지 의논했다. 경호원들은 목격한 사람을 죽이고 가야 한다고 주장했다. 그 사람이 신고하면 해진 일행과 봉강 일가가 다 같이 위험해질 수 있다는 것이다. 해진과 경호원들은 내려갈 때 죽이고 가는 것으로 결론을 내렸다. 해룡은 끝까지 그래서는 안 된다고 말렸다.

"너를 보나 나를 보나 할아버지를 보나 신고 안 할 것이다. 동네사람을 해쳐서는 안 된다. 놔둬라."

해진은 형님의 뜻을 존중하기로 했다. 봉강의 말대로 농부는 해진 일행을 신고하지 않았고 당시에는 아무 일 없이 다들 무사했다. 나중에 들으니 그 농부가 죽기 전에 자식들에게 그날 해진을 보았다고 이야기했다고 한다. 혹시 보지 못했을 수도 있겠다고 생각했는데 그게 아니었다. 마을사람들은 그런 상황에서 봉강의 가족들을 지켜주었다. 대대로 정씨 집안이 쌓은 덕이 헛되지 않았던 것이다.

해진은 두 번째 방문에서 정종희를 만났다. 정종희는 자신의 수기에서 이날의 만남을 다음과 같이 적고 있다.

안 쿠바를 통치했다.

그 밤이 이슥하도록 우리는 북의 가족과 이쪽 가족의 안부며 살아가는 얘기를 주고받았다.

"나라가 갈려 있으니 혈육도 못 만나고 이렇게 살 수밖에 없습니다. 하루빨리 통일이 돼 같이 살아야지요. 조국통일을 위해 나는 나대로 북에서, 형님과 아재는 또 남에서 어떻게든 노력하십시다."

작은조카는 또렷또렷한 목소리로 얘기를 이어나갔다. 상봉의 기쁨과 현실적인 두려움이 격렬하게 교차되는 가운데 시간이 흘러갔다. 새벽이 되기 전에 조카는 떠났다.

"내가 왔다는 사실은 절대 비밀로 해두셔요."

작은조카의 갑작스러운 방문은 나뿐만 아니라 집안에 큰 파문을 던졌다. 일의 성격상 집안사람 아무에게나 얘기를 꺼낼 수도 없는 노릇이라서 큰조카와 나는 이 사실을 비밀에 부치기로 했다. 그때 나를 포함해서 모두 다섯 명의 친족들이 이 사실을 알고 있었는데 그것은 65년에 처음 내려왔던 일까지 포함해서였다. 소문이 나면 가족들의 생사와 관련되는 중요한 일이었다. 작은조카의 남파가 들통날 경우에는 큰조카가 이 일을 혼자 책임지고 처리하기로 말을 맞추었다.●

해진이 2년 만에 다시 고향에 온 이유는 첫 만남 이후 과업에 별다른 진전이 없었기 때문이다. 2년 전 춘상이 돌아온 후 한 차례 무전으로 보고만 했을 뿐, 경계가 삼엄해 북과 교신하는 일은 엄두도 내지 못했다. 봉강은 늘 형사들이 집을 둘러싸고 있고 출타할 때도 따라다니고 있는 형편이라 활동이 부자유스러웠다. 춘상은 취직해 직장생활을 하느라고 바빴다.

그들은 너무 어수룩한 간첩들이었다. 해진이 정종희를 만나려고 한 것

● 정종희, 앞의 글.

은 그 때문이었다. 정종희는 눈이 안 보여 오히려 감시를 받지 않는다는 장점이 있었으며, 오래전이지만 빨치산 활동을 한 경험이 있어 믿을 만했다. 단파 라디오를 즐겨 듣기 때문에 무전교신 하기도 좋았다. 춘상은 서재골 새끼끔 바위 밑에서 2박 3일 동안 해진 일행과 비박하면서 무전기 사용법과 암호해독, 주요 단어에 대한 통신음어 등 통신연락 방법을 다시 교육받았다.

해진은 춘상에게 소련제 기관단총과 무전기, 난수표와 암호해문 요령, 암호방법서 등을 주고 공작금을 주었다. 정춘상은 정해룡과 함께 서재골 봉변나무 밑에 기관단총과 실탄 등을 묻었다. 두 번째 만남에서 해진은 끊어졌던 통신을 잇도록 하고 암호 조립을 가르쳤다. 무인 포스트와 접선장소 등을 다시 정한 후에 해진은 북으로 돌아갔다.

1969년에 정해룡이 갑자기 세상을 떠나면서 그들의 '공작임무'는 유명무실해졌다. 그전에도 별다른 활동이 있었던 것은 아니지만 중심을 잡아주던 봉강이 없으니 난감하기만 했다. 더구나 난수표를 둔 장소를 아는 사람이 봉강뿐이었다. 춘상은 이 무렵 서울에 올라가 직장생활을 하느라고 봉강리에 자주 오지 못했다. 정종희는 혼자 이 문제를 끌어안고 고민하다가 회천면에 살고 있어 언제든지 만날 수 있는 길상과 의논하기로 결심했다.

우리가 이 일을 계속하자

아버지가 돌아가시고 정길상은 군에서 제대한 후에 초등교원 양성소를 나와 초등학교 교사가 되었다. 한동안 평온한 일상이 흘러갔다. 아버지가 돌아가신 지 5년이 지난 1974년, 제사가 끝나고 나서 정종희가 길상을 불렀다. 정종희는 길상을 아버지의 산소 앞으로 데리고 갔다. 정종희는 길상에게 정해진이 두 차례 다녀갔다는 이야기를 들려주었다. 정춘상이 북에 다녀왔다는 이야기도 했다. 길상은 충격을 받았다. 아버지가 갑자기 돌아가시는 바람에 모든 일이 중단되었으며, 어떡하든 우리가 이 일을 계속해야 한다는 말을 들었을 때는 더 큰 충격을 받았으나 거부할 수는 없었다. 아버지의 일이기 때문이다. 길상은 그날의 심경을 다음과 같이 털어놓았다.

"충격이었지요. 그러나 아, 이것은 (개인의 일이 아니라) 역사적인 차원에서 생각해야 할 일이다, 담담하게 (운명으로) 받아들여야 한다고 생각했습니다."

길상은 아버지의 비밀을 알게 된 이후, 형 춘상에게 무슨 일이 있었는지 더 자세하게 들었다. 길상보다 일곱 살 위인 춘상은 봉강의 넷째 아들로 태어났다. 위로 두 형이 있었으나 둘 다 병이 있었기에 춘상은 실질적으로 장남의 역할을 했다. 봉강이 정치활동을 할 때는 공식 직함은 없었지만 비서나 보좌관처럼 아버지를 도왔다. 서민호가 고흥에서 대중당 국회의원 후보로 나왔을 때도 아버지가 시키는 대로 성심성의껏 선거운동을 했다. 운암 김성숙과의 사이에서도 서울과 보성을 오가며 전령 역할을 했다. 아버지가 당국의 통제와 감시 때문에 운신의 폭이 점점 좁아질수록 춘상의 할 일이 많아졌다. 그러다가 급기야 아버지를 대신해 북에 다녀오게 된 것이다.

길상은 작은아버지가 내려온 목적이 무엇이었느냐고 형에게 물었다.

"정확한 것은 아버지와 작은아버지만 아신다. 당시 세계여론도 그렇고 미국 내에서도 그렇고 전쟁을 반대하고 평화를 주장하는 분위기가 우세했다. 미군은 베트남전에서 패배의 늪에 빠져드는 시기였지. 작은아버지는 북의 통일전략에 따라 움직였을 것이고 북은 제2의 한국전쟁을 결심했다고 알려졌으니 아마 보성과 장흥지역으로 전투병력을 상륙시켜서 이쪽을 해방구로 만들려는 계획이 있는 게 아니었을까 하고 내 나름대로 추측해 보았다. 그런 계획에 대해 아버지는 반대하신 것 같은데 제일 큰 이유는 일본 때문이었다. 1950년에는 일본을 병참기지로 해서 미국이 불을 껐지 않느냐. 그때 일본과 지금 일본은 비교가 되지 않는다, 그때는 일본이 패망하고 항복했던 때라 거덜이 났지만 지금 일본은 부를 축적했다, 그런 계획은 (일본의 개입으로) 실패할 가능성이 많다는 이야기를 해주셨다. 뭔가 큰 계획을 짜기 위해 북의 고위급 간부인 작은아버지가 직접 내려왔을 것이다. 가족들과 만나는 것보다 중요한 일이 있었겠지. 지척에 있는 자식들과 어머니조차 보지 않고 갈 정도로 절박한 이유가 있지 않았을까?"

춘상의 이야기는 위험하고 무서운 이야기였다. 춘상은 아마 두렵고 막막했을 것이다. 아버지가 돌아가시고 나서 그 일을 자신이 감당해야 하는데 무엇을 어떻게 해야 할지 대책이 서지 않았다. 아버지의 죽음을 핑계로 그냥 모든 것을 덮고 모르는 체하고 살아갈 수도 있었을 것이다. 하지만 아버지와 작은아버지의 과업을 이어야 한다는 책임감을 피할 수 없었다. 춘상은 동생인 길상과 정종희와 셋이서 공작임무를 계속할 수 있는 방법을 찾아보기로 했다. 길상은 이 일이 탄로났을 때에 대해서도 형과 의논했다고 했다.

"(형과) 두 차례 만나 이야기했어요. 만약 잘못되면 우리는 무능하고 이 일에 대해 잘 모른다. 아버지가 다 한 것이다. 무전을 친 것도 난수표를 받은 것도 작은아버지를 만난 것도 아버지다. 그렇게 형과 입을 맞추었어요."

— 21 —
당신들은 생물이 아니다

난수표가 나오다

실제로 정길상, 정춘상, 정종희는 서로 입을 맞춘 대로 "아무것도 모른다"라고 버텼다. 모진 고문에도 불구하고 열흘 동안 자신들이 알고 있는 것을 자백하지 않았다. 1974년에 길상과 춘상이 만나 선(線)을 이어보자고 의논하고 나서도 실제로 한 일은 없었다. 아버지가 보관한 난수표를 찾을 수 없었으며, 무인 포스트를 통해 이쪽 사정을 설명하고 통신을 이어가려 했으나 북한에서 답변이 없었다. 그 후로 체포될 때까지 그들은 아무것도 하지 않고 직장에 다니고 일상적인 일들만 하면서 시간이 흐른 것이다. 그렇게 당사자들조차 잊고 있던 사건이 어떻게 해서 수면 위로 떠올랐는지 알 수가 없었다.

검거된 지 열흘이 지났을 때 거북정에서 난수표가 발견되었다. 요원 100여 명을 동원해 거북정 안팎을 샅샅이 뒤진 끝에 사당의 고서적 속에서 난수표를 찾은 것이다. 난수표가 발견되자 안기부는 난수표를 해독해 숨겨둔 기관단총과 실탄까지 찾아냈다. 꼼짝할 수 없는 증거가 나오자 길상은 차라리 죽고 싶었다. 그러나 죽고 싶어도 마음대로 죽을 수 없는 몸이었다. 안기부에서는 진짜 간첩이라는 증거가 나온 이후 그들을 특별히 관리했다. 수사관들은 모처럼 찾아낸 '진짜 간첩'에게서 24시간 눈을 떼지 않았다. 하루종일 고문이 이어지다가도 저녁때가 되면 통닭 안주에 맥주를 마시게 해주었다. 아침이 되면 의사가 와서 몸을 살피고 갔다. 건강에 이상이 있으면 치료해주었다. 사건을 최대한 키워 재판이 끝날 때까지 피의자들을 잘 관리하는 게 그들의 목적이었다.

증거가 나온 뒤로 수사관들은 정길상 등에게 매일 자술서를 쓰게 했다. 자술서 쓰기는 공안사건에서 써먹는 전형적인 고문방식의 하나였다. 백지를 주면서 태어나 지금까지 네가 한 일을 다 쓰라는 것이다. 자신의 인생을 그렇게 세세하고 정확하게 기록할 수 있는 사람이 누가 있겠는가? 그러나 외부와 단절된 공간에 갇혀 무시무시한 압박을 받으면 시키는 대로 따르는 것 말고 방법이 없다. 길상은 생각나는 대로 자신이 해온 일을 모조리 썼다. 사람의 기억력이란 정확한 것이 못 된다. 그들은 그 사실을 잘 알고 그것을 이용하는 것이다. 정길상은 자술서를 쓰던 당시를 다음과 같이 이야기했다.

"난수표가 나온 뒤로 네가 여기 와서 한 말이 맞는지 안 맞는지 봐야겠으니 태어나서 지금까지 살아온 이야기를 다 쓰라고 합니다. 계속 같은 이야기를 날마다 썼어요. 수도 없이 썼어요. 오늘 쓴 내용이랑 다음 날 쓴 내용이 한 대목이라도 맞지 않으면 그걸 핑계로 또 고문을 하고 취조를 했어요. 다른 가족들도 똑같이 당했어요. 진술서를 열댓 번도 더 썼어요. 얼마나 많이 썼는지 손가락에 있는 마디가 패여 버렸어요. 가끔 높은 사람으로 보이는 자가 와서 여기는 조용수가 있던 자리다, 조봉암이 있던 자리다, 그런 소리를 하고 갑니다. 처형당한 분들을 언급하면서 너도 곧 죽을 거라고 협박하는 거죠. 오늘 죽을지 내일 죽을지 모르는 상황이었어요. 재판이라는 걸 해보고 죽을 수 있을 거라는 생각도 못했습니다."

누가 더 사람다운가

하루는 자술서를 보던 수사관 중의 하나가 길상에게 이런 말을 했다.
"너희들은 생물이 아니다. 도대체 무엇이 부족해서 그러냐? 아무것도 하지 않고 가만히만 있어도 장관도 하고 국회의원도 하고 다 할 수 있었을 텐데 대대로 죽을 자리만 찾아다니니 너희들은 사람도 아니다."
재산도 많은 명문가에서 태어나 세상과 타협해 기회주의적으로 처신했으면 떵떵거리고 살았을 텐데, 재산 다 잃고 사람 다 죽고 집안 다 망하는 꼴을 자처하니 너희들은 생물이기를 포기한 족속이라고 비웃는 것이다.
벼슬아치들이 부패해 백성에게 부끄럽다고 과거시험을 포기한 증조부 정각수가 생각났다. 노비문서를 태우고 소작인들에게 땅을 다 나누어 준 아버지도 생각났다. 아버지와 작은아버지는 민족의 독립을 위해 재산을 내놓고 감옥에 가는 것도 두려워하지 않았던 사람들이었다. 작은아버지는 평등세상을 이루기 위해 공산주의를 선택했다는 이유로 조국이 해방된 이후에도 경찰에 붙잡혀 모진 고문을 당했다. 아버지는 혁신정당 활동을 하면서 감옥을 들락거리고 항상 감시가 따라붙는 불편한 삶을 살다 가셨다.
할아버지 정종희, 형 춘상과 길상은 그런 선대의 삶이 옳은 길이라고 믿었기에 아버지와 작은아버지의 뜻을 따른 것이다. 광주항쟁으로 무고한 사람들을 학살하고 정권을 잡은 전두환 밑에서 권력의 개 노릇이나 하는 안기부 수사관 따위가 그런 정씨 가문을 비웃고 모욕하고 있었다. 길상은 의연하기로 했다. 누가 인간이기를 포기한 비루한 생물인지는 역사가 증언해줄 것이다. 정씨 가문의 자손들에게 '역사의 죄인이 되지 말라'는 가훈은 '부모와 조상에게 부끄러운 사람이 되지 말라'는 것과 같은 뜻이었다.

길상은 붙잡혀 온 가족이나 일가들을 만날 수 없었다. 형이나 다른 가족들도 같은 일을 당하고 있다는 것은 짐작할 수 있었다. 문이 열릴 때 들려오는 비명소리를 듣고 누구일지 마음을 졸이며 분간해 보려고 애썼다. 어쩌다가 지하실에 갇혀 있다가 아침에 조사실로 갈 때 서로 스치면서 얼굴을 얼핏 보기도 했지만 그게 다였다.

밖에 있는 가족들은 속이 탔다. 어디로 잡혀갔는지 무슨 일이 일어났는지 살았는지 죽었는지 캄캄한 가운데 어디 물어볼 데도 없었다. 도움을 청할 곳도 마땅치 않았다. 지금처럼 의지할 만한 인권운동단체 같은 곳도 없었다. 어려운 일이 있을 때 해결하러 뛰어다녀야 할 가족이나 일가들은 다 잡혀가고 없었으니 속수무책이었다.

살아 있으니 다행이다

1981년 1월 20일 주요 일간지에 정춘상 등에 대한 사건 기사가 실렸다.

3개 고정간첩망 15명 검거
국가안전기획부는 19일 공무원 등의 신분으로 위장해 지난 10여 년 동안 각종 기밀을 탐지해 북괴에 보고해 온 정춘상(42·서울 종로구청 세무과) 일당 등 3개 지하 고정간첩망 15명을 검거, 국가보안법 위반혐의로 서울지검에 구속 송치했다고 발표했다. 국가안전기획부는 이들 지하 고정간첩망은 60년대 남한 출신 월북자로 구성된 간첩망으로서 연고지에 침투시켜 혈연·지연 등을 이용, 동갑계·위친계(爲親契) 등을 위장, 지하당을 만들고 북괴 지령에 따라 공무원 등 신분을 이용, 국가 기밀을 탐지해 보고했다는 것이다. 또 북괴로부터 소련제 PPS-43식 기관단총과 실탄 2백35발을 받아 은닉, 보관하면서 소위 결정적 시기에 무력봉기를 일으키기 위해 대비 중이었으며 최근 해외여행자를 교묘한 방법으로 포섭, 해외 주재 북괴 공관에 유인하여 북괴 공관에서 직접 간첩활동을 조종하는 등 우회 침투양상이 다양화되고 있다고 밝혔다.

동갑계 등 통해 국가기밀 탐지보고 | 국가안전기획부
"북괴서 소제 총 등 받아 무력봉기 노려"

조직망별 혐의내용은 다음과 같다. ◇정춘상 일당 ▲정춘상은 6·25때 월북하여 65년 8월 간첩으로 남파되었던 그의 3촌 정해진(65·재북)에게 포섭되어 노동당에 입당해 해안경비 상황, 육군○○사단 위치 및 장비, ○○훈련소 현황 등을 보고했다. 지하당 확대 및 통신조직 등 간첩 교육과 요인암살, 군사기밀 수집보고, 민심교란 등 지령을 받고 계속 암약 중 67년 5월 다시 남파된 정해진에게 수산개발 현황, 대중당 서민호·김성숙에 대한 정치자금 지원상황, 농어촌 생활 실태, 전남대 데모 상황 등을 보고했다. 68년 12월 공무원이 된 정춘상은 서울 종로구청에 근무하면서 국가기밀을 수집하는 한편 결정적 시기에 대비, 은닉 중인 무기를 수시 손질했다. 그의 아버지 정해룡은 동생 정해진과 접선, 기관단총·무전기·암호문건 및 공작금 1백만 원을 받고 북괴와 통신 연락하는 등 간첩활동을 하다 69년 9월 병사했다. ▲정종희(48·무직)는 정해진과 접선, 정해룡·정춘상을 도와 활동할 것을 결의한 뒤 68년 4월~70년 1월까지 10여 회에 걸쳐 A3 전문을 수신, 정춘상에게 보고했다. ▲정길상(35·국민학교 교사)은 75년 11월 정종희에게 포섭되어 정춘상이 은닉 중인 기관단총과 실탄을 손질하여 은닉하고 76년 10월 무인 포스트를 설치, 분실한 난수표를 다시 보내줄 것을 북괴에 요청했다.

▲정영숙(51·정춘상 누나) 및 정종호(72·정춘상의 종조부)는 2차에 걸쳐 남파간첩 정해진과 접촉, 이들의 간첩활동을 지원하다가 검거됐다.

밖에 있는 가족들은 신문기사를 보고 나서 오히려 안심했다고 한다. 어쨌거나 그들은 아직 살아 있다! 정길상 등 검거된 사람들은 꼬박 39일 동안 갇혀 고문을 당하며 조사를 받았다. 그동안 그들은 세상에서 완전히 지워진 사람들이었다. '간첩'이라는 낙인이 찍히면 헌법에 보장된 인권은커녕 그들이 비웃은 것처럼 생물이기를 포기한 존재로 취급하는 것이다.

안기부에 끌려온 지 30일이 넘자 잡혀온 사람들이 하나둘 풀려났다. 정춘상, 정종희, 정길상은 구속상태로 재판을 받게 되었다. 정영숙과 정종호는 불구속기소되어 재판을 받았다. 구속된 세 사람은 안기부에서 서대문구치소로 이감되었다. 구치소에서 검사의 조사가 있었다. 검사가 조사할 때는 항상 안기부 수사관이 함께 왔다. 안기부의 진술과 다른 이야기를 할까봐 감시하는 것이다. 검사의 조사가 끝날 때까지 접견은 허용되지 않았다. 검찰조사가 끝나고 나서 체포되어 집을 떠난 지 두 달 반 만에 정길상은 아내를 만났다.

가족들은 변호사를 선임하기도 쉽지 않았다. 서슬 퍼런 전두환 정권 시절, 누가 이런 사건을 변호하려고 나서겠는가? 장흥 출신의 변정수는 어떤 불이익이 오더라도 감수하겠다는 각오를 하고 변호인이 되었다. 변정수는 봉강의 집안을 잘 알고 있었다. 변정수는 변론 요지서에 '호남의 덕망가 집안'이라는 표현을 썼다는 이유로 안기부에 끌려가 곤욕을 치르기도 했다.

1981년 4월 11일, 서울형사지법 합의 1부(재판장 김형기)는 정춘상

• 『중앙일보』1981년 1월 20일자.

에게 사형, 정종희에게 무기징역, 정길상에게 징역 12년을 선고했다. 1981년 10월 7일, 서울고등법원 제2형사부(재판장 김영진)는 정춘상에게 사형, 정종희에게 징역 15년, 정길상에게 징역 7년을 선고했다. 1982년 2월 9일 대법원 제2부(재판장 신정철)는 정춘상 사형, 정종희 징역 12년, 정길상 징역 7년형을 확정했다. 정영숙과 정종호는 집행유예를 선고받았다. 그들에게 적용된 범죄혐의는 간첩죄, 간첩방조죄, 불고지죄였다. 형이 확정된 이후 정길상과 정종희는 광주교도소로 이감되고 사형수인 정춘상은 서대문구치소에 남았다.

고문에 의해 강요된 자백이었다고 해도 그들은 범죄행위를 인정했고 움직일 수 없는 증거들이 제시되었다. 그래서 대한민국 법정은 그들에게 유죄를 선고했다. 죽음을 각오하고 한 일이었지만 사형이 두렵지 않은 것은 아니었다. 정종희는 1심에서 사형을 선고받았을 때 각오하고 있었지만 온몸이 떨려왔다고 회고한다. 산에서 토벌대의 총에 맞았을 때가 떠오르면서 "비극의 시대 속에서 내가 오늘로 두 번 죽는구나" 하는 생각이 스쳐갔다. 그리고 방청석에서 자신을 지켜보고 있을 아내와 자식들이 떠올랐다.

정종희의 아들 정해열은 아버지의 이 고단하고 치열한 삶을 이해하고 받아들인다고 했다. 고등학교 교복을 입고서 간첩사건 재판이 이루어지는 법정에 고스란히 앉아 있는 자신을 발견하고는 자기 자신도 역사와 조상에게 죄인이 되지 말자는 신념을 가졌음을 확인했다고 했다.•

• 김종군, 「분단체제 속 사회주의 활동 집안의 가족사와 트라우마」, 『통일인문학』 60, 건국대학교 인문학연구원, 2014. 12, 154쪽.

진품 간첩사건

정춘상과 정길상, 정종희는 체포되고 나서 오랫동안 잠자고 있던 이 사건이 왜 갑자기 공안당국에게 발각되었는지 궁금했다. 그들 외에 이 일에 대해 알고 있는 사람은 정종호와 정영숙뿐이었다. 설사 가족들 가운데 누가 알았다 해도 가문이 쑥대밭이 될 사건을 고발할 리가 없다고 생각했다. 정해진이 두 번째 다녀갔을 때 마주친 마을사람조차 입을 다물었다. 도대체 어떻게 해서 이 사건이 수면 위로 드러났을까? 이 사건에 대한 정보를 제공한 사람은 박병엽이다.

남북 간의 간첩역사에서 반드시 기억해야 할 사건은 박병엽 사건이다. 1979년 10·26사건으로 박정희가 죽자, 북쪽은 다시 과감한 대남전술을 채택했다. 박정희의 죽음으로 남쪽 요인들의 동요가 극심할 것이라 기대하고 이들을 포섭하려는 공작을 준비했다. 그 대상으로는 대만 주재 대사로 있던 전 공군 참모총장 옥만호가 선정되었다. 당시 북한의 대남사업부서의 핵심적인 자리에 있던 옥만호의 죽마고우 박병엽은 대만에 잠입하려는 계획을 세웠다. 그러나 어떤 연유인지 대만 정보당국이 이 계획을 포착해 잠입하려던 박병엽 일행을 체포해 이들을 남한당국에 넘겨주었다.

박병엽은 기가 막힌 기억력의 소유자였다. 그는 북한에서 정권수립 시기의 기밀자료를 정리한 경험이 있는데, 그 내용을 완벽하게 기억하여 『비록(祕錄) 조선민주주의인민공화국』이란 대단히 가치 높은 책을 펴냈다. 중앙정보부는 박병엽으로부터 대남사업과 관련된 고급정보를 많이 캐냈다고 한다. 그의 제보가 결정적인 단서가 되어 김정인·석달윤 사건(1980), 정춘상 사건(1980), 박동운 사건(1981), 송씨 일가 사건(1982) 등 여러 건의 간첩단 사건이 발생했다. 이때는 김재규의 박정희 살해사건으로 중앙정보부가 역적기관이 되어 보안사에 의해 초토화된 직후였다. 전두환이 중앙정보부장 서리를 겸하면서 약간씩 힘을 회복한 중앙정보부는 박병엽으로부터 얻어낸 정보를 토대로 화려한 부활을 꿈꾸었다. 중앙정보부가 박병엽이 제공한 정보를 토대로 기대 이상의 성과를 거둔 사례로 전남 보성의 명문가 출신 정춘상(이순신 장군의 종사관이었던 정경달의 후손)을 적발한 것을 들 수 있다.*

한홍구는 1970년대 이후 조작간첩이 늘어난 것은 북한이 간첩을 내려 보내지 않았기 때문이라고 분석했다. 1960년대 이후에는 간첩을 보내면 주민들의 신고 등으로 남쪽 당국에 적발되었다. 북한에서 더 이상 간첩을 보내지 않자 공안수사를 담당해온 수사요원들은 자신들의 밥그릇을 지키기 위해 간첩을 조작하기 시작했다. 1970년대 접어들어 재일동포와 납북 어부, 유학생 간첩 등이 만들어진 것이다. 1970년대 이후 간첩사건으로 처벌받은 사람들에 대해 재심을 통해 잇달아 무죄판결이 나오는 이유가 여기 있다.

보성가족간첩단 사건을 진품 간첩사건이라고 부른다. 이 사건은 1970년대 이후의 조작사건들과 달리 실체가 있는 사건이기 때문이다. 이 사건은 1980년 말에 박병엽의 제보로 수사가 시작되었지만 1960년대에 북한의 대남공작이 활발할 때 씨를 뿌린 사건이다. 정춘상이 북한에 다녀온 사실과 북한으로부터 금품을 받은 사실이 있으니 조작사건은 아니다. 그러나 실제로 그들이 간첩활동을 한 것은 별로 없다. 안기부가 국가기밀 탐지라고 주장하는 내용도 간첩활동이 아니더라도 충분히 수집할 수 있는 정보였으며, 북의 지령이라는 대중당 장악이나 민간인 포섭 등도 눈에 띄는 성과는 없었다.

봉강은 이 시기에 북에서 내려온 동생의 부탁을 거절하지도 못하고 매우 난처한 입장이었다고 추측된다. 북에서는 대중당의 서민호를 포섭

• 한홍구, 『역사와 책임』, 한겨레출판, 2015, 63~65쪽.

하라는 지령이 있었고,* 1967년에 봉강은 동생의 요청에 따라 혁신계를 지향하던 정치노선을 접고 보수정객인 서민호와 연대한 것으로 추정된다.** 그러나 이 부분은 앞서 언급했던 것처럼 봉강 자신의 생각으로 움직인 것일 수도 있다. 건국대 법학전문대학원의 이재승 교수는 정해룡의 대중당 관여가 북한의 지령에 따른 것인지, 아니면 정치역정의 필연적 종착점인지는 논의의 여지가 있다고 보고 망자의 의도를 다시 분단체제라는 저울에 올려놓고 평가할 필요가 있는가에 의문을 제기하면서 통일을 추구하는 관점에서 해원적인 평가가 필요하다고 제안하고 있다. 그리고 분단을 극복한 정상적인 정치공간에서 새롭고 적극적으로 평가할 수 있을 것이라고 밝히고 있다.*** 게다가 서민호는 보수야당에 들어가고 말았으니 봉강이 그를 포섭했다는 정황도 없다. 어쨌든 사건 자체는 진짜였으나 사건 당사자들은 유능한 간첩은 아니었던 셈이다.

보성가족간첩단 사건이 실체가 있는 사건이었다 해도 정춘상에게 사형선고를 내린 것은 과한 처벌이 아니었을까? 이것은 과잉금지의 원칙****을 위반한 것은 아니었는지 생각해봐야 한다. 정춘상이 북한에 다녀오고 무기를 보관하고 있었다고 해도 실제로 누군가의 생명을 빼앗거나 공공의 위해가 될 만한 행위를 한 적이 없다. 그런 일을 하려고 계획하지도 않았다. 사형이란 사회적으로 상당히 위험한 범죄를 저질렀고 다시 그런 범죄를 저지를 위험이 있을 때에 선고할 수 있다. 사형을 선고한다 해도 집행을 쉽게 하지 않는 것은 그만큼 한 사람의 생명을 법으로 처분한다

---

* 〈대법원 판결〉, 1982. 2. 9. 81도3040.
** 김종군, 앞의 글, 12, 147쪽.
*** 이재승, 「전후냉전사법의 재해석」, 『역사와 책임』 제4호, 민족문제연구소 포럼 진실과 정의, 2013; 김종군, 앞의 글, 12, 152쪽에서 재인용.
**** 국민의 기본권을 제한함에 있어 한계를 규정한 헌법상의 원칙으로 비례의 원칙이라고도 한다.

는 것은 신중을 기해야 하는 일이기 때문이다.

유례없는 시각장애자의 장기수 생활

정춘상의 사형선고만 과한 처벌은 아니었다. 시각장애인인 정종희에게 12년이라는 중형을 선고한 것 또한 지나친 처벌이다. 광주교도소로 이감되어 장기수 생활을 하게 된 정종희는 수기에서 당시의 심정과 상황을 다음과 같이 술회한다.

> 1년 여의 재판과정을 거치면서 내 의식은 거의 마비된 거나 다름이 없었다. 사형에서 장기수로의 변화는 있었지만 나는 거기에 별 의미를 두지 못할 정도로 피폐해 있었다. 1년 이상을 독방에 기거하면서 말을 잊고 살다 보니 실어 증세마저 나타났다. 이러한 내 상태에 살아 있다는 의식을 불어넣어 준 것은 광주교도소로 가면서부터였다. 특별사동(사상범을 수감한 사동)에 배치된 나는 그곳에서 남민전 사건으로 옥고를 치르고 있던 박석률, 김종삼, 김남주, 차성환 씨 등을 처음 만났다. 그들은 나의 말동무가 되어 주었고 돌아가면서 한 사람씩 나와 같이 기거하면서 눈 없이 징역을 살아야 하는 나의 모든 시중을 들어주었다. 식사, 용변, 빨래 등은 물론 편지 대필에서 책을 읽어주기까지 완전한 내 손발 역할을 마다 않고 해줬던 사람들이 그들이었다. 나는 그분들의 도움으로 교도소 삶에 새로운 희망을 가질 수 있었다. 어느 날 나와 혼거하던 박석률 씨가 저녁식사 후 잠자리를 깔아주며 내게 말을 건넸다. "정 선생님같이 앞을 못 보는 분을 감옥에 이렇게 오래 가둬놓는 경우는 세상에 여기밖에 없을 것입니다."

남민전 사건이란 다음과 같은 사건을 말한다.

반유신 민주화와 반제 민족해방운동을 목표로 1976년 2월 이재문, 신향식, 김병권 등이 비밀단체인 '남조선민족해방전선준비위원회'(남민전)을 조직했다. 그리고 1977년 1월 남민전의 반(半)합법 전술조직으로 '한국민주투쟁위원회'(민투)를 결성해 유신체제를 비판하는 유인물과 기관지('민중의 소리')를 여덟 차례에 걸쳐 배포하는 등 반(反)유신투쟁을 전개하고, 민청학련 등 학생운동가들을 중심으로 청년학생위원회를 조직해 '민주구국학생연맹' '민주구국교원연맹' '민주구국농민연맹'을 결성했다. 그리고 '민주구국노동연맹'의 결성을 시도하던 중 1979년 10월 4일 이재문, 이문희, 차성환, 이수일, 김남주 등을 비롯해 1979년 11월까지 84명의 조직원이 구속되었다. 이후 공안기관에 의해 '북한공산집단의 대남전략에 따라 국가변란을 기도한 사건' '북한과 연계된 간첩단 사건' '무장 도시게릴라 조직' 등으로 발표, 국가보안법과 반공법 위반 등으로 처벌받아 유신 말기 최대 공안사건으로 기록되었다. 그러나 2006년 3월 남민전 사건 관련자 29명이 민주화운동 관련자로 인정되었다.•

• 『시사상식사전』, pmg 지식엔진연구소.

— 22 —
꽃상여

뜻을 굽히지 말고 이어가라

1981년 광주교도소로 이감되기 전에 길상은 형 춘상을 만났다. 변정수 변호사가 이감되기 전날, 서대문구치소 면회실에서 형을 접견할 수 있게 자리를 마련해 주었다. 접견시간은 5분밖에 되지 않았다. 춘상은 이미 생사를 초월한 듯 담담하고 의연했다.

"길상아, 나는 약이 없이(틀림없이) 집행된다. 나 죽고 난 뒤라도 봉서동 집 잘 관리해라. 우리 집이 너무나 훌륭한 혁명가 집안이니까 뜻을 굽히지 말고 이어가라. 부모 없이 자랄 내 자식들도 잘 돌봐주어라. 우리 집안이 대대로 한 번도 굽히지 않았으니 나는 잊어버리고 집을 잘 건사해라. 그곳이 우리나라 통일운동의 성지가 될 것이다."

"예, 형님, 알겠습니다. 그렇게 하겠습니다. 그래도 너무 극단적으로 생각할 필요 없고 사상범은 국제정세에 따라 달라질 수 있으니까요. (정부가) 그렇게 막 가지는 않을 겁니다."

형을 위로하기 위해 한 말이었지만 길상은 진심으로 그렇게 믿고 싶었다. 사형을 선고했지만 그렇게 쉽게 집행하지는 않을 거라고. 그러나 서대문구치소 접견이 살아 있는 형의 마지막 모습이 되었다. 그날 형이 한 말은 유언이 되고 말았다. 사형이 확정되고 3년 8개월이 지난 1985년 10월 31일, 정춘상은 사형집행으로 세상을 떠났다. 당시 정춘상의 나이는 47세였다. 부림사건*으로 서대문구치소에 수감되었다가 광주교도소로 이감된 김하기가 길상에게 형의 마지막 모습을 전해주었다.

"그날 교도관이 문을 여는데 우리는 아무것도 몰랐지만 그분은 사형이 집행된다는 사실을 알고 있었어요. 너무 태연하고 담담해 우리 모두 놀랐죠. 그분은 교도관들에게 끌려가면서 '조국통일 만세'를 외치고 갔어요. 교도관이 제지했지만 계속 외치면서 가서 우리 모두 놀랐어요. 나중에 들으니 그분 이름이 정춘상이라고 하더라고요."

길상은 의연하게 죽음을 맞았을 형의 모습이 눈에 선했다. 형의 시신이라도 자기가 모셔야 하는데 그럴 수 없는 처지가 원망스러웠다.

정가가 대단하다

정길상은 당시의 심정을 다음과 같이 말했다.

"내가 운 적이 한 번 있습니다. 서대문구치소에서 집행을 했으니 그 시신을 어떻게 처리할 것인가. 집안은 풍비박산이 나 아무도 없는데 누가 장례를 치를 것인가. 이 험악한 전두환 시대에 어떻게 보성까지 가며

---

* 1981년 부산지역에서 공안당국이 사회과학 독서모임을 하던 학생과 교사, 회사원 등 22명을 영장 없이 체포·감금하고 고문해 이적단체로 조작한 사건을 말한다. 재심을 통해 33년 만에 무죄를 밝혔다. 영화「변호인」에서 노무현 대통령이 인권변호사가 된 계기를 다룬 사건으로 그려졌다.

(위) 정길상과 일가친척들. 앞줄 왼쪽부터 정춘상의 처 조옥자, 정길상, 정국상, 김봉님(정국상의 처)이며, 뒷줄 왼쪽부터는 정길상의 처 마충남과 이극래(정철상의 처, 종부)이다.
(아래) 정종희와 정길상이 석방된 이후 첫 추석을 맞아 거북정에서 선조들을 모신 사당에 차례를 지내고 찍은 일가친척들과의 기념 사진. 둘째줄 왼쪽부터 세 번째가 정길상, 일곱 번째가 정종희이다.

묘는 또 어떻게 쓸 것인가 걱정이 됐습니다. 식구가 면회를 왔기에 장례는 어떻게 치렀느냐고 물으니 가족들이 서대문구치소로 시신을 인수하러 와서 시골로 모셔갔다고 합니다. 국상이 형과 건상이 형 가족이랑 제 아내가 건사를 했더라고요. (시신을 인수해서) 장의차에 태워서 보성으로 갔는데 시골 가자마자 정가들이 꽃상여를 짊어지고 산에다 묘를 썼다고 합니다. 거기서 눈물이 나더라고. 정가가 대단하다. 정말 고마워서 눈물이 났습니다. 우리 사건 난 뒤로 시골집은 완전히 비었어요. 혈육들도 못 사는데 동네 일가들이 장사를 지내고 면민들이 협조해줘서 방해받지 않고 정성껏 잘 치렀답니다. 그 소식을 듣고 많이 울었습니다. 형이 집행되었다는 소식 듣고도 참았는데 그때 많이 울었어요."

길상은 여기서 다시 한 번 아버지와 할아버지, 그 위의 조상들이 쌓은 덕이 대단하다는 것을 느꼈다. 그것을 기억하고 마음을 써준 일가들과 지역민들이 고마웠고 그런 덕을 입을 수 있게 살다 가신 아버지가 고마웠다.

길상은 1987년 12월 11일에 만기 출소했다. 1988년 12월 21일에는 정종희가 양심수 석방조치로 만기를 4년 남기고 석방되었다. 길상은 1989년 가을에 추석이 되어서야 고향에 갔다. 감옥에 있을 때는 어쩔 수 없었지만 나와서도 추석에 조상의 차례를 지내지 않을 수는 없었다. 종가의 자손들이 없는 상황에서도 친척들이 차례를 지내왔다는 이야기를 들었다. 정길상과 정해진의 장남 정국상은 함께 봉서동으로 갔다.

9년 만에 돌아온 거북정은 상상했던 것 이상으로 망가져 있었다. 마당에는 잡풀이 우거져 있었고 늘 사람으로 들끓던 아름다운 고택은 귀신이라도 나올 것처럼 냉랭한 기운이 감돌았다. 거북정은 사람의 발길이 완전히 끊긴 폐가가 되어 있었다. 그동안 큰형수 이극래(정해룡의 차남 정철상의 처)가 사당의 차례와 제사를 빠지지 않고 지냈다는 이야기를 들었다. 보성군 조성면 한실부락 출신의 이극래는 성종 때 재상을 지낸 이세정의 자손이었다. 그녀는 광주와 보성을 오가면서 시할머니와 시아버지, 시아주버니의 제사를 지내며 종부의 의무를 다했다. 명절이면 동네 사람들이 모여 집안을 청소하고 조용히 들어가 사당 앞에서 제사를 지냈다고 했다. 길상과 국상 그리고 종희가 온 것을 본 집안어른들은 눈물을 흘렸다. 그들이 온다는 소식을 듣고 집안사람이 60여 명이나 모여 있었다. 옷을 갖추어 입고 차례를 모시는 길상의 눈에서도 자꾸 눈물이 흘렀다. 아버님과 형님 생각이 제일 많이 났다.

거북정의 외형과 정신을 복원하다

길상은 서울에서 생계를 꾸려가다가 형님의 유언대로 고택을 보존하기 위해 고향으로 내려갔다. 집 안에는 고문서와 고서적들이 거의 다 보존되어 있었다. 간첩의 집이라고 도둑들조차 발걸음을 하지 않았기에 손을 타지 않은 것이다. 거북정에는 정각수의 부친인 정현이 돌아가셨을 때 장흥부사가 글을 쓰고 제물을 바친 내용을 기록한 문서가 있었다. 관직이 없는 향리의 선비에게 그런 예우를 한 예가 별로 없어 소중한 역사적 기록이다. 아울러 가문의 아녀자들이 주고받은 내간서 200여 통이 보관되어 있었는데, 여성사와 향토문화를 연구하는 사람들에게 소중한 자료다.

  거북정은 전라남도 도문화재 제261호로 지정되었다. 문화재 등록이 되고 나서도 재정적 지원이 없어 무너져가는 집을 본 이부영 전 의원을 중심으로 박석무 전 의원, 김민환 전 고려대 교수, 정근식 서울대 교수 등이 나서서 도지사를 설득했다. 박준영 당시 전라남도 도지사의 지시로 공무원들이 거북정의 가치를 확인하고 보존예산을 지급하기 시작했다. 거북정 복원사업은 박준영의 후임인 이낙연 도지사 때에 마무리되었다.

  길상은 거북정의 외형을 복원하는 것으로 그의 할 일이 끝났다고 생각하지 않았다. 반곡 정경달로부터 봉강 정해룡, 그 아들 정춘상과 정길상 대까지 이어져온 정씨 가문의 역사를 복원하고 보존하는 것도 중요한 일이었다. 정씨 가문의 역사를 개인적 차원이 아닌 지역의 역사, 나아가서는 국가 차원의 역사 속에서 연구하려는 사람들이 많이 있었다. 그들은 길상에게 자료를 요청하고 연구를 진행했다. 그런 노력들이 결실을 맺어 보성문화원에서 2012년 8월에 '호남지역사와 문화연구'라는 이름의 학술행사가 열렸다.

이 행사는 보성문화원과 서울대 사회발전연구소가 공동주최한 심포지엄이었다. 행사는 정종해 보성군수와 박석무, 이부영 전 국회의원의 축사로 시작되었다. 「임진왜란과 정경달 형제의 활동」(김경숙, 조선대 역사학), 「거북정의 남도 주거사적 의미」(천득염·최정미, 전남대 건축학), 「봉강 정해룡과 민족교육」(오승용, 전남대 정치학), 「전후 냉전사법의 재해석」(이재승, 건국대 법학전문대학원), 「일본의 1960년대와 정훈상 사건」(권혁태, 성공회대 일본학), 「'탈냉전·분단시대'의 가족사 쓰기」(정근식, 서울대 사회학) 등의 주제 발표가 있었다.

이 학술행사는 봉강 정해룡 집안의 역사를 어떻게 볼 것인가를 놓고 여러 분야의 전문가들이 연구결과를 발표하고 토론하는 자리였다. 이 행사를 지켜보는 정길상의 감회는 남달랐다. 1980년 말의 사건 이후로 '간첩집안'이라는 낙인 속에서 숨죽이고 살아야 했던 세월 속에서 오늘 같은 날이 올 거라고는 상상하지 못했다. 이 행사를 준비하고 사람들을 초대할 때까지도 길상은 많은 사람 앞에서 학자들이 자기 집안 이야기를 한다는 게 실감이 잘 나지 않았다. 초대장을 보냈더니 사람들의 반응이 뜨거웠다. 달라는 사람이 많아 준비한 250장의 초대장이 모자랄 지경이었다. 결국 300명의 사람들에게 초대장을 보냈다. 행사 당일인 8월 23일에는 아침부터 장대비가 쏟아져 애를 태웠다. 이 빗속에 사람들이 다 올지 걱정스러웠다.

길상의 우려와 달리 행사 시작 한 시간 전부터 사람들이 모여들었다.

보성문화원 강당은 어느새 각양각색의 사람들로 꽉 들어찼다. 반갑게 서로 부르며 인사하는 소리가 오가고 '봉강'이라는 이름이 자주 들려왔다. 길상은 슬그머니 사람들 사이에 끼어들어 무슨 이야기를 하는지 들어보았다. 그들은 봉강에 대한 칭찬과 그리움, 그 가족들이 겪은 일들에 대한 안타까움을 이야기하고 있었다. 길상은 길고 긴 터널을 빠져나와 한 줄기 빛이 비치는 곳으로 들어선 듯한 안도감을 느꼈다. 마음 놓고 부르지도 못했던 아버지의 이름이 사람들 입에 오르내리는 것만 보아도 기뻤다. 그러나 아직 못다 한 이야기들이 더 많다.

일제강점기를 거쳐 현재에 이르기까지 역사의 죄인이 되지 않기 위해 부단히 노력했던 진지한 행적들은 분단체제 속에서 역사의 죄인으로 단죄되어 버렸다. 그러나 정길상은 그런 노력들이 헛되다고 생각하지 않는다. 분단체제가 극복되고 통일이 현실로 다가왔을 때는 아버지의 일생도 새롭게 평가될 수 있다고 믿기 때문이다.

'침묵'에서 '발언'으로

거북정의 정신을 복원하려고 노력하는 정길상에게 뼈아픈 후회를 남긴 기억이 있다. 1975년 무렵, 정길상은 아버지의 유품을 정리하면서 봉강이 간직하고 있던 수백 통의 편지와 아버지가 교류했던 사람들과 관련된 기록들을 발견했다. 작은아버지가 다녀갔다는 사실을 알고 난 후, 그들의 사건이 발각될 경우에 아버지와 교류했던 사람들이 피해자가 될까봐 운암이 보낸 편지 한 통과 봉강의 친필원고인 '혁신운동의 사적 고찰'만 남기고 모두 불태워버렸다. 아버지의 일을 계속해야 한다는 생각을 하면서 무의식적인 공포가 자기검열로 작용한 탓이었다. 길상은 1988년 봄에 출소하고 나서 다시 고향집에 돌아와 남아 있는 서적과 자료들을 정리하면서 아버지의 편지와 기록들을 태워버린 일을 후회했으나 돌이킬 수 없었다. 정길상이 경험한 이런 일들은 공안사건을 경험한 사람들이면 누구나 겪는 일이다.

정길상은 1988년 말에 출소한 정종희와 함께 아버지 정해룡과 작은아버지 정해진이 일제강점기에 한 일과 해방 후에 한 일들을 복원하고 기록하기 위해 자신들의 기억을 더듬고 일가친척들과 지인들을 찾아다니면서 이야기를 듣고 녹취하는 작업을 했다. 정종희는 언론인인 친척의 도움을 받아 자신의 이야기를 수기*로 남겼다. 정종희는 1993년 6월에 정씨 가문의 가계도를 그려넣은 병풍을 만들기도 했다. 오랜 수감생활 동안 '멸문'의 위기를 느끼면서 정씨 가문의 일원이라는 자기 정체성을 다시 한 번 확인하기 위한 작업이었을 것이다.

1987년 6월항쟁 이후 한국과 러시아의 수교(1990. 9. 30), 남북기본합의서 채택(1991. 12. 13), 한국과 중국의 수교(1992. 8. 24) 등 탈냉전시대를 예고하는 사회적 변화가 일어나면서 1995년에 정해룡의 추모비가 25년 만에 빛을 보게 되었다. 아울러 1995년에는 안종철 등이 집필한 지역인물사를 다룬 책**에 정해룡이 등장했다. 그 뒤로 정길상은 정해룡을 독립유공자로 선정해달라고 국가보훈처에 네 번이나 서훈 신청을 했으나 그의 행동을 입증할 증거가 충분하지 않다는 이유로 받아들여지지 않았다.

정종희는 뇌종양으로 투병하다가 2008년 9월에 세상을 떠났다. 19세에 시각을 잃은 장애인으로서 8년 동안이나 징역을 살았던 정종희. 그는 국가보안법 체제 안에서 가장 가혹한 처벌을 받은 양심수 중 하나로 기억되고 있다.

- 정종희, 앞의 글.
- 안종철 외, 앞의 글.

에필로그

허락된 만남

2005년 여름 이른 아침, 정해진의 아들 정국상은 한 통의 전화를 받았다.
 "큰아버지, 저는 정훈상의 아들 정창혁입니다. 여기는 중국인데 큰아버지를 뵙고 싶습니다."
 정국상은 아버지와 동생의 월북으로 감시와 통제에 시달리다가 1980년의 보성가족간첩단 사건으로 안기부에 끌려가 고문당한 기억 때문에 매사가 조심스러웠다. 정보기관(당시 국가정보원)이 나를 떠보기 위해 무슨 공작을 하는가 싶은 의심부터 들었다. 정국상은 일단 "나는 그런 사람 모릅니다. 전화 잘못 걸었어요"라고 잡아뗐다. 그러자 저쪽에서는 전화를 끊지 않고 '큰아버지'를 부르면서 울음을 터뜨렸다. 이상한 생각이 들어 "내 전화번호를 어떻게 알았나요?"라고 물었더니 "홍명기 선생이 우리 집에 와서 큰아버님의 명함을 주고 가셨어요"라고 대답했다. 홍명기는 2002년 9월 2일에 북으로 송환된 63명의 비전향장기수 중 한 사람이다. 송환 당시 정길상이 홍명기를 집으로 데려온 적이 있었다.

"홍명기 선생님이십니다. 오늘 저녁에 고향에 가시는데 형님의 얼굴을 직접 보고 가셔야겠다고 해서 모셔 왔습니다."

홍명기는 저쪽 가족을 만나 소식을 전해주겠다면서 명함을 달라고 했고 정국상은 기쁜 마음으로 내주었다. 홍명기의 이름을 듣고 나자 정국상은 전화를 건 사람이 조카라는 확신이 들었다.

"오냐, 내가 네 큰아버지다. 훈상이 아들이로구나!"

정국상과 정창혁은 양쪽에서 수화기를 붙들고 설움이 북받쳐 말을 잇지 못했다. 다음날 통일부에서 구비서류를 가지고 들어오라고 연락이 왔다. 알고 보니 훈상의 아들인 창혁이 국상에게 연락하게 된 것은 남북한 당국에서 이미 그 내용을 알고 허락한 일이었다. 통일부에서는 한시가 급할 테니 빨리 떠나라고 하면서 여권과 여행경비까지 내주었다. 그렇게 해서 정국상은 부인과 함께 중국으로 떠났다. 첫 만남의 날은 서로 울기만 할 뿐 제대로 할 말을 하지 못했다. 정창혁과 함께 온 북측 안내원도 함께 눈물을 흘렸다.

국상은 조카로부터 아버지(정해진)가 1998년 겨울에 별세했다는 소식을 듣고 기일을 기억했다가 자신이 제사를 모시겠다고 했다. 조카가 무역일꾼으로 해외무역을 하러 다니기 때문에 중국에 와서 자신을 만날 생각을 했고, 북한당국의 허가를 받아 이 자리를 마련했다는 사실도 알게 됐다. 노무현 정부 시절에는 남북관계가 좋을 때라 이런 일이 가능했던 것이다. 남북한에 헤어져 사는 이산가족들은 남북관계의 기상도에 따라 이렇게 상황이 달라진다. 2박 3일의 짧은 만남을 뒤로하고 조카와 헤어진 정국상은 북의 가족들을 다시 만날 희망을 품고 살았지만, 2005년 이후로는 그런 기회를 얻지 못했다. 부모와 형제, 삼촌과 조카는 국가의 허락이 있어야 만날 수 있는 냉혹한 분단구조 속에서 그리움만 삼키고 있을 뿐이었다.

정해진의 큰아들 정국상의 영정 모습. 공산주의자였던 부친과 동생 훈상의 연이은 월북으로 인해, 그는 1980년 이른바 '보성 가족간첩단 사건'에 직접 연루된 사람들 이외에 가장 많은 고초를 겪었어야만 했다.

정국상은 조카를 다시 보지 못한 채 2021년 9월 23일에 세상을 떠났다. 그의 나이 여든한 살이었다. 정국상은 해방 후에 공산주의자인 아버지를 체포하기 위해 늘 그를 따라다니는 경찰 때문에 초등학교를 대여섯 군데나 전학 다녀야 했다. 한국전쟁의 와중에 아버지와 어머니가 북한으로 가고 할머니 밑에서 자란 그는 정규 중학교도 가지 못했다. 검정고시로 중학교를 마치고 목포고등학교를 졸업한 후 한양대 상대를 다녔다. 한양대학교 대학병원에 취직했으나 1969년에 동생 훈상이 일본으로 밀입국해 북한으로 갔다. 정춘상 등이 보성가족간첩단 사건으로 수사를 받을 때 국상 역시 안기부에 잡혀가 모진 고문을 당했다. 무혐의로 풀려났으나 직장을 잃었다. 그 후로 그는 험난한 세월을 보냈다. 그러나 끈질긴 노력으로 경제적 안정을 이루었고 모교인 한양대학교에 거액의 장학금을 희사할 정도로 성공했다. 이념에 충실한 삶을 살았던 아버지를 둔 죄밖에 없는 정국상은 죽어서야 비로소 아버지로 인한 압박과 굴레에서 풀려났다.

거북정의 후예들

정길상의 세 딸과 정종희의 오남매는 '간첩'의 낙인이 찍힌 아버지들의 굴곡진 삶 때문에 많은 어려움을 겪으며 성장했다. 공식적으로 연좌제가 폐지되었다고 해도 사회의 차별과 배제는 여전히 존재했다. 그럼에도 불구하고 그들은 아버지와 자신들에게 닥친 고난이 '역사의 죄인이 되지 말라'는 가문의 가르침을 지키다가 벌어진 일이라는 것을 받아들인다고 말한다. 정길상과 정종희의 자녀들은 통일단체에서 일하거나 다른 직장에 다니더라도 통일단체를 돕는 일을 하고 있다.

정길상과 정종희처럼 감옥에 가지는 않았어도 정씨 가문의 직계 후손들은 크든 작든 모두 피해를 입었다. 정해진의 장남 정국상은 아버지의 월북과 동생의 월북이라는 두 번에 걸친 이산가족의 아픔을 겪었다. 국상은 가장 가까운 혈육이 둘이나 북한체제를 선택했으니 남한사회에서 살기가 여간 고달픈 게 아니었다. 1980년 말 이른바 '보성가족간첩단 사건'이 터졌을 때도 직접 연루된 사람들 말고는 제일 많은 고초를 겪었다. 안기부는 그에게 정해진을 몇 번 만났느냐, 북에는 몇 번 갔다 왔느냐는 이야기를 수도 없이 반복하며 고문하고 닦달했다. 한 달 여 만에 풀려나긴 했으나 지울 수 없는 트라우마를 남겼다.

　정춘상의 동생이자 정길상의 형인 봉강의 다섯째 아들 정건상은 집안이 어려워져서 고학을 하다시피 하며 광주공업고등학교를 졸업하고 철도청 기관사 시험에 합격해 기관사로 근무했다. 1980년 보성가족간첩단 사건 때는 안기부에 끌려가 혹독한 고문을 당했다. 철도청에서 정년 퇴직한 후에는 남북공동선언실천연대에서 활동하면서 통일운동에 전념했다.

　정해룡의 둘째 부인인 최봉조 역시 보성가족간첩단 사건 때 무사하지 못했다. 안기부에 끌려가 남편 정해룡과 시동생 정해진과의 공모사실을 자백하라면서 고문과 협박을 당했다. 최씨는 정해룡과의 사이에서 1남 3녀의 자녀를 두었다. 최봉조가 세상을 뜬 후로 최봉조의 자녀들은 보성 본가와 왕래가 끊어졌다. 정길상은 계모와 이복형제들에 대해서는 서운한 감정 대신 연민과 애정을 갖고 있다고 말한다. "보성만 생각하면 으스스 한기가 들 겁니다. 우선 자기가 살고 봐야 할 것 아닙니까? 다 이해합니다."

　정씨 가문의 선산 깊숙한 곳에 자그마한 산소가 있다. 일부러 눈에 띄지 않는 곳에 묘를 쓴 것처럼 보인다. 산소 앞에는 새것처럼 보이는 묘석이 서 있다. 묘석에는 '통일애국열사 정춘상의 묘'라는 글자가 한글로 새겨져 있다. 동생 정길상이 세운 묘석이다. 누구에게도 자랑할 수 없는 묘비명이다. 간첩죄로 사형당한 사람이 통일애국열사라는 것을 누가 인정할 것인가. 길상은 자신의 가슴속에만 새겼던 그 묘비명을 몇 년 전에 이곳에 세웠다. 처형되는 그 순간까지 "조국통일 만세!"를 외친 정춘상은 국가와 민족을 사랑한다는 자신의 양심과 신념을 의심하지 않고 죽음을 맞았다. 그런 형을 위해 혼자서 보더라도 비석 하나쯤은 세워주고 싶었다. 형수와 형의 자녀들은 이 산소를 찾아오지 않는다. 길상은 그들의 상처를 누구보다도 잘 알고 있기에 그들을 이해한다. 정춘상의 가족

뿐 아니라 그를 기억하거나 추모하고 싶은 사람들이 마음 놓고 이곳을 찾아올 수 있을 때까지 이곳을 찾아와 형과 대화할 수 있는 사람은 정길상 한 사람뿐이다.

　정씨 고택 거북정의 사랑채 정원에는 한반도 모양을 본떠서 만든 작은 연못이 있다. 봉강 정해룡이 직접 지시해 만든 연못이다. 산에서 내려오는 물을 끌어들여서 만든 이 연못에는 제주도까지 포함된 한반도 전체의 모습이 뚜렷하게 표현되어 있다. 연못에는 산에서 내려오는 맑은 물이 흘러들어 와 한반도 전체를 감싸고 흘러서 집 앞의 도랑으로 흘러들어간다. 거북정의 한반도 연못처럼 남과 북의 물꼬가 터져 형제들이 자유롭게 만날 수 있다면 거북정의 후예들은 못다 한 이야기를 나누며 그들의 역사를 완성할 수 있을까?

지은이의 말

시월의 진달래

집필을 시작한 지 5년 만에 책이 나오게 되었다. 2019년 10월 마지막 주에 전남 보성에 갔었다. 정길상 선생의 안내로 봉강의 생가인 정씨 고택과 봉강리를 둘러보았다. 그때의 취재 노트를 꺼냈다. 첫 장에는 많은 질문이 적혀 있었다.

'우국지사 봉강 정해룡', 봉강의 추모비에는 그렇게 새겨져 있다. '우국'(憂國)이란 나라를 걱정하는 것이다. 그 나라는 어떤 나라인가? 왕조(종묘사직)가 나라인가? 정부(대한민국 정부/조선민주주의인민공화국 정부)가 나라인가? 그가 걱정한 나라는 '민'(백성)의 나라인가? 고종이 죽었을 때 상여를 따라가며 통곡하던 백성들과 동학농민전쟁 때 낫을 들고 일본제국과 대한제국에 대항했던 백성들은 같은 백성인가? 해방공간에서, 그리고 전쟁이 터졌을 때 국민에게 마구잡이로 폭력을 행사했던 국가, 그 국가는 국민의 적인가? 봉강은 "역사의 죄인이 되지 말라"(勿爲歷史罪人)라고 했는데, 그 역사는 누구의 역사인가? 나라를 다스리던 자들의 역사, 즉 가진 자들의 역사인가, 아니면 백성의 역사인가? 봉강이 걱정한 나라는 국권 없는 나라, 주권 없는 나라, 껍데기뿐인 나라, 나라답지 않은 나라가 아니었을까? 통일이 반역인가? 자주가 반역인가? 분단 이전에는 나라의 자주독립을 위한 일이라면 모든 것이 옳았다. 분단체제에서는 '통일'과 '자주'가 걸핏하면 반역이 되었다. 왜 그들은 멸문지화를 당하는 길을 선택했을까?

이와 같은 질문들은 책을 집필하기 시작하면서 떠오른 것들이자, 쓰는 내내 고민하던 문제들이기도 했다. 책이 나오게 된 지금, 나는 과연 그 문제들을 제대로 풀었는지 생각해본다. 애쓰긴 했으나 결과는 미흡하다. 그것이 내 능력의 한계임을 받아들일 수밖에 없다. 5년 전 가을, 보성의 일림산에서 본 진달래에 대한 메모도 발견했다.

시월의 일림산에 진달래가 피어 있다. 시절을 모르고 피어난 꽃인가? 설마 봄에 피었다가 미처 지지 못한 꽃은 아니겠지. 4월의 진달래처럼 찬란하고 흐드러지게 피지 못하고 한두 송이가 조그맣게 피어 매달려 있다. 나뭇잎은 수분이 말라 조금씩 갈색을 띠어가고 있다. 문득 그 진달래가 봉강을 닮았다는 생각이 들었다. 봉강이 태어났을 때 조선이라는 나라는 없었다. 일본이 점령한 식민지의 백성으로 살면서 그가 꿈꾼 해방은 당연히 조선의 영토였던 한반도 전체의 해방이었다. 봉강뿐만 아니라 이 땅의 모든 백성은 진달래가 피고 지는 땅, 백두에서 한라까지 조선반도가 다시 우리의 영토가 되는 해방과 독립을 꿈꾸었다. 조선반도의 남쪽 바닷가 보성에 사는 사람이나 중국과 국경을 맞대고 있는 신의주에 사는 사람이나 그들이 되찾고 싶은 조국은 하나, 반도 전체를 영토로

하는 형제들의 땅이었다. 신의주는 나의 아버지가 돌아가실 때까지 그리워했던 고향이다.

   일림산이 되었든 지리산이 되었든 분단된 나라에서 살지 못하고 쫓겨나 산사람이 되었던 빨치산들의 넋인 양 시월의 산속에 피어 있는 진달래. 진달래로 피어난 넋이 어찌 그들뿐이겠는가? 하나의 조국을 되찾아야 한다는 신념조차 가질 겨를이 없었던 사람들은 얼마나 많았을까? 그저 생목숨 하나 부지하는 일이 급했던 사람들. 일본의 억압과 착취를 견디며 굶주리다가 한반도의 허리를 자르고 들어와 점령군 행세를 하는 외세의 간섭과 폭압에 고난이 끊일 새가 없었던 사람들. 해방 후 이 땅에 몰아닥친 이념의 분쟁 속에서 영문 모르고 목숨을 잃어야 했던 사람들은 얼마나 많았던가? 그들의 넋인들 진달래로 피어나지 않았을까? 그래서 이 산속에는 시월이 되어도 이렇게 많은 진달래가 피어나는지 모른다.

내가 살고 싶은 나라

나의 할머니는 일제강점기가 시작되기 직전에 신의주에서 태어났다. 할머니는 해방 이후 할아버지와 당신의 아들(나의 아버지)과 함께 남한으로 내려와 평생을 살다가 돌아가셨다. 고향을 그리워했지만 부모 형제들의 소식조차 들을 수 없었다. 할머니는 돌아가실 때까지 자신을 '조선' 사람이라고 했다. 내가 웃으면서 "할머니가 왜 조선 사람이에요, 한국 사람이지"라고 하면 고집스럽게 자신은 조선 사람이라고 했다. 그렇다고 할머니의 조선이 북한, 즉 '조선민주주의인민공화국'이 아님은 물론이다. 할머니는 북한 정권이 수립되기 전에 남한으로 내려왔다. 할머니는 사실 대한제국에서 태어났지, 조선에서 태어난 것도 아니었다. 그런데도 할머니의 의식 속에서 자신의 나라는 '조선'이었다. 할머니의 조선은 한반도 전체였음이 틀림없다. 할머니는 자신의 고향인 이북 땅이 자신의 나라가 아닌, 갈 수 없는 나라라는 것을 인정하지 않은 것인지도 모른다. 내 할머니를 생각하면 우리는 너무 쉽게 분단을 받아들인 것은 아닐까?

젊은 세대로 갈수록 통일의 필요성에 대해 회의적이라고 한다. 하지만 신라, 고려, 조선만 따져도 2,000년 넘게 한 나라로 살아온 남과 북이 80년이라는 분단의 역사 속에 영영 다른 나라가 되어도 좋단 말인가? 한반도의 분단은 외세의 간섭 때문에 일어난 일이지 우리 민족의 선택이 아니었다. 할머니는 역사의식이나 민족의식이라는 말은 몰랐어도 자신이 반쪽짜리 조국을 선택한 적이 없다는 것을 '조선 사람'이라는 말로 표현했던 것이다. 이 나라가 분단된 채로 남는다면 조선 사람인 내 할머니의 나라는 어디 가서 찾는단 말인가? 통일을 위해 목숨을 바친 사람들의 소원은 허공으로 흩어져도 좋단 말인가? "모든 통일은 다 좋다"라고 했던 장준하 선생의 말이 생각난다. 우리가 살고 싶은 나라는 분단국이 아닌 나라, 형제들이 다시 손잡고 자유롭게 오가며 평화롭게 살 수 있는 나라가 아니겠는가?

우리나라는 일본이 물러가고 나라가 해방되자마자 냉전 이데올로기에 갇혔다. 제2차 세계대전의 패전국이라는 이유로 분단되었던 독일마저 1990년 통일되었다. 그러나 또 다른 패전국인 일본 대신 냉전시대의 분단국가로 선택된 한국은 아직도 분단국으로 남아 있다. 내년이면 분단 80년, 이 시간은 봉강과 같은 사람들에게는 흐르지 못하고 고여 있는 시간이다. 봉강은 통일이 오지 않는 한 해방도 독립도 아직 오지 않았다고 믿었다. 일제강점기에 시인 이상화는 봄이 오는 들판을 바라보며 "빼앗긴 들에도 봄은 오는가"라고 노래했다. 냉전시대에 머물러 있는 이 땅에는 아직 봄이 오지 않았다. 봉강이 원했던 '하나의 조국'은 그토록 멀리 있는 것일까?

정길상 선생의 오랜 숙원이었던 부친의 평전 출간이 이루어지게 된 것이 무엇보다도 기쁘다. 이 책이 분단의 역사를 돌아보고 봉강 정해룡 선생의 명예를 회복하는 데에 조금이나마 도움이 된다면 5년의 시간이 아깝지 않을 것이다.

2024년 가을 문턱에
문영심

봉강 정해룡 연보

1913년	7월 2일 전남 보성군 회천면 봉강리 677번지에서 아버지 정종익과 어머니 윤초평 사이에서 태어남.
1915년	동생 정해진이 태어남.
1918년	아버지 정종익이 스물일곱 살에 세상을 떠나 여섯 살 때부터 할아버지 정각수(1864~1936) 아래에서 자람.
1928년	박남이와 결혼해 6남 3녀를 둠.
1929~30년	할아버지 정각수가 서울에서 신교육자 안창남을 가정교사로 초빙해 삼의당에서 신학문을 수학함. 동시에 와세다 대학 강의록으로 통신 수학 과정을 마치고 수료증을 받음.
1934년	4월 동생 정해진이 경성제대 예과에 입학함.
1936년	보성전문학교 도서관 건립비로 600원 희사했으며, 이듬해에도 할아버지 이름으로 보성전문학교에 200원을 희사함.
1936년	할아버지 정각수가 별세함.
1937년	4년제 사립 양정원(무상교육으로 민족해방을 위한 지하학교)을 설립함.
1939년	보성인쇄소 대표취체역으로 애국계몽운동과 문화사업을 전개함.
1941년	10월 '금광왕' 이종만을 만남. 가을에 전라남도 광양군 소재의 폐광을 인수함(일본 패망의 결정적 시기에 전라선 폭파 목적).
1942년	4월 울산철광을 운영함(울산과 경주 사이 철도폭파와 후방교란 목적).

1945년	2월 하순 건국동맹 맹원으로서 김일성 항일유격대와의 접선을 위해 만주로 떠남. 4월 만주에서 귀환 중 경기도 능곡의 한양목장에서 일경(日警)에 의해 체포됨(서대문형무소에서 최천을 만남). 8월 15일 일제(日帝) 패망. 우리나라에서 최초로 일제 신사(神祠)를 방화 및 소각함. 8~9월 노비해방 및 소작인에게 토지를 무상분배함. 8월 말 전라남도 보성군 건준위원 겸 회천면 건준위원장. 9월 말 보성군 인민위원회 및 회천면 인민위원장. 10월 10일 동생 정해진이 인천에서 조선공산당에 입당함. 11월 12일 조선인민당 보성군 총무부장.
1946년	1월 25일 인촌 김성수와 창해 최익한을 만나 정세를 논함.
1947년	2월 28일 근로인민당 창당준비위원회 중앙위원(38명) 겸 재정부장. 5월 근로인민당 중앙위원 겸 재정부장. 7월 19일 몽양 여운형 선생이 피격되어 서거함.
1948년	동생 정해진 인천에서 체포되어 구금됨.
1948년	10월 19일 여순사건(보성경찰서 투옥) 발발. 11월 경찰의 방화로 보성군 회천면 고택이 소실됨.
1950년	5월 30일 보성에서 제2대 국회의원에 무소속으로 출마했으나 낙선함. 6월 25일 한국전쟁 발발. 6월 27일 동생 정해진이 서대문형무소에서 출옥함.
1950년	10월 보성경찰서에 구금됨.
1953년	7월 27일 한국전쟁 휴전.
1957년	11월 5일 근로인민당 재건사건으로 구속됨(서대문형무소).
1960년	4월 19일 4·19혁명 발발. 7월 29일 보성군에서 사회대중당으로 제5대 민의원 후보로 출마했으나 낙선함.
1961년	3월 24일 통일사회당 전남도당 정치위원 겸 부위원장. 5월 16일 5·16군사쿠데타 발발. 5월 18일 5·16군사쿠데타 세력에 의해 체포되어 구속됨(징역 3년, 집행유예 5년으로 440일 만에 석방됨).
1965년	8월 동생 정해진 1차 남파 후 봉강의 차남 정춘상을 대동해 입북함.
1967년	3월 서민호와 함께 대중당을 창당함(전당대회 부의장 및 훈련원장). 6월 8일 제7대 국회의원 선거에 고흥군에서 출마한 서민호를 당선시키기

	위해 보성군 조직을 고흥의 도서(島嶼)에 투입, 당선에 결정적 역할을 함.
1967년	5월 동생이 정해진 2차로 남파됨.
1969년	10월 31일 별세(별세 직전까지 '3선개헌 반대 범국민투쟁위원회' 발기인(329명)으로 전국유세를 하며 미군철수를 주장함).
1970년	6월 제1차 '우국지사 봉강 정해룡 선생 추모비 건립위원회' 창립.
1980년	5월 18일 광주민주항쟁 발발.
	10월 제2차 '우국지사 봉강 정해룡 선생 추모비 건립위원회' 창립.
	11월 '보성가족간첩단 사건' 발발(아들 정춘상, 정길상, 숙부 정종희 등이 중앙정보부에 연행됨).
	11월 11일 정춘상, 정길상, 정종회 구속됨.
1981년	1월 20일 주요 일간지에 '보성가족간첩단 사건'이 보도됨.
	4월 서울형사지방법원에서 정춘상에게 사형, 정종희에게 무기징역, 정길상에게 징역 12년을 선고함.
1982년	2월 대법원에서 정춘상에게 사형, 정종희에게 징역 12년, 정길상에게 징역 7년형을 확정함.
1985년	10월 31일 정춘상에게 사형이 집행됨.
1987년	12월 11일 봉강의 여섯째 아들 정길상이 만기 출소함.
1988년	12월 21일 숙부 정종회가 양심수 석방조치로 만기를 4년 남기고 석방됨.
1995년	3월 16일 제3차 '우국지사 봉강 정해룡 선생 추모비 건립위원회' 창립(25년 만에 회천서초등학교 후문 공원에 추모비 건립).
2021년	봉강 일가를 소재로 한 김민환 교수의 소설 『큰 새는 바람을 거슬러 난다』 출간.
2024년	10월 31일 봉강 서거 55년을 맞아 『정해룡 평전』 출간.

부록
아부하고 고개 숙여 정승 판서 나오면 뭐하냐•

참 희한한 집안 얘길 들었다. "선대로부터 당대의 자손들까지 이어지는 가계도를 그려서 8쪽짜리 병풍에 모셔두었다"는 것이었는데, 그것뿐이라면 그다지 대수로운 일도 아니었을 것이다. 몇 대조 할아버지가 높은 벼슬을 하고 몇 분이 공신록에 이름을 올렸다는 족보자랑은 어느 집안에서나 흔히 들을 수 있는 '가문의 전설'이니까.

이 집안의 가계도 병풍이 남다른 이유는, 그것이 가문의 영광과 출세의 이력을 자랑하기 위해서가 아니라, "멸문(滅門)이 될 경우를 대비해서 자손들로 하여금 선대의 족적을 잊지 말라는 뜻에서" 만들어졌다는 점이다. 폐족의 위기를 맞아 뿔뿔이 흩어지는 자식들 손에 황급히 쥐여주는 가문의 증표처럼⋯⋯. 항일운동과 혁신계 정치운동, 통일운동으로 문중의 수십 명이 체포되고 투옥되고 사살당하고 사형당한 내력을 촘촘히

• 이 글은 『한겨레신문』 2016년 9월 24일자 '이진순의 열림' 코너에 "영광 정씨고택 지킴이 정길상"이라는 제목으로 인터뷰한 내용이다.

기록해둔 가계도는 그 어떤 대하소설보다도 비장하고 파란만장하다. 그것은 가문의 성취와 과시가 아니라 패배와 상처의 처연한 기록이다.

남도의 삼천 석지기 부농 집안, 일제강점기 항일운동에 몸담아

남도에서 손꼽히는 삼천 석지기 부농이었으나 일제강점기 민족교육과 항일운동에 거액을 희사하고, 노비문서를 불태워 토지를 무상분배하고, 기근으로 고통받는 빈민들에게 수백 석의 구휼미를 풀어서, 스스로 빈한한 가구가 되었던 덕망 높은 가문. 그러나 해방 이후 친일파, 친미파들이 득세하는 세상에 맞서다가 급기야 1980년 '보성가족간첩단 사건'으로 한 집안에서 32명이 체포되고 사형과 징역을 받아 풍비박산이 난 집안. 전남 보성의 영광 정(丁)씨네 이야기다. 종가고택을 지키고 있는 정길상 선생은 1946년생으로, 해방 이후 수난의 가족사 속에서 살아남은 증인이다. 초등학교 교사로 재직하던 그는 1980년 11월 보성가족간첩단 사건으로 구속되어 7년 동안 징역살이를 했다. 같은 사건으로 형 춘상 씨는 사형당했고, 어머니와 두 형은 감당하기 힘든 정신적 충격에 마음을 다쳐 비참하게 생을 마감했다.

그에게 가족이란 무엇일까? 교도소 출소 뒤 생계를 위해 외지에 머물던 그가 폐가가 된 고향집으로 다시 돌아온 이유는 무엇일까? 오욕과 상처로 얼룩진 가족사 속에서 그가 끝내 지키고자 하는 것, 되찾고자 하는 것은 무엇일까? 추석 명절을 앞둔 지난 6일, 보성군 회천면 봉강리의 정씨고택으로 그를 찾아갔다.

"역사의 죄인이 되지 말라"는 가훈

바다가 지척인데 마을 제일 안쪽에 위치한 고택은 산사처럼 고즈넉했다. 매처럼 날개를 펼친 매봉산 자락 아래, 400년 전부터 15대를 이어 살아온 정씨 고택은 전라남도 문화재자료 제261호로 지정이 될 만큼 유서 깊은 가옥이다. 뒷산에서 내려오는 정갈한 약수가 사랑채 앞 연못으로 낙수하도록 설계되어 있었다. 연못은 한반도 모양으로 생겼는데, 정길상의 부친인 봉강(鳳崗) 정해룡 선생(1913~69)이 직접 설계해 만든 것이라 했다.

— 그럼 일제강점기에 만들어진 거로군요.
"그래요. 한반도 모양으로 이 연못을 만들면서 무슨 생각을 하셨겠습니까? 지금 산에서 내려오는 물줄기가 두만강처럼 (수로를 가리키며) 여기서 쏟아지면 이게 한반도 모양으로 흐르는데, (연못 가운데 세워진 돌들을 가리키며) 이게 민족의 고도 평양, 여기가 서울, 여기가 광주입니다. 이 아래 제주도도 만들고 그 밑으로 물이 빠지게 해놨어요."

— 그냥 인부들한테 맡겨서 만들 수 있는 게 아니었겠네요.
"직접 일일이 감독을 하셨겠죠. 우리나라가 동쪽이 높고 서쪽이 완만한데, 연못 바닥도 일부러 그렇게 해놓았지 않았습니까? 동쪽은 깊고 서쪽 바닥은 완만하게……."

사랑채 마루에 걸터앉으니 연못 너머로 푸른 남도바다가 내려다보였다. 연못 주변엔 오군자(五君子)를 뜻하는 매화, 난초, 국화, 소나무, 대나무가 골고루 심어져 있는데, 나무둥치가 심하게 휘었다가 다시 위로 뻗어나간 소나무 한 그루가 유독 시선을 끌었다.

― 저 소나무는 특이하게 생겼는데요.

"이걸 알아보시네. (나무 아래 바위를 가리키며) 여기 뿌리를 보세요. 이 큰 바위틈에서 어린 묘목이 났단 말입니다. 아흔 살 넘은 우리 누님 얘기론, 이 소나무 묘목을 아버님이 어찌나 아끼셨는지 소나무 꺾인다고 이 근처엔 오지도 못하게 했다고 해요."

― 묘목이 다칠까봐서요?

"그렇죠. 소나무가 자라면서 이 바위를 두 동강 내지 않았습니까? 이 나무가 우리 민족의 끈기, 바위를 뚫고 생명을 틔울 만큼 5천 년 외세에 버티고 살아나온 지구력, 그걸 닮지 않았나요?"

본격적인 인터뷰를 위해 사랑채에 들어서는데, 머리 위로 큼지막한 액자가 눈에 들어왔다.

― (액자 속의 한자를 읽으며) 물위역사죄인(勿爲歷史罪人)?

"'역사의 죄인이 되지 말라'는 뜻이죠. 봉강 선생(부친)이 누누이 이르던 우리 집 가훈입니다. 아무리 험한 세상이라도 역사에 죄짓지 말아야 한다고요."

― 이런 유서 깊은 집에 오게 돼서 영광입니다.

"아이고, 역적 집에 오셔가지고…… (웃음) 역적 집이죠."

그가 껄껄 웃으며 예사로이 말했다. 시대의 풍랑은 그들을 '역적'으로 낙인찍었지만, "역사의 죄인이 되지 말라"는 가훈을 거스르진 않았다는 당당함이 배어 있는 웃음이었다.

우리가 어떤 가문인데 친일을 하나

정길상은 임진왜란 때 이순신을 보좌했던 정경달의 14대손이다. 조선대 사학과 김경숙 교수에 따르면, 정경달은 문과에 급제해서 경북 선산부사로 부임한 뒤 임진왜란을 맞아 선산이 함락되자, 인근 금오산을 중심으로 의병을 모아 일본군 수백 명을 참수한 인물이다. 그 소식을 듣고 이순신은 정경달을 종사관으로 임명했는데, 이순신이 누명을 쓰고 투옥되었을 때는 "유능한 장군을 죽이면 국운이 위태롭다"고 선조에게 직간을 서슴지 않았다고 전해진다. 훗날 다산 정약용은 『목민심서』에서 정경달을 "지방수령의 모범"으로 높이 평가한 바 있다.

— 정경달의 유훈이 가풍에도 많은 영향을 미쳤습니까?

"이 동네 애들은 세 살 먹어서부터 할아버지 무릎에서 하늘 천, 따 지를 배우는데 그때부터 귀에 못이 박이게 듣는 얘기지. 너는 정경달의 몇 대손이냐? 정경달은 무엇을 했느냐? 충무공하곤 어떤 관계냐……? 아버님도 충무공 탄신기념일이 되면, 꼭 집안에서 탄신기념을 하고 식사 때 여러 가지 이야길 하셨어요."

— 아, 충무공 탄신기념일도 집안 의례로 치르셨다고요?

"네, 4월 28일이지요. 식사하면서 우리들한테 이런저런 이야길 하시는데, 병자호란 때 삼학사(청나라에 결사항전을 주장하다가 참형당한 홍익한, 윤집, 오달제) 이야기를 하면서 '주화파가 옳으냐? 주전파가 옳으냐? 너희 생각은 어떠냐?' 묻기도 하시고."

— 자녀들한테 역사논쟁을 시키셨네요.

"그런 거지. (웃음)"

노비문서 태우고 토지 나눠주며 빈한한 삶 택한 덕망 높은 가문

정길상에게 정해룡은 단순한 아버지가 아니라 그의 사상적 스승이자 삶의 모범이다. 봉강 정해룡은 일곱 살 때 부친을 여의고 조부인 정각수 아래서 성장했다. 그에겐 두 살 터울의 동생 정해진이 있었다. 종손인 정해룡은 조부의 가르침에 따라 한학을 배우며 집안을 지켰지만, 동생에게는 할아버지의 반대를 피해 신학문을 익히게 했다. 총명한 동생은 광주고보를 우등으로 졸업하고 경성제대 예과를 거쳐 동경제대 철학과에 입학했다. 형 해룡도 틈틈이 와세다대학 강의록으로 공부하며 소정의 과정을 이수했다.

— 증조부(정각수) 대까지도 삼천 석지기 부농집안이었는데, 그 뒤로 가산이 계속 줄어든 거죠?

"증조부가 돌아가시기 전부터 상해 임시정부의 외교책임자인 문창범한테 거금을 건네거나 민립대학 건립운동을 하던 인촌 김성수한테 거액의 후원금을 전달하곤 했어요. 노쇠해진 증조부를 대신해서 우리 아버님이 실제로 결정하신 일이라고 봐야지요."

— 그럼 정해룡 선생도 인촌과 같은 우파 민족주의자였나요?

"중간에 인촌하고는 결별한 셈이지요. 그래서 본인이 직접 민족교육기관으로 1937년에 양정원을 설립한 거예요. 한글하고 역사 가르치도록 땅 내놓고 선생 모시고 해서……."

— 김성수가 1932년 보성전문학교(오늘날 고려대) 인수할 때까지도 거액을 지원하셨는데.

"그땐 뜻이 같았으니까. 그 뒤로 교류가 없어졌지요."

― 실제로 1930년대 후반쯤 되면 민족주의 계열이 친일로 많이 돌아서고 그 랬잖아요.

"이 집안에선 그럴 수가 없어요. 저 가훈, 이 집안의 전통과 정경달, 정명열, 정남일…… 그리고 정각수가 유훈으로 남긴 '삼의당의 정신'(마땅히 해야 할 세 가지 선비의 도리)까지……."

이 땅에서, 이 백성들에게서 찾은 해답

주전자 물이 끓고 있었다. 녹차 잎을 우리는 동안 그는 미리 준비해둔 학술자료며 1930~40년대 신문기사의 복사본, 오래된 흑백사진 등을 펼쳐놓고 설명하기 시작했다. 우리가 앉은 사랑채와 연못을 배경으로, 내로라하는 당대 지식인들과 우국지사들이 찍은 기념사진도 적지 않았다. 거북정을 다녀간 많은 이들 가운데 어떤 이는 대한민국 원로 정치인, 우파의 거두가 되었고, 어떤 이는 월북해서 고위직에 올랐으며, 어떤 이는 빨치산으로 입산해 죽었다. 집안 대소사에 모여 기념사진을 찍었던 문중 사람 중에도 체포되거나 사살된 이가 수십 명이다.

― 문중사람들이 사회주의 사상에 접하게 된 건 숙부 정해진을 통해서인가요?
"그 양반이 동경제대 다닐 때 방학이 돼서 고향에 온다고 기별이 오면, 보성역에 군수, 경찰서장이 미리 사열해 있다가 깍듯이 절을 했대요."

― 하긴 그 시절에 동경제대에 다닌다는 건 이미 고위관료가 된다는 보증수표나 다름없었겠지요.
"근데 그 양반들이 여기 오면 그냥 앉아서 술 먹고 바둑 두고 하는 게 아니라 뒷산에 지게 지고 올라가서 풀을 베는 거예요."

— 그 귀한 도련님들이?

"풀 베어서 지게 지고 가요. 그래서 앞 논에다 부리고, 논둑 고치고, 못줄 잡고, 작두질해서 퇴비 썰고, 일꾼들하고 같이 말이여. 그런 거를 우리 아버지는 다 알지. 그리고 자기 동생이 하는 걸 100퍼센트 후원했다고. 광주학생사건의 주모자인 정해두도 우리 집안사람이고 그 사람들이 사회주의 운동을 하고 있다는 건 집안에서도 다 알고 이 근방 주민들도 다 알았어요."

— 그래서 집안 노비도 다 풀어준 건가요?

"해방 직전에 20여 명의 노비를 바로 이 자리에 다 앉혀놓고 봉강이 선언을 했답니다. '세상이 변했으니 이제 당신들도 자유롭게 떠나라'고. 중농 이상으로 살 수 있게 토지를 챙겨주고 호적에 입적시켜서 법적으로도 조치를 다 취해주고, 되도록 (노비내력을 모르는) 먼 고장으로 떠나 살라고 그랬대요. 그러니까 노속들이 통곡을 했답니다. '서방님, 우리를 버리실랍니까?' 하고. (간첩)사건 나기 전까지도 명절 무렵만 되면 그분들이 우리 집에 인사하러 오곤 했어요."

— 아버지는 선영을 지키고 한학을 하신 분이고, 숙부는 동경제대생으로 사회주의 물 먹은 사람인데, 이런 일들을 의논할 때 형제간에 갈등은 없었어요?

"아니야, 두 분이 거의 똑같은 생각을 하고 있었던 걸로 보여요. 아버님은 몽양 여운형 계열이고 그 동생은 동경에서 국제공산당에 입당한 사회주의자였지만 이 민족을 구해야겠다, 이 나라를 살려야겠다는 생각엔 차이가 없었어요."

— 단순한 형제관계를 넘어서서…….

"동지적 형제이지요."

― 민족주의자들이 하나둘 친일로 훼절하는 걸 보면서 두 분은 다른 돌파구로 좌파운동을 보게 된 걸까요?

"피할 수 없는 질문을 해버리시네. (웃음) 삼촌이 자기 동문들하고 '우리 민족이 나아갈 방향이 무엇일까?' 찾겠다고 여러 명사들을 초청해서 강의를 들었답니다. 도산 안창호, 이광수, 안재홍, 서재필……. 그런데 청년들이 보기에, 그 어른들도 정확한 좌표를 못 찾고 있더래요. 별 도움이 안 되겠구나 해서 여기 율포 앞바다에서 배를 타고 떠납니다. 다도해로 해서 여수, 부산으로……. '우리가 갈 좌표는 우리 국토에서 찾자. 선현들, 우리 유적, 이 땅에서 찾자, 이 백성들에게서 찾자' 하고."

― 감동적이네요. 그래서 찾았나요?

"다도해 다 거치고 육상을 거쳐 만주까지 간 거야. 그리고 거기서 무장투쟁을 벌이는 항일유격대 모습을 본 거지. '아, 이제 답을 찾았다' 그랬다는군요. 정해진이 돌아와서 그 얘길 형에게 한 거예요."

― 그래서 정해룡도 개량주의 노선을 버리고 무장투쟁 노선으로…….

"어디 숨어서 삐라나 뿌려쌓고 그래 가지고는 문제해결이 되겠냐고, 전투를 해야지. 일본의 심장에 총을 겨눠야 되는 게 아니냐고 생각한 거지요."

아버지가 꿈꾼 미래

그 뒤로는 험난한 세월의 연속이었다. 해방 이후 정해룡은 몽양 여운형의 건국준비위원회와 근로인민당 중앙위원으로 참여한 이후 줄곧 혁신계 정당운동에 몸담다가 두 차례나 옥고를 겪었고, 정해진은 동경제대를 그만둔 뒤 노동자가 되어 사회주의 운동을 하다가 한국전쟁 중에 월북했다. 문중에서 여덟 명은 빨치산활동을 하다가 사살되었고, 연좌제에 걸린 가족들은 원하는 학교나 직장에 들어가는 데도 큰 좌절을 겪어야 했다.

정씨고택도 경찰의 습격에 불타 모두 소실될 뻔했다. 안채 마당의 감나무는 시커멓게 타다 남은 밑둥치를 그대로 드러낸 채 용케 살아남았다. 청년 정길상의 삶도 그 감나무처럼 신산했다. 삼천 석지기 옥답은 독립운동자금과 사회운동자금으로 모두 처분하고 그가 중학에 입학할 무렵엔 학비는커녕 끼니를 걱정해야 하는 처지가 되었다.

— 선생님이 중학교 때 아버님은 감옥에 계셨지요?

"몽양 여운형의 뜻을 이어 중도민족주의 혁신계 정당을 재건하려 했다는 혐의로 1957년 투옥되었다가, 5·16군사쿠데타가 일어나고 나서 혁신계 일제검거로 다시 수감되었지요. 내가 보성중학교에 입학했을 무렵인데 석 달을 못 다녔어요. 납부금을 못 내 가지고."

— 그래서 목포 해양고등학교에 진학하신 거예요? 전액 무료로 다닐 수 있는 데라서?

"먹여주고 입혀주고 재워주고. 관비로 공부시키니까요."

— 그땐 그럼 꿈이 뭐였어요?

"목포 해양고등학교로 가니까 아버님이 '장하다'고 하셨어요. 너는 배를 못 타니까 졸업장만 받아오라고."

— 배를 왜 못 타요?

"집안 연좌제 때문에 여권이 안 나오지요. 배 몰고 이북 올라갈까봐……. (웃음)"

학교는 졸업했지만 취업할 길이 막막해서 다시 교원양성소 시험을 보고 들어갔다가 1974년 초등학교 교사가 되었다. 그러나 그의 교사생활은 오래가지 못했다. 1980년 보성가족간첩단 사건으로 그의 형 정춘상, 친척 정종희 등과 함께 구속된 것이다. 월북했던 숙부 정해진이 1965년과 1967년 두 차례 고향집을 찾아와 정해룡과 정춘상, 정종희를 만나고 고정간첩의 임무를 맡겼다는 이유였다. 아버지 정해룡은 1967년 작고했고, 정길상은 북에서 숙부가 내려왔단 사실을 한참 뒤인 1975년에서야 알았다.

— 숙부는 내려와서 뭘 부탁하고 간 거죠?
"그건 자기 형(정해룡)밖에 모르지요. 두 사람만 이야기를 주고받았다니, 그 깊은 내용을 아는 사람은 없어요."

정춘상은 사형이 확정되어 1985년 불귀의 객이 되었고, 정종희는 12년형(이후 8년으로 감형), 정길상은 7년형을 언도받았다. 만기 출소 뒤, 정길상은 다시 교직으로 돌아갈 수 없었다.

— 집안의 웃어른들이 독립운동을 하거나 사상운동을 하면 그 자손들은 심각한 상처를 입는 게 우리 현실입니다. "당신들은 당신들이 원하는 걸 해서 좋을지 모르지만, 우리는 당신 자식으로 사느라 너무 힘들었다." 이런 원망을 하는 경우도 많지요. 그 많던 재산을 다 탕진해서 교육비도 못 대주고, 끝내 간첩 멍에까지 지워주고 떠난 아버님이 원망스러웠던 적 없습니까?
"없어요. 어떻게든 그 양반은 '내가 할 수 있는 건 뭐라도 해보겠다' 그랬던 거 같아요. 어떻든지 이 민족을 구하려고 별 약을 다 써봤지 않습니까? 동생을 통해서도 써봤고, 몽양 계열을 통해서도 써봤고, 그다음에 몽양 작고하신 뒤에 혁신계 김성숙, 이동화를 통해서도 힘을 써봤고요. 혁신계가

다 죽어버리고 한 사람도 말할 사람이 없어지니깐, 보수우익하고 손잡고 대중당도 해보고요. 백방의 약을 다 써본 거야."

— 아버님이 꿈꾸었던 미래는 뭘까요?
"민족자주와 민주주의 아니겠어요?"

— 아버님은 좌파입니까, 우파입니까?
"아버님 사상의 핵심은 홍익인간의 정신 같아요. '세상을 넓게 이롭게 하라' 그런 정신에서 노비들을 해방하고 빈민구제하고. 그건 우파, 좌파하고 따질 문제가 아니라고 봐요. 그래서 아버님이 죽을 고비에 처할 때에도 우파사람들이 도와준 경우가 여러 번 있었어요. 좌·우파 폭넓게 교유하고 덕을 베푸셨어요."

— 아버님에 대해 가장 안타깝게 생각하시는 점이 있다면요?
"일찍 돌아가셨다는 거. 모든 에너지를 다 소진하고 결국에는 용돈이 없고 집에 먹을 식량까지 떨어져버린 상태에서 돌아가셨거든요. 내가 교편 잡고 조금 더 사셨더라면 용돈 드리고 했을 건데, 자식들이 하나같이 불행한 상태에서 돈 없이 돌아가시게 한 것이 가장 안타깝지요. 삼천 석 재산을 들었다 놨다 하던 분이 밥을 굶는 상태가 되어도 그 누가 돈 한 닢 써보시라고 손에 못 쥐여준 거, 그게 한이 되죠."

자랑할 걸 자랑해야지

1987년 정길상은 징역을 마치고 세상에 나왔지만, 간첩 전과자를 써주는 직장은 없었다. 먹고살기 위해서 그는 항타기(말뚝 박는 중장비) 기술을 배워 건설현장에서 막일을 했다. 기름 덩어리를 뒤집어쓰고 흙범벅이 되어 하루 21시간씩 일을 하다가, 못 견디게 힘들 때는 통곡을 하고 운 적도 있다. 그렇게 20여 년을 일했다. 다행히 집안의 풍파 속에서도 용케 견뎌준 아내 덕에 슬하의 세 딸도 잘 자라서 각자 제자리를 찾았다. 그는 다시 정씨고택으로 돌아왔다.

— 그사이에 집은 누가 관리했나요?

"20년 동안 비어 있었지요. 마당에도 지붕에도 발 디딜 수 없을 만큼 풀이 자라고, 자려고 안채에 누웠는데 천장이 뻥 뚫려서 하늘이 보이고 흙덩이가 부슬부슬 떨어지고……. 처음엔 아주 볼 수가 없었어요."

— 정말 흉가가 되어 있었던 거네요.

"간첩 집이라고 하니까 도둑도 얼씬을 안 했다니까요. 우리 집에 선대로부터 내려온 고서적이 500여 권이 있고 고문서도 3천~4천 개가 있었는데, 간첩이라니까 도벌꾼도 얼씬하지 않은 거요. (웃음) 문서고 집기고 그대로 있더라고. 덕분에 고서적은 전남대 도서관에 무사히 위탁할 수 있었지요."

— 근데 왜 이 폐가에 돌아오셨어요?

"역사에 남겨야 하니까요. 지난 400년 동안 이 집에서 무엇을 했는지, 어떻게 살았는지."

— 여기 부친이 앉으셨던 자리에 앉아서 연못을 내다보면 무슨 생각이 드세요?
"내가 좀 되물읍시다. 당신이 나라면 어떤 생각이 들겠소?"

— 에고, 좀 편히 살걸……. (웃음)
"예끼! 거짓말하지 말고. (웃음) 부친은 저 한반도 지도를 보면서 얼마나 분이 났겠어요. 남북은 막혀 있고."

― 인생 잘못 산 것 같다, 후회한 적은 정말 없으세요?
"(펄쩍 뛰며) 아유, 왜 잘못 살아요?"

― 좀 편안히 사실 수도 있었을 텐데.
"남산 취조실에서 고문당할 때 경관들이 그럽디다. '저놈들은 생물(生物)이 아냐, 아무것도 안 하고 그늘 속에만 있어도 장관, 국회의원 다 할 놈들이, 얼마나 욕심이 많으면 스스로 쥐구멍에 기어들어 가냐?'고. '그래서 사람 죽고 집안 망하고 재산 없어지니 어떠냐?'고 내게 물어봅디다."

― 뭐라고 하셨어요?
"우리는 우리대로 사는 것이니 당신은 당신대로 사시라고 했지요."

― 그러느라고 가족들한테는 어쩜 무책임한 가장이 되었을 수도 있잖아요. 선생님한테 가족이란 뭡니까?
"대만 사법고시에 이런 문제가 나왔어요. 정치란 무엇인지 간단히 쓰라고. 정치란 무엇인가? 경제를 위한 것이다. 경제(먹고사는 일)는 내 가족과 직결되는 것 아닙니까? 그럼 가족을 위해서 최고 상위가치는 정치예요."

― 이런 파란만장한 가문의 지킴이 역할을 하는 게 부담스럽진 않으세요?
"왜 부담스러워요? 그 책임이 막중한 것이 옳지요. 우리 선현들이 어떻게 살았는데. 정경달부터……."

― 저 사실, 나이 드신 어르신들이 "우리 가문에 정승·판서 몇 나오고……" 이런 족보자랑 하는 거 별로 안 좋아하는데, 오늘 선생님 가문 얘기는 재밌게 잘 들

었습니다. (웃음)

"외세에 빌붙어서 아부하고 고개 숙여서 정승·판서 나오면 뭐합니까? 우리 민족을 위해서 얼마나 훌륭한 일을 했는지 그걸 자랑해야지. 민(民)을 얼마나 사랑했느냐 그걸 자랑해야지. 그리고 거기서 머물지 않고 현실에서 우리 민족이 나아갈 방향을 찾아야지. 죽은 송장 치켜들고 뭐할 것이여. 허허허."

해제

가훈 "역사의 죄인이 되지 말라"를 몸소 실천한 정해룡과 그의 후손들

한홍구 (성공회대 석좌교수, 한국현대사)

봉강(鳳崗) 정해룡(丁海龍). 2021년 언론학자 김민환 교수의 소설 『큰 새는 바람을 거슬러 난다』(문예중앙)가 나오기 이전, 그의 이름을 아는 사람은 드물었다. 국회의원에 두 번 출마했다 떨어졌을 뿐, 해방 직후 잠시 근로인민당 재정부장을 지낸 것 말고는 이렇다 할 경력도 없고 중앙무대에서 활동한 적도 없었기 때문이다. 한국현대사는 그야말로 격동의 역사였다. 장터에서 지나가는 아주머니를 붙잡고 물어봐도 "내 이야기를 풀면 소설이 몇 권이요"라는 말을 흔히 들을 수 있을 것이다. 정해룡과 그의 일가의 이야기는 정말로 대하소설 몇 질이 나올 만큼 파란만장한 역사였다. 3천 석의 부(富)와 명예를 겸비한 남도의 명문가에서 어쩌다가 여덟 명이나 분단과 전쟁의 격랑 속에서 목숨을 잃고 30여 명이 줄줄이 감옥에 가게 되었을까? 간첩사건에 휘말려 '멸문지화'(滅門之禍)를 당해 땅에 묻힐 이야기를 되살려낸 것은 그의 7남 5녀 가운데 6남(여덟 번째)인 정길상 선생의 노력이 있었기에 가능했다. 자식이 많았으니 나복했을까? 가지 많은 나무 바람 잘 날 없다는 말처럼 정해룡의 개인사와 가족사에는 한국 현대사의 상처가 고스란히 배어 있다. 김민환 교수의 소설과 문영심 작가의 이번 평전에 잘 소개되었지만, 봉강 선생의 삶의 의미를 다시 한 번 되짚어보는 것으로 감수의 글을 대신할까 한다.

뿌리 없는 보수

한국현대사를 공부하며 살아가면서 늘 갖게 된 의문은 한국의 보수는 왜 이렇게 천박하고 뿌리가 없는가라는 점이었다. 한국은 왕조의 장기지속성이라는 면에서 볼 때, 어쩌면 전 세계에서 가장 보수적인 나라라 할 수 있다. 200~300년마다 왕조가 교체되는 중국에 비해 한국의 왕조는 기본이 500년이었다. 조선 500년, 고려 500년에 신라는 1,000년 왕국이었다. 조선은 대대로 선비를 양성한 나라였다. 우리는 사극에서 흔히 신하들이 입을 모아 "아니 되옵니다"라고 하는 장면을 보곤 하는데, 아니 된다는 근거는 대개 "전례 없는 일이옵니다"였다. 이렇게 보수적이었던 나라에서 보수가 뿌리가 없다는 건 무슨 이야기일까? 보수는 무엇을 지킨다는 것일까?

분단과 학살과 한국전쟁을 거치면서 한국에서 '보수'라는 개념은 심각하게 오염될 수밖에 없었다. 흔히 보수세력은 민족을 중시한다고 하지만, 분단한국에서 민족을 이야기하고 통일을 추구하는 것은 매우 위험한 일이었다. 실제로 독재정권 시기 대한민국의 정치사에서 희생당한 사람들은 민족과 통일을 전면에 내세운 분들이었다. 여순사건이 발발하자 국무총리 이범석 등은 독립운동 시기 극우파였던 백범 김구가 '좌익반란' 세력과 결탁한 것으로 선전했고, "38선을 베고 쓰러질지언정" 분단정부 수립에 협조하지 않겠다던 김구는 안두희에게 암살되었다. 한국전쟁의 참화를 겪은 뒤, 평화통일을 내세운 조봉암은 보수야당의 묵인 속에 이승만 정권에 의해 사법살인을 당하고 말았다. 박정희 정권이 들어선 뒤 정치적으로 사형당한 사람들은 계급혁명을 주장한 골수좌파들이 아니라 민족과 통일을 중시한 진보적 민족주의자들이었다. 『민족일보』의 조용수가 그랬고, 5·16군사쿠데타 이후 감옥에서 의문의 죽임을 당한 사회당 위원장 최근우나, 1961년 12월 조용수와 함께 사형당한 사회당 조직부장 최백근은 모두 해방공간에서 여운형과 함께 좌우합작을 추진한 진보적 민족주의자였다. 박정희 정권에 의해 사법살인을 당한 사람들, 즉 통일혁명당 사건의 김종태와 이문규, 김질락, 남조선해방전략당 사건의 권재혁, 인민혁명당 재건위원회 사건의 도예종과 서도원, 우홍선, 이수병, 송상진, 하재완, 김용원, 여정남, 남민전 사건의 이재문(옥사)과 신향식 등도 민족과 통일을 전면에 내건 분들이었다.

반면 대한민국에서 '보수'를 자처한 자들 대부분은 친일문제에서 자유롭지 않았다. 특히 정권유지의 첨병이라고 할 수 있는 군, 검찰, 경찰의 핵심들은 친일세력 중에서도 가장 악질적으로 독립운동가들의 탄압에 나섰던 자들이었다. 그들은 한마디로 일본제국주의 세력의 앞잡이였다. 보수라면 자신이 태어나 살고 있는 사회의 주도세력으로서 주인의식을 갖고 사회 전체의 어제와 오늘 그리고 내일에 대해 책임지는 자세를 가져야 마땅한데, 한국의 이른바 보수세력의 DNA에는 주인으로서의 책임감보다는 '앞잡이'의 체질이 강하게 각인되어 있었다. 1945년의 해방은 분단으로 인해 온전한 해방일 수 없었다. 한반도의 남쪽은 일본제국주의를 대신한 미국의 지배 아래 놓이게 되었다. 과거의 친일세력은 재빨리 입장을 바꾸어 친미세력으로 변신했다. 미국은 일본의 앞잡이로 "미국놈들 찢어 죽여라"라고 발악하던 친일파들의 죄를 묻지 않았다. 미국이라는 새로운 상전은 관대하기 짝이 없었다. 일본제국주의의 뒤를 쫓아다니면서 떡고물을 주워 먹던 과거의 친일파들에게 미국은 떡판을 통째로 맡겼다. 친일파들은 친미세력으로 변신하면서 훨씬 더 큰 권력을 갖게 되었지만 여전히 그들은 앞잡이, 잘해야 관리자일 뿐, 책임 있는 주인이 아니었다. 정말 지켜야 할 자기 것을 갖지 못한 자들이 어떻게 진정한 보수가 될 수 있었겠는가.

'양반 빨갱이' 정해룡

정해룡은 흔히 이야기하는 보수와 진보의 잣대로 잘 설명되지 않는 인물이다. 그는 보수라고 하기에는 너무나 진보적이고, 진보라고 하기에는 너무 보수적이었다. 한마디로 정해룡은 '양반 빨갱이'였다. 양반이라는 말과 빨갱이라는 말은 서로 어울리지 않는 말 같지만, 정해룡이라는 인격 안에서는 아주 긴밀하게 맞물려 있었다. 정해룡은 호남의 명문 영성(靈城) 정씨(丁氏) 사평공파의 종손으로, 어려서부터 한학을 수학한 선비였다. 그는 동시에 사회주의라는 사상을 받아들여 새로운 사회를 꿈꿨다. 남긴 저작이 많지 않아 그의 사상을 문헌자료에 의해 재구성하기는 어렵지만, 삶을 통해 발현된 모습을 종합해보면 그는 분명 누구나 고르게 사는 사회주의적 세계를 염원했음을 알 수 있다. 그런데 그가 받아들이고 꿈꾸었던 사회주의는 꼭 근대 유럽에서 출현한 사회주의는 아니었다. '균'(均)을 중시하는 유학사상과 이인(里仁)을 꿈꾸는 유학자들이 마땅히 지녀야 할 공동체 지도자로서의 덕목과 자세를 중시한 정해룡은 사회주의 역시 그런 방식으로 받아들였다. 19세기 말에서 20세기 초까지 많은 지식인은 유교망국론에 입각해 유교를 나라를 망친 주범으로 몰았다. 정해룡은 나서서 유교를 옹호한 것은 아니지만, 양반집 종손으로서 선비와 군자의 도리를 포기하지 않은 채 새로운 사회를 꿈꾸고 실천했다. 정해룡의 동생 정해진은 두 살 위의 형과는 달리 경성제대 학부와 동경제대 대학원이라는, 당시로서는 최고 학벌을 지닌 신식 인텔리겐

치아인 동시에 급진적 공산주의자였다. 그러나 형제는 같으면서 달랐고 다르면서 같았다. 형과 아우는 서로를 깊이 사랑하고 존중해주었고, 자기가 못하는 점을 형이(아우가) 이루어주기를 진정으로 바랐던 것 같다.

한국의 사회주의 수용사에서 특기할 만한 점은 양반 빨갱이가 적지 않게 있었다는 것이다. 정해룡 형제만이 그랬던 것이 아니다. 유학자들은 사회주의의 평등세상을 유교가 추구하던 대동세상이라는 렌즈를 통해 받아들였다. 1919년 3·1운동 직후, 국내에서 조직된 최대 규모의 비밀결사인 대동단은 김가진이 총재로 취임하면서 "사회주의를 철저히 실행할 것"을 3대 강령의 하나로 내세웠다. 1846년생인 김가진은 당시 74세 고령이었지만, 5년 동안 주일공사를 지내는 등 국제정세에 대단히 밝은 인물이었다. 그는 누구보다도 먼저 1917년 러시아혁명의 충격을 유교적 관점에서 수용해 대동의 깃발을 내세웠다. 김가진의 대동단은 비록 사회주의를 표방했으나, 권태석 등 일부 인물이 뒤에 사회주의자가 된 것을 제외하고는 조직적 차원에서 사회주의 이념을 실현하기 위한 실천활동을 한 흔적은 보이지 않는다. 김가진보다 12년 연하인 석주 이상룡(1858년생)의 경우는 보다 적극적으로 사회주의를 받아들였다. 그는 마르크스의 역사발전 단계론을 수용해 우리 사회가 궁극적으로 사회주의 단계로 나아갈 것을 전망하면서 그런 세상을 유교가 꿈꿔온 이상향인 대동사회가 실현되는 것으로 보았다. 대원군의 외손자로 고종의 조카였던 조남승은 고종 황제 승하(昇遐) 이후, 러시아에서 열린 콤소몰(러시아공산주의청년연합) 회의에 참가했다는 사실이 최근 밝혀지기도 했다. 1925년 창립된 조선공산당의 핵심간부들에는 안동의 양반가문 후예들이 많았다. 책임비서 김재봉(1890년생)이나 중앙집행위원 이준태(1891년생), 그리고 6·10만세운동의 주역인 권오설(1897년생) 등은 대표적 양반 빨갱이였다. 김재봉의 집안 아저씨인 김응섭(1876년생)은 1921년 고려공산당 중앙집행위원을 지냈고, 해방 후에는 좌익성향의 전국유교연맹의 위원장 자격으로 1948년 김구·김규식의 남북협상에 참여하기도 했다. 일본 천황의 거소(居所)에 폭탄을 던진 것으로 유명한 급진적 의열단원 김지섭(1884년생)도 같은 집안 출신이다.

이렇게 양반 출신으로 '빨갱이'가 된 사람을 꼽자면 끝이 없을 것이다. 어찌 생각해보면 초기 사회주의자의 다수가 양반에서 나온 것은 당연한 일일지도 모른다. 기본적으로 외래사상인 사회주의는 지식인층이 먼저 접할 수밖에 없는 것이었다. 사회주의가 탄생하고 성장하고 뿌리를 내릴 수 있는 사회는 자본주의 사회이고, 사회주의 운동과 혁명의 주체는 노동계급이었다. 그러나 1920년대나 1930년대 식민지 조선에서 자본주의는 초기 단계였고, 노동계급은 출현하긴 했으나 그 성장이 아직 미약했다. 한마디로 자생적 사회주의가 출현할 수 있는 토대가 충분히 갖추어진 것은 아니었다. 반면 이제 막 등장하기 시작한 노동자나 인구의 다수를 차지하는 소작농들의 생활은 비참하기 이를 데 없었다. 그것은 어제 오늘의 일이 아니었다. 조선은 너무나 오랫동안 서서히 망해가고 있었다. 19세기 중엽부터 도처에서 민란이 일어나고 있었고 일본제국주의가 조선을 집어삼킴으로써 민중의 처지는 더욱 열악해졌다. 서구제국주의 열강의 침략 앞에 동아시아의 유교문명권(중화적 세계질서)은 무기력하게 무릎을 꿇었다. 재빠르게 탈아입구(脫亞入毆)를 표방한 일본은 청(淸)과 조선이 유교 때문에 망했다고 손가락질했고, 청과 조선의 많은 지식인 역시 유교망국론을 받아들였다.

1917년 러시아혁명은 여러 면에서 충격적이었다. 세상은 뒤집어졌고, 황제 일가는 처참하게 총살당했다. 기미 독립선언서의 한 구절처럼 눈앞에는 신천지가 전개되었다. 이 새로운 세상에 어떻게 발을 내딛을 것인가? 사회주의는 동아시아에 해방의 언어로 등장했다. 동아시아의 지식인들은 제국주의로부터의 민족해방을 갈구했다. 막강한 제국주의와 싸우기 위해서는 광범한 민중의 참여가 필요하고, 그러기 위해 지식인들은 민중에게 계급해방과 평등사회를 약속하지 않을 수 없었다. 그런데 『논어』(論語) 「계씨편」(季氏篇)에 나오는 유명한 구절 "불환과 환불균"(不患寡 患不均, 부족한 것이 걱정거리가 아니고 고르게 나누어지지 못한 것이 걱정거리)의 정신을 일찍부터 익혀온 동아시아 지식인들에게 평등사회란 그렇게 낯선 것이 아니었다. 유교의 경세학은 부의 증대보다는 공평한 분배에 더 초점을 맞추어 왔던 것이다. 특히 농촌의 중소 지주 출신 양반 지식인들은 실학의 농본주의적 개혁론의 지적 전통이 낯설지 않았다. 이들은 마르크스의 사회주의 사상과 유교의 대동세상에 대한 꿈이 서로 상통할 수 있다고 보았다. 사회주의나 성리학은 각각이 기반하고 있는 사회경제적 토대는 달랐지만, 몇몇 측면은 상당히 유사한 점이 있었다. 중국에서 문화혁명기에 공자(孔子)가 봉건사상의 상징으로 파괴대상이 된 것은 유교와 사회주의의 근본적인 차이를 아주 거친 홍위병 방식으로 풀어낸 것이었다면, 시간이 흐른 후에 중국공산당이 공자를 복권하고 높이 평가한 것은 유교와 사회주의가 갖는 몇몇 공통점을 중국 당국이 정치적으로 활용한 것이라 할 수 있을 것이다. 1910년대나 1920년대 유교적 전통에 입각한 동아시아 지식인 입장에서 사회주의를 수용할 수 있었던 또 다른 이유는 유교나 사회주의가 모두 인간의 이성에 깊은 신뢰를 두고 있었다는 점이다. 군자가 끊임없는 신독(愼獨)과 자기수양을 통해 완벽한 경지로 나아간다면, 사회주의 혁명가들은 실천 속에서 끊임없는 단련을 통해 완성되어야 하는 사람들이었다.

정해룡은 김일성보다 한 해 늦은 1913년생이고, 정해진은 1915년생이었다. 정해룡은 일찍이 아버지를 여의고 할아버지 정각수 슬하에서 성장했는데, 정각수는 종손인 정해룡이 '왜놈'의 학교에서 신학문을 배우는 것을 허락하지 않았다. 정해진 역시 비슷한 처지가 될 뻔했지만, 어머니 윤씨 부인은 세상이 급변하는데 둘째마저 '무학'(無學)을 만들 수는 없다고 시아버지 몰래 정해진을 학교에 다니게 했다. 장흥에서 보통학교를 마친 정해진은 광주고보를 거쳐 경성제대를 졸업하고 일본의 동경제대를 다녔으니, 당시로는 최고의 학벌을 지닌 청년 지식인이었다. 반면에 형 정해룡은 동생의 학업에 드는 막대한 경비를 뒷바라지했지만, 정작 자신은 향리 봉강마을을 떠나지 않고 영성 정씨 사평공파 종손으로 집안을 지켰다. 정해룡은 솔선해서 집안의 종들을 풀어주고 종들과 소작인들에게 토지를 나누어주었다. 또한 그는 몽양 여운형과 혁신정당운동에 적지 않은 자금을 댔지만, 향리에 양정원(養正院)을 세워 가난한 농민의 자식들을 가르치면서 끝까지 고향을 지켰다. 정해룡의 이런 태도는 삼의당(三宜堂)의 당호(堂號)에 새겨진 도해종적(蹈海蹤迹), 전소선영(展掃先塋), 교회자질(教誨子姪)이라는 세 가지 가훈, 즉 "절개를 지키기 위해 시류에 영합하는 행보를 끊어버리고, 조상을 잘 받들어 봉양하며, 자손들과 후학들을 가르치고 훈육하는" 등 선비가 마땅히 해야 할 일을 충실하게 실천한 것이다. 그런 의미에서 정해룡은 세상의 근본적 변혁을 바랐지만, 바탕은 명문 양반댁의 종손이었다. 동생 정해진은 그 점에서 자유로웠다. 정해진 역시 유교적인 집안 분위기에서 자랐겠지만, 형 정해룡의 존재는 아우가 과거의 무게에 짓눌리지 않고 보다 자유롭게 자신의 길을 모색할 수 있게 해주는 든든한 버팀목이었다. 두 형제는 늘 같이 상의했고 서로를 이해하고 존중했다. 울산 철광사업에서 보는 바와 같이 형은 아우의 제안을 언제든 수용했고 힘을 다해 기꺼이 지원했다. 형 정해룡은 몽양 여운형의 근로인민당 노선을 따르고 아우 정해진은 보다 급진적인 남로당에서 활동했다고 해서 두 형제가 꼭 다른 길을 갔다고 볼 수만은 없다. 해방된 세상, 즉 대동세상을 향해 가는 길이 어찌 하나밖에 없겠는가? 저 멀리 같은 목표, 같은 지향을 두고 형제는 서로를 이해하고 격려하면서 자신의 처지에 맞는 길로 충실하게 갔을 뿐이다.

양반 빨갱이, 태생이 양반이었다는 것 말고 이렇게 불리는 사람들의 특성은 무엇이었을까? 양반 유생들은 망해버린 나라 조선의 지배층이었다. 조선은 500년 동안 선비를 키운 나라였다. 하나의 왕조가 500년을 지탱한 것은 보통 일이 아니다. 임진왜란 때를 보자. 당시 조선을 침략한 도요토미 히데요시(豊臣秀吉) 정권은 무너졌고 조선을 도우러 온 명나라 역시 멸망했다. 침략자도, 지원하러 온 나라도 망했지만, 침략을 당해 온갖 피해를 입은 조선은 살아남았다. 일부에서는 조선도 이때 망하고 새로운 출발을 보는 편이 훨씬 좋았을 것이라고 주장하지만, 역사에서 가정이란 부질없는 짓이다. 조선이 500년을 버틸 수 있었던 힘은 무엇일까? 여기에 대해 이것이 정답이라고 학계에서 일치된 의견이 있는 것은 아니지만, 나는 조선이란 나라의 지배층이 갖고 있었던 독특한 책임의식, 또는 노블리스 오블리주가 중요한 요인으로 작용하지 않았을까 생각한다. 같은 빨갱이라도 양반이 빨갱이 짓을 하면 무엇이 달랐을까? 김민환 교수의 소설『큰 새는 바람을 거슬러 난다』에서는 정해룡의 입을 통해 양반 빨갱이란 어떤 사람인가를 정말 잘 포착해 보여준다.

"어떤 나라가 좋은 나라냐? 지금처럼 나라가 어지러울 때, 모두가 묵묵히 일상생활에 전념하는 나라가 좋은 나라요. 어떤 나라가 나쁜 나라냐? 사회질서가 조금만 흐트러지면 천방지축으로 날뛰는 자들이 쏟아져 나와 칼춤을 추는 나라가 나쁜 나라요. 어떤 나라가 좋은 나라냐? 우리 편이건 다른 편이건 날뛰는 자들이 나오면 자숙하도록 다독거리는 나라가 좋은 나라요. 어떤 나라가 나쁜 나라냐? 날뛰는 자가 같은 편이면 박수를 치고, 날뛰는 자가 다른 편이면 저놈 죽이라고 아우성치는 나라가 나쁜 나라요. 분명히 해둘 것이 있다면 날뛰는 자들은 이편이건 저편이건 반드시 다스려야 한다는 사실이오. 모든 조직을 총동원해서 최백수를 잡아들이시오."

간첩사건과 멸문지화

정해룡의 넷째 아들 정춘상은 1985년 10월 31일 간첩죄로 사형을 당했다. 국가보안법 위반으로 마지막 사형이 집행된 것은 1986년 5월 27일로 정춘상이 사형된 이후에 딱 한 번 있었을 뿐이다. 정춘상은 국가보안법 위반으로 거의 마지막으로 사형당한 비극의 주인공이다. 1970년대와 1980년대에는 조작간첩 사건이 수없이 발생했다. 나도 2004년 국정원 과거사위원회 위원이 되면서 조작간첩 사건을 많이 조사했다. 그런데 정춘상, 정길상 형제와 그들의 작은할아버지 정종희가 관련된 보성가족간첩단 사건만큼은 안기부의 조작이라고 단정할 수 없다. 우리가 조작간첩 사건이라고 부르는 거의 모든 사건은 고문으로 받아낸 허위자백 말고는 무전기나 난수표 같은 증거가 없지만, 이 사건에서는 북에서 보내준 소련제 기관단총이 명백한 증거물로 나왔기 때문이다. 한국전쟁 시기 북으로 올라가 조선노동당 대남사업부 부부장 자리까지 오른 정해진이 두 차례나 남파되어 고향집을 다녀갔고 정춘상도 숙부를 따라 북에 다녀온 적이 있으니, 이 사건만큼은 실체가 없는 사건이라 할 수만은 없다.

비가 몹시 내리던 1965년 8월 어느 날 밤, 15년 만에 갑자기 나타난 정해진은 김일성이 뵙고 싶어한다며 형 정해룡에게 동반입북을 권유했다. 그러나 정해룡은 당국의 감시를 받는 요시찰 대상이었다. 그가 여러 날 자리를 비운다면 사찰계 형사들의 촉에 걸리지 않을 수 없었다. 사실 청년시절인 일제 말기에 정해룡 자신이 '항일명장 김일성 장군'을 만나고픈 마음에 만주 여기저기를 헤매지 않았던가? 일제 말기 정해룡이 이종만과 손잡고 울산 철광에 투자한 것도, 양정원에서 열심히 인재를 양성한 것도 결정적인 순간에 항일무장투쟁에 동참하기 위한 것이 아니었던가? 아우 정해진이 모시는 김일성이 자신을 만나자고 하는데, 유교적 도리상 그냥 거절할 수 있는 것도 아니었다. 정해룡은 잠자고 있는 아들 정춘상을 깨웠다. 그 옆에는 정해진의 작은아들 정훈상이 자고 있었지만, 차마 조카를 깨워 부자상봉의 기회를 마련해주지는 않았다. 정해룡은 정춘상을 조용히 불러냈다. "네 작은아버지 오셨으니 따라갔다 오너라." 긴 설명도 없었다고 한다. 그 한마디에 아버지께 큰절 한 번 올리고 열 살 남짓 때 헤어진 작은아버지를 따라 북행길에 나선 스물다섯 청년 정춘상은 투철한 사회주의 혁명가였을까, 아니면 아버지처럼 유교적인 도덕이 몸에 밴 조선의 마지막 효자 선비였을까? 1980년대의 대한민국은 정춘상을 간첩으로 처형했다.

15년 만에 나타난 작은아버지를 따라 북에 간 정춘상은 보름가량 그곳에 머물다가 고향으로 돌아왔다. 부수상 김일이나 대남사업부장 이효순 등과도 만났다지만, 무언가 구체적인 사업을 계획하기에는 짧은 기간이었다. 정춘상은 남으로 돌아갈 때 김일성이 정해룡에게 보내는 친서를 가져와 부친에게 전했다고 한다. 이 친서에서 김일성은 정해룡이 항일무장투쟁 시절 자신을 찾아 만주까지 왔으나 만나지 못한 것에 대해 아쉬움을 전하면서 정해룡에게 남조선의 카스트로가 되어달라는 당부를 했다고 한다.

김일성으로부터 남조선의 카스트로가 되어달라는 부탁을 받은 정해룡의 삶은 크게 달라지지 않았다. 그는 여전히 자신이 살아온 대로 살아갔을 뿐이다. 대중당 서민호와의 관계도 정해룡이 늘 해오던 혁신계 활동의 연장선일 뿐, 북의 지령에 의한 활동으로 단정하기는 어렵다. 북과의 무전교신도 정춘상이 무사히 도착했다는 신호만 보냈을 뿐, 전혀 하지 않았다. 근 2년이 지난 1967년 5월, 정해진이 위험을 무릅쓰고 다시 보성을 찾은 것은 북에서 큰 기대를 했던 정해룡이 기대와는 달리 별다른 활동을 하지 않고 북과의 교신도 거의 없었기 때문이었다. 정해진은 남쪽과의 통신을 복원하고 정해룡, 정춘상 부자로 하여금 보다 적극적으로 통일사업에 나서도록 촉구하기 위해 다시 고향에 온 것이다. 정해진은 1967년에 왔을 때는 접촉 범위를 넓혀 나이 어린 숙부 정종희와도 직접 만났다. 그러나 한국전쟁 당시 빨치산으로 활동하다가 실명(失明)해 거동이 자유롭지 않았던 정종희가 적극적인 활동에 나서기도 어려웠다. 이런 상황에서 1969년 10월 31일 정해룡이 갑자기 세상을 떠났다. 난수표도 정해룡이 갖고 있었다니 정춘상과 정종희는 간첩질을 하려 해도 할 수 없는, 그야말로 끈 떨어진 간첩신세가 되었다. 정춘상은 아버지가 세상을 떠나고 6년이 지난 1975년 11월, 동생 정길상에게 작은아버지가 다녀간 일과 자신이 작은아버지를 따라 북에 다녀온 일, 소련제 기관단총을 보관하고 있다는 사실을 털어놓았다. 이게 다였다. 그들은 북에 있는 가족 간의 인정과 도리 때문에 남쪽의 공안당국에 자수하지 않았을 뿐, 북의 지령에 따라 활동한 것은 아무것도 없었고, 난수표도 사라져 어떤 것도 할 수 없는 상황이었다(문제의 난수표는 정해룡이 고서더미 틈새에 끼워 감추어둔 것을 중앙정보부가 가택수색 과정에서 찾아냈다).

그런데 중앙정보부는 정해룡 일가가 북과 연결된 것을 어떻게 알고 이 사건을 적발해냈을까? 그 비밀을 쥐고 있는 사람은 '도원 1호'라는 북한의 거물 공작원이었다. 본명이 박병엽인 '도원 1호'는 뒤에 『비록 조선민주주의인민공화국』(상/하, 1992~93, 중앙일보사)이라는 책으로 널리 알려지게 되었지만, 1980년대에는 중앙정보부-안기부 내에서도 그 존재가 극비로 관리되었던 인물이었다. 1979년 10·26사건으로 박정희가 갑자기 사망하자, 북한의 대남사업 당국은 적극적으로 움직이기 시작했다. 북측은 남쪽의 요인들 가운데 박정희의 사망으로 동요하는 사람들이 많을 것으로 보고 그들을 포섭하려는 계획을 세웠다. 그 대상으로 북한 당국이 첫손에 꼽은 사람은 공군참모총장 출신으로 타이완(臺灣) 주재 대사로 있던 옥만호였다. 박병엽과 옥만호는 전남 무안 출신의 불알친구였던 것이다. 북한 대남공작부의 부부장급 고위간부였던 박병엽은 타이완으로 잠입했으나, 타이완 첩보당국에 의해 적발되어 대한민국으로 신병이 인도되었다. 이때 중앙정보부는 그를 심문해 정해진이 남한에 잠입해 공작선을 구축했다는 정보를 입수한 것이다.

박병엽은 기가 막힌 기억력의 소유자였다. 『비록 조선민주주의인민공화국』은 그가 북한에 있을 때 정권수립 시기의 기밀자료를 정리한 경험을 살려 증언한 것인데, 그 기억의 정확성은 깜짝 놀랄 정도였다. 현대사 연구자들은 그의 책을 통해 마치 잃어버린 퍼즐조각이 제자리에 딱딱 들어맞듯이 장막에 가려졌던 현대사의 수수께끼가 확 풀리는 듯한 느낌을 받았다. 그런 기억력의 소유자인 도원 1호가 제공한 정보를 토대로 중앙정보부는 1980년 11월 정해진의 일족을 잡아다 조사하고 고향집을 뒤진 결과, 기관단총과 난수표를 적발해낸 것이다. 이 무렵 중앙정보부는 김재규의 박정희 암살로 권력집단 내에서는 완전히 '역적기관'으로 몰려 있었고, 보안사에 의해 조직이 난도질당하는 등 매우 어려운 처지에 놓여 있었다. 보성가족간첩단 사건에서 제일 먼저 연행된 사람이 북과 직접 연결된 정춘상이 아니라 아버지가 남쪽에 다녀갔다는 사실조차 알지 못했던 정해진의 큰아들 정국상인 것을 보면, 중앙정보부도 사건의 내막을 정확히 알고 관련자 연행을 시작한 것은 아닌 것으로 보인다.

사실, 1970년 조선노동당 제5차 당대회 이후 북한은 대남공작원 남파를 거의 중단하다시피 했다. 북한은 남조선혁명도 주체사상에 입각해 진행되어야 하기 때문에 북측이 남조선혁명을 도울 수는 있지만, 대신할 수는 없다는 것을 명분으로 내세웠다. 그렇지만 북한이 실제로 공작원 남파를 중단한 이유는 남쪽으로 보내는 공작원들이 연고자들의 신고나 어수룩한 행동으로 인해 보내는 족족 적발되었기 때문이다. 1960년대 후반 베트남전쟁과 맞물리면서 한반도의 정세는 매우 긴장되었고, 1968년 1·21사건, 통일혁명당 사건, 울진·삼척 무장공비침투 사건 등 대규모 사건들이 적발되었다. 이에 따라 남쪽 당국은 북의 대남공작에 대응하는 방첩기구를 크게 확대했는데, 1970년대 들어와 북측이 갑자기

대남공작원 남파를 사실상 중단해버린 것이다. 간첩남파가 사실상 중단된 것은 대한민국의 국가안보에는 매우 도움이 되는 것이겠지만, 방첩기구 공안기관원들의 직업안보에는 빨간불이 켜진 것이 아닐 수 없었다. 간첩이 내려오지 않으니 간첩을 만들어내는 조작간첩의 시대가 열린 것이다. 1970년대 이후의 간첩사건을 보면 진짜로 북에서 남파한 간첩은 거의 없고, 납북어부, 재일한국인 유학생, 일본 취업자, 월북자 가족 등을 고문해 간첩으로 만든 조작간첩 사건만 빈발하게 되었다.

그런 상황에서 중앙정보부로서는 정해룡-정해진 일가의 은밀한 접촉을 적발해낸 것은 쾌재를 부를 일이었다. 보성가족간첩단 사건이 세상에 알려진 것은 1981년 1월 20일, 국가안전기획부가 고정간첩 3개망 15명을 검거했다고 발표하면서부터였다. 이 사건은 중앙정보부가 국가안전기획부(안기부)라는 새로운 이름을 갖게 된 뒤 처음으로 적발한 간첩사건이기도 했다. 중앙정보부가 이 사건을 포착하고 최초로 정해진의 아들 정국상을 연행한 것은 1980년 11월 10일이었고, 정길상의 증언에 따르면 수사는 성탄절 직전 39일 만에 마무리되었다. 난수표가 발견되고 기관단총까지 나왔으니 수사는 일사천리로 진행되었다. 일반 형사사건에 비하면 긴 수사기간이지만, 송씨 일가 사건의 경우에 총 수사기간이 넉 달을 넘긴 것을 볼 때 여러 명이 관련된 간첩단 사건치고는 수사가 아주 빨리 마무리된 것이다. 그런데 중앙정보부는 이 사건의 수사를 마무리하고도 발표하기까지 한 달 정도 뜸을 들였다. 1981년 1월 20일이라는 보성가족간첩단 사건의 발표 시점의 중요성은 그 직후의 정치일정을 보면 자연스럽게 드러난다. 1981년 1월은 전두환이 권력을 잡고 정식으로 제5공화국을 발족시키기 위해 한창 준비할 때였다. 이 사건을 발표하고 이틀 뒤인 1월 22일에는 전두환의 미국 방문과 한미정상회담을 발표했고, 1월 23일에는 김대중 내란음모 사건에서 사형이 확정된 김대중을 전두환이 무기로 감형시키는 '아량'을 보였다. 1월 24일에는 1979년

10·26사건 이후 선포된 비상계엄이 16개월 만에 해제되었고, 1월 24일에는 제5공화국 헌법에 따른 대통령 선거일이 공고되었다. 안기부는 이 사건을 전두환의 제5공화국 출범과 안기부의 '신장개업' 잔칫상에 놓을 주된 요리로 마련한 셈이었다.

이 무렵 도원 1호의 제보가 단서가 되어 적발된 간첩사건으로는 보성가족간첩단 사건 이외에 김정인·석달윤 사건(1980), 박동운 사건(1981), 송씨 일가 사건(1982) 등이 있다. 그런데 보성가족간첩단 사건을 제외하고는 모두 터무니없이 조작된 사건이었다. 도원 1호의 '제보'가 의도적이었는지 아니었는지는 알 수 없지만 정확하지는 않았던 것이다. 내가 국정원 과거사위원회에 참여하면서 이들 간첩사건을 조사했던 경험을 되살려보면, 당시 안기부는 도원 1호의 진술에 확신에 가까운 신뢰를 보내고 있었다. 북의 대남사업부 부부장급이라는 지위와 『비록 조선민주주의인민공화국』 등에서 보인 놀라운 기억력에다가 보성사건에서 기관단총이라는 확실한 물증까지 나왔으니, 안기부가 도원 1호의 증언을 확신했던 것도 무리는 아니었다. 그러나 진도 출신 박씨가 있었다는 희미한 증언(박동운 사건)이나 송충건(송씨가 충청도에서 지하당을 건설)이라는 가명을 쓴 고위 공작원이 있었다는 증언(송씨 일가 사건)을 토대로 한 안기부의 수사는 억울한 피해자만을 낳았을 뿐이다.

기품 있는 혁명가의 가문

봉강의 이번 평전에 충분히 다 담지는 못했지만 가까운 일가로 8촌 이내에서만 빨치산 활동 등을 통해 분단에 맞서다가 희생된 이가 8명이나 되고, 옥고를 치른 사람도 30여 명에 달한다. 정해룡이 죽고 난 뒤 터진 보성가족간첩단 사건 때 중앙정보부에 잡혀가 곤욕을 치른 사람들만 해도

37명이라고 한다. 교육사업에 많은 땅을 내놓은 정해룡의 할아버지 정각수, 빨치산 투쟁에서 실명한 불편한 몸으로 보성가족간첩단 사건으로 옥고를 치른 나이 어린 삼촌 정종희, 정해룡 본인, 아들 정춘상과 정길상, 그리고 1990년대 통일선봉대장으로 옥고를 치른 손자 정성환에 이르기까지 정씨 일가의 5대에 걸친 반외세투쟁, 민주화 운동과 통일운동은 한국현대사의 아픔과 그에 굴하지 않는 불굴의 기백을 생생히 보여주고 있다. 노비는 해방하고, 전답은 소작인들에게 나누어주며, 근로인민당 등 혁신정당운동에 몰두하다 보니, 3천 석을 넘던 재산은 다 사라져 봉강은 말년에는 끼니를 걱정해야 할 처지가 되었다. 막상 정해진의 아들 정훈상이나 자신의 아들 정길상이 중학교에 갈 무렵에는 학비를 댈 돈도 없어 먹여주고 입혀주고 재워주고 관비로 공부시켜주는 목포해양고등학교에 진학시켜야 했다. 답답했을 것이다. 해양고등학교를 나와 봐야 연좌제에 묶인 아들과 조카는 친구들처럼 외항선원이 되어 배를 탈 수 있는 처지도 아니었기 때문이다. 정해룡은 조상이 세운 삼의당의 당호처럼 선비가 해야 할 마땅한 세 가지의 도리 가운데 "절개를 지키기 위해 시류에 영합하는 행보를 끊어버리고(蹈海蹤迹), 조상을 잘 받들어 봉양(展掃先塋)"한다는 두 가지는 제대로 지켰지만 '교회자질'(敎誨子姪)을 제대로 지키지 못했다. 양정원을 세워 남의 집 자식들은 가르쳤지만, 자기 아들과 조카는 제대로 교육시키지 못한 정도가 아니라 교수대로, 감옥으로 보낸 것이다. 그러나 정해룡도, 그리고 그의 자식들도 '물위역사죄인'(勿爲歷史罪人), 즉 "역사의 죄인이 되지 말라"라는 가훈만큼은 온몸으로 실천했다. 분단시대는 그들을 '역적'으로 만들었지만, 아직 쓰이지 않은 통일의 역사 앞에서 가시밭길을 피하지 않았던 그들은 그 누구보다도 떳떳하게 서게 될 것이다.

삶만큼이나 곡절 많았던 평전 준비의 역사

'하서'(賀序)라는 말이 있다. 좋은 책이 발간될 때 인연 깊은 사람이 축하의 서문을 쓰는 것인데, 지은 죄가 많은 나는 정해룡 선생의 평전이 뒤늦게 나오는데 마냥 축하만 할 수는 없다. 평전 발간이 늦어진 데는 내 책임이 크기 때문이다.

정길상 선생은 선친의 생애를 평전으로 펴내기 위해 일찍부터 많은 노력을 기울였다. 2007년경부터 선친의 평전 편찬을 본격적으로 준비한 그는 주변의 사회과학도들에게 의뢰해 흩어진 자료를 모으고, 또 다양한 주변 인물들을 인터뷰해 2010년경 원고지 1,100매 분량의 『봉강 정해룡 연구』 초고를 완성했다. 이 초고는 지금까지 전혀 알려지지 않았던 정해룡과 그 일가의 삶에 대한 자료를 모으고 기본적 사실을 충실하게 밝혔다는 점에서 매우 큰 의미가 있는 작업이었다.

2011년 어느 날, 정길상 선생은 나를 찾아와 선친의 평전을 써주어야 한다고 강권했다. 일제강점기 정해룡 선생이 김일성을 찾아 만주로 간 이야기이며, 1950년대 근로인민당 재건위원회 사건으로 옥고를 치른 이야기, 1981년 1월 보성가족간첩단 사건 등에 대해 내가 전후 맥락을 잡아 쓸 적임자라는 것이었다. 당시 여러 가지 사정상 새로운 프로젝트를 시작할 여력이 없었던 나는 정길상 선생을 피해 다녔지만, 결국 끈질긴 부탁을 완전히 뿌리칠 수는 없었다. 선생은 선대의 인연까지 찾아내 나를 거의 '협박'하다시피 했다. 정길상 선생의 14대조인 반곡(盤谷) 정경달(丁景達) 선생은 이순신 장군의 종사관으로 유명했는데, 나의 15대조인 구암(久菴) 한백겸(韓百謙)과 15대 종조부인 유천(柳川) 한준겸(韓浚謙)과 인연이 깊었고, 정조(正祖) 대에 『반곡집』(盤谷集)이 발간될 때 서문을 쓴 분은 다산 정약용과 나의 7대조인 병산(甹山) 한치응(韓致應)이었던 것이다. 이런 몇백 년의 인연이 있는데 어찌 정해룡 선생의 평전 쓰는 것을 마다하느냐는 그의 다그침에, 나는 곁에서 조력을 다할 것을 약속하며 작가 한 분을 추천했으나 몇 달이면 끝날 줄 알았던 작업이 작가의 사정으로 마무리되지 못한 채 여러 해가 지나버렸다. 타들어갔을 정길상 선생의 속을 생각하면 죄송할 따름이다.

간신히 초고를 마무리할 무렵인 2016년, 이번에는 호재인지 악재인지 모를 사건이 발생했다. 새로운 자료가 입수된 것이다. 북으로 간 정해룡의 동생 정해진의 육필수기 일부가 해외에 있는 친척을 통해 입수되었다. 지금까지 알려지지 않은 새로운 내용이 많았기 때문에 원고의 대폭적인 수정이 불가피했다. 그러지 않아도 늦어진 원고가 또다시 늦어질 수밖에 없게 된 것이다. 게다가 수기는 전체가 아니라 일부분만 입수되었기 때문에 나머지 부분을 구하려는 노력을 기울이지 않을 수 없었다. 정해진의 육필수기는 안타깝게도 그 후 극히 일부분만 추가로 입수되었을 뿐이었다. 수기의 내용은 대단히 흥미로웠지만 검증이 필요한 부분이 많았다. 특히 일제시대 광산왕으로 유명했던 이종만(영화배우 강동원의 외증조부)과의 관계는 정해룡의 생애 중에서 잘 설명되지 않던 울산 철광사업을 이해하는 데에 결정적 단서가 될 수 있었지만, 여러 가지 새로운 의문점을 불러오기도 했다. 결국 5년이 넘어도 초고가 마무리되지 못한 상황에서 내가 직접 몇 부분을 보완·집필하게 됐다. 정해진의 동경 유학, 이종만 선생과의 만남과 정해룡·정해진 형제의 광산개발, 그리고 간첩사건 부분을 새로 집필해 2018년 세 번째 초고를 완성했으나, 작가가 둘이다 보니 평전 전체로 볼 때 서로 다른 두 문체로 인해 이질감이 드는 새로운 문제가 생겼다.

정길상 선생은 고민에 고민을 거듭한 끝에, 새로운 작가가 전체적으로 평전 원고를 재구성하는 방식을 선택해 문영심 작가에게 집필을 의뢰했다. 문영심 작가는 2013년 김재규 평전 『바람 없는 천지에 꽃이 피겠나』를 비롯해 2014년 『간첩의 탄생: '서울시 공무원 간첩 조작 사건의 진실'』과 『이카로스의 감옥: '이석기 내란음모 사건의 진실'』을 펴낸 바 있는 소설가였다. 현대사에 조예가 깊고 사회운동과 간첩사건에도 단단한 내공을 갖고 있는 문영심 작가가 2년여의 작업 끝에 2020년 완성한 것이 이 책의 초고가 된 네 번째 원고였다. 내게 감수와 해제를 요청했는데, 여러 가지 사정으로 그 작업이 늦어지는 바람에 이 책의 발간이 늦어진 점을 매우 송구스럽게 생각한다.

그러던 사이 고려대 신문방송학과 명예교수인 김민환 선생이 2021년 정해룡 선생의 생애를 정리한 소설 『큰 새는 바람을 거슬러 난다』를 발표했다. 김민환 선생은 정해룡의 조카 정훈상의 절친한 친구이자 정해룡 가문과는 혼맥으로도 얽힌 사이였다. 김민환 선생의 소설은 이병주 문학상, 노근리 평화상 등을 수상하는 등 문학적으로도 높은 평가를 받았다. 나도 정해룡의 생애에 대해서는 나름 자료도 많이 보고 잘 안다고 생각했는데, 김민환 선생의 소설을 읽으면서 역사학자로서 미처 깨닫지 못한 부분이 많았으며, 한편으로 부끄러움과 죄송스러운 마음을 가졌지만, 다른 한편으로는 이런 훌륭한 소설이 나와 준 점에 대해 너무나 고맙고 반가운 마음을 금할 수 없었다. 자료에 근거해 쓸 수밖에 없는 평전에 비해 역사적 상상력을 보다 자유롭게 펼칠 수 있는 소설에서는 자료로 남아 있지 않은 인간 정해룡의 진면목이 보다 생생하게 드러날 수 있었기 때문이다.

정길상 선생이 선친의 생애를 평전으로 정리하려 일을 시작한 지 17년이 되어서야 평전이 나오게 되었다. 정해룡 선생의 탄생 100주기인 2013년에 발간되었더라면 또는 아버지를 기릴 수 있는 다른 기념일에 맞추어 발간을 했더라면 좋았을 터인데, 기념일은커녕 발간 자체가 늦어지니 효자 정길상 선생의 속은 한없이 타들어갔을 것이다. 정해룡 선생과 아들인 정길상 선생의 삶만큼이나 곡절이 많은 발간과정이었다. 구구한 변명을 늘어놓았지만, 한국현대사의 풍파를 정면으로 거슬러 간 정해룡과 그의 주변 사람들의 삶을 온전히 정리하는 작업은 그만큼 힘들었고, 앞으로도 계속되어야 할 것이다.

어찌 그들뿐이랴!

사람마다 어려운 시기에 자신을 지탱해주는 무엇인가가 있을 것이다. 양반 빨갱이 정해룡에게, 정춘상에게, 그리고 정길상에게 그것은 가문에 대한 자부심과 책임감이었다. 가문의식이란 봉건적인 생각으로 보일지도 모른다. 자기 집안에 정승판서가 몇 명인가 따지는 데 머무른다면, 그런 생각은 내다버려야 할 낡은 봉건잔재일 뿐이다. 그러나 "역사의 죄인이 되지 말라"는 의식이 나라와 민족이라는 큰 역사뿐만 아니라 어려서부터 듣고 보고 자란 가문의 역사와 결부되어 시대에 대한 책임감으로 발전한다면, 그것은 개인이 감당하기 힘든 분단이라는 질곡 속에서 어떻게 살아야 할 것인가라는, 자신을 붙들어주는 힘이 될 수 있다. 사형선고를 받고 형집행을 예감한 정춘상은 마지막으로 아우 정길상을 보았을 때 "우리 집이 너무나도 훌륭한 혁명가 집이니까 뜻을 굽히지 말고 이어가라"면서 대대로 한 번도 굽히지 않았던 조상들이 살아온 고향의 옛집을 잘 지키라고 당부했다. 마지막 형장으로 끌려갈 때 정춘상은 "조국통일 만세"를 외치며 갔다. 사형당한 정춘상의 시신이 고향에 돌아왔을 때, 그의 장례를 치러준 사람들은 살아남은 정씨 일가였다고 한다. 가까운 친척 8명이 죽고 여러 명이 감옥에 끌려가 집안이 풍비박산 났지만, 살아남은 정씨 일가는 차디찬 시신이 되어 돌아온 그를 위해 꽃상여를 마련해 뒷산에 정성껏 모셨다. 형의 사형집행 소식에도 꿋꿋이 버텼던 정길상은 형의 장례를 치른 사연을 전해 듣고는 하염없이 울었다고 한다.

정춘상도 정길상도 참으로 효자다. 영성 정씨 집안의 선비들이 마땅히

행해야 할 '삼의' 가운데 아버지 정해룡이 실천하지 못한 '교회자질'을 완성해준 사람은 바로 두 형제였다. 1988년 출소한 정길상은 공사판에서 일하면서 세 딸을 키웠다. 그리고 폐가가 된 봉강마을 옛집을 복원했고 잊힐 뻔했던 아버지의 삶의 의미를 재조명하기 위해 온 힘을 다했다. 너무도 오래 지체되었던 아버지의 평전 발간을 앞두고 정길상은 서울과 보성을 오가던 생활을 접고 봉강마을로 내려가기로 했다고 한다. 정해룡이 돌 하나하나 정성을 기울여 만든 '거북정' 연못은 다행히 잘 보존되어 한반도의 모양대로 물이 흐를 수 있을 것이다. 거북정 연못의 한반도는 일제강점기에도, 엄혹했던 분단시대에도 허리가 잘리지 않았다. 그 분단을 막기 위해 정해룡, 정춘상 부자가 목숨을 바쳤다. 어찌 그들뿐이랴!

참고문헌

봉강 독립유공자 평생 이력서
봉강 정해룡 친필 편지, 한시, 강연록
우국지사 봉강 정해룡 추모비 건립 취지문
운암 김성숙 친필 편지, 한시, 일기
정해진 육필수기

권혁태, 「잃어버린 사람을 찾아서: 북으로 간 탈영병 정훈상 이야기」, 『황해문화』(제82호, 2014년 봄호), 새얼문화재단, 2014.
김득중, 「여순사건과 벌교」, 『벌교 100년』, 벌교읍지편찬위원회, 2007.
_____, 『'빨갱이'의 탄생: 여순사건과 반공 국가의 형성』, 선인, 2009.
김삼웅, 『몽양 여운형 평전: 진보적 민족주의자』, 채륜, 2015.
김상숙 외, 『한국현대사와 국가폭력』, 푸른역사, 2019.
김영택, 「한국전쟁기 남한 내 적색 빨치산의 재건과 소멸(1950. 10. 5~1954. 4. 5): 전남 총사령부와 6개 지구를 중심으로」, 『한국근현대사연구』(제27집), 한국근대사학회, 2003.
김용옥, 『우린 너무 몰랐다: 해방, 제주 4·3과 여순민중항쟁』, 통나무, 2019.
_____, 『맹자 사람의 길(하)』, 통나무, 2012.
김종군, 「분단체제 속 사회주의 활동 집안의 가족사와 트라우마」, 『통일인문학』(제60집),

건국대학교 인문학연구원, 2014.
김진환, 「빨치산, 역사의 격랑에 선 사람」, 『역사비평』(제94호, 2011년 봄호), 역사비평사, 2011.
백승종, 『신사와 선비: 오늘의 동양과 서양은 어떻게 만들어졌는가』, 사우, 2018.
변은진, 『여운형』, 역사공간, 2018.
신동진, 『여운형 이야기: 자주독립을 향한 올곧은 양심』, 웅진주니어, 2011.
심지연 엮음, 『해방정국논쟁사』, 한울, 1986.
안종철, 『광주·전남지방 현대사 연구: 건준 및 인민위원회를 중심으로』, 새길, 1991.
안종철 외, 「중도 민주주의와 혁신계」, 『근현대의 형성과 지역사회운동』, 새길, 1995.
에커트, 카터 J., 주익종 옮김, 『제국의 후예: 고창 김씨가와 한국 자본주의의 식민지 기원 1876~1945』, 푸른역사, 2018.
여운홍, 『몽양 여운형』, 청하각, 1967.
오미일, 『근대 한국의 자본가들』, 푸른역사, 2014.
오승용, 「제2공화국 민주주의와 혁신세력: 전남지역의 조직결성과 활동을 중심으로」, 『민주주의와 인권』(제8권 제1호), 전남대학교 5·18연구소, 2008.
_____, 『봉강 정해룡 연구』(미간행 원고).
이재의, 「호남인물사-17」, 『예향』(1995년 8월호), 광주일보사, 1995.
이충우·최종고, 『다시 보는 경성제국대학』, 푸른사상, 2013.
정병준 외, 『한국현대사 1: 해방과 분단, 그리고 전쟁』, 푸른역사, 2018.
정용욱 엮음, 『해방의 공간, 점령의 시간』, 푸른역사, 2018.
정용일, 「봉강 정해룡 집안의 5대 100년에 걸친 항쟁과 수난사」, 『민족 21』(제102호), 2009.
정종희, 「통일에 거는 광명 천지」, 『월간중앙』(1990년 2월호), 중앙일보사, 1990.
정태영, 『한국 사회민주주의 정당사』, 세명서관, 1995.
커밍스, 브루스, 조행복 옮김, 『브루스 커밍스의 한국전쟁: 전쟁의 기억과 분단의 미래』, 현실문화, 2017.
한국역사연구회 현대사증언반 엮음, 「윤기남: 여순을 말한다」, 『끝나지 않은 여정』, 대동, 1996.
한홍구, 『역사와 책임』, 한겨레출판, 2015.
홍석률 외, 『한국현대사 2: 경제성장과 민주주의, 그리고 통일의 과제』, 푸른역사, 2018.

日本機関紙協会兵庫支部 編, 『共和国への道を日本に求めて－丁勲相(政治亡命)青年の手記』.

『2008 상반기 조사보고서』(제2권), 진실·화해를위한과거사정리위원회, 2008.
『광주·전남 100년 연표』, 광주일보사, 1993.

『벌교읍지』, 벌교읍지편찬위원회, 2007.
『보성군사』, 보성군사편찬위원회, 1995.
『조선은행회사조합요록』, 동아경제시보사, 1935.
「충의편 봉강 정해룡, 정각수」, 『삼양삼강전속수지(하편)』, 보성향교, 1992.
『학교연혁 모음』, 전라남도 보성군 교육청, 2000.

「금광왕 이종만의 아름다운 실패」, 『신동아』, 2006년 9월호.
「두 귀가 눈이 되었고, 두 발이 눈이 되었고」, 전라도닷컴, 2007년 4월 11일자.
「아부하고 고개 숙여 정승판서 나오면 뭐하나」, 『한겨레』, 2016년 9월 23일자.
「의병 가문은 어떻게 간첩단이 되었나」, 『시사인』, 2012년 9월 21일자.
「잠들 수 없는 거북정 비밀의 정원」, 『한겨레』, 2013년 12월 3일자.

『대동신문』, 1948년 1월 14일자, 1948년 11월 6일자.
『동아일보』, 1935년 8월 16일자.
『매일신보』, 1940년 5월 20일자.
『민국일보』, 1961년 1월 22일자.
『새한민보』, 1948년 4월 하순호(제2권 제19호).
『세계일보』, 1948년 10월 31일자.
『자유신문』, 1948년 10월 26일자.
『조선일보』, 1938년 1월 5일자.

〈광주고등법원 판결〉 62고합416, 1962. 7. 8.
〈대법원 판결〉 81도3040, 1982. 2. 9.
〈서울형사지방법원 제11부 판결〉 80고합847, 1981. 4. 8.

『두산 세계대백과사전』, 두산동아 편집부, 두산동아, 2002.
『한국근현대사사전』, 한국사사전편찬회, 가람기획, 2005.

〈구술〉
김성섭 / 김청운 / 마재인 / 변정수 / 오승환 / 이란 / 임직 /
정국상 / 정길상 / 정영숙 / 정종호 / 정종회 / 정해림 / 조인현